lonely planet

中国旅行指南系列

安徽

本书作者
董驰迪　杜冬　张世秋　支媛

中国地图出版社

计划你的行程

在路上

©图虫

每月热门（见27页）

©图虫

户外徒步（见51页）

©视觉中国

负责任的旅行（见38页）

目录

欢迎来安徽

长江、淮河把安徽划分三块，迥异的南北文化在这里碰撞交融，风云历史远溯战国硝烟，治学经商的古训又影响至今。即便那些遗迹风物早已沧海桑田，崇山峻岭间依然藏着人们不变的“痴绝”。

皖北大地育风骨

秦汉与三国的风云战火都曾席卷皖北大地，今日仍然能从依稀可辨的遗迹中，还原这片土地的精彩过往。淮河沿岸，古都寿县还保留着北宋的原装城墙，它既是《三国演义》中的曹营重镇，又是“淝水之战”的古战场。朱元璋的凤阳“中都”从未完工，却是南京与北京故宫的母本。诞生曹操、华佗的亳州，还保留着当年的运兵道和美轮美奂的“花戏楼”。穷苦人的花鼓戏一路传唱，成了国家级非物质文化遗产，而曾经一度淤塞废弃的隋唐大运河，也随着联合申遗的成功，有望获得新生。

皖南徽岭有桃源

崇山峻岭为皖南辟出一片世外桃源，涓涓细流勾勒出山清水秀的村落，迁居于此的中原强宗比比皆是，从此地走出去的徽商大儒亦是代代不绝。如今，杭黄高铁直切古徽州的中心，你可以寻找古城内外的牌坊、古迹，再走进世界遗产级的古村落，体验一堂身临其境的“风水课”。徽杭古道走出了“无徽不成镇”的商界神话，程朱理学没能羁绊徽州的士绅权贵，艺术投资推动了“徽班进京”的佳话，“赛琼碗”的徽菜盛宴足以看出当年的宠命优渥，一座座僭越的宗祠，更是浓缩了明清两代风云变幻。

儒士匠心传千古

徽商贾而好儒，盛馆舍、扩祠宇、筑牌坊，不但让家乡人才辈出，更将徽派建筑推向精绝的极致。高低错落的马头墙、器宇轩昂的宗祠牌坊，风采不减当年。低调奢华的徽派民居无不彰显主人的审美情趣，宗祠门楼上巧夺天工的徽雕，更是建筑装饰中的独门艺术。民间手工艺卧虎藏龙，光黟县一处就足以凑齐“百工”，“文房四宝”在徽州齐备，产地即是其无可替代的“驰名商标”。这些传统技艺在民间代代相传，至今连工序、手法也依然和古籍中记载的如出一辙。

峰峦随水入丹青

安徽自古便是七省通衢，长江在皖南蜿蜒八百里，同新安江一起展开了一幅山水长卷。神秘的北纬30度线在这里创造出一座座奇峰绝顶，黄山有凌驾五岳的无上盛景；九华山有地藏道场的光环加持；天柱山散发着古皖国的雄浑；齐云山则有着羽化登仙的悠然。别忘了皖西还有幽深的大别山区，高峻的白马尖与天堂寨至今仍具浑然天成的野性美。新安江上，山与水恰如其分的搭配，点缀应季的春花、冬雪，你便能找到新安画派的灵感来源。

我为什么喜欢安徽

本书作者 董驰迪

安徽难以用几张爆款照片证明自己，哪怕是大名鼎鼎的黄山，没有身临其境，也很难理解人们的疯狂。她的光辉岁月一部分存留在史书词赋，另一部分则潜藏于青山绿水间的粉墙黛瓦，静候那些热爱刨根问底的访客一一解读。我喜爱陶醉在徽雕人物的一颦一笑，感叹古人卓越的审美情趣，也享受臭鳜鱼、毛豆腐这些“保鲜失败”的美食奇迹。

更多关于作者的介绍，见295页。

上图：卢村秋色

安徽亮点

0 50 km
海拔高度
2000m
1500m
1000m
500m
200m
50m
0m
50m
图例
高铁
铁路
G42 高速
G312 国道
省道
寿县
精美的青铜器，老当益壮的古城墙(194页)
凤阳
未完成的明中都，南京故宫和北京故宫的建造母本(198页)
芜湖
地理位置优越的江城，西洋建筑与高楼大厦错落并存(184页)
山东省
江苏省
河南省
丰县
郯城
连云港
杞县
商丘
砀山
微山湖
萧县
徐州
沭阳
淮北
杜集区
濉溪
烈山区
宿迁
睢宁
鹿邑
亳州
永城
周口
宿州
灵璧
泗县
泗洪
淮安
涡阳
项城
蒙城
固镇
五河
宝应
界首
太和
利辛
临泉
盱眙
金湖
怀远
蚌埠
兴化
阜阳
潘集区
凤阳
新蔡
明光
高邮
高邮湖
凤台
八公山区
淮南
天长
阜南
颍上
寿县
谢家集区
长丰
定远
来安
泰州
扬州
霍邱
滁州
仪征
琅琊山 248.3m
镇江
瓦埠湖
沱湖
成子湖
G105
G310
G206
G205
G30
G311
G35
G36
G3
G2513
G2
G45

天堂寨
与华东最后一片原始森林来一次亲密接触(220页)
天柱山
在西关饱览奇松怪石，在东关感受险峻刺激(237页)
九华山
中国四大佛教名山之一，地藏菩萨的道场(146页)
塔川
10月底，来塔川欣赏秋色，尽情沉醉其间(109页)
碧山
吸引你来这里的不是传统景观，而是"碧山计划"的艺术气息(112页)
宏村
沿水路逆流而上，看山环水抱间老祖宗的人居智慧(103页)
绩溪
龙川山水间令人赞叹的古建筑群，精美的徽雕是其点睛之笔(134页)
黄山
古松怪石，云海日出，登临其上，方能领悟"黄山归来不看岳"的魅力(65页)
淡季在这里小住一晚，感受典型的皖南村庄(129页)
合肥
肥东
六安
金寨
肥西
巢湖
三河镇
舒城
庐江
霍山
天堂寨 1729m
白马尖 1774m
岳西
天柱山 1489.8m
潜山
英山
怀宁
枞阳
安庆
桐城
池州
铜陵
狮子山区
无为
芜湖
繁昌区
含山
和县
马鞍山
采石
当涂
博望区
高淳区
湾沚区
郎溪
宣城
广德
长兴
宜兴
常州
太湖
太极洞
南陵
泾县
宁国
高峰 1144m
西天目山
青阳
九华山
十王峰 1344.4m
查济村
黄山区
旌德
清凉峰 1787m
绩溪
黄山
莲花峰 1864.8m
塔川
皖南古村落—西递、宏村
碧山
黟县
祁门
休宁
徽州区
歙县
花山迷窟—浙江
齐云山
屯溪区
啸天龙 1395m
淳安
千岛湖
浦江
石台
东至
望江
太湖
宿松
黄梅
彭泽
湖口
九江
景德镇
婺源
共青城
鄱阳湖
黄石
黄冈
鄂州
梅山水库
响洪甸水库
花凉亭水库
升金湖
武昌湖
泊湖
大官湖
龙感湖
白荡湖
菜子湖
太平湖
南漪湖
石臼湖
隘门关
松子关
大别山
湖北省
浙江省
江西省
长江
青弋江
秋浦河
皖河
潜水
杭埠河
裕溪河
天目山
黄山
九华山
昱岭关
G42
G312
G35
G105
G318
G206
G3
G50
G205
G45
G56
G60

安徽 Top 12

古村落

1 徽州地区自古便是中原人的避乱之所，徽州古村落有明显的“聚族而居”的特点。若想感受明清六百年中国艺术、建筑的精美，思想的流变，宗族的势力变迁，徽州古村落是你不得不去的圣地。许村（见95页）、昌溪（见98页）、龙川（见139页）展现了宗族的强大；宏村（见103页）、唐模（见81页）、查济（见129页）则表现了宗族世代对山水的改造；历溪（见78页）的目连戏和西溪南（见116页）的园林遗迹展现了当年徽州的繁华。

黄山

2 大自然的神奇造化，赋予了黄山（见65页）奇绝天下的东方意韵。鬼斧神工的怪石，移步易景，让人目不暇接；扎根于绝壁深壑之上的古松，清奇遒劲，姿态万千；缥缈幻化的云海，松石峰林隐现其间，曙日烟霞初照时，梦幻之彩令人叹为观止；置身云雾深处的悬壁栈道，可仰视群峰凌厉，可俯瞰峡谷仙幽；寒冬腊月里，叠嶂披纱、万松银装的胜景，尤其不能错过。结束疲惫的登山之旅，舒享热泉，静赏飘雪，又是一番别样的诗意体验。

1

3

4

新安江

3 徽州还有一个别称就叫“新安”，大名鼎鼎的徽商也以“新安商人”为人所知，新安美术、新安医学同样为世人所知。新安江的两侧分布着屯溪老街（见60页）、歙县县城（见60页）、万安古镇（见101页）等商贸口岸，有渔梁坝（见87页）等古代水利工程的典范，有北岸（见91页）、雄村（见92页）、深度（见93页）等古村镇，可以说徽州精华，荟萃于新安江畔。新安江山水画廊，加上周边的卖花渔村、三潭等地，是歙县旅游不可忽视的重要内容。如今新开通的杭黄高铁，更是联系起杭州、千岛湖、歙县、黄山的黄金新安江旅游线路。

行走古道

4 一代代徽州商队翻山越岭，走出了一条条遍及全国的贸易通路，而今，那些用青石板铺成的山间古道仍在延续，你可以跟随前人的足迹，享受山水间的情怀。最著名的徽杭古道（见142页）安全好走，老少皆宜；打通安徽与浙江的昊越古道（见142页），终点是千米高山上的浙西天池；贯穿两乡的家荆古道（见144页），虽路线不长，却有着别样的天然景致；徽开古道（见101页）上，前段可以寻觅驿道遗迹，后段则有瀑布、峡谷和梯田、古村。从歙县到黄山东麓，全长30公里的箬岭古道（见78页），始于隋唐，现已跻身“中国最美森林古道”行列。

徽派建筑

5 粉墙黛瓦马头墙，以及高墙深院，几乎固化了人们对于徽派建筑的印象。素淡的外表下，包裹的设计理念和巧思其实极为丰富。若你是建筑爱好者，不妨走进民居、祠堂，感受四水归堂的独特意境，看包袱锦的花纹和建筑装饰细部的变化，以及精美绝伦的“三雕”，它们同样出现在庙宇和牌坊上，譬如卢村木雕楼（见108页）的槅扇、亳州花戏楼（见205页）的门楼砖雕、许国石坊（见85页）的石雕，皆展现了极高的工匠技艺。有时间也可数一数雕花的层次，读一读画里的故事，享受解读建筑带来的乐趣。

九华山

6 九华山与五台山、峨眉山、普陀山并称为中国四大佛教名山。这里佛寺众多，散落山间，加上频频出现的肉身菩萨，让九华的神秘更加耐人寻味，要是赶上庙会和法事，则能让你充分见识地藏信仰的号召力。如今，景区内外的配套设施一应俱全，游览车、索道的搭配可以让任何游客都能轻易登顶，而虔诚香客也通过徒步登高体验真正的身、心考验。不过，烧香拜寺并非九华山的全部，它的后山仍保持着原有的山林风貌，户外爱好者不妨前去探索一下这座佛教名山的另一面。

天柱山

7 在安徽境内，能以雄奇、灵秀撄黄山之锋的，恐怕只有安庆的天柱山（见237页）了。令人望而生畏的雄关要隘、难于上青天的天柱绝顶成就了它的雄伟之名；神秘谷中的幽邃洞天提供了“迷宫探险”的绝佳场地；飘渺灵动的云海佛光、波光幻变的高山平湖更是让它成为仙迹圣境，被历代道家方士所垂青。如今，大多数旅行者都会选择西关路线饱览奇松怪石、漫山杜鹃，更峻险刺激的东关路线则吸引着不走寻常路的冒险者一探究竟。

6

皖江三城

8 八百里皖江浪淘沙，塑造出当代的铜陵、芜湖和马鞍山三座城市。在相似的工业外衣之下，皖江三城暗藏着各自的精彩，交通便利，适合短途游。

马鞍山（见181页）的采石矶在千百年中曾被无数文人吟诵，不远的当涂县正是诗仙李白的埋骨之地。长江下游良港芜湖（见184页）清末曾开埠通商，遗留下的西洋建筑在江边与高楼大厦错落并存。由古至今，铜陵（见188页）传承了精湛的冶铜铸造技艺，在铜陵市博物馆可一饱眼福，而长江口的大通古镇则保留有古朴的明清街市，还可在对岸和悦洲与珍稀的江豚不期而遇。

9

10

皖北寻古

9 在皖北寻找古城有一些难度，但你还是可以去往寿县、凤阳和亳州，寻找它们在不同时期各领风骚的遗迹。

战国时寿县（见194页）曾做过楚国都城，博物馆中藏有大量的精美青铜器物，成型于北宋的古城墙老当益壮，淮河泛滥时数度守卫老县城。凤阳（见198页）因朱元璋而一度飞速发展，明中都的宏大格局仍存，雕栏玉砌构件在博物馆里诉说当时风光。曹操故里亳州（见203页）除了曹氏家族的墓冢散落四处，在老北关还有花戏楼等明清客商带来的建筑璀璨生辉。

徽菜

10 徽菜据说起源于绩溪人供奉汪华的“赛琼碗”，但徽州特有的地理位置、多山多水的地理特征和徽商的崛起，才是让徽菜声名远扬的根本原因。徽菜食材天然，重油重色重火功，甚至以霉臭为美。譬如最为人熟知的臭鳜鱼、毛豆腐，臭味与鲜香的结合令人印象深刻。其实，传统徽菜菜品多达上千道，明清时期徽菜馆曾在扬州、上海、武汉等大码头盛极一时，作为宴请宾客的主角，这一时期的徽菜“由俭入奢”，品质和档次都得到了提升，其口味对于后来的淮扬菜也影响颇深。

11

12

文房四宝

11 歙砚、徽墨、宣纸、宣笔——中国文房四宝在皖南齐聚一地。屯溪老街上，胡开文的老字号（见62页）依然驻扎在此，哪怕只和店主闲聊也能学到不少知识。在绩溪和屯溪，胡开文墨厂（见62页）向旅行者敞开大门，来客都有幸观看老师傅们对墨块"千锤百炼"的全过程。一张纸的前世今生在中国宣纸文化园（见123页）里娓娓道来，要是有兴趣，还能亲手制作一张宣纸带回家。曾为贡品的宣笔依然巧夺天工，去泾县探访笔厂，便可以看到匠人们如何一丝不苟地完成每一道精密的工序。

黄梅戏

12 滥觞于湖北黄梅的采茶调，在清乾隆年间扎根安庆，与徽戏、青阳腔及当地说唱艺术融合后，在乡野草台上孕育出黄梅戏这一新的剧种。如今，委婉悠扬的黄梅乡音早已融入安庆人的血脉，成为挥之不去的乡愁。在中国黄梅戏博物馆（见225页），你可以详尽了解这一剧种的前世今生。想要近距离欣赏，安庆黄梅戏会馆（见229页）每晚均有精彩的演出献上，无论行云流水的平词类经典唱段，抑或轻盈欢愉的花腔，都能让你深切体味黄梅调绕梁三日的美妙。

行前参考

更多信息参考“生存指南”(见273页)。

简称

皖

语言

皖北说中原官话，中部以江淮官话为主，听起来都接近普通话。

皖南多属吴语区，但各地方言差别很大，使得这里的普通话普及度较高。

支付方式

无须携带太多现金，自动取款机随处可见。

手机支付的普及度已经很高，在大多数旅行目的地可通行无阻。合肥支持支付宝电子交通卡，其余地区在乘坐长途汽车和公交车时需要预备一些零钱。

移动电话

手机信号覆盖绝大部分地区，除非前往过于偏僻的深山老林，否则无须担忧。

网络

几乎所有住宿的地方都已配置了Wi-Fi，不少景区也会提供景区内部的无线网络。

何时去

旺季
(1月至5月、7月至8月、10月)

➡ 春天油菜花盛开，赏花踏青盛行于皖南。

➡ “十一”期间各地人满为患。10月下旬，在黟县和荆州乡有令人陶醉的秋色。

➡ 春节期间，黄山、天柱山的雪景吸引着人潮，古村落的民俗活动也是看点。

平季
(6月、9月)

➡ 气温舒适，住宿价格较为合理，游人也不算多。

➡ 6月，淮河以南进入梅雨季节，会给出行带来麻烦，却也适合观赏烟雨中的古徽州。

➡ 9月，秋高气爽，适合进行徒步等户外活动，也是瓜果蔬菜大量上市的季节。

淡季
(11月至12月)

➡ 冬天湿冷，且有降雪。景区人烟稀少，门票打折，住宿优惠。

➡ 在几大名山和皖南的山地村落，云海大多出现在冬春季节的雨后。

➡ 大量珍稀候鸟飞往升金湖越冬。

每日预算

经济 100~200元

- 青旅床位40~60元
- 小吃每餐10~20元
- 利用公共交通和自行车
- 不去一线景点或前往未开发村落
- 通过网络购买打折门票

中档 200~500元

- 连锁酒店标间150~250元
- 能吃到些当地特色菜
- 公交车和包车相结合
- 去一线景点需酌情增加预算

高档 500元以上

- 考虑入住精品民宿奢侈一把
- 可以包车或订制旅行线路
- 体验泡吧、看演出等娱乐活动

网络资源

安徽旅游资讯网（www.ah12301.com）安徽省文化和旅游局官方网站。

安徽省非物质文化遗产网（www.anhuify.net）具体到每一项非遗、每一位传承人的详细信息。有同名官方微信公众号。

合肥本地宝（微信号：bdbhefei）可查询地铁、公交及机场大巴的实时信息。

徽杭古道（微信号：zgjixhhgd）古道最新最详尽的信息以及清晰的VR全景导览。

皖美出行（微信号：wanmeibus）查询长途车，甚至城乡班车的同步信息，网购车票。

庐风（微信号：LC-customs）关于合肥的民俗、风土，以及民间文学。

池州市文化馆（微信号：czswhg2013828）池州民俗、傩戏等演出消息公告。

重要号码

在拨打报警电话时，记得加上区号，这样能帮助警方更快定位。

安徽省旅游质量监督管理所☎0551-2821763

安徽高速24小时路况咨询电话☎0551-96566

公安报警	☎110
医疗急救	☎120

抵达安徽后

- **黄山屯溪国际机场**（见280页）可乘坐18路、19路公交到市区，全程20分钟左右。出租车30元。机场比市区离汤口更近些，可以考虑直接包车前往汤口。
- **合肥新桥国际机场**（见280页）共有4条机场大巴线路（25元，30分钟一班）往返市区。出租车约100元。去往周边部分县市可乘城市直通车，无须去到市区即可中转。
- **安庆天柱山机场**（见280页）距离市区7公里，有机场专线（6:00~18:30）和拥军专线（6:20~18:00）分别抵达客运中心和火车站，20~40分钟一班，票价1元。出租车约50元。
- **池州九华山机场**（见280页）有对应航班的机场大巴分别发往池州市区（18元，30分钟）和九华山景区（20元，30分钟）。

了解更多交通信息，见280页**交通指南**。

新线报

杭黄高铁通车

苦等5年的杭黄高铁终于在2018年底通车运营。从杭州出发，经萧山、富阳、桐庐、淳安、绩溪，到黄山市只需1.5小时。从上海出发最快只要2.5小时就能到黄山北站。

合肥地铁公交更便利

继1、2号线之后，合肥地铁3号线也将在2019年末或2020年通车。大部分公交车安装了扫码仪，支持电子公交卡，没有零钱也可以用支付宝来扫码乘车了。

长冈贤明进驻碧山

2018年10月，日本设计师长冈贤明与碧山工销社合作，在黄山市黟县碧山村设立中国大陆首家合作店——D&DEPARTMENT黄山店。

上庄景区取消门票

曾经由上庄、旺川、石家组成的大景区已取消。2018年开始，除了胡适故居和胡开文纪念馆收取联票，这几个古村落皆可免费游览。

黄山风景区实施有偿救援

2018年《黄山风景名胜区有偿救援实施办法》推出，凡违规逃票私自进入或不听劝阻擅自进入未开发开放区域而遇险的游客，将自己承担相应的救援费用。2019年景区对擅闯未开发区域而被困的游客实施了首例有偿救援行动，被救援人承担有偿救援费用3206元。

徽杭古道入口直达

多年来充当徽杭古道起点的鱼川村退出历史舞台，班车已经可以直达徽杭古道景区正门。这意味着你可以节省步行30分钟的体力。

九华山规范敬香规则

九华山景区内已经取消所有香烛店，提倡拜佛只敬三支香，每座寺庙都会为香客免费提供。

仙寓山进山公路整修一新

仙寓山曾经让自驾者叫苦连天的山路已经整修完成，自驾车可以通畅驶入，班车会继续将你送进村内。

商合杭高铁

商合杭高铁始于河南商丘，经过安徽亳州、阜阳、寿县、淮南、合肥和巢湖，在芜湖穿过一条壮观的跨长江大桥，继续往南过宣城至浙江安吉，终到杭州。这条万众期盼的便捷线路预计将在2020年通车。

绩溪直通黄山

2017年5月，绩溪县启动了连接黄山风景区的“黄山旅游快速通道”——S456绩溪至谭家桥公路建设，预计2019年底绩溪段建成通车。建成后将实现绩宁高速公路、合铜黄高速公路的互联互通，并将绩溪到黄山风景区的车程由原来的1小时40分拉近到40分钟车程。

如果你喜欢

山水

安徽拥有众多的灵山秀水，更难得的是，这些山水都不乏历史的印记。

黄山 安徽旅游头牌。与其盘算要不要去，还不如计划如何避开旺季、独辟蹊径才好。（见65页）

天柱山 古时的“南岳”，如今依旧魅力不减，千岩竞秀的西关，壮丽险峻的东关会让观景和探险的旅行者拥有难忘的体验。（见237页）

九华山 前山是中国唯一的地藏菩萨道场，后山是户外运动的宝地。（见146页）

齐云山 被忽略的好山水，人文底蕴特别深厚，嵌在山上的道教建筑和规模宏大的摩崖石刻令人印象深刻。（见100页）

天堂寨 大别山深处的“华东最后一片原始森林”，以水为魂的峡谷飞瀑充满野趣，而雄关栈道也颇有挑战性。（见220页）

仙寓山 藏于石台、祁门和东至的交界处，海拔1300多米，不但“零污染”，有时还会“零游客”。（见156页）

长江 从采石矶到芜湖旧商埠，逛完大通古镇前往候鸟越冬的升金湖，过江抵达迎江寺，再前往小孤山，皖江边从不缺少壮丽、沧桑的景致。（见34页）

琅琊山 带着醉翁之意，来轻松攀登这座在经典古诗文中名扬千古的小山。（见174页）

乡村

徽州村落给后人留下的是保存完好的古建筑、人与自然和谐相处的农耕文明田园诗。

宏村 无疑是徽州村落里最值得一去的温柔乡。规模大，设施齐全，还有如画的古宅水景。（见103页）

西递 这是黟县村落里徽州建筑最多、品类最全、品质最好的村子，官宅尤其多。（见109页）

棠樾 欣赏着那些曾经带来荣耀的牌坊，反思传统文化给我们留下的一切。（见96页）

南屏 规模庞大，古建保存极好，也是导演们热衷取景的地方。（见111页）

呈坎 胜过了清冷的棠樾，又不似宏村那般浮华，经过元代的环秀桥，走入八卦一般的街巷，你很难不爱上这座巨大的古村。（见83页）

唐模 历代名士勾留、会文之所在。以文人的水口园林著称，珍藏有北宋至明代各大家书法的碑刻。（见81页）

昌溪 世代茶叶大亨、士人辈出的吴氏家族，再加上号称“漆业大王”的周氏家族，共同居住规模极大，其景致之多，被称为“歙南第一村”。（见98页）

阳产村 朝阳升起时，罗马剧场一般环形建造，层叠坐落于险坡上的阳产村的确很美。（见94页）

查济村 走进这片风水宝地，你便能明白先人愿意定居于此的缘由。（见129页）

太极湖村 村形如太极，村内聚集14座精美绝伦的砖雕门楼，堪称徽雕工艺巅峰期代表作。（见140页）

古建筑

宗祠、牌坊、古民居，外加徽雕的画龙点睛——徽派建筑是领略中国古建不可或缺的一课。

胡氏宗祠 龙川胡氏家族的宗祠，五凤门楼器宇轩昂，三雕工艺令人称绝。（见139页）

亳州花戏楼 山门琉璃瓦顶五彩缤纷，戏台木雕惊喜夺目——不要遗漏威武的铁旗杆。（见205页）

广教寺双塔 敬亭山广教寺仅存的古建，清秀四方的北宋双塔，是当地修复得最手下留情的一对。（见119页）

许国石

翟氏宗祠 占地面积达6700平方米，被誉为“中华第一祠”，进入它足以感受自己的渺小。（见128页）

程氏三宅 典型的明代徽州建筑，五开间二层穿斗式。重点观察程梦周宅，在它的五架梁上有罕见的彩图。（见60页）

金紫祠 形制比拟王侯，纵深197米，通面宽31米，号称“徽州第一祠”。（见81页）

员公支祠 规模不大，但保存极好，清代嘉庆道光年间的祠堂木坊斗拱精巧，华美异常，据说有徽州最长的双梁。（见98页）

二甲祠 精美异常的门楼木雕，见木不见砖，体积不大却雕满了大量的戏文故事。（见129页）

许国石坊 这座牌坊有三绝：在所有的牌坊中，形式上独一无二为一绝；在许国生前就立坊为二绝；在石头上仿木接榫为三绝。（见85页）

玉玺楼 子母墙构造的二层转楼，玉玺造型和罗马柱、圆窗的中西式混搭，为安徽古建筑独有。（见219页）

美食

安徽菜绝对不会让长着“中国胃”的你失望。这里的人们讲究五味调和，创造了诸多独特烹调手法，酝酿出了回味悠长的“时间的味道”。

合肥 合肥的口味兼容并包，除了聚集安徽各地老字号徽菜，还有热情洋溢的街头摊档。（见160页）

安庆 这里丰富的小吃让人欲罢不能，大南门牛肉包子、韦家巷汤圆、胡玉美辣酱以及各种老字号特色糕点都能让人品尝到历史的传承。（见224页）

淮南和寿县 哪怕为了满满一碗加上绿豆饼和绿豆圆的地道牛肉汤，也值得专程前来。（见193页和194页）

宿州 澈（sǎ）汤是宿州的特色传统小吃，小鸡喝饼皖北闻名，还有肉烂骨脱、肥而不腻的符离集烧鸡，是给吃货们最好的旅行手信。（见202页）

亳州 清真菜量大味美，个大料实的牛肉馍让你一口难忘。（见203页）

绩溪 可谓“徽菜之乡”，多数徽菜大厨都来自这里。如果你从皖北过来，绩溪的伙食水平会一下子提升到让你泪流满面。（见134页）

黄山 在屯溪和歙县都能吃到正宗的臭鳜鱼和毛豆腐，还有

阳产晒秋

休宁，那里有驰名中外的五城茶干。（见56页）

博物馆

众多博物馆诉说着安徽大地上古往今来的历史沧桑与文化果实。

安徽博物院 即使不在合肥多停留，也值得来这里预习、概览一下全省的精彩看点。（见164页）

源泉徽文化民俗博物馆 一家非常专业的民间博物馆，有从安徽各地收来的古建筑和构件。（见166页）

徽州文化博物馆 黄山市最权威的博物馆，内容丰富、规模大，是了解徽州必去的博物馆。（见62页）

绩溪博物馆 精心设计的现代化博物馆，用7个展厅呈现绩溪徽州文化的方方面面。（见134页）

皖西博物馆 丰富精彩的青铜器和墓葬文物最为吸睛，颇具情趣的民风民俗展也让人目不暇接。（见213页）

中国黄梅戏博物馆 展示了这门“采茶戏”从无到有、从民间小戏走向辉煌的历程。（见225页）

秀山门博物馆 池州私人博物馆，藏有3700余件来自安徽各地的木雕、砖雕、石雕构件，让人大饱眼福。（见154页）

皖南民俗博物馆 清代徽派老宅改建的民间博物馆，摆满了2000多件当地的民间古董。对面的皖南皮影博物馆还原了当地皮影戏的戏台和道具。（见122页）

蚌埠市博物馆 藏品丰富、布展新颖，关于双墩遗址和钟离国君墓的展厅非常精彩。（见197页）

凤阳县博物馆 明中都故城中发现的精美石构件大多收藏在这里，值得仔细欣赏。（见198页）

名人故居

安徽有无数值得敬仰的前辈先贤。名人故居有些保存完好，有些则破败不堪。

胡宗宪尚书府 这座庞大豪宅的增建前后跨越了十二代族人。5000平方米的占地面积，却无一处空落，“二十四门阙”串联得高低错落，处处可见主人的生活情趣。（见139页）

胡适故居与胡开文故居 来上庄分别瞻仰新文化运动旗手和徽墨大家的雅致居所。（见141页）

李鸿章故居 合肥闹市中的李府宅邸，除了看精美雕刻，也能了解这位清末重臣组建淮军的历史。（见164页）

世太史第 这座隐藏于闹市中的七进明清院落是出了四代翰林的赵氏家族宅邸，宗教领袖和书法大家赵朴初亦出生于此。（见225页）

两邓故居 清代书法篆刻大师邓石如和他的六世孙邓稼先的故居，是安徽人杰辈出的明证。（见225页）

海子故居 查湾村村口三间不起眼的民房就是传奇诗人海子的故居，新建的海子纪念馆和文化广场坐落在故居东侧。（见231页）

桐城名人故居 在桐城老街里寻找姚莹、姚鼐的故居，这些深藏在小巷中的房屋多半已残破不堪，不为人知。（见234页）

徒步

安徽的徒步之旅大多老少皆宜，一双合脚的鞋子，一瓶矿泉水，就可以轻装上路。

徽杭古道 由安徽通往杭州的古驿道，是探古访幽的热门路线。难度较低，堪称老少皆宜。（见142页）

吴越古道 是安徽与浙江之间的通道之一。全程只需3个小时，终点是千米高山上的浙西天池。（见142页）

家荆古道 从家朋乡翻越荆礅岭到荆州乡的步行路线。保留着层层的石板路，在当地人心目中景色绝不亚于徽杭。（见144页）

白际 以徽开古道为主，从岭脚到白际，继而抵达浙江泰夏或茶山。前段搜罗驿道遗迹，后段则可在瀑布、峡谷和梯田、古村林中作选择。（见101页）

箬岭古道 在这条跻身"中国最美森林古道"行列的隋唐官道上，感受千古遗风。（见78页）

白马尖到龙井峡 从大别山一千多米的主峰白马尖穿越至龙井峡，一路上飞泉落瀑、古木葱郁，是充满野趣的经典线路。（见222页）

漂流

不甘远观山水，也可亵玩于其中。这些河川或跌宕起伏，或平静舒缓，你有绝对充足的选择。

霍山大峡谷漂流 一定不要错过华东地区规模最大的漂流点。2.5小时的跌宕起伏，会让人大呼过瘾。（见219页）

青弋江漂流 青弋江穿泾县而过，目前泾县有3处可以漂流的河段。在夏季的周末，漂流点附近经常会堵车。（见126页）

秋浦河漂流 秋浦河是池州最著名的长河，漂流是体验这条长河的最佳方式，上下游诸多河段都开发了各具特色的漂流活动。（见156页）

汤口漂流 离汤口镇不远的两处漂流，水势都比较平缓，刺激程度相当，好处是交通便利。（见72页）

杨家寨漂流 河流水势不小，玩皮艇颇为刺激。如果不想过于激烈，可选择相对平稳的竹筏漂流。（见75页）

天水涧漂流 3.8公里长的河道为大别山碰撞造山带，拥有不少险滩，旺季时常人满为患。（见222页）

飞龙峡漂流 以龙文化为主题的冲浪式漂流，河谷两岸的美景让你在水上冒险的同时也能大饱眼福。（见222页）

当地人推荐

张建平

黄山市祁门人，人文纪实摄影师，"徽州之友"民间文化遗产保护项目创始人。

对于想拍好安徽古镇古村的人文摄影爱好者，你有什么建议？

拍摄前要对当地的人文历史做好"功课"：寻找了解古镇历史的老人，找寻老街巷，观察古建筑细节所传递的历史信息；对于那些聚族而居的古镇，还要寻找家族宗谱，梳理人文历史脉络。

在徽州拍摄传统民俗，你有哪些精彩目的地推荐？

任何民俗都要追根溯源它所处的历史和地理环境，我更喜爱那些活着的、从村庄里"生长"出来的、与生活信仰息息相关的民俗，比如休宁右龙的板凳龙，歙县汪满田的嬉鱼灯，叶村的叠罗汉，婺源县坑口村抬汪公，祁门县马山村、历溪村、栗木村的目连戏，祁门县磻村的"祭百神"，都是村民自发组织的民俗。这些民俗活动通常从正月初一持续到十六，周边住宿、交通都很便捷，有些地方吃饭不太便利，最好跟投宿地提前联系好。

对于古建保护，普通旅行者能做什么？

首要的是尊重当地的民风民俗，不要轻易购买古建上的构件以及那些承载着家族记忆的老物件，一旦这些老物件离开它们的历史"环境"，会让古建的人文历史严重流失。可以多买一些当地人生产的农副产品和手工艺品。

汪新

徽州民宿主人。

除了传统景点，徽州还有什么好玩的？

在知名的古村落之外，徽州还有很多不收门票的村子也非常有意思，清静、环保，更需要大家去关注。比如歙县的昌溪和万二村，以及祁门的一些小村庄。徽州也有很多古道，比如箬岭古道、搁船尖古道，沿途景色很好，有些没开发的小村子，很适合怀古。

什么时候造访徽州最合适？

除了每年春夏之交的梅雨季不太合适，其他的季节都各有看点。春天可来徽州赏花，比如卖花渔村，还有枇杷成熟季节的三潭地区。徽州的夏天比较热，但因为是暑期，所以适合亲子游和研学旅行的文化体验类活动也非常多。塔川和阳产的秋景很美。冬天是民俗活动特别密集的时间段，在瞻淇、汪满田、许村都有规模很大的民俗集会、灯会等；冬天姬公尖的柿子也很漂亮。

对于来寻找文化的旅行者有什么建议？

文化对一个地方的影响是方方面面的，建议大家和当地人多打交道，入住本地人经营的民宿，对当地的文化有更为具体和直观的认识。此外就是打破对徽州的刻板印象，比如不要用"程朱理学"标签化徽州，其实在西溪南、唐模这些地方，你能感受到古代的文人力量是很强大的、很享乐主义的，宗族势力并不能束缚他们。包括我们自己也在找回徽州的文化，例如游客吃的毛豆腐，都是用现代工艺发酵的，味道都和我小时候吃的不一样。徽菜在创新的同时能够保持传统的制作手法也是很重要的。

刘小龙（龙哥）

九华山户外运动协会创始人。

对于第一次来九华山的旅行者您有什么建议？

如果是烧香拜佛，那自然要去前山（九华山景区）。除了叩拜寺院，不要错过百岁宫旁的睡佛观景台。在爬到天台之后，一定要去最高的十王峰，俯瞰九华山山脉的全景，也是欣赏日出日落的地方。喜欢看景的话，花台还有逼真的“天然石佛”和“定海神针”。想看更多的自然奇景，可以探索后山。

什么季节来九华山最好？对于摄影爱好者有什么拍摄建议？

一年四季都可以来，每个季节看点不同。春天杜鹃花最美，一般4月山下已经满山红，花台海拔高，高山杜鹃5月才开放。秋季最大的看点是枫叶，但别忘了天台附近还有5棵千年银杏，10月左右通体金黄，相当上镜。夏季，闵园山谷有大片的竹海。冬季，拍摄雾凇、冰挂记得要在9点之前，趁露水未化，光线较弱，冰雪才恰好呈现银白色。

九华山后山有没有特别的亮点？

后山有很多可玩之处，九子岩、狮子峰、莲花峰、大沽岭，以及天华峰上观看天蟾望月，都是非常不错的景点。另外，很少人知道九华山上还有一片“高山沙漠”，也叫白沙岭，是一条沙化了的高山山脊，海拔约1200米，有点像黄山的鲫鱼背，窄的地方只能容下一只脚，但两侧风景绝佳。连接它的还有一条5公里左右的古道，保存完好，传说是李白第一次来池州秋浦会友时走过的。

萧寒

合肥市民俗民风独立研究人。

安徽中部的美食有什么特点和亮点？

食物口味上，合肥人、六安人、巢湖人喜咸，冬天尤其喜欢腌制咸货，鸡鸭鱼鹅菜都会制作。

总体而言，合肥菜咸鲜适中，酱香浓郁，代表菜有李鸿章杂烩和包公鱼。芜湖、马鞍山菜属于沿江菜，善烹江鲜、家禽，烧菜用糖，讲究鲜醇、酥嫩、清爽、浓香。铜陵是一个新兴的矿业城市，号称“铜陵虽小，八宝俱全”，居民来自天南海北，饮食口味上南北融合，不过“土著”在菜式上仍受到沿江菜的影响，以江鲜、河鲜为主，但是，臭鳜鱼、毛豆腐一类的徽州名菜在铜陵也有相当历史。

在合肥旅行，有没有什么让人惊喜、眼前一亮的点？

严格来说，个人并不认为合肥是座旅游城市。在合肥和周边，水域景观推荐巢湖，晨起观日出，白天乘船游览巢湖中庙、姥山岛，还可品尝巢湖鱼。遗址遗迹推荐参观包公园，肥东县陈集乡的吴复墓；还有清代淮军圩堡庄园，如刘老圩、张老圩等。地文景观推荐合肥浮槎山、紫蓬山，适合徒步旅行和户外体验。

还有三十岗崔岗艺术家村，这里毗邻合肥水源地，环境优美，村内有多所艺术家工作室；台湾科学家合力开垦的小团山香草农庄，日常致力于人文教育和香草营养食物的开发。此外，合肥的小龙虾也是享誉全国的，可以在夏天的时候，过来感受龙虾节。

（**上图**）卖花渔村的春天
（**下图**）歙县北岸镇的板凳龙

©黄山海棠/图虫

省钱妙计

精明的旅行者总能找到各种办法跑赢物价，以下就是我们的作者精心总结的各路省钱妙计。

住宿

➡ 在官网上预订品牌连锁酒店，往往比在订房网站预订更划算。

➡ 团购网站也会给出30%~50%的价格优惠，但房型就不能有所要求了。

➡ 可以通过办卡获得优惠，譬如国际青年旅舍（YHA）卡、连锁酒店卡等。

➡ 可以住到高校周边，那里有许多面向学生的小旅店。

➡ 遇上春节、“十一”黄金周，预订越早，后悔越少。

➡ 如果停留的时间久，不妨向店主询问长租房的价格，往往会比短租便宜不少。

餐饮

➡ 有些青旅、酒店式公寓提供自炊厨房，自己动手，丰俭皆宜。

➡ 尽量在远离旅游区的地方用餐，这样可以避开被宰的陷阱。

➡ 安徽各地的小吃很多，留意窄小的百年老店，它们足够应付各种大胃王，不贵还能吃好。

交通

➡ 尽量选用公共交通，或骑自行车出行，一些青旅和客栈会提供自行车出租服务，越来越多的城市已有便宜方便的共享单车。

➡ 安徽境内铁路交通发达，有不少经济实惠的普快列车供选择。

➡ 留意古镇、古村落等地青旅的布告栏，你可以在此找到拼车信息。

➡ 著名景点如九华山，从机场、高铁和中转城市都有便利的公交车，价格是长途车的一半。

➡ 安徽中部和北部，普快列车和长途汽车一样四通八达，且速度相当，价格却更便宜。

门票

➡ 在旅游网站或淘宝网上购买门票，常能获得意想不到的折扣，有时还有赠送景点接送的服务。

➡ 当地很多的青旅、客栈和农家乐能帮旅行者拿到折扣门票，包车司机不时有打折甚至免费参观的门路。

➡ 大部分古村落总有除大门以外的小巷口可以进出，不过这样就不能进祠堂之类的会查票的景点里游览了。此外，若被发现，还有被工作人员请出去的可能。

➡ 部分大型景点凭门票可以获得短驳交通的折扣优惠。

购物

➡ 通过网购价格了解土特产的行情。

➡ 直接到原产地的选购，从村民手中或当地人开的店铺购买当地特产（如茶叶、野生菌，甚至笔墨纸砚），这样买东西不仅便宜，还能给当地人带来一些实际的帮助。

旅游淡季

➡ 淡季出行是不变的省钱真理。黄金周后价格一般也会大幅下跌。

➡ 如果能避开周末，你不仅可以享受大幅的住宿价差，还能看到更清净优美的风景。

➡ 在比较偏远的县市，淡季时一些景点的售票处干脆关门。而进入皖南的一些古村落时，基本不要门票。

每月热门

最佳节庆

新年，农历正月初一至正月十五

油菜花盛开季，3月至4月

地藏菩萨诞辰，农历七月三十

中秋节，农历八月十五

天贶节，农历六月初六

1月至2月

虽然这时天寒地冻，游人不多，但不应该算是真正的淡季。除了几大名山壮美绝伦的雪景外，亮点是安徽各地浓厚的春节气氛，尤其是在乡村。

名山雪景

无论是黄山、天柱山，还是九华山、齐云山、天堂寨，俊秀的山景加上皑皑的白雪，永远有旅行者无法拒绝的壮美。运气好时还可以看到雾凇和冰瀑。

歙县正月民俗

正月里，歙县乡民异彩纷呈的原创表演极具乡土气息，例如正月十三到十六的汪满田嬉鱼灯、正月十五许村的舞大刀、正月初八到十五的瞻淇村的嘻嘻鱼灯等。

凤阳花鼓戏表演

凤阳花鼓戏过去是艺人的乞讨谋生手段，在丰衣足食的今天面临失传的危险。目前，在凤阳县的春节庙会中还能见到这门古老的戏种。

池州傩戏

以祭祖、驱邪纳福和娱神、娱祖、娱人为目的的傩戏在池州农村地区依然延续，春节期间几乎天天有戏可看。

卖花渔村和蕃村梅花

每年2月下旬至3月上旬，卖花渔村和蕃村漫山遍野的梅花与青松翠竹呈现出秀美绝伦的新安江景致。

九华山烧头香

大年三十赶来九华山烧头香；年初五拜财神。这两项活动都让九华山变得人山人海。

呈坎村杀猪饭

在黄山徽州区呈坎村，腊八至春节时有宰猪习俗，还制作各式与猪有关的菜。旅行者可以提前一个月向景区预约，体验这个项目——亲眼目睹杀猪并享用杀猪饭。

3月至4月

阳春山花烂漫时正是皖南的旺季，游人蜂拥而至，一睹黄花遍野的盛景。

油菜花盛开季

漫山遍野的油菜花和白墙黑瓦的老屋相映衬，这是徽州最美的时候。绩溪的家朋乡在此期间举办油菜花节活动。

黄山山地车节

每年3月底，来黟县参加一年一度的黄山国际山地车节，穿梭在如画的风景里将是令人难忘的体验。

新茶飘香

作为中国名茶的主要产区，黄山毛峰、六安瓜片和霍山黄芽等驰名中外的绿茶都在清明节前进入最好的产季。

黟县桃花节

一年一度的黟县桃花节在3月底或4月初举办，这是黄山最美丽的季节。

中科大赏樱

3月中旬开始，合肥中国

©视觉中国

（上图）家朋油菜花
（下图）池州傩戏

科技大学东区的校园内樱花盛开，是漫步校园的最好时节。

半汤郁金香

3月至4月期间，巢湖城北半汤郁金香高地的郁金香鲜艳绽放，适合自驾去赏花。

5月至6月

进入初夏时节，安徽的各景区进入小小的低潮，除了节假日以外游人不多，丰水期即将到来，流泉飞瀑与峡谷将大放光彩。

枇杷季

5月中旬到6月上旬来歙县，清甜多汁的三潭枇杷就在此时成熟。

7月至8月

进入盛夏时节，安徽酷热难当，跑到深山里避暑漂流是个不错的选择。另外，如果一心向佛，不要错过九华山的佛教节日。

漂流旺季

在泾县、石台、黄山，都有大大小小的漂流项目等着你。湿身消暑的同时别忘了保护好相机。

天贶节

农历六月初六，在天堂寨等大别山腹地还会庆祝天贶节，这个节日起源于宋代，主要的活动是"请姑姑"，而今已经变成了一项民俗活动。

盂兰盆节和地藏菩萨诞辰

在农历七月十五的盂兰盆节，你可以在九华山看到很多平日里不多见的庙会表演和佛教仪轨。另外，在农历七月三十的地藏菩萨诞辰，九华山的各庙宇要连续举办七天的"地藏法会"。

雪梨成熟季

每年8月，甘甜多汁的婺源特产江湾雪梨进入全面成熟季，这是生津润肺的佳品和中秋节馈赠好友的好礼品。

9月至10月

9月是长江流域吃鸭子的好季节。中秋节和"十一"黄金周都能吸引很多游人。这是继春天之后的又一个小旺季。各地的旅游节层出不穷，尽量提早预订房间和车票吧。

中秋龙灯

在歙县许村，每逢八月十五都有舞草龙、布龙和大刀的习俗。

蜜橘采摘季

从10月中旬到11月中旬，歙县酸甜多汁的三口蜜橘进入集中采摘季节。

江蟹捕捞季

喜食螃蟹的旅行者不要错过芜湖有名的长江江蟹，虽然价格昂贵，但其膏腴满口的肥美会让你欲罢不能。

马鞍山中国李白诗歌节

10月16日前后，马鞍山市会举办李白诗歌节，以吟诵和音乐剧等多种方式来表现诗歌艺术。

11月至12月

初冬时节的安徽虽然人少，但这里依然有着别样的风采。摄影爱好者不会放过这一层林尽染的季节。

红叶季

从霜降后的10月下旬到11月下旬，黟县塔川有着迷人的红叶景观。

贡菊采摘季

歙县金竹岭的徽州贡菊是珍贵的中药材，既可泡茶也可配药。立冬时节是其最佳的采摘季。

太平湖花海

在11月的太平湖畔，湿地边会成为一片浪漫的紫色花海，千万朵蓼花的怒放让这里变成童话世界。

黄梅戏艺术节

通常11月在安庆举办，黄梅戏演出是主打节目，除此以外还有地方戏曲和花样翻新的美食。

观鸟季

秋冬季节虽然没有油菜花，却有数十万只候鸟来到池州升金湖过冬，届时也成为观鸟爱好者的盛大节日。

©老孟达/图虫

计划你的行程

旅行线路

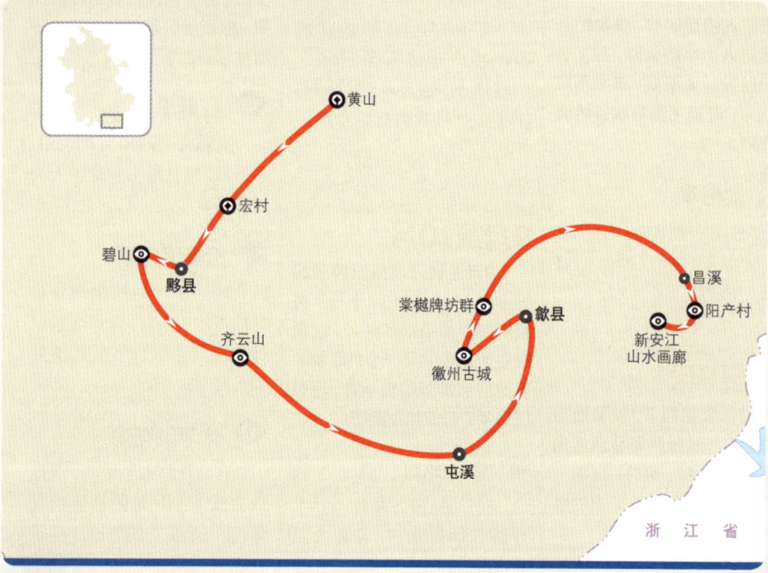

7天 徽州山水精华线

用黄山来开启你的安徽之行，再转向山脚的田园村落，领略最经典的皖南风光。探访古村、古城、古建，享受徽州美食，这一周的每一天都会收获满满。

花上两天时间尽情欣赏**黄山**（见65页）俊逸洒脱的山景。之后，南大门汤口镇的景区大巴可以将你送往**宏村**（见103页），游览完这片"世界文化遗产"，不妨找一间徽派客房过夜，享受臭鳜鱼、毛豆腐等徽菜特色美味。次日，可以借道**黟县**（见102页）前往西递，但我们更建议去一下**碧山**（见112页），看一下徽州古村落改造的不同可能性。第四天，从黟县前往屯溪，如果是自驾或者对摩崖石刻有兴趣，可去**齐云山**（见100页）瞻仰道教的福地。在**屯溪**（见60页）除了走走商业化的老街，别忘了前去探访唐模、呈坎。第六天，抵达**歙县**（见85页），这里是古徽州的中心，你可以腾出一天步行游览**徽州古城**（见85页），好好端详许国石坊，并出城寻找横截练江的渔梁坝。最后，造访大名鼎鼎的**棠樾牌坊群**（见96页）。如果还不过瘾，可以深入东边的**昌溪**（见98页）和**阳产村**（见94页）等游客稀少的村子。如果是春天，则不要错过**新安江山水画廊**中的美丽村落（见93页）。

©视觉中国

（上图）碧山书局
（下图）棠樾牌坊群

（**左图**）查济村
（**右图**）绩溪龙川村

©李潇/图虫

©视觉中国

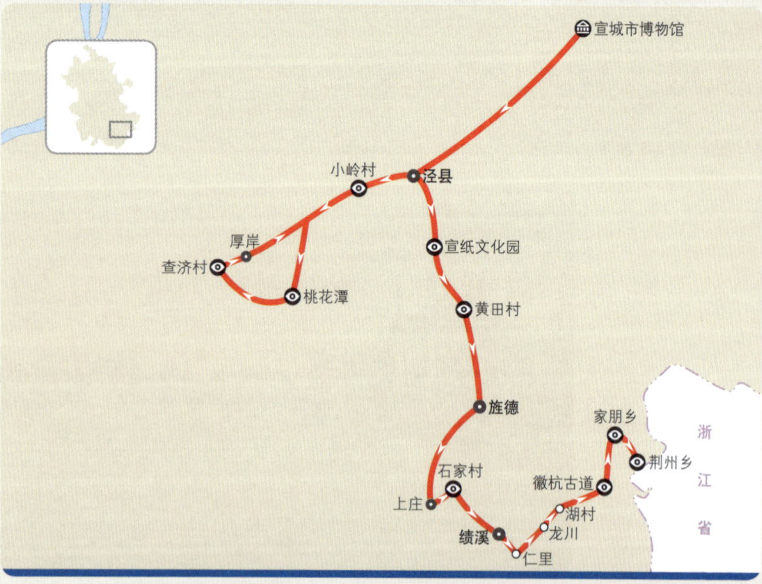

6天 另辟蹊径的皖南线

如果觉得黄山、宏村和西递太过大众化，不要忘记皖南还有美丽的宣城。这里不乏灵动的山水、村落，也有令人惊叹的古建、古道。最重要的是游客稀少。

抵达宣城可以先游览一下**宣城市博物馆**（见119页）再前往**泾县**（见123页），第二天在两大景点**查济村**（见129页）和**桃花潭**（见128页）中择一游览，我们推荐前者，且建议留宿一晚。次日回程的途中可以顺道游览**厚岸**（见125页），如果自驾或者时间充裕可以造访**小岭村**（见125页）。第四天，早起坐上往南的班车，途中可以停留**宣纸文化园**（见123页），参观为人称道的宣纸的制作过程。之后途中的**黄田村**（见130页）也值得一看。当晚可以在舒适的**旌德**（见130页）停留一晚，顺便看看城内的古桥和古塔。第五天，先坐发往**上庄**（见140页）的班车，除了胡适故居和胡开文故居，**石家村**（见141页）很值得一看，若有兴趣还能参观徽墨厂。晚上到达**绩溪**（见134页），让这个徽菜之乡好好款待你。第六天，先花半天参观绩溪博物馆和三雕博物馆，再前往三个相邻的村庄：**仁里**（见136页）、**龙川**（见139页）和**湖村**（见140页）。如果春暖花开或者秋高气爽，不妨体验小半程**徽杭古道**（见142页）。想要探寻更美好天然的风景，我们建议你前往**家朋乡**和**荆州乡**（见144页）。

6天 长江沿线游

安徽长江边从不缺少壮丽而沧桑的景致，从马鞍山出发，逆流而上，探访一个个性格各异的沿江城市，既可投身自然风光，又能不时与古迹偶遇。

旅程可以从最东部的马鞍山开始。第一天在市区参观**马鞍山市博物馆**（见182页）或**朱然家族墓地博物馆**（见182页），傍晚在雨山湖畔散步。第二天前往**采石矶**（见181页），登高远望大江东去。第三天前往**芜湖**（见184页），途中可以先乘公交至当涂县去拜谒**李太白墓**（见183页），之后在**芜湖滨江公园**（见186页）周边寻找开埠时的西洋建筑，再到**赭山公园**（见187页）登高眺望城景，也别错过公园附近的**徽商博物馆**（见186页）和**广济寺**（见186页）。第四天乘火车抵达**铜陵**（见188页），到**铜陵博物馆**（见189页）欣赏由古至今的精巧铜器，再到**大通古镇**（见188页）逛老街，乘渡船到和悦洲去偶遇江豚。

继续西行，来到**池州**（见154页），秀山门博物馆是市区唯一值得的去处，如果是冬季，观鸟爱好者不要错过候鸟天堂**升金湖**（见155页）。从这里径直向北到大渡口过江，江北的安庆有古朴雄浑的**迎江寺**（见224页）和振风塔等待着你，同时安庆的小吃也不容错过。如果有心继续向西，舟车劳顿一番后抵达宿松县的**小孤山**（见241页），其与彭浪矶遥相对峙的壮观景致会给你的长江游画上完美的句号。

（左图）大通古镇鱼货摊位

（右图）采石矶

7天 皖北深度访古之旅

专程前往皖北的旅行者，多半有一颗深度探寻的好奇心，建议你出发前先做好可能会失望的心理准备，再到那些中原气息浓郁的城镇中寻找惊喜。

可以从交通枢纽**蚌埠**（见197页）开始旅程，先花半天时间游览**蚌埠市博物馆**（见197页）和**汤和墓**（见197页），去天桥花鸟市场品尝本地小吃，再转到**凤阳**（见198页）。第2天游览**凤阳县博物馆**（见198页）和**明中都故城遗址**（见200页），下午去**明皇陵**（见200页）后回到古城登上**鼓楼**（见199页）。第3天折返蚌埠，转车去往**淮南**（见193页），去田家庵（见193页）逛老镇吃碗牛肉汤后乘坐淮河轮渡，再从淮南转至**寿县**（见194页）。第4天登上**古城墙**（见194页）俯瞰老县城，再去**寿县博物馆**（见195页）和**报恩寺**（见195页）。第5天从寿县折返淮南，乘火车去**阜阳**（见209页方框）转至亳州，转车间隙别忘了吃一碗阜阳格拉条。用牛肉馍早餐开始第6天，在**亳州**（见203页）城中寻找与曹氏家族有关的古迹，去北关看**花戏楼**（见205页）和**南京巷钱庄**（见205页）。第7天从亳州坐火车返回合肥，车次不凑巧的话，去阜阳中转选择更多。

如果自驾，还可把**宿州**（见202页）和**淮北**（见207页）加入你的旅行线路，把**大泽乡涉故台**（见203页）等公共交通不便到达的看点串起来。这个地区还有一些与汉代画像石（见208页方框）和隋唐大运河（见207页方框）相关的看点，同样适合深度访古旅行者去探寻。

（上图）寿县古城墙

（下图）明中都鼓楼下跳着钱杆舞的老人

河南省
花戏楼
亳州
南京巷钱庄
淮北
江苏省
宿州
大泽乡涉故台
阜阳
汤和墓
蚌埠
明中都故城遗址
蚌埠市博物馆
凤阳
鼓楼
凤阳县博物馆
明皇陵
淮南
寿县
报恩寺
古城墙
寿县博物馆
河南省

计划你的行程

负责任的旅行

自从Lonely Planet诞生以来，"负责任和可持续的旅行"（Responsible & Sustainable Travel）一直是我们秉持的理念。如果在旅行途中能对当地文化、环境及居民有所裨益，你走的每一步都会更有意义。下面的一些小贴士可以帮助你保护和支持安徽的自然与人文环境，切实帮助当地人与社区。

参考网站

➡ **中国民促会绿色出行基金**（www.cleanair.net.cn）教你如何绿色出行。

➡ **安徽省非物质文化遗产网**（www.anhuify.net）具体到每一项非遗以及其传承人的详细信息。有同名官方微信。

➡ **安徽湿地网**（www.ahwetland.com）安徽省内各大湿地的现状和保护，不定期举行公益环保活动，更可以查询到观鸟信息。

对文化负责

➡ **尊重当地文化和传统** 多了解一些当地的生活习俗和文化传统，尊重当地人的禁忌。

➡ **保护古建筑** 安徽古建筑众多，多为脆弱的木结构，参观过程中务必爱护一砖一瓦，不得乱涂乱画。在进入居民老宅前要先征得许可，对于一些有待维修的建筑，不要擅闯或攀爬。注意遵守禁火规定，在木构建筑中更要杜绝明火。

➡ **尊重宗教戒律** 在进入九华山、齐云山等宗教场所时，尊重其宗教的戒律，服从寺院安排，留心各种禁忌提示，未经允许不要擅自拍摄佛像和宗教活动等。

➡ **拒绝导游不负责任的引导** 文物是不应该随便触碰的，哪怕导游或是当地人说这样做会带来好运。

对环境负责

➡ **带走你的垃圾** 在山间徒步或游览自然保护区时随身携带垃圾袋，不要把城市垃圾带到乡村和自然环境里。

➡ **尽量节约能源** 使用水、电和燃料时要节俭。条件允许的情况，优先选择步行、骑车或者乘公共交通工具。

➡ **保护生态环境** 在自然环境中（尤其是自然保护区内）不要随手采摘花草，也不要对动物热情投食；拒绝购买珍稀植物和野生动物制品；拒绝野味。

对当地人负责

➡ **确保当地人直接获益** 确保你的消费对当地经济有贡献。尽量选择当地人开的旅店或者家庭旅馆；吃路边摊和家庭餐馆。

➡ **从当地人手中购买工艺品** 安徽的文房四宝以及各种民间手工艺品众多，请尽可能从当地手艺人那里直接购买手工艺品，尊重劳动心血，不要过分压价。

晨雾下的村庄

计划你的行程

安徽古村落

古代的世家大族历经数百年、一代又一代人接力传承，在徽州为自己家族打造的人间天堂。无所不在的宗祠、支祠如同众多神殿，水口的楼阁如同园林，牌坊群如同宫阙望柱，巧妙划分的水系暗合天理，鳏寡孤独皆有所养的儒家思想在这里被严格地实施。旅行者今天来到这里，不妨尝试着用古人的眼光去体会他们如何打造心目中的天堂。

适合……的最佳村落

喜欢热闹的观光客

宏村 南湖和月沼自不必说，还有《宏村·阿菊》的实景演出和滑翔伞。

呈坎 毛豆腐和宝纶阁是两大法宝。

阳产 躲不过的镜头，黄土房子和精心布置的"秋景"。

另辟蹊径的背包客

石潭 不仅有云海，还有缓缓延伸入峡谷的步道。

历溪 沿着村口的古树林和古道，可一路向着牯牛降进发。

礅头村 看梯田风光，寻村内古迹，登顶饭甑尖，徒步家荆古道。

美食家

灵山 不可错过的灵山米酒，用山泉水酿造。

上庄 令胡适魂牵梦绕的"绩溪一品锅"就源自这里。

查济 传承四代的豆腐坊，至今每天坚持手作。

文化深度体验者

许村 从南宋开始发迹的豪族，至今在村中心还有豪华的元明时代建筑群。

龙川 胡宗宪故里，与许村的海商集团共同构成解读明代东南沿海"倭患"的钥匙。

碧山 从碧山工销社到猪栏酒吧，值得到碧山亲眼看看知识分子、文艺青年们的理想与实践。

民宿爱好者

西溪南 徽州最大的民宿集群，古民居、旧政府、新建园林，应有尽有。

碧山 以猪栏酒吧为绝对主力的新兴民宿群体。

南屏 深藏街巷的小民宿，但绝不缺失自己的风格。

汪满田嬉鱼灯

村落分布

安徽的村落精华，尽在徽州及其外围的泾县、宣城等地。徽州的古村落自南朝、唐朝末年以及南宋逐渐迁入形成，以宗法制度为纽带，所谓"千年之冢,不动一抔，千丁之族,未尝散处，千载之谱系，丝毫不紊。"因此，徽州的村落表现出高度的一致性。就分布而言，徽州山高水长，豪族的村落多分布在新安江及其支流的率水、横江流域的肥沃可耕地和丘陵上，而小宗则不得不居于更高也更贫瘠的土地上。就县域而言，歙县及休宁是徽州最富裕的地方，古村镇也最多，但休宁破坏尤其严重。黟县原属徽州较为贫瘠的地区，因为破坏小，反而后来居上，成为徽州旅游最发达的县城。沿着青弋江南下，有著名的查济、江村和上庄；围绕黄山周边，也有众多的古村落，例如呈坎、西溪南和唐模等。

村落体验

层叠的白墙黑瓦，威严的座座祠堂，都

在不断加深你对徽州的固有印象，即便是村口秀美的山水也不能挽救。对艺术和历史的潜心研究，或许能让你在徽州村落中找到新的乐趣。此外，通过深入体贴的古宅民居体验，或者是碧山一样结合民俗与现代设计的大胆尝试，也能别开生面，让你对徽州产生不同的感受。

摄影

徽州村落摄影有几大固定主题：老人提着水桶走在牌坊之下，时光流转中的砖雕、木雕细节，水气朦胧中的宗祠和古宅。延时、优美的滤镜和大光圈都是摄影师不可或缺的法宝，甚至在很大程度上构建了人们对徽州的想象。在油菜花和梅花盛开的季节，来到徽州拍摄"ins风"美图和抖音视频的博主们、身着汉服的年轻人，都成为解读徽州视觉的新方式。

过节

徽州过节总和年俗相关，因为只有这个时候，大量年轻人才会回到故乡，让这些古村镇重新恢复活力，宗族和祠堂也会变得活跃，组织种种活动。例如歙县汪满田嬉鱼灯节期间，汪氏族人会聚集在宗祠里，点燃鞭炮和烟花，举着6条大型鱼灯和一些中小型鱼灯在村中游走。许村则通过大刀舞表达对祖先赫赫战功的追思，其中最大的一把大刀灯笼长达10米。此外还有一些村落开发出针对旅游的节日，例如歙县三潭的枇杷节以及绩溪的徽菜美食文化旅游节。

留宿

呈坎和西溪南是躲避喧闹的住宿地，明清古宅改造的民宿能让你有宅院燕居之感。泾县的查济村拥有完备的接待能力，既有接近三星水平的精品民宿，也有小巧温馨的青年旅舍，你的"邻居们"大多会是背着画板的准艺术家；桃花潭畔的诗画山水酒店拥有大片私家园林，独栋的徽派客房临水而建，让你尽享烟雨朦胧的清晨湖景。

特色村落概览

歙县

村落	交通情况	住宿条件	特色
渔梁坝	自歙县县城步行5公里左右	有成熟的客栈	著名古代水利工程
昌溪	从歙县出发，距离歙县33公里	有成熟的农家乐	两个大家族共居一村，且有"员公支祠"这样精美的木建筑典范
阳产	乘坐歙县至深渡的班车，到深渡后包车或拼车去阳产	有多家农家乐和一两家精品酒店	阳产土楼秋景已经成为一个品牌
许村	歙县城北市场乘车前往	有多家农家乐和一两家精品民宿	豪华的元明时代建筑群才能配得上许村辉煌的家族历史
石潭	从歙县乘车前	有多家农家乐	能在山脊上看到云海弥漫的景象
棠樾	从歙县乘车前往	有多家农家乐	著名的牌坊群

休宁

村落	交通情况	住宿条件	特色
古城岩	距离休宁县城约5公里，步行、自行车均可抵达	无住宿	古建筑的避难所，将许多古建筑搬迁后集中展示
万安古镇	距离休宁县城约5公里，步行、自行车均可抵达	无住宿	一度繁华、如今萧条的河畔古镇
黄村	在休宁胜利台广场车站坐往五城镇的班线车，在黄村下	有一两家农家乐	明代的进士第展现出明清之际休宁的辉煌

特色村落概览

续表

黟县

村落	交通情况	住宿条件	特色
南屏	从黟县汽车站乘车可达	有多家农家乐和民宿	迷宫一般的古村中隐藏着《菊豆》的拍摄地
屏山	从黟县汽车站乘车可达，也可步行或乘车去	有多家农家乐和民宿	秀美的古村落成为大学生写生圣地
宏村	从黟县、屯溪均可乘车抵达	有多家农家乐和民宿	名副其实的徽州旅游第一村，月沼和南湖是点睛之笔
西递	从黟县、屯溪均可乘车抵达	有多家农家乐和民宿	出镜率极高的西递景色，古宅鳞次栉比
碧山	距离黟县只有几公里，步行、自行车和乘车均可抵达	有多家农家乐和民宿	最大的看点是当代艺术与徽州传统建筑、工艺的结合

祁门

村落	交通情况	住宿条件	特色
历溪	从祁门汽车站坐开往岩岭镇的班线车，到前往历溪村的路口下，再步行7公里可到	无住宿	除了目连戏外，村外古道林木蓊郁

徽州区

村落	交通情况	住宿条件	特色
呈坎	从屯溪乘坐汽车可达	有多家农家乐和民宿	毛豆腐和宝纶阁是最鲜明的特色
灵山	从屯溪乘坐汽车可达	有一两家农家乐	灵山米酒让这个漂亮的小山村充满灵气
西溪南	从屯溪乘坐汽车可达，也可前往黄山北站而后包车前往	有多家农家乐和民宿	曾经徽州最豪华的村庄，如今老屋阁等明代建筑遗风可循

绩溪

村落	交通情况	住宿条件	特色
上庄	从绩溪乘坐班车直达	有多家农家乐	小山村里孕育着新文化的巨匠胡适
龙川	6路公交车来往绩溪汽车站与龙川之间	有多家农家乐	胡氏宗祠和胡宗宪府邸展现着这个家族的荣光
太极湖村	从绩溪乘坐班车直达	无住宿	太极形村落，有集聚徽雕精品的门巷楼
磡头村	从绩溪乘坐班车直达	有多家农家乐	原生态的古村，拥有梯田风光

泾县

村落	交通情况	住宿条件	特色
查济村	从泾县乘坐班车直达	有多家农家乐和民宿	大量保存完好的明清建筑，皖南村庄的风水典范
桃花潭	从泾县乘坐班车直达	有多家农家乐、民宿及精品酒店	“桃花潭深三千尺，不及汪伦送我情”的典故由来
黄田村	从泾县乘坐班车，之后包车5公里	有一两家农家乐	依照船形构建的村落，暗藏外形酷似洋船的大宅

旌德

村落	交通情况	住宿条件	特色
江村	从旌德乘坐班车，步行1公里	有一两家农家乐	人才辈出的庞大豪族
朱旺村	从旌德乘坐班车直达	有一两家农家乐	九井十三桥，真实演绎“井水不犯河水”

在宣城体验陶坛绘画

计划你的行程

带孩子旅行

安徽是理想的全家出行之地，带着孩子的家庭可以规划出多条精彩的旅游路线，黄山、九华山和齐云山的避暑观云之旅，足以让全家缓解暑热；兼具教育意义和文化体验感的徽州古村落之旅，能让孩子直观地感受到六百年来中国历史的传承与优雅；船行长江中下游的壮阔景色能扩展孩子的心胸，淮河之旅则能让南方来的孩子最快感受到北方平原的雄浑。

孩子们的安徽

山水

- 黄山
- 九华山
- 新安江山水画廊
- 徽杭古道
- 牯牛降

生态

- 茶山
- 长江流域

村落与城镇

- 宏村与西递
- 阳产与石潭
- 寿县古城
- 碧山与南屏
- 歙县古城

手工艺

- 三雕
- 徽菜技艺
- 制茶与造纸

秧田里体验弄村生活

Lonely Planet出版的《带孩子旅行》一书，有很多实用的旅行建议，教你如何与孩子一起玩得健康、安全、尽兴。

计划行程

带孩子去安徽不需要做专门的准备。计划目的地时，不妨先征求孩子们的意愿，选择他们希望体验的内容，避免“打卡”式的旅行，那会让孩子苦不堪言。追求效率和自由度可以选择自驾，但高铁、动车旅行同样相当舒适。

安徽地跨长江、淮河南北，在安徽旅行，可以感受到淮河、长江和新安江流域的地理变化及丰富的文化现象。家长也需要具备相当的知识，才能引导孩子们发现古建筑之美，书法与艺术的可贵，村社安排的精巧，人与自然的和谐等。如今安徽有许多民宿提供面向孩子的体验课程，覆盖了插秧、制作版画和观鸟等众多种类，这对于家长的确是一个好消息。

在路上

住宿

住宿在安徽完全不是问题。无论城市还是村落、自然风景区，从便捷的商务酒店到颇具特色的农家乐和民宿，住宿选择相当丰富。家庭房在安徽也很普遍，带孩子入住，如果不需要在房间加床，按常规是不会收取费用的。

如果预订的是双床房或大床房，最好先了解一下床的宽度，当然，如果床中间没有控制台的话，可以要求把两张小床拼起来，那样宽度也足够了。

有些出色的民宿和度假村提供带孩子感受当地文化和手工的服务，封闭的院落也足以为孩子提供相当的保护。

就餐

大多数人对于徽菜的印象是重油、偏咸

徽文化民俗馆里滚铁环

辣，但其实沿江、沿淮和徽州菜在口味上差别很大。在安徽大多数地区都能找到“种类齐全”的安徽菜，当大人享受臭鳜鱼或者毛豆腐的重口味时，孩子则可以享受河鲜、山货以及多种多样的甜食，例如酥糖和糕点。在吃辣的地方，想让孩子尝试当地口味，也可以提前告知厨师少辣或者不辣。挖春笋、烘干柿饼、采蕨菜更是融合了体验、美食和娱乐于一身。大的餐厅可能配备了儿童椅，小吃店则几乎没有。

交通

安徽中北部有发达的高铁和铁路网络，南部黄山地区村镇密集，最好自驾或包车，安全座椅必不可少。除了一些盘山公路可能会让孩子晕车，大部分时候安徽的交通体验是比较舒适的。

儿童折扣

儿童的门票优惠政策每个景区各不相同。一般来说，1.2米或1.3米以下的儿童可以免门票，但电瓶车、电梯等景区内交通除外。超过规定身高的孩子，可以购买半价的学生票，大孩子要记得带上学生证。

健康和安全

不要担心在安徽的物品供应，在各个热门旅游地，买到新鲜的牛奶很容易。超市里的物品供应也很齐全，不需要你背很多食品来安徽。

父母在准备旅行药品时，可以一起带上一些儿童常用药（如腹泻药和感冒药）。在夏季，家长还要为孩子做好防晒和防中暑的准备；而需要加倍注意的是防蚊虫叮咬，安徽很多村庄夏季湿热，易生蚊虫，儿童皮薄肉嫩更容易成为被攻击的对象，蚊虫还有传染病毒的潜在威胁，一定要做好防护。

除非在牯牛降或者黄山幽深的后山，否则一般没有野兽和虫蛇的攻击。但多山的环境会让弯道增多，汽车视野有限，所以应避免在公路边玩耍。此外，安徽富于变化的地理环境会增加坠落和落水的危险，在从事户外活动时，请千万注意。

塔川的秋

计划你的行程

摄影之旅

八皖大地的纵横山水，不止于睥睨五岳的黄山。淮河皖江的楚风汉韵，不输古徽州的风情万种。在这片人杰地灵、物华天宝的璀璨之地，令人兴奋、沉醉的瞬间唾手可得，千万别吝惜快门。

©视觉中国

用手机拍大片

拍摄技巧

- 借助九宫格辅助线，保证画面横平竖直。
- 巧用前景和框式构图，增加画面纵深感。
- 奉行极简原则，寻找有规律的线条、图案和色彩。
- 利用黑白对比，表现徽派建筑白墙黛瓦的形式美感。
- 抓住黎明和黄昏两个“魔法时刻”，逆光下的剪影也会带来意外惊喜。
- 拍摄朝霞余晖、“耶稣光”时，可开启HDR模式，获取更多亮暗部细节。

摄影App推荐

- Snapseed：功能强大的照片编辑工具。
- VSCO：出色的胶片滤镜工具。
- Focos：可选择性对焦，虚化背景。
- Slowshutter：慢门可实现虚幻的动感效果，需脚架配合。
- SKRWT：专业镜头畸变修复工具，可用于校正建筑的变形。
- Rizon：提醒你在“魔法时刻”拍照的工具。

外置配件

- 三脚架、蓝牙遥控快门、广角/长焦附加镜。

何时去

3月至4月 此时的皖南正徜徉在一片油菜花花海之中，遍野的金黄与徽派民居、新安江水，共同构成了一幅幅灵动隽永的山水画卷，火爆的摄影季就此开始。

5月至7月 梅雨季节，徽州古村镇的温婉诗意被淋漓尽致地释放，油纸伞下的深街幽巷，在氤氲烟雨中呈现出油画质感，唯美人文大片信手拈来。

8月至9月 酷暑意味着丰水期的到来，这会让山中的瀑布全部奔腾起来，无论是石台牯牛降还是六安天堂寨，都有精彩的流泉飞瀑等待着闯入你的镜头。

10月至次年2月 深秋，黟县塔川、协里的五彩红叶打翻了调色盘，歙县石潭、绩溪尚村的晒秋为绚烂的景致增添了烟火气；隆冬时节，银装素裹的安徽名山秀雅脱俗，日出云海出现的概率最高；辞旧迎新之际，热闹的嬉鱼灯、板凳龙、秋千抬阁和叠罗汉，又是一场震撼的人文视觉盛宴。

推荐摄影器材

三脚架和快门线，是你利用慢门拍摄云海星轨、溪流瀑布的得力助手。

拍摄气势磅礴的山水、星空、花海、古建筑时，超广角镜头会带来强烈的视觉冲击力；面对古村老街的日常生活、传统手工艺时，35毫米和50毫米的人文镜头，是最佳的扫街利器；对于古建筑的细节表现，200毫米以内的长焦镜头足以应付。想要远距离拍鸟，又不想负担沉重的超长焦镜头，一枚增距镜会让你事半功倍。

滤光镜是拍摄风光大片的不二法宝，偏振镜能增加色彩饱和度，消除非金属物反光；中灰渐变镜可压暗天空，是拍摄日出日落的神器；想追求溪流、瀑布、云海的梦幻动感，中灰镜会派上大用场。

负责任的摄影

在旅行摄影途中，请时刻铭记“拍摄物（人）重于摄影本身”这一铁律。

尊重当地文化和传统，了解风俗习惯和拍照禁忌，摄影前应征求当地人的同意。如果请求被回绝，请收起你的相机。

拍摄野生动植物时，应尊重生命，并注意保护当地生态环境，拒绝违背生态道德的“摆拍”和“诱拍”等行为。

怀揣善意的人文关怀，尤其是在乡村给当地人拍照时，如果答应将照片洗出来寄送，就要兑现承诺。

©图虫

李魏摄

1. 许村大刀舞
2. 黄山猴子观海
3. 西递晨练的学生

热门摄影点列表

山水

摄影点	季节	拍摄内容	行家建议
黄山风景区	全年（11月至次年5月最佳）	日出、云海、奇松、怪石、雪景	摄影师青睐的始信峰、清凉台、群峰顶和排云亭冬季云海最多，清晨、傍晚和雨雪初霁时，是拍摄云海的最佳时间
九华山	全年	寺院、云海、奇松、怪石、杜鹃花	从百岁宫鸟瞰九华街，寺庙、民居在云海中若隐若现的画面十分空灵
齐云山	全年（3月至4月最佳）	丹霞地貌、云海、道观、云岩湖、油菜花海	春季可在山顶西北方向俯拍八卦图案的油菜花花海和横江风光
天柱山	全年	日出、云海、奇松、怪石、雪景、高山湖	青龙背是拍摄天柱山日出的理想之地
新安江山水画廊	全年（3月至4月最佳）	江景、渔排、古村落、油菜花田	九姓捕鱼表演也值得一拍
牯牛降风景区	全年（7月至8月最佳）	奇松、怪石、云海、飞瀑	使用慢门、中灰镜拍摄溪流飞瀑
六安天堂寨	全年（7月至8月最佳）	峡谷、飞瀑、彩潭	晴天的正午至下午3时，天堂寨的九影瀑极易出现彩虹

热门摄影点列表

续表

古村镇

摄影点	季节	拍摄内容	行家建议
黟县	全年（10月至11月下旬最佳）	宏村、西递古建筑群；塔川、协里红叶秋景；卢村木雕楼	塔川景区东北山坡上的观景台是拍摄晚霞的最佳地；宏村隧道口观景台可拍到协里全景
歙县	全年（3月至4月最佳）	棠樾牌坊群、星空；许村古建筑群；阳产土楼	春花掩映、夕阳夕照下的阳产土楼，格外迷人
泾县	全年（5月至6月最佳）	桃花潭镇、查济古民居；黄田村洋船屋	桃花潭5月至6月的晨雾最美
休宁	全年	万安古镇日常；木梨硔古村云海	6月至10月木梨硔的云海最厚，可在观景台俯拍云海、古村

传统手工艺及民俗

摄影点	季节	拍摄内容	行家建议
歙县	全年	老胡开文厂徽墨歙砚	建议选择35~50毫米镜头，拍摄特写和环境人像
泾县	全年	黄村晟锋堂宣笔；丁家桥镇宣纸；孤峰镇油布伞；琴溪村陶窑；后山村宣纸剪	拍摄油布伞时，充分利用色彩和光影
黄山焦村；歙县富竭镇	全年	古法木榨油	8:30~9:00前往，光线最好
绩溪	1月至2月	太平湖村秋千抬阁	选择低角度仰拍，避开杂乱背景
歙县	1月至2月	许村舞大刀、板凳龙；汪满田嬉鱼灯；三阳乡叶村叠罗汉	多在正月十五举行，选择广角镜头，调高感光度
歙县石潭；徽州呈坎；石台七井山；绩溪尚村	10月至11月	晒秋	尽量寻找高点俯拍，使用广角镜头表现大场面

观鸟赏花

摄影点	季节	拍摄内容	行家建议
升金湖	11月至次年1月	白头鹤、东方白鹳、赤麻鸭、小天鹅等	清晨、黄昏是最好的观测时间
太平湖	4月至11月	白鹭、绿头鸭、斑嘴鸭等	11月初的太平湖上，有壮观的紫色蓼花花海
霍山淠河北岸	5月至10月	蓝喉峰虎	
黟县柯村、卢村；歙县石潭；徽州呈坎；休宁祖源、白际；绩溪家朋；芜湖响水涧	3月至4月	油菜花	石潭、家朋的油菜花田与群山、村落、云海相映成趣，适合侧逆光拍摄
歙县卖花渔村	2月至3月	梅花	人多时无法开车进村，需步行前往

徒步箬岭古道

计划你的行程

户外徒步

安徽的户外资源大多集中在西南部，黄山、九华山、天柱山、齐云山、大别山皆位于此区域，由它们辐射开去的高山峻岭是户外爱好者探索奇景的天堂。而曾经当地人为了走出大山而踏出的条条古道，则恰好成为了如今的旅行者享受自然、轻松怀古的山间小径。

最佳季节

➡ **3月至6月** 此时不但风景绝佳，且气候宜人，最适合漫步于山间古道，自然与古迹完美融合。3月至4月，油菜花、桃花、梨花竞相开放，知名古道很可能有些拥挤。当然，人气也会随着好节气结束，进入6月之后，安徽便会迎来恼人的梅雨季。

➡ **9月至10月** 盛夏的溽热已经逐渐消失，古道展现出另一番景象，这是全年中的第二个旺季。如果你不安于懒洋洋的古道徒步，在皖南的牯牛降和皖西的大别山主峰，都可以结伴进行强度较高的徒步穿越活动，那些地方也都是盛夏时节消暑的好去处。

➡ **12月至次年1月** 冬季湿冷，枯水期会让瀑布和峡谷的景致大大失色，很多农家乐和客栈也暂时歇业，雨雪天气造成的山路湿滑也会成为安全隐患。如果憧憬皖南山地的雪景，建议去成熟的景区。另辟蹊径爱好者最好提前确定天气、路况是否适合出行。

白际乡山间瀑

计划行程

皖西、皖南地区的灵山秀水是徒步爱好者的天堂，无论是怀古还是看景，都有丰富的路线可供选择。安徽的古道徒步难度不高，基本在一天之内可以完成，大多数徒步活动所涉及的区域都有信号覆盖。像徽杭古道这样的成熟景区沿途补给充足，也有大量当地的农家乐，大可轻装上阵。但要是试图探索一些游人罕至的山区，比如家荆山区、九华山后山，就最好有所准备。除了需要携带相应补给或装备，最好事先做好路线规划，并尽量结伴而行，在路线不明晰时最好请一名向导。另外，预留景区或当地紧急救助电话，购买一份相应的户外保险，也能为户外安全加分。

注意事项

在安徽徒步，绝大多数路线地处山区或村落之间，虽然整体海拔不高，但仍有一些陡峭路段，雨雪天气容易发生滑坠事故。因此在进行徒步前，一定要对路线和当地山况有所了解，如果是重装户外的话，需对自己的体力做适当的评估。一般而言，注意以下几点会让徒步旅程的安全有所保障：

➡ 在茂密的山林间容易迷路，除了应有的户外装备外，最好配有户外导航GPS；如果是团队出行，那么方便联络的对讲机不可或缺。

➡ 夏季的树林中闷热难当，徒步时必须准备充足的饮用水，最好有运动饮料或淡盐水以防脱水造成的肌肉抽筋和中暑。

➡ 除冬季以外，安徽的山林间蛇虫很多，在古道附近更为常见。务必带齐蛇药和应急救生用品，并应具备基本的生物学知识和急救技能。

➡ 皖南峡谷、瀑布和深潭众多，玩水时要格外注意安全。如遇暴雨天气，山间溪水暴涨，可能导致洪水事故，务必提前关注天气情况。

➡ 无论是独自成行还是团队行动，一切以能够安全完成当日徒步计划为前提，切勿因为耽于摄影或玩耍影响徒步进度，天黑以后的徒步危险指数会急剧上升。

歙县村庄秋色

负责任的徒步

如何能够做到享受旅程而不妨碍后人享受同样旅程的自由，是徒步者需要恪守的旅行道德。我们建议你了解并尽可能遵守保护自然生态的“无痕山林”计划（Leave No Trace; https://lnt.org/），以下是7条基本的原则：

➡ **旅行前做好充分的计划与准备**。除了计划徒步路线、查询当地气候，你最好确认一下该区域有无特殊安全法规和保护动植物法规，以及旅行地安全区域的范围。对当地环境的认知缺乏，最容易引发事故，并可能引起对自然和文化资源的破坏。

➡ **在可承载的地表上旅行与露营**。尽量使用已修建的山路和露营地，不要随意“另辟蹊径”，不要打扰山路两旁的植被，避免影响更多的自然地。如果在河岸地区扎营，确保距离河流区至少60米远，且尽量控制露营地的面积。

➡ **恰当地处理垃圾**。带走所有你产生的垃圾（包括厕纸）。我们建议你事先准备好多个分类垃圾袋，以便将沿途或露营时产生的各种垃圾带走。用掩埋的方式处理排泄物。避免直接在水源中使用肥皂之类的清洁剂。

➡ **让自然界的一切事物回归原状**。不要在野外加工自然界的东西，避免伤害存活着的植物，不可带走自然界的物体和文化遗物。那些给你带来惊喜的花草、彩石等，请留下它们，让更多的旅行者可以感受自然的奇特。

➡ **降低营火对自然的影响**。尽可能选择无须加热的食物补给。用气罐、炉头替代砍柴生火，需要光源时利用头灯。使用营火时需在空旷、平坦、近水源的地方，在干燥密集的树林中杜绝烟头、火柴等火灾隐患。

➡ **尊重野外生物**。不要给它们喂食，不要触摸野生动物，更不要将野生动物带回家。出于善意的抚摸或移动幼小的野生动物会在它们身上留下陌生的味道，这有可能导致它们被父母遗弃。

➡ **尊重其他旅行者的权益**。带着谦逊的态度在自然中行走，并在旅途中保持较低的嗓音，与其他旅行者共享宁静的自然美景。

安徽户外徒步线路一览

线路名称	季节	天数	难度系数	观赏度	沿途活动	行家建议
徽杭古道	全年	1	★	★★	摄影，观赏瀑布、石刻与植被	最规范、最老少咸宜的古道，但要避开6月雨季。不要试图逃票，进出景区查验严格
箬岭古道	全年	1	★★	★★★	摄影，观赏古关隘、寺庙遗址和竹林茶园	15公里的青石板路，徒步难度不大，也适合有经验的山地越野骑行，从许村进入需要门票
宏村徒步	全年	1	★	★★★★	摄影，观赏古村落和鲜花	除了春季的油菜花外，别错过冬季的雪景和夏天的荷花
屏山村一黟县	3月至4月	1	★★	★★★★	摄影、骑行	从屏山可以徒步到达黟县的很多村庄屏山有骑行营地，但有一部分难度较高
白际	全年	2	★★	★★★★	摄影，观赏瀑布、梯田及驿站	4月的油菜花季和6月观赏梯田的时候都是好季节，7月至8月的丰水期可以看瀑布，但尽量避免大雨时前往
家荆古道	全年（3月至4月最佳）	1	★★	★★★★	摄影，观赏油菜花、梯田和古寺	除垂直高度较高外，途中有一段路被野草覆盖，有条件最好请向导
山水画廊	全年	1	★★	★★★★	摄影、坐船、骑行、观赏村落景致	虽然总里程较长，但无须上山，且路途可长可短，也可将徒步与坐船相结合
吴越古道	全年	1	★★	★★★	摄影，观赏古关隘、浙西天池	里程不长，不容易迷路，若从浙西天池进入需要门票
白马尖一龙井峡	3月至10月	2	★★★★	★★★	摄影、溯溪、观赏森林植被	徒步海拔较高，尽量避免冬季前往，夏季要留意蚂蝗。途中有近乎垂直的峭壁，不适合初级驴友，最好跟随有经验的领队前往
牯牛降	7月至8月	1	★★★★	★★★★	摄影、爬山、骑行、戏水	爬山对体力消耗很大，应做好行前准备，尽量避免暴雨时前往

在路上

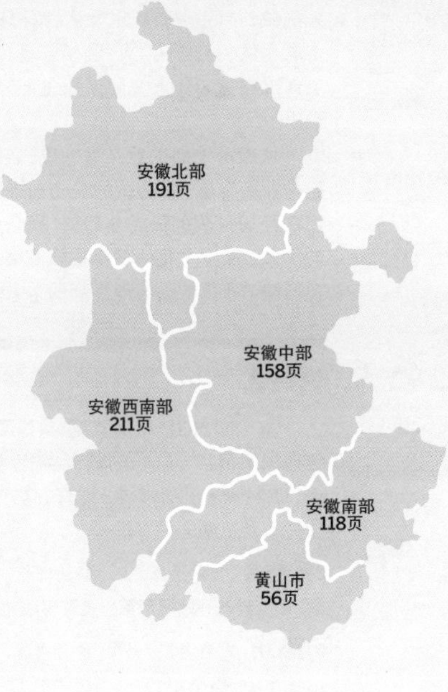

黄山市

包括➡

最佳住宿

- 猪栏酒吧三吧（见113页）
- 九月徽州客栈（见88页）
- 猪栏酒吧乡村客栈西递店（见109页）
- 唐模法国家庭旅馆（见81页）
- 昆仑国际青年旅舍（见88页）
- 老街青年旅舍（见62页）

最佳古建筑

- 罗东舒祠（见83页）
- 许国石坊（见85页）
- 渔梁坝（见87页）
- 棠樾牌坊群（见96页）
- 宏村承志堂（见105页）
- 卢村木雕楼（见108页）

为何去

尽管“一生痴绝处，无梦到徽州”已经被用滥，黄山上也常常游客爆满，但黄山和徽州对游人都有独特性和不可替代性。若想瞬间沉入六百年来中国传统社会的气氛，感受古人的审美、生活和情趣，那么徽州几乎是不可错过的。虽然已经无法做到当年宗族规矩严整、昭穆相继的风格，但一个又一个古风盎然、体现明清大族、情豪商趣的村落，依然让人神往。更何况在这百年人文的氤氲之上，还有一座黄山，超尘拔云而出。

从旅游发展的意义上来说，黄山和徽州见证了中国当代旅游业的发展。被传统的观光和摄影游带动的黄山和徽州，正在经历深刻的旅游业转型：民宿业的崛起、全域旅游概念的实践、深度文化体验游的探索和户外运动路线的开拓，都在酝酿着中国旅游行业发展的未来。

何时去

除了潮湿的梅雨季节，徽州和黄山一年四季都适合游览，但在国庆节、“五一”的黄金周里，你很可能在黄山上或者西递、宏村被挤得寸步难行，好在徽州还有众多漂亮的古村落让你暂避喧闹的游客群体。

2月至5月 乍暖还寒之时，各处梅花、桃花、梨花、油菜花竞相绽放，不少景点开始迎来第一批游客。

6月至7月 入夏温热、多雨，避开梅雨，但多变的气候也增加了在黄山看云海的概率。

8月至10月 旅游旺季到来，许多村庄人满为患，穿着儒士服，上国学班的孩子们也在四处跑动。秋色也意味着汹涌的拍照人流。

10月至次年1月 徽州进入漫长的冬眠，但看建筑，看古民居丝毫不受影响，还多了份清静，黄山上则可能看到雾凇。

预习徽州

王振忠所著的《明清徽商与淮扬社会变迁》一书虽然没有在说徽州，但句句都表现了徽州人如何影响了淮扬社会。如果在徽州旅行，可以作为旅行的有趣参照，看看徽商们究竟在扬州干出了什么有意思的事情。

《碧山》是碧山试验的产物，由左靖主编，是一本以乡村振兴、乡村建设、乡村文化挖掘为主题的杂志，涵盖《结社与雅集》《永续农耕》这样的主题。而同样由左靖主编的《黟县百工》，是针对黟县各种手工业技术和传承的整理，由于挖掘细致，装帧设计精美，已经一书难求。

至于对徽州历史进行研究的书就相当之多，例如《士绅和宗族：宋明时期徽州的文化与社会》《明清以来徽州村落社会史研究》等，如有兴趣，不妨一读。

英雄只问出处

徽州鼎盛的明清时代，都是聚族而居，如北岸之吴氏，棠樾的鲍氏，呈坎的罗氏。因此当时有人记载，徽州人在外做生意，一般不用问对方的姓氏，只要报出地名，就自然知道对方的姓氏了。虽然在徽州本地，不同地方的程式、吴氏等豪族因为各自的家族缘起、宗谱，或者修谱，或者打嘴仗，闹得不亦乐乎，但对于在外的徽州商人而言，同宗和乡党是同样重要的资源。因此，到徽州不妨来一次认祖归宗之旅。徽州的重要大姓包括（且不限于）以下：程、黄、吴、江、胡、汪、方、洪、余、鲍、戴、曹等。如果你属于以上姓氏且有可查询的族谱，不妨追溯一下，或许会惊喜地发现你与徽州的渊源。

新安竹枝词

清代康熙年间徽州人方士庹的《新安竹枝词》，以颇为通俗的语言，留下了关于徽州社会的有趣记录，试录几首如下。

“归来不用买山钱，村有官厅户有田。祭祀能供墓能守，布衣蔬食过年年。”这段记录表明徽州地区在明清时期宗族的控制下，礼法严密，几乎不允许土地私下买卖。“世家门第擅清华，多住山陬与水涯。到老不知城市路，近村随地有烟霞。”徽州村庄极为强大，许多人一辈子都很少离开村庄，到了城里反而会迷路不知去向。“健妇持家身作客，黑头直到白头回。儿孙长大不相识，反问老翁何处来。”道尽了看似风光的徽商背后的寂寞与凄凉。“油菜花残麦穗长，家家浸种办栽秧。社公会后汪公会，又备龙舟送大王。”徽州社会重视祭祀，对风水和迎神赛会极其热衷，本竹枝词就表现了徽州人农忙的同时也不会忘记盛大的迎神赛会。

快速参考

黄山市

- 人口：138.4万
- 电话区号：0559

如果你有

3天

经典的黄山“三点式”，黄山、宏村、西递，没有什么可值得夸耀的旅游体验，是了解徽州村落的入门路线。若是淡季前往，仍有可能收获惊喜。

4天

再花上一天游览歙县的古城和渔梁坝。

5天及以上

不妨将行程放慢，在南屏、昌溪、碧山、呈坎、潜口等古村落上花些时间，感受各个村落的不同魅力。

网络资源

- **黄山旅游官方网站**（www.tourmart.cn）黄山官方旅游网站。
- **微博@徽州张建平** 致力于保护徽州文物、建筑、文化的知名摄影师和文化人，他的博客展现着当下的、优美而真实的徽州影像和声音。

黄山市亮点

❶ 在**黄山风景区**（见65页）看日出云海，松石峰林。

❷ 漫步**歙县古城**（见85页）的小街雨巷，在大小牌坊和深墙间走到历史深处。

❸ 在**屯溪老街**（见60页）街头感受徽菜的多样魅力。

❹ 在**碧山**（见112页）感受现代艺术、理念如何与传统徽州结合。

❺ 在**灵山**（见84页）米酒的芳香和泉水的清音中小醉片刻。

❻ 泛舟歙县的**新安江**（见93

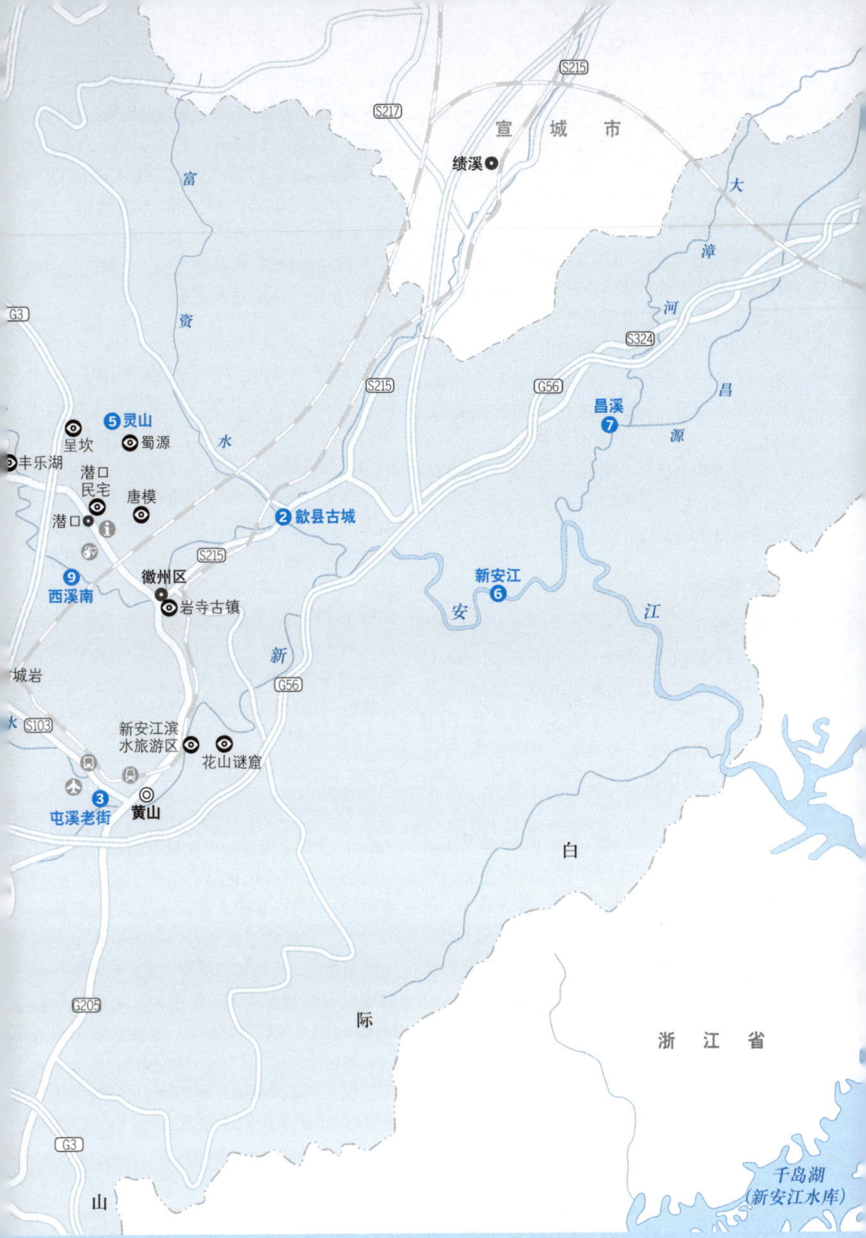

页）上，像古代风流雅士一样边品徽菜边赏景。

❼ 在**昌溪**（见98页）古老的宗祠里独坐，看四周悬挂的从明初到清末民国的名人牌匾，感受六百年风云变幻。

❽ 清晨，漫步**宏村**（见103页）的小巷间，看蜿蜒的溪流如何塑造了村庄的基本格局。

❾ 住一晚**西溪南**（见78页）的民宿，感受现代设计给传统老宅带来的改变。

屯溪区

屯溪是老码头，也是新城市。

来自黟县、休宁的横江，流向西南的率水，在屯溪与新安江汇合，让屯溪成为整个徽州最重要的码头。古时无论是人或物，走水路出徽州时大都从屯溪经过，屯溪也就成为徽州的商贸重镇。屯溪的茶叶商贸最为著名，甚至有一种绿茶以屯溪命名为“屯绿”。

1987年，屯溪成为黄山市的市政府所在地。很多人认为“黄山市”应改名为徽州市，争议至今未消。尽管如此，屯溪老街和黎阳in巷已经成为游客除了黄山之外又一个重要的购物与消遣去处。高铁站、火车站、机场的三位一体，让屯溪毫无疑问成为整个徽州地区交通和商业的中心。

景点

屯溪老街

街区

（见61页地图；新安江上游三江口）老街是屯溪最热闹的地方，在黎阳in巷兴起前，几乎是屯溪市区唯一的景点。全长一千多米，沿着新安江一字排开，一条正街，三条横街，十八条小巷，前街店铺，后街家宅，依然是一派徽式风格。

但除非是深夜或黎明，否则你很难注意到这些细节。更多的时候，你会被众多店面所吸引——休宁茶干、祁门红茶、绩溪美食、歙县烧饼和砚台都在老街上展示和叫卖；谢裕大、小罐茶对望打擂，酒庄、豆浆店和杂货铺子都有大同小异的煮酒土罐、石磨和车载斗量的徽州烧饼。早些年摆满大街的山货如竹笋和小核桃日益被装修精美的字画和砚台店取代；三马路的美食幡旗飞舞，个个都是网络好评破千，喧闹到深夜。以古董著称的一马路和酒吧街二马路则远为逊色。博物馆和戴震故居等去处，只有在小街巷中找寻。

屯溪博物馆

博物馆

（见61页地图；☎253 9891；屯溪老街168号；⏲旺季8:30~17:30 淡季9:00~17:00，周二闭馆）博物馆位于老街中段，展示了屯溪和老街的历史变迁。展品展示了徽州（旧称新安）对宗谱和地方志的痴迷，徽州文人的杰出贡献，明清以来直到民国老街的变迁，其中的屯溪茶叶贸易相关文物较有趣。老街上有文化底蕴的店铺和展览馆比邻而居，例如**戴震纪念馆**（屯溪区老街立新巷1号；戴震故居展示）、**同德仁药店**（屯溪区老街206号）。古街上的**万粹楼**（见61页地图；☎251 3355；屯溪区老街143号；门票50元；⏲9:00~20:00）是一个私人博物馆，以歙砚、木雕和名人字画为主，而且要门票。

前往博物馆，可以坐公交车，到二马路站下车，再沿二马路进入老街左转。

黎阳in巷

街区

（见61页地图；☎256 0088；黎阳镇黎阳老街）非团队的游客会很快发现屯溪老街的单调：除了购物和餐饮，几乎没有其他去处。黎阳in巷是屯溪老街的自然延伸和屯溪最具活力的青年街区，与屯溪老街隔着新安江相望，沿着一条明代大桥步行即可抵达。几栋老宅变身为民宿和**“徽州乡贤馆”**（黎阳in巷贾家大院；⏲9:00~17:00），非遗体验馆和舞台，更多的则是咖啡厅、奶茶、现代餐厅和青旅。来到这里的大部分是本地年轻人，**漫猫咖啡**和**卡旺卡奶茶店**等拥有较高的人气。社区有一部分靠着江边，广场开阔，建筑新潮，还可以看三江口的夜景，是一个亮点。

程氏三宅

历史建筑

（见61页地图；柏树街东里巷；门票30元；⏲8:30~17:00）矗立在一片簇新的商业区里，新旧的强烈对比让它格外显眼。程氏三宅建于明代，旧时在巷子里连成一片，所以就统一为程氏三宅保护了起来。三宅都是典型的明代徽州建筑，五开间二层穿斗式。三宅中一定要重点观察程梦周宅，在它的五架梁上有彩绘图画，这是比较罕见的。三宅能成为全国重点文物保护单位，这些画功不可没。

程式三宅离老街不远，步行15分钟可达。还可以坐5路车在六小站下，步行两三分钟即可抵达。

花山谜窟

石窟

（见61页地图；☎235 9888；www.huashanmiku.cn；001县道屯光镇浯村；门票78元；⏲8:00~17:00）在花山的山体上有多达36处石窟，最初用途不详。如果要看目前开放的5个石窟，就需要爬山、坐船。不妨先游摩崖石刻、2号石窟，然后去旁边的码头坐船（船票35元）并穿越花山湖，到达对岸后再前往另一码头坐船、游览**24号石窟**，最后再爬山返回山路，以观

屯溪区

屯溪区

景点

1 程大位故居 D3
2 程氏三宅 C3
3 胡开文墨厂 A4
4 黎阳in巷 A3
5 屯溪博物馆 A4
6 屯溪老街 A4

住宿

7 黄山微印巷主题客栈（黎阳in巷） A3
8 黄山小镇国际青年旅舍 B4
9 徽舍 A4
10 老街青年旅舍 B4

就餐

11 呈坎罗氏毛豆腐 B4
12 大傻徽菜园 B4
13 临江一楼 A3
14 俏豆娘 A4
15 上品馄饨 C3
16 秀嫂挞馃 B4

饮品

17 小隐wiskey & cocktail吧 A3

购物

18 吖吥嘻嘀 A4
19 胡开文 A4
20 黄山新华书店 C3
21 懒人咖啡馆 A4

实用信息

22 黄山市人民医院 C3

交通

23 黄山汽车客运总站 A1
24 黄山站（火车站） D1

赏其他石窟。就其景色而言，近百元的票价明显偏高。

到花山谜窟可从杨梅山屯溪区人民医院公交站乘坐往王村方向的中巴班车，车程20分钟，首末班6:30~17:10，车票4元，大约20分钟一班。也可在昱中花园乘坐花山谜窟线公交车，车票2元，车程30分钟，首末班6:45~17:30，一个半小时一班。如果自驾车则走205国道（即屯光大道），在篁墩村的岔道口转001县道，看到江边铁索吊桥就到了。当然你也可以联系所住的宾馆，可找到花山谜窟的旅游专线车。

徽州文化博物馆 博物馆

（见61页地图；☎257 4222；迎宾大道1号；www.hzwhbwg.com；免费；⊙9:00~11:30，13:30~16:30，周一闭馆）这是快速了解徽州文化的必去之地，展陈内容包括徽州盐业贸易和徽商兴起、名人、精致的三雕工艺、徽州文化传统乃至徽州女人，中规中矩。此外，徽州文化博物馆周边有一片广阔的“文化区域”——图书馆、美术馆、黄梅戏戏院和徽州糕饼博物馆，可以逛逛。

可以乘坐出租车前往徽州文化博物馆，车费为13元左右。18路公交车也经过博物馆前广场。旁边还有一个**徽州糕饼博物馆**（胡兴堂饼铺）（☎258 8500，258 8501；迎宾大道38号；门票免费；⊙9:00~17:00），是一家企业开设的展示馆，展示徽州糕点文化和制作工艺，当然最后免不了试吃和购买环节。

胡开文墨厂 展览馆

（见61页地图；☎251 3147；老虎山5号；免费；⊙8:00~17:00）“胡开文”墨创立于乾隆三十年（1765年），墨厂紧靠着戴震公园位于延安路上的大门。还没走到门前，就已经闻到浓郁的墨香了。工厂中可以看到制墨的传统工艺，包括打磨、晒墨、雕刻、制模、描金等工序。市区内有多条公交可达墨厂，可乘12路、8路、2路和5路在二马路下，走到戴震公园大门东侧的小路，向前20米即达。

程大位故居 故居

（见61页地图；☎251 5424；前园南路52号；免费；⊙8:00~17:00，珠算博物馆周二闭馆）位于窄巷之中的程大位故居是明朝建筑。故居坐北朝南，“一脊两堂三开间”，上下两层。西侧还有祭祖楼，为五开间。除了瞻仰珠算大师和观赏周恩来、苏步青等人的题词，重点是看故居对面的珠算博物馆。它也是程大位家宅，只不过现在摆满了各式算盘。算盘中最大的近两米，最小的才几厘米。

可乘坐公交5路、8路、花山谜窟线到新园路口站，下车后回到前园路，直行1分钟就可以看到写着“程大位博物馆”字样的指示牌，再走2分钟即到。

住宿

屯溪的住宿相当集中，并且能满足从简单的铺位到连锁酒店，再到高档精品民宿的各种需求。如果不在乎喧闹的旅游团、不断的叫卖声和停车困扰，老街就是你的选择；否则可以考虑住在老街外围，或者在黎阳in巷颇具活力的精品民宿中寻找不一样的屯溪体验。

★老街青年旅舍 青年旅舍 ¥

（见61页地图；☎254 0386，186 5590 9188；www.yha-hs.com；屯溪老街266号-2；铺40~45元，标双/单110~170元；📶❄）就在位于老街起点处的“老街第一楼”的对面，非常好找，但门面居然隐藏在一间店铺里。旅舍有六人间和四人间，窗口正对着老街，可以看到老街的风景，是极佳的观景台——只是睡懒觉会受到喧闹游客的影响。2楼酒吧内有桌球，还有美人靠。如果想要独处，复古大床房性价比在老街相当之高。此外旅舍也提供自行车租赁服务，4元/小时。

黄山小镇国际青年旅舍 青年旅舍 ¥

（见61页地图；☎252 2088；www.yha-hs.com；屯溪老街三马路11号；铺35~50元，标双/单120~200元；📶❄）虽然有慵懒的迹象，但这家国际青年旅舍联盟（YHA）加盟旅舍依然坚持着有品味的酒店风格，非常有活力。不过在墙壁上涂鸦是被禁止的。新装修过的客房相当整洁，有多个房间能俯瞰老街三马路。植物丰茂的晒台也能吸引住客小坐，由于是热闹的青旅，追求安静睡眠的旅客不妨三思。

徽舍 精品酒店 ¥¥¥

（见61页地图；☎235 2003；屯溪老街李洪巷3号；标双 400~450元；📶❄📶）穿过几乎只容一人的小巷子才能发现这个隐秘的酒店。酒店本身是一栋徽州老宅，结构上几乎没有大的变动，还能看见徽州老宅最传统的样子，木雕、窗花、灰墙、黑瓦都还在。除了卫生间，客房的其他部分都保持了徽宅的样子，老式的木床让人印象深刻。

黄山微印巷主题客栈（黎阳in巷） 精品酒店 ¥¥

[见61页地图；☎232 6900，180 0559 5187；黎阳in巷黎阳街56号，古戏台侧；标双 318元（非周末）/358元（周末），标单298元（非周末）/338元（周末）；] 如果你打算避开老街的喧闹，还希望以合理的价格住得舒心，或许这家位于黎阳in巷的精品酒店会合你口味。结合了徽州风格与工业风的设计，舒适的空间，有些房间还带有榻榻米，价格也比真正的老房子要便宜。

就餐

曾经名气颇高的两道徽州传统菜式——“雪天牛尾狸，沙地马蹄鳖”——如今更多地存在于历史记载中，大概因其食材或者变成保护动物，或者极其难得，于是臭鳜鱼当仁不让成为如今徽菜的领军菜品。除此之外，包括绩溪一品锅（蛋饺与肉皮）、毛豆腐、笋、板栗烧鸡在内的徽州名菜，你都可以在屯溪找到。只有当你在这里盘桓超过一周，才会觉得天天吃臭鳜鱼的乏味——老街上几乎家家都以其为主打。

★临江一楼 徽菜 ¥¥

（见61页地图；☎256 9001；黎阳in巷率水路18号；人均80元，臭鳜鱼68元，徽州三绝85元；⏲11:00~21:00）即便本地人也会用艳羡的口吻谈起这家饭店：单体现代建筑，颇具设计意识的空间，灰白的徽州色调，舒适私密的座席，俯览江水的位置，提供精品的传统徽菜和创意徽菜，以及冬阴功和新鲜海鲜，而且不设下午休息时间。空间很大，几乎不用担心座位，厨房关闭较早（20:30）几乎是唯一的缺点。

大傻徽菜园 徽菜 ¥

（见61页地图；屯溪老街下马路37号；人均50元，跳水鱼68元，毛笋尖土烧肉48元；⏲11:00~13:00，16:30~20:30）徽菜中的网红店，一栋中等规模的徽式民居，经巧妙改造后，成为上下两层的温馨餐厅，完整的木结构得到了保留。菜品意不在创新，而在纯正的味道与热心的服务。泉水鱼、笋干和豆衣肉圆煲，样样入味，如果你只有1个小时可以虚掷，不妨去大傻徽菜吧。

呈坎罗氏毛豆腐 小吃 ¥

（见61页地图；屯溪老街三马路黄山市中医院对面；人均30元，毛豆腐15，臭豆腐10元；⏲6:30~23:00）属于“硬核食品”的毛豆腐与豆腐的区别如同臭奶酪之于牛奶。这家标准的苍蝇馆子坚决地捍卫呈坎本地人毛豆腐的传统，甚至呈坎的大姓罗姓都成为其骄傲点，爬满菌丝、如同白兔的毛豆腐是其店面的最主要招牌。炸毛豆腐外壳香脆，内里如同肉或者奶酪般滑腻，尤其是深夜还坚持开放，花费15元便足以慰藉深夜孤旅。

秀嫂挞馃 小吃 ¥

（见61页地图；屯溪老街三马路54号；人均25元，馃5~9元，秀嫂馄饨10~15元；⏲7:00~21:00）馃即馅饼，店员会毫不犹豫地向老外吆喝这是“比萨”。当炉现烤的风格，亲民的价格，富有活力的服务，位于三马路的好位置，自酿的黄酒、米酒和烧酒，都让秀嫂成为老街下午茶、简餐或者喝上一杯的好去处。

上品馄饨 快餐 ¥

（见61页地图；屯溪老街新安北路9号，百大旁边锅里锅外一楼；☎133 3559 0565；人均20元，馄饨10元；⏲7:30至次日1:00）深夜的饕餮客会发现除了二马路寥寥无几的摊点外，难以找到其他开业的食肆——上品馄饨此时恰好就是你需要的。餐饮除了馄饨，还有鸭头等简单卤菜和甜食。在跃进路也有一家店。

俏豆娘 小吃 ¥

（见61页地图；屯溪老街20号；人均30元；⏲10:00~20:00）俏豆娘提供豆腐餐，石磨现磨的豆浆口感上佳，成为店里的主打产品，甜咸口味的豆腐脑也勉强算得上饮品。门口磨豆腐的石磨盘吸引了不少游客推磨拍照。老街上还有一家分店，并不难找。

饮品

“祁红”“屯绿”“毛峰”“猴魁”——即便不是茶客，也会对这些大名鼎鼎的茶叶有所耳闻，这些名茶都出自徽州。屯溪老街上挤满了"谢裕大""谢正安""猴坑"等老字号茶叶铺。此外，本地酿的老酒和极甜的米酒也是黄山特产，其他饮品在这里则处于边缘地位，略显单调。

小隐wiskey & cocktail吧 酒吧 ¥

（见61页地图；☎182 5592 9249；黎阳in巷美食街32号；人均50元；⏲18:00至次日2:00）屯溪夜生活之单调有目共睹，这倒显出小隐这样都市风格的威士忌酒吧的意义：让旅人得以在深夜和老板聊聊烟熏味的高地威士忌酒，看看黑白老电影，聊聊本地人与黎阳in巷的故事。价格略高，但老板有时会送一点酒，本地人也会到来小酌。如果尚觉不过瘾，隔壁的**民谣与酒**（☎130 9559 3201；黎阳in巷美食街28号）虽然烟雾缭绕，但老板的歌唱得不错。酒吧里主要提供啤酒，所以价格比威士忌吧要便宜不少。

懒人咖啡馆 咖啡馆 ¥

（见61页地图；☎231 0661，138 0559 8027；屯溪老街中马路42号，近德阳楼茶馆；人均30元；⏲14:00~24:00）本地人也常常光顾老街上的这间咖啡馆——被翻烂的酒水单可以作证。有时咖啡馆里还弥漫着烤饼干的香味。进口啤酒一般40元，还有毛峰和祁门红茶是本地风格。如果还觉得不够硬核，对面不远处的**好时咖啡**（见61页地图；☎189 0559 4989，138 0559 6246；屯溪区老街二马路19号；⏲11:00~23:00）提供更多啤酒和音乐的选择，进口啤酒价格为38~48元。

购物

黄山新华书店 书店

（见61页地图；滨江西路43号；⏲9:00~21:00）来到这里的人会为之震惊：六层楼的规模、精心设计的布局，爆棚的人气，多样的体验活动，还有漂流图书。这些都会刷新你对"新华书店"的认知。三楼有规模可观的儿童读书场，因此聚集了大量屯溪本地的家长和孩子。对于旅行者而言，一楼的徽州书架是最可贵的。此外，书店旁还有**SPQ咖啡**（☎251 5677，199 5593 1602；咖啡23~35元；⏲9:00~22:00）提供咖啡、茶水和简餐，屯溪区图书馆就在隔壁。

胡开文 特产

（见61页地图；☎253 5152；屯溪老街116号；⏲8:30~20:00）好的歙砚价格不菲，好的古墨同样有价无市。所以如果并非藏家，不必费心去买。文人的爱墨代表了主人的格调，不妨在古墨中观赏，看看古人在此类小物件上究竟用了多少心思。

吖吓嘻嘀 工艺品

（见61页地图；☎187 5599 5059；屯溪老街119-2号；⏲9:00~21:00）老街上一家规模中等的纪念品店，在老街特产和美食店的重围中依然生存着。有明信片、绒布制品，还有运用了徽派建筑图案元素的包包。

实用信息

黄山市人民医院（见61页地图；☎251 7036；栗园路4号）市区最大的医院，在最繁华的核心区域。

到达和离开

飞机

黄山机场（见61页地图；☎293 4111；屯溪区华山路23号）与国内十几个主要城市通航，另外还有来往首尔、台北的航线。

长途汽车

黄山汽车客运总站（见61页地图；☎256 6666；齐

黄山汽车客运总站车次时刻表

站点	发车时间/班次	票价（元）	行程（小时）
南京	9:30，12:10，16:20	122	5
合肥	7:30，10:10，12:50，15:20	98	4
杭州	7:10~17:50，每小时一班	97	3
上海	7:20~17:10，每小时一班	135	5.5
景德镇	9:15，12:00，14:10	61	3.5
芜湖	13:40	73	4.3

云大道31号；⏲售票时间 5:40~18:00）有前往市内各县区的班车，此外有很多长途班车开往周边省市。市区2路、8路、9路、19路、21路公交车均可抵达。

使用携程网等网站，或者使用微信的城市服务以及小程序等也可购买汽车票，但前往乡镇的车票往往无法购买。

汽车站里设有**黄山市旅游集散中心**（☎251 2022；齐云大道31号汽车客运总站；⏲8:00~16:00），有三条旅游线大巴，8:00~16:00每个整点（12:00除外）发车。

从集散中心出发，可到达的景点及票价情况如下：

旅游1号线：黄山市旅游集散中心—休宁野生动物园（6元）—齐云山（11元）—西递（18元）—秀里（19元）—赛金花（20元）—宏村（24元）

旅游2号线：黄山市旅游集散中心—西溪南（3.5元）—潜口（6元）—唐模景区（6元）—牌坊群、鲍家花园（6.5元）—徽州古城（8.5元）

旅游3号线：黄山市旅游集散中心—潜口游客中心—潜口民宅（6元）—呈坎景区（10元）

火车

黄山北站（高铁站）（见61页地图；☎9510 5105；迎客松大道北2号）是黄山新的交通枢纽，有开往杭州、南京、合肥等周边城市和北京、厦门、西安等城市的高铁，新开通的杭黄高铁让杭州和黄山的距离缩短到两小时之内。21路和高铁快线1路可到高铁站，从高铁站乘坐21路转10路或者18路可到屯溪老街。

黄山站（火车站）（见61页地图；☎211 6222；屯溪区前园北路）每天有多趟普速列车经过，但出发时间多在凌晨和深夜。6路、12路、21路公交车可达火车站。

当地交通

抵离机场

在黄山机场，可乘坐18路、19路公交车到市区，全程只要20分钟左右。从机场不能直接中转到其他区县或景点，一般先坐车到黄山汽车客运总站，再中转班车。乘出租车到市区的费用一般不超过30元。此外，机场比市区离汤口更近些，可以考虑直接包车前往汤口。

公交车

屯溪区公共交通发达，市区有20条左右的公交线路。汽车站还有往来各区县的班车。

出租车

出租汽车起步价5元（2.5公里），燃油费1元，之后1.5元/公里。在实际运营中，一般市区往来的起步价为10元。除了出租车外，市区还有少量机动三轮车可搭乘，起步价5元，但通常会对外地人抬高价格——坚决地还价吧。

> ### 哪里留宿？
>
> 黄山风景区三个正规大门所在地，是你开启黄山之旅的重要中转站，想要找到称心如意的歇脚处，并非难事。
>
> **汤口** 毗邻南大门，是旅行者初访黄山的理想大本营。新国线换乘中心和汤口老镇一带旅游商业气息浓厚，住宿餐饮无数，平季和淡季普通标间100元起。旺季常常爆满，需提前预订。
>
> **甘棠镇（太平）** 黄山区区府所在地，商业发达，以商务酒店居多。尽管距离北大门19公里，但交通便利，来自长江以北地区的旅行者大多选择在此落脚。北大门附近有不少农家乐，房价在80~150元。
>
> **焦村** 距离景区西大门5公里，住宿以农家乐为主，离西大门不远有自驾营地，帐篷营位到房车的价格为40~1000元。这里低调清静，交通相对不便，适合自驾者和徒步爱好者。

黄山区

黄山区位于黄山市北部，囊括了黄山风景区以及周边四个大门所在的区域。黄山风景区的南、北、东、西大门分别位于汤口、耿城、谭家桥和焦村，这些区域及周边也有丰富的旅游资源。四大门中，除了东大门无法进入黄山风景区外，其他三个大门均可上山。

黄山风景区

[见66页地图；☎556 1111；www.tourmart.cn；门票 淡季（11月底至次年1月底）150元，平季和旺季（1月底至11月底）190元]根据方位和特

黄山区

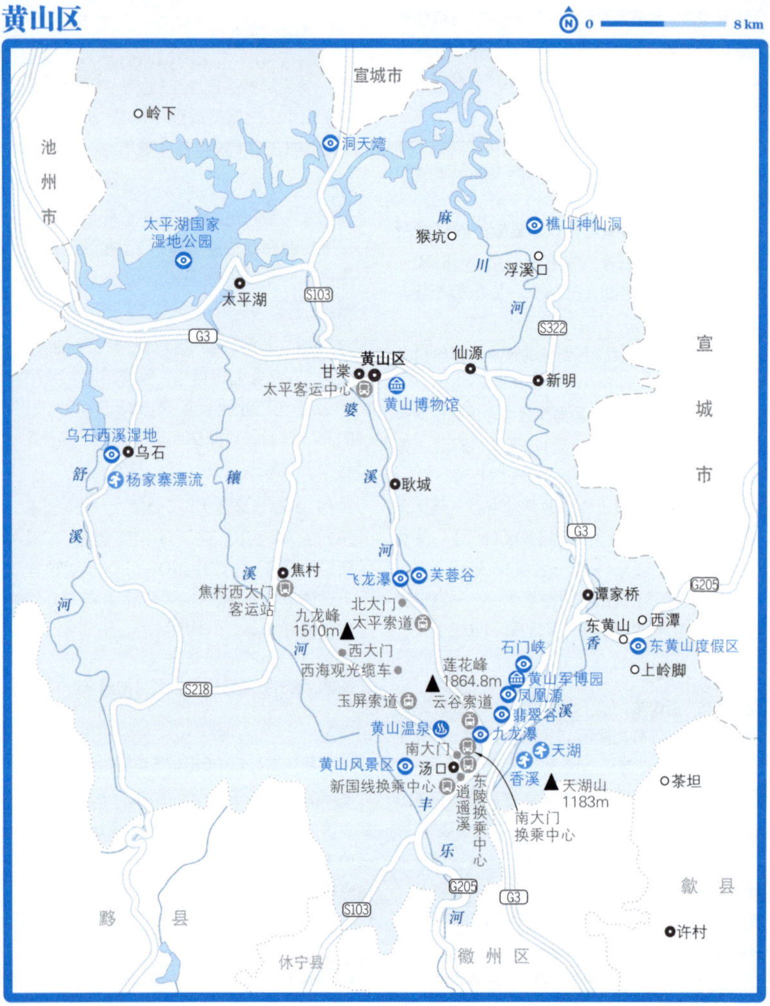

色，黄山风景区被划分为六大景区，将黄山四绝——奇松、怪石、云海、温泉一一揽尽。以光明顶为分水岭，从慈光阁到光明顶的一大片区域都被称作前山，后山指云谷寺到光明顶一带，从南大门后山进、前山出是目前最大众、也最省力的走法。想要把黄山走遍，至少需要两天——当然那也只是走马观花而已。

景点

温泉景区

温泉景区位于黄山紫石峰下，海拔600米左右，主体为温泉加瀑布。“黄山四绝”之一的**黄山温泉**（☎558 5999；汤泉路；门票198元；⏲12:00~23:00）主要含重碳酸，并非硫黄类，所以没有什么特别的气味，颜色也是透明的。因其冬季飘雪的概率很高，又被称作“飘雪温泉”。温泉包含30多个各具特色的露天及室内汤池，温度大多在37℃~43℃。

除了温泉，景区还有慈光阁、人字瀑、百丈泉等景点可以游览。**慈光阁**是黄山前山登山入口，始建于明嘉庆年间，曾是徽、宣两州禅林之首。如今的慈光阁早已不见了香火，新建的仿古建筑群被开辟成了**黄山风景区博物馆**（☎558 5280；免费；⏲夏8:00~12:00，14:30~18:00；冬8:00~12:00，14:00~17:30）。调研期间，**玉屏索道**（☎558 5530；旺季90元，淡季75元；10分钟；⏲周一至周五7:00~16:30，周六、周日7:30~17:00）下站从慈光阁下延到了温泉站（近观瀑楼），距慈光阁登山步道1.4公里。

前往黄山温泉，可以在汤口镇上的三个换乘中心就近乘坐新国线大巴（末班车16:00~16:30）前往，车费11元。从云谷寺或慈光阁回汤口时，也可直接在温泉下。另外，温泉度假区的直通车上行时间为13:30~20:30，每逢半点由汤口镇出发，下行时间为14:00~22:00，每逢整点由温泉门口发车，车费11元。

玉屏景区

黄山上最重要的景区之一，位于天都峰、莲花峰之间，以背倚玉屏峰的**玉屏楼**为中心。**迎客松**立于玉屏楼的东侧，在西侧与其呼应的**送客松**虽已枯死，但其所在之处是观赏**玉屏卧佛**的最佳位置。玉屏峰峰壁上，有不少摩崖石刻。玉屏楼前的**文殊台**，是欣赏西海云海的理想之地。附近的**立雪台**，运气好的话，能看见"佛光"。

避开人群

避免在黄金假期、公众假日到来；旺季时，北大门太平索道的客流量相对较少，南大门玉屏索道次之。体力时间充足的话，不妨选择徒步上山，从西大门钓桥庵或南大门慈光阁登山，能让你远离乌泱泱的人群；每年11月底至次年1月底的淡季，是观赏雾凇、邂逅云海、畅享温泉飘雪的好时节，游人少、性价比最高。

从玉屏楼往山下走，过了**蓬莱三岛**，就到了黄山三大主峰中最奇险的**天都峰**（⏲7:00~16:00，4月初至11月底）。天都峰有两条上山梯道，一条是从老道口进入的天都北路，长约2公里，其中的**百丈云梯**为连续的上行陡坡，对体力是个不小的挑战。长10米、宽1米，两侧都是千仞悬崖的**鲫鱼背**是北路通往天峰绝顶的必经之地，尤为惊险。另一条是从半山寺上方开辟的天都南路，入口被称作新道口，全长2.5公里，不少路段都是坡度达八九十度的陡壁，需要手脚并用才能爬上去。到达陡然平阔的天都峰峰顶，能看到**登峰造极**石刻，石刻下有可容纳百余人的天然石室。

上山路线详解

南大门前山慈光阁上山

玉屏索道：慈光阁新站—玉屏站，10分钟。

爬山：慈光阁—立马桥—半山寺—天都峰—玉屏楼。全程7公里，需5~6小时。不登天都峰会轻松很多，耗时约3小时。

南大门后山云谷寺上山

云谷索道：云谷站—白鹅新站，8分钟。

爬山：云谷寺—仙人翻桌—入胜亭—白鹅峰—仙人指路—双猫扑鼠—白鹅岭。全程7公里，耗时2~3小时。

北大门松谷庵上山

太平索道：松谷站—丹霞站，8分钟。

爬山：松谷庵—翡翠池—松谷庵—三道亭—清凉台。全程8公里，耗时4~5小时。

西大门钓桥庵上山

西海观光缆车：排云溪站—天海站，5分钟。

爬山：线路1为钓桥庵—三溪口—西海大峡谷谷底（排云溪站），全程3.5公里，需2~3小时；线路2为钓桥庵—三溪口—步仙桥—天海，全程7.5公里，耗时5~6小时。

海拔1864米的**莲花峰**是黄山第一高峰，在玉屏楼与鳌鱼峰之间。从玉屏楼到莲花峰的新道长约1.5公里，单程大概需要1个小时，沿途有洞穴、摩崖石刻和飞龙松、倒挂松。雨后初晴时，站在莲花峰绝顶，云海尽收眼底，5月还能一睹黄山杜鹃的芳容。在莲蕊峰上，往半山寺的方向望去，可以看到“五老上天都”。

天都峰和莲花峰实行“5年轮休”制度，2018年12月起天都峰封山，2019年4月莲花峰开放。

莲花峰再往北是**鳌鱼峰**，该山居黄山36小峰之首。最佳观景位置是**百步云梯**（在莲花峰和鳌鱼峰之间）。

鳌鱼峰有两条路供上下，一条走**鳌鱼洞**（升官发财道），另一条走**一线天**，均为单行道。其中，从一线天的途中往山下望，可以看到“蓬莱三岛”。登顶鳌鱼峰，往南可看莲花峰，往北可观西海仙桃石，往东北则是天海。

若不坐索道，从玉屏楼下山需要走约7公里，途中有立马桥、半山寺、“金鸡叫天门”和“老鹰抓鸡”等景观。

白云景区

白云景区包括钓桥景区和西海景区，位于黄山西部，从钓桥庵起，沿白云溪一直延伸到中海、天海，以深壑幽谷、梦幻云海见胜。

光明顶是白云景区的核心景点，作为黄山第二高峰，光明顶拥有山上最开阔的观景台，可将东海、西海尽收眼底，是观看日出日落和星空云海的绝佳之地，但经常人满为患。明代的普门和尚曾在此造大悲禅院，如今的遗址上坐落着地标建筑——黄山气象站。在黄山，只要看到气象站的巨型白色圆球标志，就能判断出光明顶的方位。

飞来石位于光明顶西北1公里处，电视剧《红楼梦》片头的顽石，就取景于这块石头。观赏飞来石的最佳位置在光明顶至飞来石途中的**群峰顶**观景台上，这里也是拍摄云海的好地方。

过了飞来石和**回音壁**，就到了西海景区的门户**排云亭**，绝美的西海景观在其步道外侧就能一览无余，不少人热衷于在此拍摄云海和晚霞。排云亭也是以梦幻著称的**西海大峡谷**（⏲4月1日至11月30日）的北入口，走1公里就到了一环岔道，推荐走右手边的路——0.5公里长，怪石多。出一环不久，就是二环岔道（16:00以后禁止游览），推荐左手边的路——2.7公里长，沿途风景更壮观，也更险峻。过二环前行0.5公里就是谷底，至此下坡路段结束。在谷底的排云溪下站，可以坐**西海观光缆车**（☎558 2299；旺季100元，淡季80元；5分钟；⏲8:00~17:00）直达天海上站。不想坐缆车又有充足体力的话，可从谷底沿平缓的下坡步行至三溪口，然后连续爬3公里的上行陡坡，到达西海大峡谷的南入口**步仙桥**，从步仙桥到白云宾馆要继续走2.5公里的上行步道，全程需5~6小时。

西大门处的**钓桥庵**在明朝是道观，清康熙年间改为佛庵。它旁边的白云溪有数处瀑布、水潭，山水风光特别灵动。沿着新开辟的白云新道，可从钓桥庵经步仙桥直达天海，或由三溪口直接深入西海大峡谷谷底。

云谷景区

云谷景区在黄山南大门后山的低海拔地带，景区内溪谷蜿蜒，多苍松翠竹、云雾石刻。云谷寺古庙遗址左侧有三棵超500年的古树，从云谷寺前往白鹅岭的皮蓬路口，能看到著名的**仙人指路**。云谷山庄旁有一条通向苦竹溪的乾隆御道，可一直下到**九龙瀑**（见71页）。

云谷景区售票处是**云谷索道**（☎558 6014；旺季80元，淡季65元；8分钟；⏲周一至周五7:30~16:30，周六、周日7:00~16:30）下站的起点，一旁的**黄山地质公园博物馆**（☎558 6339；云谷景区售票处旁；免费；⏲8:30~17:00，周一闭馆）有关于黄山地质变化、动植物标本和矿石的丰富展示，后山上山磴道就在博物馆西侧。

北海景区

北海景区坐落在光明顶、白鹅岭和始信峰之间，属黄山腹地，景区内群峰荟萃，奇松巧石遍布。

北海北面有**狮子峰**。这“狮子”的腰部是**清凉台**，三面临空，视野开阔，可观后海群峰和日出。另有“猪八戒吃西瓜”“十八罗汉朝南海”等奇石和“清凉世界”石刻。狮子峰前有著名的**猴子观海**，观景平台在一堆乱石的尽头。“狮子”的嘴是狮林精舍遗址所在地，附近奇松古柏聚集，还有一口天眼泉。**曙光亭**在“狮子”的尾部，是离北海宾馆和狮林大酒店最近的一处日出观赏点。离曙光亭不远，有黄山著名的景致**梦笔生花**，可惜原有的600年老松早已枯死，现在置于峰顶的松树是从鳌鱼峰移植来的新松。

狮子峰的对面是三面临渊的**始信峰**，视野特别开阔。始信峰上的名松簇拥，有“不上始信峰，不见黄山松”的说法。在始信峰上，还能看号称“黄山第一奇观”的“石笋矼”，北边的“十八罗汉朝南海”也惟妙惟肖。始信峰是目前在黄山上拍日出、云海和雪景最热门的摄影点之一，需要在日出前两三个小时就到达、抢占位置。石笋矼南侧建有悬空的**始信新道**，在这里可以看到**达摩渡海**。

白鹅岭是黄山后山的重要地标，白鹅岭上的观景台，可以看到莲花峰和天都峰，同时也是观览东海的好去处。

松谷景区

松谷景区在黄山北麓，从北大门到北海清凉台，这一路的12.5公里路程都算松谷景区的范围。它以巧石名潭为特色，到了梅雨季节，还能享受到“松谷听涛”的胜景。

登临松谷景区，有山径和**太平索道**（☎558 0606；旺季80元，淡季65元；8分钟；⏲周一至周五7:30~16:30，周六、周日7:00~16:30）两个选择，一般坐索道的为多。索道上站是丹霞站，边上的**丹霞峰**是观赏日出晚霞，鸟瞰西海大峡谷的理想场所。

松谷的景点多集中在芙蓉峰一带，因而要走山径才能领略它真正的奇秀。从芙蓉岭起步，在芙蓉洞洞口边上，可以俯瞰金珠源的百亩竹林，距芙蓉峰1公里处有**翡翠池**，旁侧的巨石上有摩崖石刻。距翡翠池不远处有**五龙潭**，五块奇石和五个水潭形成了“五龙戏水”的场面，徐霞客曾在游记中提到这里。五龙潭之一的**乌龙潭**上方有龙虎石，**松谷寺**建于石上。过了松谷寺穿过竹径就到了叠嶂峰下的**松谷庵**，周围石刻很多。往上朝清凉台的方向前进，会依次经过三个亭子，景观以奇石为主，其中的**关公挡曹**活灵活现，最为著名。

黄山观景及拍摄指南

	最佳观看地点	最佳观看时间	拍摄技巧
日出	光明顶、始信峰、狮子峰、清凉台、曙光亭、丹霞峰、玉屏峰、鳌鱼峰、白鹅岭		使用渐变灰滤镜和三脚架，缩小光圈；以云为主体的时候，对云彩测光，同时避免太阳过曝
日落	排云亭、步仙桥、鳌鱼峰、丹霞峰、光明顶、群峰顶、飞来石、狮子峰、白鹅岭		
云海	玉屏楼观前海、清凉台望北海、白鹅岭赏东海、排云亭看西海、光明顶和鳌鱼峰眺天海	每年11月至次年5月（清晨、傍晚、雨雪初霁后最容易邂逅云海）	使用中灰密度镜和三脚架，缩小光圈，用慢门制造云海流动的梦幻感
雪景	玉屏楼、北海、松谷、云谷、温泉	每年12月初至次年2月（也是雾松出现概率最高的时候）	最好选择日出、日落时分，好的光线能增加雪（雾松）的层次和质感，更好地烘托氛围。拍摄时可适当增加1～2档曝光
佛光	天都峰、莲花峰、光明顶、始信峰、丹霞峰、白鹅峰、立雪台、清凉台、芙蓉峰、凤凰松等	雨后初晴的上午9时前，阴雨初霁的傍晚5时	背光而立，让自己的身影与太阳、云雾成为一条直线，形成有“佛”的效果

从北大门到清凉台的山路长8公里，步行需4~5个小时。

住宿

黄山风景区的住宿点集中在北海景区、玉屏景区和白云景区的开阔地带。山上的住宿价格一直居高不下，因为所有的物资都要靠挑夫背上来。节假日、旺季期间，实际房价就是挂牌价，到了淡季，价格会跌至挂牌价的五折。另外，山上的大多数酒店都设有多人间，其中的床位是最经济的选择。出于环保，景区的绝大多数酒店都不提供一次性的洗漱用品。以下列出的都是淡季房价。

温泉度假酒店

酒店 ¥¥¥

（☎258 9333；温泉景区；标间560~800元；❄@P）黄山温泉度假区内所有酒店的统称，包括聆泉楼、黄山宾馆和轩辕饭店，聆泉楼设施相对来说旧一些，房间也小，轩辕楼规格最高，价格也最贵。错峰人少的时候，房间可能会被升级。入住酒店可购买158元的优惠温泉票，自驾旅行者可以凭酒店订单进入景区南大门。

狮林大酒店

酒店 ¥¥¥

（☎558 4040；北海景区清凉台旁；铺 独卫150元，标单/双810~940元；❄📶）建在“狮子林禅院”遗址上，临近清凉台、狮子峰和猴子观海，离云谷索道也只有1公里的距离，以摄影文化为主题，提供多项摄影服务。酒店的硬件、卫生和服务不错，24小时的热水非常到位。清凉别墅观景平台是观赏晚霞日落的好去处。

西海饭店

酒店 ¥¥¥

（☎558 8888；西海景区丹霞峰旁；北楼标间900元起，南楼标间1200元起；❄📶）黄山上最好的酒店之一，分南北两座建筑。北楼是四星标准，近两年刚刚翻新过。南楼是北欧风，已经达到五星标准，高层的房间视野更开阔。西海饭店服务很好，设施也齐全，基本上能满足各类需求。酒店内有丰富的娱乐设施，咖啡厅、酒廊都不错，室外有露天座椅。西海饭店离西海大峡谷不远，去排云亭、丹霞峰看日落很方便。

排云楼宾馆

酒店 ¥¥¥

（☎558 1558；西海景区丹霞峰下；铺 独卫150元，标间700元起；❄📶）在西海饭店的西侧，离西海大峡谷北入口和太平索道只有几分钟的路程。房型非常多，房间虽然不大，但设施齐全，有暖风机、羽绒服提供，总体性价比不错。从这里去排云亭看晚霞最方便。

光明顶山庄

酒店 ¥¥¥

（☎558 6518；黄山风景区白云景区光明顶峰顶；铺 独卫150元，标间800元起；❄@）位于黄山气象台，光明顶的最高处，是山上观看日出日落位置最佳的酒店，想要足不出户欣赏美景，可以选择三楼的观景房，房间不大，备有电暖器、羽绒被和羽绒服，房价包含种类丰富的早餐，总体来说物有所值。

白云宾馆

酒店 ¥¥¥

（☎558 2561；黄山风景区白云景区光明顶下；铺 独卫150元，三星标间800元起，四星标间880元起；❄📶）位于光明顶和鳌鱼峰之间，距西海地轨天海站只有500米，是光明顶周边住

山顶露营

从2018年开始，游客在景区无论是自备还是租赁帐篷，都必须在进入景区前向**黄山风景区宿营帐篷综合服务中心**（☎259 0999）或各露营点分中心进行电话实名预约。

目前，黄山风景区帐篷露营点分别设在**北海宾馆**（☎558 1267）、**狮林大酒店**（☎558 1562）、**西海饭店**（☎558 8199）、**排云楼宾馆**（☎558 8581）、**白云宾馆**（☎558 2604）、**玉屏楼宾馆**（☎558 2132）和**白鹅山庄**（☎558 3749）。酒店经营的双人帐篷在黄金周小长假等旺季收费300元/顶/天，其他时间150元/顶/天，押金300元。如果体能好，也可自背帐篷上山，单/双人帐篷按80元/顶收取服务费。

最好的露营时间是7月至10月，山上露营时，最好备足御寒装备，并携带一些高热量食物。黄金周等旺季露营，需要尽可能早预订。

宿中条件和口碑最好的，宾馆客房有三星和四星两个等级，分别在两栋独立的楼里。住白云宾馆，看日出日落最好的地点是光明顶和鳌鱼峰。

就餐

想在黄山上正经吃顿饭，只能在价格不菲的酒店餐厅解决，自助午餐和晚餐的价格为80~150元。相比之下小炒更贵，素菜大多45元起，荤菜则不低于100元。如果不想花太多钱，就得负重自备干粮，并准备充足的水，以一天1升为宜。

另外，重要景点附近都有小卖部，在那里可以买一些小吃，价格为4~8元，矿泉水价格为8~10元。

实用信息

黄山上最方便的**邮亭**在云谷景区的黄山地质博物馆内，可以寄明信片、盖纪念邮戳。

挑夫（☎556 4837）的官方价格是1.4元/公里/公斤。

轿夫（☎556 4837）的收费按公里数、道路坡度来计算，轿子的背面有官方的计费标准，1公里的费用在50~120元，每一段都有最高限价。

新国线（☎557 2602，557 2610）黄山风景区独家经营的景区公交。

旅游投诉（☎556 2222）

天气查询（☎558 6570）

医疗急救（☎558 0120）

到达和离开

上山时，一般先到南、北、西三个大门所在的城镇，再转新国线到达检票口，然后乘坐索道或徒步上山。南大门云谷寺和慈光阁返回汤口的新国线大巴末班车为19:00，北大门返回甘棠镇的末班车为16:50，西大门返回焦村的末班车为16:00。

汤口（黄山南大门）

作为“黄山门户”，汤口镇将都市喧嚣和小镇的乡土气息和谐地结合在了一起。镇子主干道两旁的住宿餐饮比比皆是，便捷的旅游服务和得天独厚的地理位置，让这里成为前往黄山游览最重要的中转枢纽。旺季时，有九成的旅行者会从**南大门**（见66页地图；汤泉路）蜂拥而入。

南大门在汤口老镇以北1.3公里处，是黄山三个正规大门中离屯溪最近的一个，必须在汤口换乘中心乘坐新国线的旅游大巴前往。

汤口东北方向的G205国道风景优美，很适合骑行。国道沿线还有几个不错的景点，空档期不妨去探访一番。

景点

九龙瀑 瀑布

（见66页地图；☎556 1459；山岔村；门票85元；⏲7:30~17:00）瀑长600米，沿着山势折了9次的九龙瀑，可算是黄山周边最壮观的瀑布。作为冰川时期的遗迹，九龙瀑和黄山一脉相承，拥有景致多变的奇松怪石和缤纷彩潭。

进入景区南大门就是龙源谷口，到达最近的第九瀑还要走1.4公里的山路。从第九瀑到观瀑台有388级连续上升的石阶。烟雨弥漫时，从峰顶如银河落下的第三瀑会给人超现实的感觉。调研期间，景区的一瀑、二瀑尚未对外开放，多数游客到达第三瀑的观瀑台便会折返。如果体力和时间足够充裕，可从第三瀑旁的石阶（乾隆御道）一路向上，直达云谷寺，全程约6公里。途中的天坤亭，可将九龙瀑尽收眼底。

九龙瀑距离汤口镇约4公里，可在G205国道上等待汤口开往太平方向的班车（5元；6:10~17:00），每20至30分钟一班。

翡翠谷 峡谷

（见66页地图；☎557 7655；山岔村；门票98元；⏲6:30~18:30）这是黄山脚下最有看点的景点之一，离汤口镇有6公里远。主要景观是包括百余个水潭的翡翠池群，前去游览时，可特别留意碧翠见底的**绿珠池**和**花镜池**，它们是电影《卧虎藏龙》中深潭寻剑、飞瀑踏波等镜头的拍摄地。景区的终点是**炼丹石**，因岩壁上刻着高5米的“爱”字，又被称作“爱字石”，这也算是对它的别名“情人谷”的一个印证。

作为“情人谷”，景区出口往南500米，有个**爱情邮局**。货架上摆满了以爱情为主题的明信片、旅游纪念品，可以在这里盖特别的纪念邮戳，还可以指定日期邮寄。农家乐新村**翡翠人家**就在附近，整个村子保持着统一的新徽派建筑风格，住宿条件比一般农家乐好。

往太平方向的车都路过景区，可在离景区入口最近的翡翠谷北停车场下车，票价为5元，车程20分钟。

凤凰源　峡谷

（见66页地图；☎557 7605；乌泥关；门票98元；⏲8:00~17:00）是黄山东面布水峰和仙都峰之间的峡谷，纵深10公里，目前景区开发的旅游路线到凤凰台为止，可以远眺整个峡谷的全景。景区的步道基本沿着溪流而设，一路上随时可以亲水，夏季来最为适宜。斑斓多彩的溪水和诡异的乱石，是这里的主要景观。不过与昂贵的票价比，这样的景致着实显得逊色了些。

可在汤口G205国道上等候往北的班车，在乌泥关下，票价7元。

活动

汤口漂流　漂流

主要有天湖（见66页地图；☎556 2111；山岔村；门票138元；⏲夏季8:00~17:00）和香溪（见66页地图；☎556 3936；山岔村；门票140元；⏲夏季8:00~18:30）两个漂流点。天湖漂流在天湖景区内，除了漂流，还有竹海滑道等多项娱乐活动。香溪漂流在天湖景区东北1.2公里处，两者的水势都比较平缓，刺激程度相当。在汤口G205国道边乘坐开往太平方向的班车（5元）到山岔村村口下，走不远即可到达。

住宿

作为黄山超高人气的旅游枢纽，汤口的住宿业十分发达，从青年旅舍到豪华酒店一应俱全。新国线集散中心附近以快捷酒店和农家客栈居多；青年旅舍、客栈则扎堆在老镇；近几年，寨西新村一带也涌现出了不少精品民宿。淡季时，汤口普通标间的价格多为100~200元，到了旺季不仅会有2~3倍的飙升，房间还非常紧俏，需要提早预订。以下均为淡季价格。

★昆仑国际青年旅舍　青年旅舍 ¥

（☎556 5998；沿溪街8幢1号；六人间40元，四人间50元，标单/双100元起；❄📶）汤口唯一的国际青年旅舍，坐落在逍遥溪旁，聚集着来自全世界的背包客。有干净舒适的男女多人宿舍和独立房间，设施齐全，服务也很热情。充满文艺腔调的大厅，是交流、结伴和消遣的好地方。青旅每天20:00有登山线路讲解，并提供帐篷、背包、自行车租赁服务。

威尔达太空舱青年旅舍　青年旅舍 ¥

（☎155 5515 5915；南大门立体停车场内三楼；单/双舱70~120元；❄📶）距离新国线换乘中心只有几步之遥，中式、科幻混搭风营造出的氛围颇具神秘感。太空舱的配备相当齐全，卫生也很好，只是房间无窗。旅舍有消毒拖鞋和免费行李寄存箱提供。

皖月兰庭民宿　酒店 ¥

（☎558 6161；徽韵商贸城第三排6栋；标单/双 90~130元；❄📶）住宿餐饮一体的家庭式旅馆，就在新国线换乘中心旁，很受俭游旅行者的欢迎，房间的内部装修很简单，但干净整洁，其中三人间（168元）的性价比最高。

台湾璞致·人文艺术酒店　酒店 ¥¥

（☎557 9789；寨西新村17号；标单/双 200元起；❄📶Ⓟ）一家以人文艺术作为设计理念的酒店，24间客房都按不同的主题精心装饰。和主干道隔了一个街区，十分安静，部分房间能看到窗外的山景，有空房时免费升级的概率很大。

程锦精品酒店　酒店 ¥¥

（☎557 8600；新国线换乘中心旁；标单/双180~280元；❄📶Ⓟ）对任何寻找舒适住宿的人来说，这里都是个不错的落脚点。房间除了备有耳塞、数据线、驱蚊液和消毒酒精，还贴心地准备了泡脚桶和足浴茶包。楼下的餐厅、咖啡馆和超市也很方便。

全季酒店　酒店 ¥¥

（☎557 5888；天都大市场主楼；标单/双220~260元；❄📶Ⓟ）2018年开业的新店，秉承了全季连锁酒店一贯的简约风格和高品质，126间以竹、木为元素的房间宽敞舒适，一尘不染。二楼有按摩设施，下山后可以好好放松休整。

零五幺柒客栈　客栈 ¥¥

（☎189 5590 0561；沿溪街8幢3号；标单/双285元起；❄📶）几个志趣相投的朋友共同经营着这家时髦、文艺的客栈，迷人的大厅和客房是复古的工业风设计，房间面积不算大，但布置得很精致，也很在意细节，热情有礼的服务能让你体会到什么是宾至如归。

暖山町民俗 客栈 ¥¥¥

（☎558 3737；寨西新村46号；标单/双480~880元；❄📶🅿）2018年开业的精品民宿，为数不多的14间客房得体简约，大面积的留白有种难得的克制，五星酒店的硬件水准，有露台的房间可以看到宜人的山景。公共空间舒适宽敞，按摩椅和可口的饭菜也是锦上添花。

就餐

国道核心路段食肆鳞次栉比，价格、口味都相差不大，如果无从选择，不如挑个环境好些的。

全兴大酒楼 徽菜 ¥

（☎556 1879；沿溪街50号；人均50元；⏲11:00~21:00）汤口镇上最有名的食肆之一，开在老镇大桥下，旁边就是古桥、逍遥溪。店家以家常徽菜为特长，石耳炒蛋、竹笋烧肉、一品锅等都是解救味蕾的好东西。

徽州美食 徽菜 ¥¥

（☎139 5595 8064；寨西兆成天地B5-1-2；人均60元；⏲9:30~22:00）广受当地人推荐的三十年老字号，老板很热情，菜品口味也不错，招牌跳水鱼精选来自太平湖的青鱼，肉质细腻，搭配嫩滑鲜美的豆腐，蘸着汤汁吃，尤其美味。

黄家徽府菜 徽菜 ¥¥

（☎138 0559 2695；吉华国际大酒店一楼；人均60元；⏲10:00~22:00）新国线换乘中心一带档次较高的食府，古色古香的徽派装修风格，有很高的上座率。臭鳜鱼、笋子烧肉、黄山双石煲、铁板毛豆腐都是颇受好评的菜品。

昕竹美食 徽菜 ¥¥

（☎139 5597 8045；汤川路42号；人均60元；⏲9:00~22:00）在老镇靠近逍遥溪的繁华地段，雅致清净的就餐环境，让它有别于周边如出一辙的农家土菜馆。168元的石耳炖土鸡是店家的拿手菜，跳水鱼、臭鳜鱼、徽州毛豆腐等经典徽菜也是不错的选择，价格为30~100元。

实用信息

汤口邮局（☎232 2850；汤川路100号；⏲8:00~17:00）在靠近汤口大桥的位置，邮政和邮政储蓄业务都有。

达成医院（☎557 9595；寨西承启山庄26幢）是汤口唯一的医疗机构，可处理一些不复杂的常见病。

停车场 集散中心西侧的停车场和对面南大门立体停车场位置最为便利，停车费为6小时内30~45元，6小时后1~2元/小时；此外，东岭换乘中心和南大门换乘中心旁也有大型停车场，淡旺季停车费为6小时内30~36元，24小时以内上限40~60元。

南门—北门代驾（☎南门557 2606，北门159 5559 0891；新国线游客集散中心）在集散中心调度室可申请南北门代驾服务，由代驾司机替你把车从南门开到北门（反向亦可），这样自驾车也可以南上北下。代驾服务费为160元，停车费为40元，高速公路通行费为15元，合计215元。

黄山旅游官网（☎258 6512；微信小程序：黄山旅游官网）提供黄山风景区门票、索道票、山上酒店及周边景区门票、住宿、包车和导游等服务。

到达和离开

在**黄山北站**旁的**黄山旅游客运枢纽站**（见65页）乘坐旅游专线（20元；8:30~19:50；1小时）前往汤口最方便。**黄山市汽车客运总站**（见64页）和**黄山站**（见65页）从6:30至17:00，每20分钟有一班车，旺季时末班会更晚，分走高速和不走高速两种，不走高速要2小时左右，票价17元，走高速50分钟左右可达，票价20元。从黄山北站或屯溪直接打车到汤口并走高速，费用在180元左右。**黟县汽车站**（20元；6:10，8:00，10:20，14:00；1小时）和**宏村汽车站**（20元；6:50，11:05；1小时）也有直达汤口的班车。

新国线游客集散中心（☎557 2602；京台高速出口斜对面）是汤口镇最主要的交通枢纽，前往屯溪、黄山北站、宏村、歙县、黟县、合肥以及千岛湖、杭州、南京、上海的班车都从这里始发。查询、购票可关注**黄山风景区汽车站**官方微信公众号。

当地交通

老镇和寨西新村是汤口最繁华的地带，旅行

者往来其间最便捷的方式是走路或打车。若去周边临近景点逛，基本不用考虑班车的目的地，只要方向对都可以上。要坐出租车，可以到换乘中心去找，一般是议价，起步10元。

汤口有三个换乘中心，大巴分云谷寺和慈云阁两条专线，单程车票19元，中途都经过温泉换乘点，单程车票11元。所有换乘中心都提供行李寄存。

新国线换乘中心（☎557 2602；京台高速出口斜对面）就在新国线游客集散中心内，是汤口最大最主要的换乘中心。

东岭换乘中心（☎557 2602；黄山印象大酒店旁）是三个换乘中心中最简陋的一个，主要作用是分流旺季时新国线换乘中心的压力。它距离沿溪街不远，住在那一带的旅行者可以就近换乘上山。

南大门换乘中心（☎557 2602；近林听山主题酒店旁）距离南大门牌坊400米，是进入黄山风景区的必经之路，更方便自驾旅行者换乘。

甘棠镇及周边（黄山北大门）

黄山区区府在甘棠镇，位于黄山北大门以北19公里处。这里没什么风景，更适合作为前往北大门、芙蓉谷、太平湖及猴魁原产地猴坑的大本营。行程不太赶的话，黄山博物馆也值得你花点时间去充充电。

北大门和汤口南大门形成南北呼应之势，是长江以北地区进入黄山的另一个重要入口。不管淡旺季，这里的旅行者都要比汤口少，行动起来也从容得多，在此可乘坐太平索道直达黄山云谷景区。

需要注意的是：黄山区旧时为太平县，虽改制已经20余年，但到甘棠镇的班车和长途汽车依旧沿用着"太平"这个名字。另外，随着G3京台高速的开通，只需1个半小时就能从甘棠镇到达九华山，两山一湖（黄山、九华山、太平湖）串连起来的经典线路也很不错。

景点

太平湖国家湿地公园 湖泊

（☎856 1515；太平湖镇S103省道旁；门票63元；⏲8:00~17:00）太平湖在甘棠镇西北19公里处，是青弋江上游的一个大型人工水库，千年广阳古城就沉睡在湖底。

和疲劳的登山之旅相比，船游太平湖要惬意轻松得多。由近至远，太平湖的游船线路分别为：A线中心湖（9:30，14:00；游船70元）、B线洞天湾（快艇1300~1800元）、C线黄金岛（快艇1800~2300元）。其中，常规路线是到中心湖区的，途中会游览猴岛和龙窑寨，游览时间在半天以内。开往**洞天湾**（☎138 5595 9077；龙门乡轮渡村；门票90元）的延伸线路需要半天以上的时间。

太平湖景区的门票和船票为捆绑销售，更适合团队前往，因为游船够40人才发，旺季散客拼团的概率较高。淡季人少的时候，只能选择快艇，不过价钱很贵，平摊下来人均最少要100元以上。

如果不想坐船，沿着景区外的公路徒步或骑车游览，感受也不会逊色。自驾车出游的话，可以环湖开一圈，全程约100公里，沿途经过永丰乡的时候，可顺路去**岭下古村**拜谒民国才女苏雪林的墓地和故居。11月初，在和平村一带能看到河床上盛开的紫色蓼花花海，气势盛大，堪称胜景。每年4月下旬至10月下旬，乌石乡的西溪湿地会成为鸟类爱好者的天堂。

自助前往太平湖，可以在太平客运中心坐前往乌石乡的短途班车（5元；8:30~14:00；1小时一班；20分钟），在太平湖码头下。从乌石乡返回的末班车14:30左右经过太平湖码头。另外，从甘棠镇老站（站牌在黄山二建对面）始发的1路公交车（7:30~16:30）也经过太平湖，每天只有三班。1路车从码头返回甘棠镇的末班车是17:00，错过的话，就只能在路边搭车。

樵山神仙洞 溶洞

（☎855 6168；新明乡樵山村；门票88元；⏲8:00~17:00）曲曲折折的山路和小心翼翼的司机会把你带到山巅的神仙洞。一路上风景旖旎，甚至能看到云海。神仙洞藏在香榧林里一条山路的尽头，入口非常隐秘，远看像是一只人眼。走进山洞则是另一番天地，凉风伴着泉水声扑面而来。神仙洞目前只开发了1.2公里，老君宫府、王母瑶池、山水壁画、昊天宝塔和水帘洞府是洞内五绝。由于神仙洞并不怎么热门，所以自助游的客人想蹭导游的话，多少要点儿运气。

神仙洞在甘棠镇东北35公里处，只能包

车前往，费用200元左右。

芙蓉谷 峡谷

（☎138 5595 9077；耿城镇辅村；门票98元；⏰8:00~17:30）芙蓉谷在北大门牌坊以东1公里处，是黄山北麓的主要景区之一，正被大力打造成大黄山旅游新名片和休闲慢谷。不过，和黄山风景区周边其他峡谷景观相比，这里并没什么特别之处。从黄山北端芙蓉峰上流下来的一条溪流贯穿景区。芙蓉谷基本是沿着这条溪流而建的，游程的大部分内容就是在溪流边漫步，一路上不断有大小瀑布和彩潭出现，河里的怪石毫无规律地躺着。除了自然景色之外，芙蓉谷还有"野人"、人体彩绘的表演。

从甘棠镇去芙蓉谷，可以在北海南路的步行街站乘坐3路公交车（3元；7:30~17:30）或新国线大巴（见73页）前往。距离芙蓉谷仅1.6公里的**飞龙瀑**是北大门最被低估的一个景点，这条源自九龙峰，长达1000多米的瀑布，一跌一折形成壮观绮丽的三十六瀑，很值得一看。

黄山博物馆 博物馆

（☎858 1181；太平东路20号；免费；⏰夏8:30~11:30，15:00~17:30，冬8:30~11:30，14:30~17:00，周一闭馆）展示了大量当地遗留的明清三雕精品，以及唐代二十四库门扇、柏木描金拔步床、红木雕花架子床等珍贵的徽式雕刻家具。二楼的历史陶瓷陈列馆藏有黄山区的出土文物，最早的能上溯至商代，有各种器物和陶瓷精品，其中的宋代影青执壶、吉州窑绿釉瓷枕都属珍品。

太平客运中心距离黄山博物馆2公里，打车10元。

活动

杨家寨漂流 漂流

（☎857 2699；太平湖镇乌石乡；门票158元）位于太平湖旅游码头西南22公里处，全程1.5小时的漂流主要在佘溪河上进行。河流水势不小，玩皮筏艇颇为刺激，不想太激烈可以选择相对平稳的竹筏漂流项目。

住宿

甘棠镇商业发达，商务酒店依旧是主流。北大门外的住宿，多集中在北大门牌坊和耿城镇中心，淡季价格为100~150元。

倾城客栈 客栈 ¥

（☎855 1314；太平东路25号；标单/双120~160元；❄📶🅿）就在黄山博物馆对面，装修风格清新明快，偏年轻化，房间舒适整洁，网速很快，还配备了触摸式灯控。靠南的房间，阳光更好，也更安静。

龙汇大酒店 酒店 ¥

（☎853 0088；香溪路1号财富广场；标单/双180元起；❄📶🅿）与南山公园为邻，美式复古风让它从一众乏味的商务酒店中脱颖而出。房间宽敞整洁，配备了智能马桶，有不错的性价比。

北驿小筑微酒店 酒店 ¥¥¥

（☎853 1999；翡翠居小区15号楼；标单/双320~420元；❄📶🅿）一家北欧原木风的精品酒店，舒适的公共区域有饮茶区和儿童游戏区，简约不失品味的装饰给住客家一般的感觉，房间很宽敞，明亮的落地飘窗令人愉悦。除了丰盛的早餐，还有不错的私房菜。酒店离京台高速出口不远，很适合自驾旅行者和家庭入住。

就餐

北海北路的太平盛世牌坊里有不少当地人光顾的小餐馆，精品餐厅多集中在北海南路和香溪路一带。

合肥老窦土菜馆 徽菜 ¥

（☎139 6550 7337；平湖西路14-15号；人均50元；⏰10:00~14:00，16:30~24:00）用真材实料、地道口味和热情征服了众多食客，臭鳜鱼、排骨肉粽、老窦龙虾、铁板葛粉皮都是很受推荐的菜品。

太平小镇主题餐厅 徽菜 ¥¥

（☎151 5599 9271；香溪路南山公园对面；人均70元；⏰10:30~13:30，16:30~20:30）古色古香的亭台楼阁为它增色不少，菜肴本身也为它带来不小的人气，晚饭点和周末常常需要排队等位。离它不远的**朴食概念餐厅**（☎853 2789；香溪路龙汇大酒店旁；人均50元；⏰10:30~13:30，16:00~20:30）也是不错的就餐选择。

披云太平鱼味馆 徽菜 ¥¥

（☎181 5591 2987；平湖东路；人均75元；⏲9:00~13:30，16:00~20:30）作为屡获嘉奖的老字号，这里的食物还是值得期待的，主打的太白鱼头（168元）是不可错过的明星菜，徽府红烧肉、深渡毛豆腐、问政山竹笋也是精心烹制出来的。不少菜可以点半份，但服务有时很成问题。

购物

六角楼斜对面的**太平茶叶市场**（☎138 0559 0552；平湖西路路口）是比较正规的茶叶商城，店铺很多，可以货比三家。不过，购买猴魁时仍需谨慎。北海南路的**猴坑茶业**（☎853 6388；北海南路与清溪路交叉路口东南50米）是中华老字号，太平猴魁每50克的售价为100~1500元。

实用信息

旅游咨询服务中心（☎853 3808，138 0559 0329；北海路富市8号；⏲8:00~20:00）提供旅游咨询、景点优惠门票、导游等基本服务，另外还组织黄山、太平湖、洞天湾、樵山神仙洞、九华山等邻近目的地的散客团。

新国线包车服务（☎853 3322）

到达和离开

屯溪**黄山站**、**黄山汽车客运总站**有班车往返**太平客运中心**[☎850 9729；平湖西路（近甘棠派出所凤凰路北）]，全程高速，车费28.5元（80分钟），不走高速则是25元（2小时），7:00~16:00都有车。客运中心每天有班车发往屯溪区（25元；7:00~16:00）和汤口（12元；6:10~17:00）。

南京、上海、杭州、安庆、合肥、温州等地都有直达太平客运中心的长途车。甘棠镇没有直达九华山的班车，可以乘坐前往青阳（24元；12:50，14:50）的班车，再转车去九华山。

当地交通

在甘棠镇乘坐公共交通并不方便。最便捷的是出租车，起步价7元，每公里2元，城区内基本在10元左右。

北大门（松谷票房）位于甘棠镇以南19公里处，可在北海南路的新国线直通车站点（猴坑茶业对面）乘坐新国线大巴前往，8:30、10:00、11:30、13:00、14:00各一班，票价18元。从北大门立体停车场返回城区的末班车时间为太平索道停运20分钟后。太平客运中心每天也有两班班车（20元；11:10，12:40）开往北大门。打车前往北大门的车费在80元左右。

太平索道下站松谷庵站离北大门1.7公里，可乘景交车（5元）或步行前往。

焦村（黄山西大门）

焦村作为前往**西大门**（见66页地图）的中转站，除了九龙峰和翠微寺，本身并没什么亮点。尤其是站在公路边一眼望去，和所有急着想要实现城镇化的乡村一样，了无生趣。只有走上前往西大门的乡村道路，才能感受到它的田野魅力。

黄金周和节假日期间，南门北门人多车堵，想要躲避拥挤的人群，西大门是个不错的选择，但只能徒步上山，一路上能领略比南门北门更加秀丽险峻的风光，从钓桥庵经三溪口可步行2~3小时至西海大峡谷谷底，然后乘坐西海观光缆车到天海。如果体力足够好，也可经三溪口、步仙桥直达天海，全程耗时5~6小时。准确地说，西大门更适合想要寻幽访胜的重游者和徒步爱好者。对于那些自己驾车，想要寻觅一个被时间遗忘的迷人村庄的人来说，这里也有难以抵抗的诱惑。

途居黄山露营地（☎855 5818；205国道近西大门；标间624元起，房车780~1024元，帐篷624~864元，自驾车营位80~150元，帐篷营位40~50元；❄📶Ⓟ）就在通往西大门的途中，能为自驾、亲子游提供不一样的体验。想要在镇上留宿，可以到住宿集中的西海大道上寻觅，其中的**慢悠悠客栈**（☎139 2220 5977；西海大道；标单/双80~100元；❄📶Ⓟ）有着小镇住宿难有的轻松氛围和明亮色彩，是最物有所值的一家。至于吃饭，除了公路边的农家乐和小饭馆，没有更多的选择。

前往焦村，要先到甘棠镇太平客运中心（见本页），然后转乘小巴（6.5元；6:30~17:00；1小时一班；20分钟）。前往西大门（小岭脚售票处）可以在焦村西大门客运站乘坐新国线大巴（☎153 8559 1817；10元；⏲6:30~16:00），淡季人少时班车可能会停发，只能在车站包车（20元）。另外，还有一种自

值得一游

焦村古法木榨油

《舌尖上的中国》让歙县富竭镇的木榨油作坊名声大噪。然而，在百公里之外的焦村，有一间规模更大的油坊，已经默默无闻地将古法木榨这一古老工艺传承了近三百年。循着浓郁的油香、嘶声的号子和木头撞击的声响，走进九龙油脂厂（☎857 7141，157 5592 0218；西海路84号）蒸气弥漫的作坊，赤裸上身的工人挥动长达3米的油锤，反复撞击安插在榨膛中的木楔，你能亲眼目睹金黄的油汁是如何被挤压出膛的。

古法木榨油共有16道工序，因复杂的工艺和低效的产能，已经近乎绝迹像焦村如此规模的手工油坊目前在徽州西部地区仅存一家。除周末外，油坊每天9:00开工，想要前去参观拍摄，最好提前电话联系。

虐式的方法，就是从焦村步行到售票处，这段距离近5公里，不过一路上风景令人心旷神怡，足以让你忘记旅途疲惫。西大门离钓桥庵还有约4公里的距离，需要再转新国线巴士（10元）到钓桥庵，淡季时，同样只能包车或步行前往。

东黄山（东大门）

东黄山在黄山东麓，但这里并没有登黄山的步道，东大门的称呼有名无实。事实上，这片景色迷人的山谷地带是“三线”建设时期，上海在黄山孕生出的一块“飞地”，它的前身是黄山茶林场。从谭家桥镇的大圆盘下车后，沿着G205国道一路向东南行进，看到山腰间的城堡建筑，茶林场就不远了。

自从林场被上海光明集团接管后，这里便开始以东黄山旅游度假区（☎859 1999；谭家桥镇镇东）为核心发展起了旅游业。坐落在茶林公园的东黄山城堡酒店（☎859 1858；谭家桥镇茶林场；标单/双600元起）由欧式城堡建筑和别墅群组成，是度假区最具异域风情的地方，园区里有一条隧道直通夏家湖。出了城堡酒店往右，茶林场的全部生活就在不足400米的黄山东路上展开。

茶林场34号的邮政支局依旧保持着20世纪60年代的样貌，墙上的黑白老照片，是知青们在此挥洒青春热血的最好见证。邮局斜对面的东黄山国际青年旅舍（☎859 1388；谭家桥镇茶林场318号；铺70元，标双140元；❄@P）由当时的供销社大楼改建而成，拥有200多张床位和一个停着蒸汽机火车的运动拓展基地，列车车身的行程牌上写着“东黄山—上海”，无时无刻不提醒着人们，这里曾是上海知青的家园。到了晚上，它会摇身变成酒吧。从青年旅舍继续往东，用不了多久，被蒙家河蜿蜒环绕的西潭古村就会出现在你的左侧，村子被一条铺着青石板和麻条石的古街贯穿，它曾是太平往返旌德的黄金要道。

从茶林场返回谭家桥镇，向西3公里，就到了石门峡（☎557 7377；谭家桥镇墩村；门票98元；⏲7:00~17:00），这条位于黄山东侧的神秘峡谷目前只开放了一小段，想要走到海拔950米的山顶，需要爬至少30分钟的石阶，这段路异常险峻，靠近山顶的坡度几近80度。从山顶有一条路通向黄山，但处于关闭状态，禁止翻越。调研期间，为了缓解黄山三大门的客流压力，东海景区的开发已经提上日程，东黄山有望成为名副其实的“东大门”。

石门峡西侧是黄山军博园（☎859 2381；谭家桥镇墩村；门票50元，纪念馆45元，讲解100元；⏲8:00~17:00），对红军北上抗日那段历史感兴趣的话，可以去参观。

前往东黄山（茶林场），可坐屯溪、汤口往来太平的班车在谭家桥镇大圆盘下，然后包车（15~20元）或步行前往，全程4公里。黄山北站每天有一班班车不定时发往东黄山，东黄山城堡酒店每天10:00和14:00有发往黄山北站的班车。

徽州区

从屯溪到黄山风景区，直线距离不过几十公里，却散布着众多古村镇：呈坎、潜口、西溪南、许村、棠樾、唐模，彼此之间只有十几公里甚至几公里的距离。徽州区恰好处于

另辟蹊径

箬岭古道徒步

箬岭古道始建于隋朝，又被称为千年古官道。古道以黄山区、歙县、旌德、绩溪四地的界岭“箬岭关”为中心，南起歙县茅舍村，北至东黄山上岭脚村，全程15公里。

以东黄山国际青年旅舍为起点，沿着G205国道，经过西潭古村，遇到岔道后走右手边的乡道，5分钟后就到了公益林场，再往前就是知青故居。接着往前走5分钟，可以看见油茶基地。基地前的路边有石阶，沿着石阶步行到尽头，则是知青的十一烈士墓。从墓地沿水泥路步行，约30分钟后，可到古道起点上岭脚村。从八里岗开始，一路都由青石板铺成，非常好走。前往箬岭关有8公里的路程，过了写有“天险重开”四个大字的大关洞，就完成这次徒步的一半，洞内有通往关顶的台阶，昔日的屯兵城楼依稀可见。过了关隘，便是明嘉靖年间为纪念越国公汪华而建的“忠烈庙”遗址。箬岭关有个岔路口，向东通往旌德高甲的山路，即旌歙古道。继续向南，约3公里后，就到了曾经“蹄声得得彻日夜”的茶坦村。出了茶坦，经过一片竹林，不到1小时，就能到达古道的终点茅舍村，全程需时4~6小时。

茶坦、茅舍均有住宿提供，标间大多为80~100元。如果想去许村（见95页），可以联系沿途的客栈帮忙叫车（100元）或搭乘农用卡车（5~8元）前往。

中间地带，向东可到歙县、向西可至休宁、歙县，往北到黄山，往南则到屯溪。

外地人会对这么多的“徽州”感到困惑。徽州是黄山周边地区的旧称和总称，今天的黄山市行政中心位于屯溪区，旧时的徽州府治在今天的歙县，今天的徽州区则是黄山市下辖的另一个区，区府在岩寺镇。在班车线路中，“岩寺镇”等同于徽州区。因此在乘车时，一定要问清是哪个徽州。

岩寺镇

十字路口般的地理位置，周边丰富的旅游资源，并未给岩寺镇的旅游业带来繁荣，反而呈现出一种教科书式的尴尬。这里既不是徽州的经济中心、黄山市的行政中心（屯溪），也不是历史上徽州府的府治所在地（歙县）。旅行者若要选择在周边的古镇游玩，会直接在呈坎或西溪南过夜；若要享受城市的便利，则会回到和岩寺差不多距离的屯溪。所以这里如今只是一个交通枢纽，旅游景点和周边的明星景点相比十分逊色。**新四军军部旧址纪念馆**（☎358 5699；www.yansin4a.cn；滨河南路；门票免费，讲解100元；⏲8:30~16:30，周一闭馆）是一个规模不小的展览馆，讲述了“皖南事变”前新四军驻扎岩寺的往事。真正的旧址有三座建筑物，除了军部，另两座分别是新四军机要科和机要科女兵驻地。通向展览馆的廊桥颇为精巧，桥头的建筑是新四军的电报室。

所谓的**岩寺古镇**（老街）上也缺乏真正的吸引点，但5~6元就能在烟熏火燎的老店铺中吃到灵山酒酿、酒酿饼和潜口馄饨。至于老街旁新开发做餐饮的众多“徽宅”，恐怕很难称之为景点。

到岩寺汽车站，然后经文峰塔，到滨河南路南岸，向西直行，即可到达景区。

ℹ 到达和离开

一般而言，从屯溪、歙县往来岩寺镇最便捷，6:30~17:00，每20~30分钟有一班车，车程20分钟左右，票价5元。另外，周边大城市（如杭州、上海、合肥等）也有直达的长途班车，而到屯溪、歙县的长途车中很多都会经停岩寺镇。徽州区往来其他城市的车一般都停在**岩寺汽车站**（☎351 5763；永佳大道187号）。

ℹ 当地交通

徽州区当地交通和屯溪区类似，出租车统一为10元起步，三轮起步价在8元左右。徽州区的公交车非常便利，在**公交城北站**集中乘坐，线路几乎可以到达区内所有景点，不开空调1元，开空调2元。

西溪南

（见79页地图；☎354 5153；免费）西溪南

的吴氏宗族在清代号称徽州第一豪富，曾经有众多私家园林和藏娇之所，祝枝山等人在此留连，亦有人称《金瓶梅》的故事源于西溪南。富可敌国的吴家甚至引得权奸魏忠贤发动了"黄山大狱"打击徽州士绅。经过太平天国的破坏，风头大减的西溪南如今似乎走上了历史的循环，在开创一条私家民宿+文创的路线。作为距离黄山北站高铁站最近的古村落（4公里左右），西溪南将"黄山新客厅"作为自己的定位。村中已经有多栋民居被改造、改建为民宿，拥有禅房、工作室、茶房、鱼池与水榭，并且这一改造的势头有增无减。在村口停车场就有几乎所有民宿和餐厅的电话，非常方便。

进入西溪南要经过一座没有栏杆的平板桥，溪水边成为新人们拍摄婚纱的热点，这里的**溪边文院**原系宗祠，如今被打造成一个体验手工、进行集会和读书的场所。而村子中间的人民政府原址则被打造成民宿，原村委会的礼堂改造成一个设计感十足的书屋。此外还有西溪南的**土人学社**和**故事会**，都建在古宅内。这些大张旗鼓的建设运动都发生在院

徽州区

当地知识

是程朱理学还是享乐主义？

对徽州有粗浅了解的人，看到祠堂的宏大清正，牌坊林立，往往会感叹“程朱理学”的威严。然而，徽州最为繁华的明代中后期，恰恰是“程朱理学”开始逐渐被“心学”取代的时期。心学大家王阳明的多位弟子多次到海阳书院（休宁）、斗山书院（歙县）、紫阳书院（歙县）讲学，讲学规模最大时吸引了上千人参加。王阳明的心学继承了陆九渊的“‘理’在心中”，形成了“致良知”的主旨，并发展运用“知行合一”的理念，摆脱了朱子“去人欲”的束缚，甚至公开反对禁欲，为金钱和功利正名。这对于徽州士人、商人乃至百姓都有巨大的吸引力。

强调秩序和禁欲的宗族统治地位受到了挑战，其中尤以“文会”对宗族的挑战最大。文会原本是宗族中求学的士子、致仕的官员等人构成的机构，大家在此互相切磋学术和诗词。明中叶后，徽州商人、大批未考取功名的文士、收藏家和回乡致仕官员加入文会，徽州“人文郁起，为海内之望”。到了明末，更是承东林、复社之流意，凡有井水处皆有文社。有些文会的发起人是致仕的朝堂显宦或文宗，其影响力远超宗族界限。文会的资产和力量日渐雄厚，徽州的民间争议，如果在宗祠中无法解决，就会到文会协调，如果还不行，就只有打官司来处理了，文会的权威性甚至大于宗族。歙县唐模文会就以许氏的檀干园为文会所，士子们“时常宴集于此”，雄村的竹山书院也起着文会的作用。

有“心学”做理论基础，有“文会”做手段，明代徽州士绅的风气变得更加豪奢、追求浮华。呈坎宝纶阁、西溪南廊桥与许村大观亭中都绘有包袱锦，宝纶阁和更大的金紫祠明显僭越了礼制，士绅的宅邸和园林异常豪华，对戏曲的喜爱甚至最后导致了“徽班进京”。如西溪南吴氏家族就以良好的艺术收藏著称，其座上宾包括祝枝山、唐寅和董其昌。传说，清代内廷所藏的翰墨之宝有一多半出自吴廷的收藏。甚至在西溪南还出现了专门为吴家采购古董的“拍卖行”。

由此可见，明代的徽州士绅，纵情享乐，绝不是“程朱理学”所能羁绊的。

墙之内，院墙外本地人的生活依然故我。

西溪南最重要的景点**老屋阁**与**绿绕亭**围一方池塘而建，是经典的明代建筑，祝枝山曾为其作诗，是西溪南辉煌过去的见证者。

住宿

望山·荷田里酒店 精品酒店 ¥¥¥

[见79页地图；☎262 1333，135 1559 6944；中街96号老镇政府原址；标双 318（非周末）/358（周末）；景观标单750元；]经过设计师改造的民宿，坐落于镇政府的独立院落内。简约大气的设计，开阔的室内空间和由政府会议室改造的公共区域自成一派，与西溪南古镇的环境、具有建国初期特征的公共建筑立面构成有趣的组合。午餐及晚餐均为68元/位。

姚氏古宅 民宿 ¥

（见79页地图；☎354 2693，136 1559 0746；中街3号；标双200元；）享受高档民宿的舒适和感受本地生活的热度，几乎无法并存。姚氏古宅也并不例外，这是一栋晚清的宅院，其后人热爱书法，并且对西溪南了如指掌，住宿价格也较低。但你不得不接受传统老宅较小的卧室和分离的卫生间。和几乎所有民宿一样，姚氏古宅的中堂是一个热闹的餐厅。

到达和离开

自驾停车场在村外，在屯溪旅游集散中心坐旅游线可以直达这里，车费3.5元，车程20分钟。另外，岩寺城北站有城乡公交可到西溪南（7:00~16:20，每20分钟有一班车，2.5元）。高铁快线1路（6:30~17:30）经岩寺到高铁北站，西溪南在4公里外。

潜口

潜口镇是徽州区旅行的中转站。在镇上的**潜口游客中心**（见79页地图；☎353 5390；徽州迎宾大道近潜口转盘；⌚8:00~17:00）可以咨询旅游和买旅游联票的事宜，这里距离黄山几乎所有重要景点的距离都不超过100公里，尤其是到黄山南大门（从9:00至19:00，每半小时一班）和宏村（从9:15至17:15，每小时一班）。

镇上有**潜口民宅**（☎353 5501；紫霞山南麓；门票120元；⌚8:00~17:00，16:30后禁止入馆），是将别处徽州古建筑搬迁来集中展示的一个景点，作者调研期间免费。民宅分为明代宅院与清代宅院两个区域，其中有民居，也有官邸、宗祠、商铺和仓库，形制多样，保存完好。其中明代宅邸尤显华贵，包含了**乐善堂**、**司谏第**、**方观田宅**、**石牌坊**和**善化亭**等从礼仪建筑、官宅到民宅和牌坊、桥亭的完整谱系明代建筑群。由于无人居住，又非聚族而居，而是零散迁来，走向与风水不合，更像是徽州民居的实验室切片研究。潜口民宅更大的意义在于建筑研究，让游客了解当年徽州明清建筑之繁盛。景区在其中植入的书法、雕刻等业态也乏善可陈。如非建筑的发烧友，潜口不去也可。

转盘的西侧有一个小巧的翼峰公园，翼峰公园加油站边有**翼峰驿站**（☎180 1080 7628；翼峰公园加油站旁），你可以在此租自行车，10元一小时，20元半天，30元一天，17:00以前需要还车。

在屯溪旅游集散中心坐旅游2号线、3号线可直达潜口，下车的地方就是潜口游客中心。从黄山客运总站到潜口有班车，从8:00至16:00，每小时一班，价格6元。或去岩寺的公交城北站，然后坐公交直达。

金紫祠

（☎353 5501；金紫路1号；门票40元；⌚8:00~17:00，16:30后禁止入馆）潜口汪氏宗祠，始建于明代万历年间，因其始祖曾受封于金紫光禄大夫而得名。金紫祠2013年修缮完毕，恢复旧制，纵深197米，通面宽31米，号称"徽州第一祠"。与之相比，号称体量巨大的罗东舒祠通面宽也不过是26米，进深几乎只是金紫祠的十分之一。金紫祠形制比拟王侯，从牌坊开始，到三源桥、棂门、戟门、碑亭、仪台、露台、驰道、回廊、享堂（如今仅存台基）、拥有三层丹陛，11开间的寝殿，都以巨大的体量和建筑规格展现出明显"逾制"，直接照抄太和殿的宫殿规格，足以证明明末徽州世家的权势如何煊赫。

金紫祠后是供奉徽州人信奉的"太阳菩萨"汪华的**汪华庙**，唐初的汪华是徽州士人最尊崇的人，也被地方百姓奉为神灵。在这个小小的博物馆中可以了解徽州对汪华的种种祭奠。潜口的汪氏家族也借此扩大自己的影响力。

金紫祠就在潜口镇上，抵达黄山风景区换乘中心潜口站后沿着103省道步行700米可达。

唐模

（见79页地图；☎0559 354 8888/353 9091；唐模村；门票80元；⌚8:00~17:00）唐模和西溪南类似，都以文人的园林出名，因此唐模最著名的景观莫过于其著名的水口园林**檀干园**，引檀溪水为池，上构筑台、阁、亭、桥，携山水入画屏，加上官道上的**兄弟翰林牌坊**与**沙堤亭**，是唐模的名士与外来的名士们勾留、会文之所在。镜亭的回廊中珍藏有北宋至明代各大家书法的碑刻。

经过这一片豪华的水口，才会进入唐模，但如今已经是景区的后门。这座五代开始建立的大村庄先为汪家所建，许家日后迁来，因此也就有了两个水口，除了许家的檀干园外，还有供奉汪华的**太子庙**和**千年白果树**，是汪家原先水口的遗迹。村庄换了主人，水口也要随之调整，展现出徽州历史的有趣细节。

唐模围绕着檀溪而建，日夜水流奔涌。众多石桥、廊桥横跨水上，老人倚靠在两岸的河房美人靠上闲聊，祠堂**继善堂**中有黄梅戏演出（9:30~10:00，15:00~15:30，周一休息）。在有明代包袱锦雕刻门楼的**尚义堂**中，老人们还会向你出售檀干园中引以为豪的北宋"四大家"苏、黄、米、蔡和明代大家的碑帖拓片出售，都为清代所刻。但村中最大的**许氏宗祠**已经化为一片废墟。

住宿

唐模法国家庭旅馆 客栈 ¥¥

（☎354 8888,355 1777；唐模景区汪应川故居店、七天井店、老茶厂文艺店；❄📶）并没有某个法国家庭在唐模开店，店名的意思是按照

当地知识

徽州之王——汪华与程灵洗

汪华（586~649），故乡位于今天的安徽绩溪。正当隋末天下大乱之际，汪华起兵，统领歙州、宣州等六州，自称吴王。在混战中，保六州百姓安宁。待唐统一天下之后，汪华又主动放弃王位，率土归唐，被授予上柱国、越国公、歙州刺史、总管六州军政。汪华可算是徽州第一位具有全国影响力的人物，身后屡次受到追封。徽州的汪氏追汪华为祖，通过祭祀汪华，表明自己徽州望族的身份。由于汪氏在徽州极为兴旺，号称"四门三面水，十姓九家汪"，让徽州的汪华庙数不胜数，汪华日渐被神化，成为"太阳菩萨"——徽州实际的文化象征之一。传说中汪华的太子也随之陪祀，成为极灵验的神灵。徽州的"太子庙"往往就供奉的是他。即便在重视理学的风气下，汪华崇拜依然热烈，甚至成为徽州最盛大的迎神庙，譬如"嬉菩萨""坐庙"等。供奉汪华的庙会上，家家户户都要别出心裁，制作美味供神，即所谓"赛琼碗"。在金紫祠里有汪公庙，在碧山、西溪南、唐模、昌溪等地也依然保留有"汪王"或者"（汪华）太子"的崇拜。

比汪华更早的是程灵洗（514~568），休宁人，是南北朝时期陈朝的名将，战功卓著，被徽州程家奉为祖先。程家同样在徽州势力巨大，而且是最早迁居徽州的大族。程灵洗墓园就在今徽州区篁墩，因此成为程家的圣地，甚至被演绎为整个徽州大家族从北方迁来徽州的第一个立足点。

对地方神灵的推崇使得笃信风水的徽州人尤其重视水口山形各路神灵的崇拜，而商人天生对赛会和戏曲的热爱，和神灵崇拜相结合，让徽州几乎一年到头都热闹非凡。

法国家庭旅馆的模式打造的住宿，目前在村中有三家分店。其中七天井店和汪应川店均为古宅民宿酒店，按照法国的家庭旅馆组织模式，整洁舒适，从298元的标双到2580元的小院（可住4人）房型多样，均包含两张唐模门票，而且可在景区内免费骑车。

老茶厂店则为茶厂宿舍改成，环境宜人，价格也亲民。大床、标间平日为298元，周末及假日为358元，同样附送两张唐模门票。

旅馆停车极方便，房型选择多样，加之唐模位于徽州中心，除了略远的祁门和黟县，几乎辐射了所有徽州古村落，所以这里对于自驾游客极有诱惑力。

到达和离开

从屯溪出发，在旅游集散中心（见65页）乘坐旅游2号线直达，车费6元，车程40分钟，从唐模返回的末班车于16:20发车。也可以到岩寺镇公交城北站（见78页）坐班车前往。从岩寺打车去50元，从屯溪打车去100元。

当地交通

自行车

景区门口可以租到自行车，押金300元，不收租金。沿村子出口的公路直行，骑20分钟可到达歙县棠樾牌坊群（见96页）。

丰乐湖

（☎353 1999；免费）这里不必专门去游玩，不过如果你的行程是从黄山到徽州区，不妨顺路享受丰乐水库旁G205国道两侧的优美风景和繁茂杉树林。路边有些饭店会以水库中的新鲜鱼头做汤，不要错过。

食宿

德懋堂度假村

精品酒店 ¥¥¥

（见79页地图；☎353 1972；徽州区丰乐湖景区；标双 480元，别墅 2800元起；❄📶P）如果你想在这山水清新的地方勾留一夜，并且对价格不敏感，可以体验一下这个规模巨大的度假村。德懋堂在湖边建造了大批别墅、下游的百年会所更有三栋古宅。如果是全家出行，德懋堂的会所为孩子提供了制作版画、毛豆腐、插秧、泛舟等体验活动，价格从50元到数百元。

德懋堂鲤塘餐厅

徽菜 ¥¥

（☎353 1972，180 5596 6324；徽州区丰乐湖景区德懋堂会所容成仙台；人均80元；

⏲8:00~20:00）规模较大，设计用心，可远眺丰乐水库的山水景致，价格也不算出格。如果还希望更多地在丰乐湖边盘桓，还可以去**静兰茶舍**（☎353 1972，180 5596 6324；德懋堂会所容成仙台；人均80元；⏲10:00~20:00）品茗。茶舍位于水库临湖的山丘上，为一座徽派老宅改造。

ℹ 到达和离开

从汤口换乘中心出发，6:30~14:30，每小时有一班车前往岩寺，途中可以到丰乐湖，票价6元，车程20分钟。从岩寺公交城北站前往富溪、杨村、黄山（即汤口镇）的车也到丰乐湖，20分钟一班，车票6.5元，车程25分钟。此外，每天9:40和14:40，屯溪的黄山汽车客运总站有两班车发往富溪，也可以到丰乐湖，车票11元，车程50分钟。一般而言，路过丰乐湖景区的车会停在德懋堂的二期，即上游的容城仙台，如果要看老宅子，就告诉司机到一期十八学士下。

呈坎

（见79页地图；☎353 6888，218 1014；呈坎镇呈坎村；门票107元，导游30元；⏲8:00~17:00）经过元代建造的环秀桥，走入八卦般的街巷，你很难不爱上这座巨大的古村。古更楼、元时代的官宦建筑、20世纪八九十年代奇特的罗马柱、“文革”标语、戴斗笠的老人以及荒废的祠堂，都能让你驻足。《爸爸去哪儿》等节目的引入，让呈坎的旅游地位直线上升，胜过了清冷的棠樾，却又不似宏村那般浮华。

呈坎精心开辟了一条线路，把10个主要景点串联了起来，跟着导游即可。首要景点自然是**罗东舒祠**，罗东舒祠的仪门、享殿都颇为巍峨，其中寝殿更是浮夸地、僭越地使用了九进的格局。木柱上一改明清徽州宗祠清教徒式的儒家“禁欲系”美学，华丽地使用包袱锦纹样，华贵惊艳。罗东舒祠乃是明代嘉靖、隆庆、万历年间（16世纪中期）耗费白银数万建立，彰显了罗氏家族的强大实力。

村中另一个礼仪建筑**长春大社**始建于宋代，在明清士人崛起前，供奉土地的神社尚且有存身之地，在徽州较少见。明代建筑**“燕翼楼”**形制高大，巧妙地设有楼板间流沙灭火的装置。不过如今在里面安置了几位算命先生，大谈风水、阴阳。呈坎的民居现也大卖木雕、毛豆腐、粿饼，明亮的灯光与古建筑稍显冲

永恒的徽州园林

徽州村庄的水口，包括牌坊、亭、阁、溪流和植被，某种意义上也视为广义的园林。

徽州园林往往坐落于山岭之下，山高水长，所以致力于将人工融入真山真水，甚至将四周的大山，乃至黄山白岳也作为园林的景观；驯服湍急的溪流，以变化丰富的水系为景观和取水之用；又以文人、士宦气息浓厚的牌坊、沙堤亭、廊桥、阁、书院、水榭等做景。直至村内，又将园林设置于院中，清正凝重的建筑与灵动的园林互相穿插。这一切让徽州园林在明清之际颇负盛名，唐模水口的檀干园和歙县雄村的“竹山书院”都保留了部分徽州园林的风格。

但最有名的徽州园林，可能是明代休宁松萝山下戏曲家汪廷讷的私人庭园“坐隐园”。其主人特别邀请了明代徽派版画大家制作了完整的版画图《环翠堂园景图》，并保留至今。画中可见，从村外水口向村内行去，经过特意设置的桥、台、茅舍、假山、湖心亭、碑石等，逐步进入园林的核心建筑凭萝阁和环翠堂。画卷中的人物则展现了作为商人、文人和官员的主人在后院私家园林中的生活，主人或身披官服，或隐士派头，乘舟垂钓，兰亭流觞，徘徊五老峰下，悠然在净室内抄经，展现了明代徽州富人的园林和家居生活。

依据这幅画图和当时文人的记载，清华大学研究生王冉实地考察，复原了这个占地16亩徽州园林的地理位置。在其复原图中可以看到徽州园林如何借助山形盘桓，又如何巧妙地利用水来设计园林水系和景观。

“坐隐园”遗址位于万安镇陈坑行政村的汪村，园子早已不复存在，但水系遗迹尚存，营造水口时的八卦小山丘、树叶型的钓鱼、柱础等都透露着这个园林的秘密。

突。只有在深巷中才能见明清古宅幽深苍茫的真态。

食宿

呈坎村内多为民宿，往往价格不菲。景区外则有本地人和外地人所开的简单农家乐（带餐）和小型精品酒店，选择颇多。

首善官邸

精品酒店 ¥¥¥

（353 6315，139 5598 0339；呈坎村钟英街31号；淡季标单/双680元，旺季随市价浮动；❄📶P）位于呈坎村中心一栋保存相当完好的明代宏大官邸内，厅堂内布置有茶室、鱼池、私家花园等，精心放置了收藏而来的大量旧物，很有宅院燕居之感。喜欢的人会认为这是在享受明代官宦人家的生活，不喜欢的人或许会称之为电影场景式的住宿。

翼盛堂

民宿 ¥¥

（182 5594 5886，180 5595 5550；呈坎村孙家巷13号；淡季标单/双300元，旺季400元；❄📶P）或可称为首善官邸的简装版，同样是明清古宅，但规模略小，陈设新旧参半，但同样有茶室和小鱼池。厅堂两边的厢房原本就是主人的住所，改成客房是应有之义，客人不会挑剔稍显简单的陈设。房价大约为首善官邸一半的价格，正合适其定位。

忆呈舍

徽菜 ¥

（182 5597 0457，353 6584；呈坎村前街29号，环秀桥下行30米；人均40元；8:00~20:00）四周山水青翠，老宅环绕。在河堤上摆放的椅子雅座，可以近览环秀桥的位置，有些许设计感的房屋，为饭店积累了一定的人气。本地的河鱼也足够鲜美。这栋晚清民国老宅还提供古宅民宿（标双/单180~200元），简单而舒适。

小芳土菜馆

徽菜 ¥

（137 3305 0501，353 6081；呈坎镇36-2号，移动营业厅斜对面；人均20元；8:00~20:00）取名“土菜馆”意在彰显本地人身份。小芳土菜馆位于景区外，你可以轻松找到好吃的本地徽州风格笋丝面，还可以向本地人老板打听呈坎的种种趣事和旅游信息。此外楼上也有简单住宿，标间100元。

到达和离开

呈坎的交通比较方便，若从屯溪出发，可以在集散中心乘坐旅游3号线，直达呈坎。黄山客运总站到呈坎也有班车，票价10元，滚动发车。此外，可以在岩寺镇的城北站坐班车，7:00~17:00，平均30分钟有一班车，车程25分钟。

灵山

（见79页地图；353 8340；免费；呈坎镇灵山村）地理上看，灵山类似呈坎镇的附庸，但这里山明水秀，山涧穿村而过，还有徽州公认最出色的米酒（酒酿），常会让偶尔造访的游客觉得惊喜。

灵山的村口隐藏在山涧之上，公路之下，这里的方氏宗族和呈坎比只是小宗，华贵不足却有秀气。建于明代的**天尊阁**与廊桥**灵阳桥**小巧别致，**方氏宗祠**规模也较小。进村之后，一条山涧贯穿全村，水圳经过精心规划，挡水、跌水、石板桥、美人靠俱备。青石板路横跨山涧之上，上宽下窄，方便行人，酿酒的水也是取自此清凉山涧之水。由于没什么旅游开发，也不收门票，所以村里依然能看到榨油、酿酒的老式作坊。

当地知识

呈坎杀猪饭

呈坎村有“杀猪饭”可以品尝。每年春节前杀猪并制作各种和猪有关的菜来庆祝新年是当地习俗，于是有了杀猪饭。旅行者需要提前一个月联系景区预订，也就是说要在腊月前预订。景区会安排农民报价，一般按市场价论斤卖。体验项目一般在腊八至春节间进行，可以亲眼目睹杀猪的过程（需另付费用）。当然，如果觉得血腥和不忍，也可不看。吃杀猪饭是一种特别有满足感的体验，一头猪对一家三口来说足够了。不仅是呈坎，“杀年猪”已经成为徽州各古村落重要的旅游产品，猪肉则成为送礼及年货佳品。

除了品尝著名的灵山酒酿，灵山也有食宿之地。这里没有高端民宿，在灵阳桥边的**天樽阁驿站**（☎353 8230，133 9559 8148；人均40元）提供可口的本地土菜和酒酿，也提供简单的农家乐住宿，标间100元。旁边的其他农家乐也大同小异。

可以从呈坎包车到灵山30～50元，“滴滴打车”几乎打不到。潜口的旅游集散中心每天10:10有一班车去灵山，票价12元。岩寺公交北站也有公交直接到灵山，8:10、11:00、14:00和16:30共4班，车费4.5元，返程末班车的时间是14:30。

从灵村再往南，还有一个古村——**蜀源**（☎353 9198；潜口镇蜀源村），它因地形酷似四川盆地而得名。村口有一排古朴的牌坊，田里种了向日葵，开花季节的景色特别好。村里还留存有明清时代大师级的匾额、碑刻。到蜀源的方式和灵山类似，乘同一班公交，车费4元左右，至蜀源下车。

歙县

歙县曾经是徽州府治所在，其在徽州的规模仅次于屯溪，并且有徽州极少见的古城。这座拥有城墙和州府的县城一直是徽州的首府，统辖徽州六县。至今歙县人依然以徽州文化正统而骄傲，其雄厚的文化及旅游实力不可小觑。棠樾的牌坊、许村和昌溪的明代建筑群、新安江山水画廊、阳产和石潭的山村云海景象，都足以证明来过歙县就等于走过了半个徽州。新通车的杭黄高铁横穿歙县，更将助力这座老城的旅游发展。

歙县县城

景点

古城 古城

（☎215 6121；www.guhuizhouta.com；门票116元；⏲8:30～17:00）在拒人千里的仿古城墙、府衙大门和116元的挂牌门票（实际只要100元）背后，歙县本是一座迷人的小城。狭窄的古街巷、弯曲的山路和湿滑的路面让你觉得仿佛身处老重庆，但充满古韵的街巷、深巷中的豪华宅邸、各式牌坊又提醒着你身在徽州。深巷中挑担卖菜的老人，原县政府的苏联式大礼堂随时都可成为《芙蓉镇》或《芳华》的布景，打箍桶巷的民宿呈现出的波希米亚式的城市风貌。在棠樾、许村等徽州豪族强宗的村庄包围中，歙县作为小城，独树一帜，散发出慵懒、亲切的市井风貌。

在几个城门的入口旁，均有售票处，凭票可以进府衙、曹氏二宅、斗山街的一两个宅院客以及渔梁坝——并非物超所值。因此你不妨专心享受歙县的小城风格——城墙不是封闭的，你可以很方便地从任何一条街巷进入古城，去看看那些无须凭票进门的游览点，比如最著名的许国石坊。

网上购票必须和其他景区搭配购买套票，例如购买220元的套票，可以参观古城、棠樾牌坊群和徽商大宅院（西园），而且需要订票后一小时才能取票，所以不妨提前订票。

许国石坊 牌坊

（见86页地图）这座四面八脚的牌坊，是万历皇帝为了表彰出身歙县的礼部尚书、武英殿大学士许国而敕建的。位于古城阳和路上，12座形态各异的石狮紧靠着8柱，8个门洞朝向四方。这座牌坊有三绝：在所有的牌坊中，形式上独一无二为一绝；在许国生前就立坊为二绝；在石头上仿木接榫为三绝。因为有8根立柱，所以许国石坊又被当地人俗称为“八脚牌坊”。历代歙县人就在许国“大学士”的名号下走了数百年，成为歙县的象征。牌坊一头对着城门与府衙，一头则通过一条全是时装店的街道，通向斗山街等古街巷。

徽州府衙 历史建筑

（见86页地图；需要古城门票）这是徽州府的所在地，后来改建为苏联式政府大楼，旅游业兴起后政府大楼被拆，府衙恢复旧貌，规模可观，府衙森严，紧靠着城墙。由于严守古代工艺，还获得了2015年的中国建筑业大奖“鲁班奖”。在复建的府衙大堂内里，有为游客表演的情景剧《三戒碑》和歌舞演出（每天有9:20、10:20、14:30、15:30四场演出，时间40分钟，歌舞10分钟，周一休息）。府衙大堂两侧厢房内有府衙兵、工、吏等部门的历史展陈，做得相当不错，细看后会对一个明清州府的运作产生基本概念。

歙县城区

歙县城区

景点

- 1 曹氏二宅 D3
- 2 斗山街 D2
- 3 徽商大宅院 B1
- 4 徽州府衙 C3
- 5 南谯楼 C3
- 6 西街一号 D3
- 7 歙县博物馆与新安碑园 C4
- 8 许国石坊 C3

住宿

- 安若酒店 .... (见6)
- 9 九月徽州客栈 C3
- 10 昆仑国际青年旅舍 D4
- 11 披云山庄 C4

就餐

- 安若餐厅 .... (见6)
- 12 大谷土菜馆 D4
- 13 老虎灶小吃 D4
- 14 龙凤徽菜楼 C3

饮品

- 15 小二上茶 C2

购物

- 16 斗山书局 D2

偌大的府衙后进内还有歙县的徽砚、剪纸、文玩、国学客堂等展示，其中府衙主题的文创做得相当不错。

南谯楼 历史建筑

(见86页地图；需要古城门票)南谯楼的城门为隋末所建，而城楼是清代复建的。城门洞为很奇特的倒梯形，左右靠墙立着26根立柱来支撑，这样的“排栅柱”如今难得一见。由于其中的2根曾经被城门遮挡，所以歙县人又称其为“24根柱”。如今南谯楼门楼被打造成一个冷清的“徽州记”。在城墙上漫步，“东南邹鲁”的牌坊，被改建和拆除的棚户民居，城墙外灯火通明的歙县，四周的青翠丘陵尽在眼底。

曹氏二宅

历史建筑

（见86页地图；需要古城门票）并排着两套结构、面积几乎一样的二层楼古宅，内部的砖木石雕精美，做了一些关于徽班进京的介绍，显得过于简陋。

斗山街

街区

（见86页地图）这是歙县保存得最完好的一条古街，庭院幽深，四通八达，只是大多宅门紧闭。只有**杨家大院**开放了正厅供参观，但需要购买古城门票，不去也罢。在斗山街、大北街、新南街、中山街一带闲逛，随处可见的门楼、小巧的钟楼、被残墙包裹的微型牌坊，与卷帘门无缝连接的清代门坊，百年老屋、井台、中医店面、生意很好的寿衣店和陈旧的理发室，几乎完整呈现了韵味十足的老城烟火气，有一些院落中还有歙砚制作销售，不妨看看。

抵达歙县县城后，从许国石坊向东步行至黟绣重光坊抵达。

歙县博物馆与新安碑园

博物馆

（见86页地图；免费；⏲8:00~17:00；周一闭馆）与周边古村落星罗棋布的国家重点文物保护古建比起来，练江南岸**太白楼**旁的**歙县博物馆**无论是规模还是展陈都有些不够看，小小的展厅陈列了很多歙砚。旁边的**新安碑园**规模更大，展示了《馀清斋帖》和《清鉴堂帖》，这两部碑帖都是明代徽州士人所珍藏，为其鉴定的是大名鼎鼎的董其昌，碑园中也不乏米芾等人的书法精品。此外，太白楼原本是桥头的廊房，其中还有湘军与太平军鏖战之后，收复歙县重修关帝庙的碑文。

渔梁坝

街区

（见86页地图；☎215 6121；门票30元；⏲7:30~17:00）渔梁坝堪称一部中国古代水利史。从唐代开始筑坝，宋、明、清历代屡次加固，最后一次维修是在清光绪年间。138米长的渔梁坝横截练江，全部用上吨重的条石垒砌，并且使用了楔形石锁将相邻的条石互锁，于是构成了牢固的整体。坝体的中间有凹下去的排水槽让上游水漫坝而过。

水坝使得上游水流平缓，船可由上游抵达渔梁坝，由人力挑过水坝，然后装上大船发运浙江，或者直接贩运至近在咫尺的歙县，渔梁成为徽州财富之所系的枢纽，歙县也借此成为繁华的水陆码头。

水坝一侧就是曾经四方汇集、如今冷清没落的渔梁老街。如果你直奔景区大门而去，就需要凭票参观，但老街有多条窄巷直通河边。老街有过于简单的**渔梁坝博物馆**，有**巴慰祖纪念馆**，这是一栋建于明代，扩大于清代的老宅，此外还有**元和堂药铺**等。在渔梁坝的上游，有私人小船可以乘坐，价格需要面议，有时150~200元就可泛舟一两个小时，还能点菜上船。

如果希望在渔梁坝住宿，可选择**观澜山房**（☎138 0559 5685；渔梁街92-15号；标/双 200元），这是一家本地的民宿，在屋顶和茶房里都能看见渔梁坝的全景。

乘坐1路车可以到达离城1公里的渔梁坝。

徽商大宅院

历史建筑

（见86页地图；☎651 1070；平安路38号；门票80元，讲解20元；⏲8:00~17:00）这是一处集亭台楼阁、学馆、祠堂、民居、牌坊于一院的建筑群，包括从明清到民国的各类建筑形式。大宅院的主人花了20年时间，拆迁、收集了许多皖南的古建筑，并集中在这里复建。不过，这样的行为也曾引起一些反对之声，至今争议未消。

乘坐1路车可以到达这里。

西街一号

创意园区

（见86页地图；徽城镇西街1号；免费）为西街一号定位相当困难。这个原先县政府的大院，集结了文创、咖啡、高端精品酒店、青旅、餐饮、会议、政府历史展示厅在内的各种形态，而且还在兴建快捷酒店。其苏联式大礼堂和水泥立柱看起来和电影《芳华》中的礼堂几乎一模一样。作为徽州少见的综合文创、体验街区，西街一号展示了和斗山街不同的歙县另一面，此外也是除了打箍桶巷之外歙县餐饮和住宿的好选择。

住宿

歙县古城内的打箍井巷直至西街一号，已经崛起为新兴的民宿和特色餐饮集群，是城内最有旅游活力的地区。如果期待更实惠的住宿，在老城练江旁的徽州花苑里，散布着很多中小宾馆，这些宾馆有着几乎一致的价格（100元），晚上就可以到街上的烧烤摊中享受。此外在中山路的老房子中还有几栋民宿。要注意的是，在旅游旺季（比如“五一”“十一”和清明节油菜花开前后），房价几乎翻番。以下标出的价格均为淡季价格。

★ 九月徽州客栈 客栈 ¥¥

（见86页地图；☎527 8899；www.9hzinn.com；打箍井12号；标单/双198~595元；❄📶）距离许国石坊只有几十米，由本地人经营的精品民宿，气氛或许是它最大的竞争力。大堂内热气腾腾地在徽州的“竹翁”中烤着的红薯，吧台自酿的枇杷酿，还有品茶的楼上小中堂，吸引了徽州本地的文化人在此聚会。共有三层，包括小间的大床房和配有古典家具的豪华大间，楼下有咖啡吧和白墙青瓦的古庭院，楼顶有咖啡座俯瞰老城的黑瓦屋顶。有旅游工作经验的主人可以提供种种资讯，还提供简单的双语歙县旅游图及出租自行车。

昆仑国际青年旅舍 青年旅舍 ¥

（见86页地图；☎661 0998；徽城镇西街1号内；铺45~55元，标单/双150元；❄📶）在西街一号内，利用原来的政府档案馆改造的青年旅舍。房间充足，崭新且干净，装修品味良好，波普风格的墙画有趣地结合了档案馆的冰冷工业风。一楼的大厅有咖啡和啤酒，还有自己的庭院，开放到深夜，是歙县不多的青年聚集地。

安若酒店 精品酒店 ¥¥¥

（见86页地图；☎660 8599；徽城镇西街1号内；标单/双600~700元，套房1200元，❄📶）中规中矩的中高档民宿，同样在西街一号内，但拥有自己的独立院落。每间客房都经过设计师单独设计，庭院优美宜人。安若提供自家烹饪的徽州菜，还有多种体验课程可选。

披云山庄 酒店 ¥¥

[见86页地图；☎653 0003；www.piyun.com；披云路7号；标单/双260元（含早餐）；❄📶🅿]在练江南岸，从太平桥过去并左拐，走200米就是。房间很一般，但位于西干山坡上，提供了更好的风景和清净的环境，白日里可以来花园庭院走走，夜间可以隔江观看古城夜色。

餐饮

大谷土菜馆 徽菜 ¥

（见86页地图；☎130 5322 5696；徽州路18号，多景园对面；人均消费50元；⏲11:00~22:00）与新安江码头一路之隔，一个多小时的新安江船行必须有美食相伴。夏季泛舟江上的游客是这里的主要顾客，店员负责将菜送到船上。传统的徽菜口味无可挑剔，食材都由农户送来，佐餐有自酿的杨梅和枇杷酒。如果提前预订，或许还有野兔之类的美味。

龙凤徽菜楼 徽菜 ¥¥

（见86页地图；☎653 3017，131 0559 7771；中和街徽园一号；龙凤臭鳜鱼98元；⏲7:30~21:00）依然是徽菜，但其古法龙凤臭鳜鱼滋味很重，的确有过人之处，提供自酿的甜酒。不大的店面里还播放着黄梅戏，足以让人忘却其稍高的价格。

安若餐厅 徽菜 ¥

（见86页地图；☎660 8599；徽城镇西街1号内；人均消费50元；咸肉炖冬笋68元，爆炒小田螺20元；⏲10:00~22:30）同样在西街一号内，就在原先政府的招待所，带有浓郁的20世纪六七十年代风格，设计上也使用那个年代的元素，保留了老的政府牌匾，甚至菜单都是在黑板上写成的。在此就餐，会油然生出一种享受政府接待的优越感。菜的口味相当不错，服务也很到位，可以俯瞰整个西街一号的院场。

老虎灶小吃 小吃 ¥

（见86页地图；☎261 0246；新南路44-13号；⏲6:30~13:00）或许是歙县老城最著名的小吃店，就在西街一号的外面，除了通常的稀饭点心外，还有3~5元的徽州特色石头馃，笋干肉丝面（10元）和馄饨等，由于靠近小学，早晨座位很抢手。旁边还有一家店面，出售新

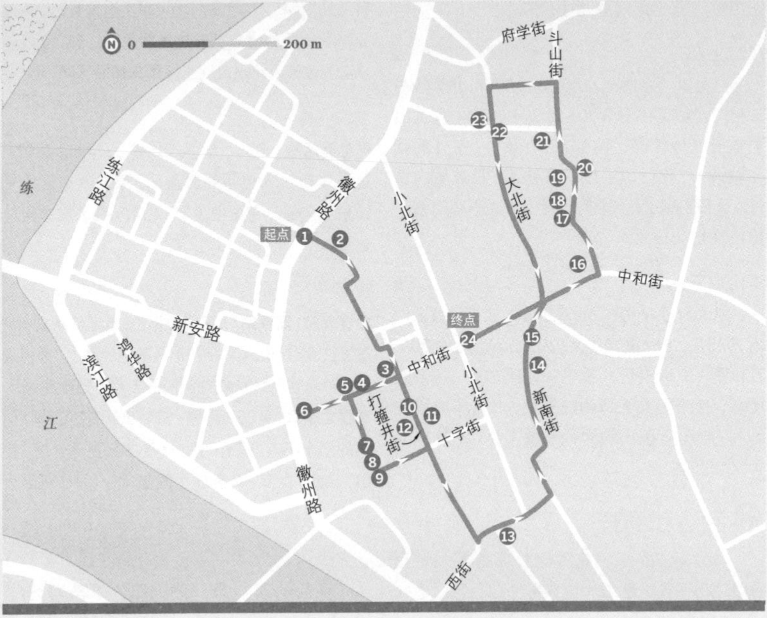

步行游览
歙县城区

起点: 徽园大门
终点: 陶行知纪念馆
距离: 约3.5公里
需时: 3小时（不含景点参观时间）

❶**徽园大门**的里面，是仿徽派建筑的❷**徽园**，穿过徽园就看见了❸**许国石坊**。牌坊的西边是❹**阳和门**，也被称为东谯楼。阳和门外是府前广场，北面是❺**徽州府衙**，西面是新建的❻**建设桥门**，南面是❼**南谯楼**以及❽**东南邹鲁坊**。牌坊右边的城门里，就是古徽州的❾**西门月城**（瓮城）。

从西门月城经十字街走到打箍井街，❿**打箍井**的对面，是⓫**黄宾虹纪念馆**。与纪念馆相对的是⓬**曹氏二宅**，这片区域是古城民宿最集中的地方。继续沿着打箍井街向南走，就是⓭**西街一号**，观赏了这里苏联式的建筑之后，可转向东进入西街，再折向北进入新南街，注意这里的老建筑。道路左边中山巷里立着一座⓮**世科牌坊**，牌坊附近有几户古民居和民宿。回到新南街向北走，来到了热闹的三岔路口，街口右侧有一栋⓯**中和街钟楼**。在三岔路口右转，沿中和街向前，注意道路左边的斗山街的标志，从这里走进去。

狭窄的巷子里是徽式的古宅，你会看到墙根下的⓰**"岳飞饮马槽"**，向前走就是⓱**叶氏贞洁木门坊**。继续沿着斗山街向北便是⓲**杨家大院**，不过只有进门后的天井与大厅开放。沿着巷子向北，⓳**许家厅**为古代私塾建筑，经过⓴**黄氏节烈门坊**，就能看到㉑**蛤蟆井**，这是斗山街取水的地方，可见歙县地下水的丰富。继续沿斗山街向北走50米，在路口左转前行，可到㉒**豸绣重光坊**，这座牌坊是为了纪念两位同时担任御史的兄弟。你可以在牌坊对面的㉓**斗山书局**稍坐。或者去拜访一下免费的㉔**陶行知纪念馆**——这位现代著名教育家正是歙县人。

鲜出炉的霉干菜肉徽州小烧饼。

小二上茶

茶馆 ¥

（见86页地图；☎180 9858 6768；徽园大门二楼；人均30元；⏲9:00~21:30）这里主营黄山茶饮和其他饮品，室内外皆有茶位，室外的就在城墙上，你可以手捧一杯饮品，眼观城内城外。这里的黄山云雾茶18元一杯，还有简餐，价位在15~38元。

斗山书局

咖啡馆、书店 ¥

（见86页地图；☎666 9466；镇徽府置业广场3033号，豸绣重光坊旁；人均30元；⏲9:00~21:00）斗山街附近几乎唯一能喝咖啡、读书的所在，有许多关于徽州的书籍，书店环境很有亲和力，还有孩子放学后来做作业。此外也出售文创产品。

到达和离开

如今要去歙县，有杭黄高铁、京福高铁、皖赣铁路、S01溧黄高速、G56杭瑞高速公路可达，意味着从北京、杭州、千岛湖均可乘坐高铁直达，高速公路和传统的火车则连接着歙县与江苏、江西。从屯溪过来无论是自驾还是乘车都很方便。

长途汽车

歙县客运站（见86页地图；215省道；☎651 2843）是一座新投入使用的客运站，原老汽车站的长途班车全部改在这里发车。2路、4路公交车经过这里。

火车

歙县北站（高铁站）（见86页地图；富堨镇承狮村）有发往北京、南京、杭州、上海等地的高铁。乘坐从歙县汽车客运站发车的高铁1号专线可到高铁站。

歙县火车站（见86页地图；徽城镇新安路89号）停靠的列车不多，只有6列，终点站分别是合肥、黄山、淮北、上海。在县城里乘坐1路、4路车可到火车站。

公交车

城区有1路、2路、3路、4路公交车，城区内1

歙县客运站车次时刻表

站点	发车时间/班次	票价（元）	行程（小时）	备注
合肥	7:50	108	4	
黄山风景区	8:10	21	2	
宣城	9:05, 14:30	48	3	
绩溪	7:00~17:00，约20分钟一班	9	1	
上海	7:00, 7:50, 8:00, 8:30, 9:00, 11:00, 12:30, 13:40, 14:50, 16:10	127	5	
杭州	7:30, 9:10, 10:40, 12:20, 13:40, 16:20	75	3	
南京	10:20 16:00	113	5	
屯溪（黄山市）	6:30~17:30，10分钟一班	7	1	途经岩寺（徽州区）
深渡	6:30~17:00，30分钟一班	8	1	途经北岸
昌溪	7:30, 8:30, 12:30, 13:30, 14:30	9	1	途经北岸
北岸	6:30~17:00，10分钟一班	4	0.5	途经瞻淇村
石潭	11:10, 14:00, 15:40	10	1.2	
樟潭	6:30~16:30，30分钟一班	7	1	车到大脉坞，在樟潭对面，坐渡船可以到樟潭
绵潭	8:50, 13:50	9	1.2	
许村	6:40~14:40，每小时一班	7	1	到城北市场

歙县民俗

歙县的民俗节日，集中在春节过后的正月里。这些乡民原创的表演，极具乡土气息。在歙县旅游网的旅游新闻中，可以找到关于这方面的准确消息。

➡ **歙县汪满田嬉鱼灯**，正月十三到正月十六。充满乡土气息的火爆灯会，在鞭炮和烟花中，6条最长达5米的大型鱼灯和一些中小型鱼灯在村中游走，高潮就是正月十六的收官嬉鱼灯。

➡ **许村镇舞大刀**，正月十五。最大的一把“大刀”长达10米，不过那是里面点灯的大刀灯笼，没有危险。

➡ **瞻淇村嘻嘻鱼灯**，正月初八到正月十五。扎好的鱼灯和其他彩灯满村走动，虽然尺寸不算大，可鱼灯却能翻跟头。

➡ **三阳乡叶村叠罗汉**，正月十五。表演有多样装扮和多种套路，最多可由21人叠6层的“六柱牌坊”，最为壮观。

➡ **三阳乡打秋千**，正月初五。这个秋千是大轮盘旋转的那种，由4个装扮漂亮的小孩坐在上面转圈圈。

元，出城2元。运营时间为冬季6:30~17:40，夏季6:20~18:00，发车间隔时间5~10分钟。

1路车途经火车站、徽商大宅院、徽州府衙、游客服务中心和渔梁坝。2路车途经游客服务中心、徽州府衙、艺术品市场、新公路客运站、郑村和鲍家花园。3路车经过老汽车站。4路车连接新公路客运站和桂林镇，途经艺术品市场、火车站和徽园。

出租车

歙县的出租车起步价通常为10元，基本覆盖整个城区。如果路程较远，一定要事先和司机谈好价格再上车。如果从车站包车去较远的村镇，每天200~300元。如遇宰客或其他麻烦，可拨打电话☎96333。

自行车

歙县捷安特自行车行（☎133 9559 5711；城东路45~101；⏲10:00~19:00）车型为捷安特山地变速车，租车押身份证，租金为10元/小时或50元/天。

歙县周边

瞻淇

（见92页地图；杭徽高速歙县出口；免费）这座有1300年历史的古村原名章祁，章氏为其望族，但在汪氏迁入后日渐式微。为消除章氏的残余，汪氏巧妙地用诗经《郑风·淇奥》里的名句“瞻彼淇奥，绿竹猗猗”将“章祁”改名为“瞻淇”，实在是神来之笔。此外，汪氏还不许章氏立祠堂。经过多年斗争，汪氏成为瞻淇最大的望族，村中明清古建有40多栋。曾有专家带着30个学生在这里进行了3个月的调查测绘，出了一本专著《瞻淇》。

虽然就在通向杭州的公路和高速公路边，距离歙县也只有13公里，但瞻淇游客极少。一条主路贯穿村中心。**天心堂**、**京兆第**、**资政第**、**承荫堂**、**宁远堂**、**敦睦堂**、**永磬堂**、**兰芬堂**和**居然旧宅**等就分布在中心道路两侧。

村中大部分古建都大门紧锁，如果你有耐心和运气，可以找到主人给你开门，这些老屋的主人大多为耄耋老人，操着颇为难懂的歙县口音，但有些会很愿意给你讲讲祖先的辉煌，让你随意看看明代古屋内堆积如山的精巧竹编农具。苍髯白发的老者守在老宅内，令人动容。正月初八到十五是走访瞻淇的好时机，年轻人回乡，将宗祠**敦睦堂**中的鱼、龙拿出来舞动，这就是瞻淇著名的“嘻嘻鱼灯”。

瞻淇交通很方便，距离歙县13公里，去北岸和深渡的班车经过这里，票价3元。

北岸

（见92页地图；北岸镇北岸村；免费）宋代

歙县

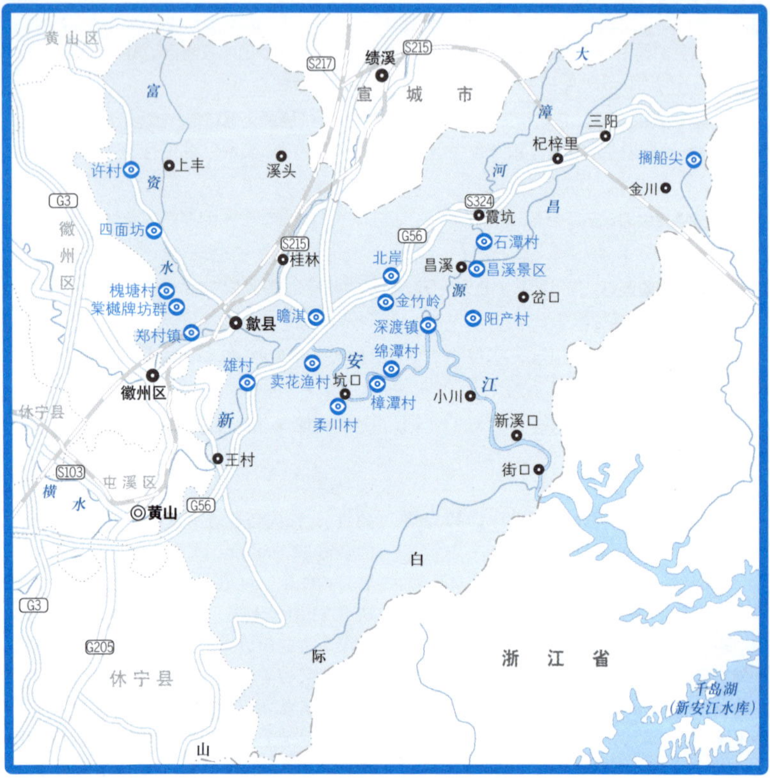

迁来的吴氏宗族在北岸占绝对多数，清代吴家又以茶业生意兴旺发达，因此村中最核心的景观就是规模宏大的**吴氏宗祠**或曰**至德堂**，在至德堂的护栏上有石雕的“西湖十景”。在绕水池一周的护栏上，雕刻了53件皇家祭祀礼器，这种礼器石雕出现于祠堂中的情况绝无仅有，属于明显的僭越。道光六年（1826年）修建宗祠时，在朝廷太常寺任职的吴氏族人甘冒巨大风险将国典形于图画，偷偷雕刻而成。如今至德堂供奉着吴家的始祖，同时也是村民聚会、上课与举办婚宴的所在。

另一个值得一看的全国重点文物保护单位就是徽杭古道上的**北岸廊桥**，33米长的廊桥有三孔两墩，桥上有长廊供人遮风避雨。桥面上是徽商进出浙江的必经陆路，桥下的河水则注入新安江。

北岸的景点还没有收门票，不过吴氏宗祠平时总是锁着门，要到旁边的村委会与管事的人商量，请其开门。

北岸距离歙县19公里，从歙县客运站出发的班车的运行时间是6:30~17:00，每10分钟一班，票价4元。

雄村

[见92页地图；雄村镇雄村；☎672 8888；门票80元（2月至11月，含游船），淡季40元（不含游船）；⌚8:00~17:00]虽然旅游资源在歙县算不上突出，但雄村的曹氏家族当年人才之盛，官宦之显贵，在徽州也是首屈一指。曹文埴为清代乾隆朝户部尚书，其子曹振镛更进一步，在嘉庆、道光年间担任军机大臣，虽然为人喜欢和稀泥，有所谓“磕头宰相”的诨号，但毕竟也是位极人臣。曹氏家族如此兴旺，雄村曹氏家族的**竹山书院**（全国重点文物保护单位）又扼徽州通向杭州的水路要冲两岸，曹氏

之显赫，可以想见。

如今曹氏家族在村内的其他遗迹已经难寻。竹山书院毗邻新安江，是较为珍贵的徽式园林建筑，轩朗大气，没有苏州园林的秀气，但有贵宦和学问大家的雍容。建筑包括**桂花厅**、八角**文昌阁**等，园林中象征曹家子弟中举，檀宫折桂的桂树已经达到五十多棵。如今书院里频繁地举办"国学班"的仪式，经常聚集着好几十个儒冠的少年向孔子像敬礼如仪，然后除冠脱衣，表示礼成。

在竹山书院与江水之间，有一条由块石垒起的长坝。长坝上桃树成行，每到春季，繁花就绵延在**桃花坝**上。旁边有码头，在旅游旺季可以登船去看新安江中的小岛**小南海**，当年袁枚等大名士也曾在此徜徉。

书院旁有**大中丞坊**，还有一个标着"**中美合作所**"字样的院子。1943年，中美在这里合作举办了雄村训练班，戴笠本人就多次来过这里。进入雄村景区，除了在入口购买门票外，也可在歙县购买套票（140元，含歙县、徽商大宅院和雄村）。此外可横穿村内，经由**大中丞坊**到书院。村里有过江的渡船（2元）。

从县城到12公里外的雄村有专线公交车，始发站是新安中学，经过客运站和艺术品市场，运营时间从6:20至18:00，1小时一班，票价3元。如果是自驾旅行者，G56杭瑞高速公路就经过雄村村口。

深渡镇（山水画廊景区）

[见92页地图；☎681 2178，681 2333；门票+船票 268元（旺季假日，门票130+船费108+餐费30），238元（旺季平时，门票130+船费78+餐费30），218元（淡季12月1日至次年2月底，门票110+船费78+餐费30）；⏲8:00~17:00]新安江从歙县流向浙江的千岛湖，作为江边的重镇，深渡镇是水运的重要码头。每年的油菜花季，这里都会吸引大量以摄影为主要目的的游客，他们往往会乘船去观赏山水画廊。**山水画廊**指的是从坑口乡到深渡镇的新安江沿线，一路上有樟潭、绵潭和瀹潭的"三潭枇杷"，有正口、溪口和街口的"三口蜜橘"。适时前往，既

当地知识

从章祁到瞻淇，徽州的地名战争

随着北方氏族在东晋、南宋的两次迁入，徽州原本的地名也发生了改变。笃信风水的徽州人，将自己村庄的名字从原先形容地理特征的单纯词语逐渐变成了家族姓氏、地位乃至财富的代名词。这种现象被称为地名的"雅化"。如歙县溪塝头，后因居户周姓多，改名周邦头（昌溪）。但有些地名的更改，则隐藏着极为激烈的家族斗争，例如歙县的瞻淇。

瞻淇原为"章祁"或者"章圻"，是章氏家族的世居之地。至明代中后期，原本世居的章氏已经衰落，而后来迁入的汪氏则如日中天，甚至将章氏作为下人使用。清雍正年间，章氏族人不甘继续受汪家奴役，打算摆脱控制，建立祠堂，两家闹得不可开交。汪家的一位贡生在家谱中给"章祁"改名为"瞻淇"，语出自诗经《淇奥》，还将村庄周边的地名改为"岐山""淇水"。不留痕迹地消除了章家在此的最后痕迹。从"章祁"到"瞻淇"，弱者的历史记忆几乎被完全抹去，雅化地名得以确立。

这并非孤例。歙县雄村，古名洪村，元末曹姓家族迁入此地，取《曹全碑》中"枝分叶布，所在为雄"句，改名为雄村。

唐模村原本为程家世居的"程村"。汪氏在唐代进入本村，后来汪氏已经远超程氏，由于双方有联姻关系，于是选择了一套折中方案：感恩汪华，希望村落能以大唐为楷模长久兴旺，更名"唐模"。

篁墩最早为黄墩。东晋时，新安黄氏迁居于此，将此地命名为黄墩。至明代，程氏家族壮大，翰林院侍讲学士程敏政撰文认为黄墩本为"篁墩"，因为程氏家族在黄巢之乱时避祸于此，希望假装是黄巢本家躲过战祸，所以改名为"黄墩"，如今可以改回本名。尽管黄氏家族在明清两代一直口诛笔伐，从明朝成化年骂到民国，但"篁墩"之名已经成为既成事实。

可观景也可尝鲜。需要指出，除了作为旅游集散地之外，深渡还以鱼头和鲜鱼出名。

常规的船游路线通常是这样的：游客们在**绵潭村**（见92页地图）的江面上观看捕鱼表演，下船走访古戏台，之后上船行至**樟潭村**（见92页地图）再下船，去看那株要10人方可围拢的**千年古樟**，还有收藏了数百件旧时结婚用具的**红妆馆**。由于坑口乡以上的江段建有水坝，所以开往上游的班船最远只到坑口乡，从而结束这全程3个小时的航程。

从坑口上岸，沿着山路向西走大约10公里，可到近来大火的**卖花渔村**（见92页地图；免费），每年正月梅花盛开季节游人如织，平日则出售徽派梅花盆景。还可以到距离坑口3公里的**柔川村**（见92页地图）。早年间，曾有茶叶商人在这里做买卖，发达后建起了数十座徽派大屋，其中就有音乐家张曙故居纪念馆所在的建筑。在村外的山路上，还有三座贞节牌坊，合称**"三石坊"**。

深渡没什么出色的旅游设施，如果需要住宿，可在**深渡善成农家乐**（☎153 7559 6820，186 0559 7215；深渡镇黄山大道距旅游码头20米；标双/单80元）住宿，条件一般，最好避开春季的周末和清明，因为那时候的游人实在太多。或者到**黎明宾馆**[☎681 1818；黄山大道（距离码头100米）；标间淡季80元，旺季160元]，这家宾馆兼营土菜馆，就餐人均40元，有新安江鱼头。老板有商务车，可包车，也代办船票。

到达和离开

深渡有发往千岛湖的班船（60元；7:40，11:30；4.5小时），行程64公里。途中停靠正口、小川、三港、新溪口、石门、街口、邹坑和威坪。但每年12月至次年1月，只有7:40一班。从千岛湖返回的班船的出发时间是6:30和12:30。

深渡镇距离县城28公里，往返的班车都是30分钟一班，运行时间6:30~17:00，票价8元，途中会经过北岸镇和瞻淇村。

阳产村

（见92页地图；☎275 1208；深渡镇阳产村；门票免费；从景区大门到阳产村车票单程15元，往返30元；⏲8:30~17:10）阳产处处都透露出与徽州那些古村落严重的违和感，全村都没有大规模的古宅和祠堂、牌坊，土楼单间房屋面积最大不过16平方米，全靠陡梯上下，高如碉堡。因地势高，山路险，材料难以运输，只能建造最简单的土楼，这本是阳产人的穷困窘况写照，如今却成为其旅游资源。

值得一游

山水画廊徒步

这条徒步路线属于初级路线，一路上沿着公路、顺着乡道，无须上山。沿途还有不少村庄可以补给。如果走不动了，路上有不少乘班车的地方。在春日美景中，可以很轻松地走过山水画廊。

先在歙县乘坐1路公交车到南源口，然后过新安江桥到南岸，往左沿着江边公路走600米后就到了瀹岭下村，从这里可以沿着江边向东南走到瀹潭村（步行5公里），也可以沿着曲折的盘山公路向西步行4公里，到大名鼎鼎的卖花渔村。也可先从歙县乘车抵达坑口乡后，步行去3公里外的柔川村。或者从坑口乡沿着新安江去5公里外的樟潭。在樟潭看过千年古樟和红妆馆（门票30元）后，可以坐摆渡船到对岸的大脉坞村，然后沿着新安江东行，走向绵潭（5公里）。注意，过了绵潭后公路就离开了江边，从绵潭出发4.4公里后的绵溪村有岔道，要走右边的那条道路，全程6公里就到达了深渡。

这条路线可长可短，如果体力不足，就只从南源口走到樟潭，然后从大脉坞乘车返回歙县。

你还可以根据班船的时间，来一次坐船与徒步结合的旅程。在这条线路上骑单车也不错。

直至今日阳产依然属于地质灾害区，但这并未阻止狂热的摄影、写生爱好者与民宿开发者们前来，阳产人人都能为你介绍在什么角度（例如小学）能够将层叠的土楼摄入镜头，家家的阳台上都放着刻意设计、摆放有大量玉米和柿子的“丰收景”。朝阳升起时，罗马剧场一般环形建造、层叠坐落于险坡上的阳产村的确很美。

进出阳产必须通过景区的面包车，暴脾气的司机在山路上一路飞奔。在土楼中简单吃饭、住床位的默认价格都是30元，餐点都是农家乐中做的家常饭菜，没什么选择余地。请一位阳产人做导游的费用也只需30元。

住宿

阳产德味儿民宿 精品酒店 ¥¥¥

（http://wx.miot.cn/i-89999；☎177 7503 1981；家庭房580~780元；❄📶）在土楼如螺蛳壳一样袖珍的阳产，难以想象还有一个自豪于手冲咖啡、德国啤酒、全套德国洗浴用品的民宿。780元的家庭套房几乎是直接在土坯中掏出来的，且保留了整一面墙的石磅墙，楼上的公共区域可算是阳产为数不多的大房子，价格略高，是否合理见仁见智。较为简单的**云起时民宿**（☎177 7503 1981；标单/双 178/370元；❄📶）可做备选。

吴吉明农家乐 客栈 ¥

（☎187 2683 8871，182 6887 5171；床位30元，餐费30元；📶）真正的阳产土楼，地板被磨出了包浆，只有一条尺宽的长梯通向二楼的小卧室，里面勉强摆了四五张床，还算干净，有公共卫生间。吴吉明的长处在于有秋景的漂亮小阳台，还有30元的农家餐饮。

到达和离开

乘坐歙县汽车站去深渡镇的车，到深渡后有很多车去阳产村，15分钟即可到景区大门。

许村

许村古建筑群（☎660 0378；门票40元；⏲7:00~17:00）文物资源丰厚，有15处属于全国重点文物保护单位，村口薇省坊旁有售票点，但还是可以通过很多街巷进入老街。不过，想进入许村的核心，就免不了在**高阳桥**被老人家查票。许村有一位老人讲解员很是出名，可以指名让他讲解，讲解费40元，但不妨当成戏说，请自己甄别内容可信度。

到达许村时，要先经过**升平桥**，那是一座三拱古石桥。过桥后的路右侧，**薇省坊**和**三朝典翰坊**一前一后地立在路边，均为高大的明代牌楼。牌楼下是古官道，可以从这里进入这个许氏家族显赫千年的大村庄。

进入村庄后你最先看到的是**大宅祠**，祠堂讲述了许氏家族从宋开始发迹，显赫于明清的历史。许氏的宗谱传由王安石撰写，墙壁上“云溪堂碑帖”中包含有明代大学士申时行、文化名人董其昌为许氏所写的跋文。如此的家族荣耀，或可解释为何许氏族人近年来致力编写家谱，居然达到了百万字的规模。

许村最有标志性、最豪华的元明时代景致，则是在高阳桥所在的区域——廊桥**高阳桥**、**双寿承恩坊**和**大观亭**，错落威严，串联在一条轴线上，青壁乌瓦，如此耸立了四五百年。大观亭中的梁柱上还有少见的包袱锦彩绘。

过了**五马坊**，往左就看见了**观察第**，这里如今是许村历史博物馆，其中有关于许家人成为明代大海匪的有趣介绍。在许村的北端，还有明代建筑**大墓祠**和清代建筑**大邦伯祠**，宗祠中还介绍了许家20世纪的众多博士。许村还有徽州最小的牌坊——**双节孝坊**，在许村西侧两户人家的围墙间。造访许村最好的时候或许是春节、“五一”和国庆节假期，可以在高阳桥头看见著名的“许氏大刀舞”，其中最大的刀有五米高以上。

食宿

许村的大多食宿点与商店一样，都集中在镇子的新街上，公路也从这里通过。但新进入的高档民宿正在大兴土木，或将很快改变许村住宿的选项。

芹庐民宿 精品酒店 ¥¥¥

（☎137 6178 8010；许村高阳桥头；标单/景观双床 380~800元；❄📶Ⓟ）一个完整的明代院落经过改造，成为如今枕河而居的民宿，拥有自己通向河边的河埠头，推窗即可见高阳桥的元明建筑群。民宿保留了原来的明代风

徽州人的怒海争锋

歙县许村的大刀舞最为著名：许村人扛着三四米长的纸糊大刀在元明建筑群中舞动。许氏家族如今博士辈出，但其供奉的始祖为安史之乱中守睢阳的许远，许氏家族的历史也因此总与战争相关。

明嘉靖万历年间，在东亚海面上乘风破浪，带兵上万的海商大头领，就有许氏族人。随着明中叶徽州商业崛起，徽州商人遍及整个长江流域和江浙富庶之区，雄厚的资本、超大的胆量使得徽州人总在寻找新的投资风口。明代嘉靖初年开始禁止民间海上贸易，但丰厚的利润使得徽州商人铤而走险。如徽州学者金声之言："尽天下通都大邑及穷荒绝徼，乃至外薄戎夷蛮貊，海外贡朔不通之地，吾乡人足迹或无不到。"明代贸易海船造价高昂，维护费用也高，非资本雄厚不能操作。将丝绸等珍贵物资大量收购，需要在内陆有发达的商业网络；在沿海贸易，又需要和当地的豪族交好，同时在官府有得力的人脉。这些条件，徽州商帮无不具备，使得当时的海上贸易路线简直像是为徽州商人量身定制的。

许村的许家四兄弟是徽州武装海商的先行者，他们早年往来于泰国北大年府、马六甲，后来干脆将葡萄牙人（佛郎机夷）引来浙江定海的双屿港交易。许家兄弟为贸易双方组织货源，充当经纪人角色，收取高额佣金，顺便也做海盗生意。高峰期时双屿十分繁荣，仅日本商人就过千，被称为"16世纪的上海"。至嘉靖二十六年（1547年），以许栋为首的武装海商集团被明王朝称为"海上寇最称强者"。"有资力者则纠倭贸易，无财力者则联夷肆掠，巨室为之隐讳，官府唯务调停"，这就是当时的状况。

嘉靖二十七年（1548年），浙江巡抚朱纨攻打双屿港的包围，许氏海商集团惨败，相继被杀死在日本等地。但这并非徽州人海上史诗的终结。许氏家族的掌柜汪直（歙县柘林人）继起，以日本为据点，自称"徽王"。他的势力之大，对于丝绸出口、白银货币化等均有重大的影响。汪直后来被出生绩溪的浙江总督胡宗宪以同乡之情诱捕并处斩，在其身后，还有徐维学等徽州武装海商继续从事海上贸易。汪直和徽商武装海商集团被逐步消灭之时，正是英国、荷兰借助武装海商的势力崛起之时。

2005年，树立在歙县柘林的汪直纪念碑被砸毁，表明这一事件的余波在汪直死后5个世纪依然有余波。

格，有几案、坐塌、花窗的客房，小巧的中央庭院更增人气。价格在同类民宿中算得上相当良心。

到达和离开

许村镇距县城22公里，可在城北市场乘车前往。发车时间7:30~15:30，约1小时一班，票价7元。返回歙县的班车的首末车时间及频次与从歙县发出的相同。

棠樾

（见92页地图；☎675 1878；www.paifangqun.com；门票100元；⏲08:00~17:00）这座鲍姓聚族而居的村庄先后在明代中后期和清代乾嘉年间经历了两次发展高峰。其中，在清嘉庆年间，两淮盐务总商鲍志通及其弟鲍启运的时代，将年久失修的宗祠**敦本堂**和众多牌坊加以修缮，更修建了只安放女子牌位的**清懿堂**，供奉鲍家历代行孝人物的**世孝祠**。敦本堂宏伟，世孝祠雅致，清懿堂清正，加上七座按"忠孝节义"排列，让人颇感压抑的牌坊构成的**棠樾牌坊群**，却十分上镜。这一组建筑构成的水口，出镜率极高。

或许牌坊群过于"钟鸣鼎食"，透支了棠樾的人气，棠樾村内的**欣所遇斋**、**诚孝堂**等建筑相比之下则有些冷清，旅行者来这里只是匆匆看完牌坊群便离开，村内也找不到出色的餐饮及住宿设施。包含在门票中的**鲍家花园**是以徽派园林为背景而新建的一个大公园。此外，除非自驾，否则不要离开棠樾太晚，否则可能面临无车可叫的困境，不得不在棠樾过夜。如果确要过夜，位于景区大门前的**红琳土菜馆**（☎187 5595 5593；人均45元）能解决你的晚餐，也能提供100元上下条件尚可的住宿。如果在意住宿的舒适度，则可以选择**鲍家花园酒店**[☎675 6666；鲍家花园景点内；标单/双360元，旺季400元（含早餐）；❄📶P]，就在鲍家花园内，还可以凭景区门票获得20元的房价优惠。

到达和离开

从歙县前来，可以乘坐2路公交（经过郑村镇和鲍家花园），票价2元，终点站就在景区前。如从屯溪来，可到火车站、汽车北站乘坐前往歙县的汽车，同样经过郑村路口，然后乘坐2路公交即可到达。

石潭

（见92页地图）作为霞坑镇下的一个小山村，石潭因为漂亮的山巅景色、油菜花和徽派建筑成为摄影发烧友的打卡点。连带着周边的**柿木汰村**等村庄也成为旅行的热门。每年3月至4月油菜花盛放的季节，全国各地的摄影发烧友云集此地，拍摄高山上的古村、云雾、油菜、茶田与梨花、桃花。以此为基础的摄影作品曾屡获大奖。因此3月、4月的周末和清明节假期，会有成千上万人涌入这里，汽车的长龙会从石潭一直排到霞坑镇，餐馆和酒店一定爆满。

石潭村本身不在山梁，而是山坳里的古村落，要拍摄大景观，还需上山到下汰、湖山、柿木汰和北山等村落。你既可以在某个村子里细细地观赏，也可以走环线，将风光一览无遗。游石潭的传统路线是这样的：石潭村—上山—下汰村—湖山村—柿木汰村—北山村—下山—石潭村（或者走相反的方向），走这样一圈一般需要4～5小时。至于自驾，陡峭的山路非常考验车技和车辆的性能。

石潭村（见92页地图）是通往附近山村的起点。古村的民居高低错落，有号称"石潭十八巷"的石板路，它们纵横交错，贯通全村。村子里还有两座祠堂，一座是**叙伦堂**。因有上百根房梁，它又被称为"百梁厅"；还有一座是**春晖堂**。经石潭村上山，第一站就是**下汰村**，这里拥有极好的视野和拍摄角度。**湖山村**存在地质灾害的隐患，所以村民均已搬迁，只剩下空寂无人的古村，更增添了幽静神秘的感觉。

柿木汰村是这一带海拔最高的村庄，也是拍摄日落的很好的摄影点。从村后地势较高处放眼望去，那粉墙黛瓦间的袅袅炊烟，在晚霞下更显缥缈。

北山村有一条长长的山脊，山脊上正好是公路。若在这里拍摄，视野很好，南观北望都很方便。山村正好在山脊的下方，构图时处于很好的位置。距石潭不远的**坡山村**，最近也成了摄影人追捧的热点。这里有与石潭类似的花海、云海和古建风光，而且视野开阔，早晚皆有好景色。目前，由于知名度不高，所有没有石潭那样拥挤。

食宿

石潭村的住宿点较多，而且条件比山上好。基本上是铺位30元、标间100元，但到了旺季就变成铺位40元、标间120元。要注意，清明节和"五一"、国庆节期间，山上山下皆是一床难求，价格更是高涨。最好提前1个月预订，否则建议自备帐篷、睡袋。若在村子里就餐，包伙食的话一般50元/天/人。

石潭摄影旅游招待所 客栈 ¥

（☎695 7778；石潭村口；标双100元）老板经常接待摄影人，自然也知道一些拍出好作品的窍门，比如拍摄时间和位置的选取。房型是农家乐式的简单住宿。

悠悠吾家客栈 农家乐 ¥

（☎695 7282，137 6104 3977；石滩村石潭小学旁；标双160元；❄P）简单而洁净的住宿，店家自己烹饪的美食颇受好评。

到达和离开

从歙县到石潭的班车很少，每天只有9:50和10:20两班，所以不如采用如下交通方式：乘坐班次很多的前往霞坑、唐里、三阳、杞梓里、金川等方向的班车到距离县城30公里的霞井村，票价7元。然后，转乘当地的小面到4公里外的石潭村，散客5元/人，包车上北山或去下汰村则要40元。要注意，在油菜花季，当地不许自驾车上北山或到下汰村，只能包村里的车。

另外，在石潭有小路可以徒步到昌溪。小路基本沿着河边走，无须登高，距离5公里。

如果要去坡山村，可以从歙县乘坐去唐里或者杞梓里、金川方向的班车，在苏村下车（票价10元）。下车后，路旁就有小面，包车去9公里外的坡山村约25元。

昌溪

昌溪景区（见92页地图；☎682 1899；免费）世代茶叶大亨，士人辈出的吴氏家族，再加上号称"漆业大王"的周氏家族，共同居住在这座被称为"歙南第一村"的昌溪古村内，因此这座村庄规模极大，其景致之多堪比呈坎。

在吴氏家族众多的上游村落村口，有3人方可围抱的**龙凤樟**，万万不可错过樟树后那一条极漂亮的无栏长木桥。樟树后是始建于元代的建筑**忠烈庙**，三开的庙里供奉着徽州人极为尊敬的汪华及其第八子。向村内走去，经过窄窄的**九子巷**，便到了精美的**员公支祠**，规模虽不算大，但保存极好，典雅秀美，据说有徽州最长的双梁（13米）。宗祠前的水池、临水楼阁俱在，清代嘉庆道光年间的祠堂木坊斗拱精巧，华美异常，在《中国建筑史》上都有记载。再向前就到了所谓的**宋代酒肆茶楼**，但这更有可能是以讹传讹。这是一栋明代中晚期建筑，在宗风严整的徽州村落中，一般没有酒肆。但其面向街面的众多花窗，开放式的结构，窗套上木条巧妙拼出了"贵"字，的确让人想起水浒传中的花楼。经过**三眼井**，就到了村中心规模宏大的**太湖祠**，上面悬挂着朱元璋亲笔题写的牌匾，作者调研时正在整修，祠堂侧面还有戏台。仅这些文物就已经足以让昌溪骄傲，更何况其家族曾掌握着杭州茶市的半壁河山，老舍《茶馆》中的"吴庆余堂"即是他们家族的产业，可这仅仅是昌溪的一半。

沿着溪水向下，经过优美的木板桥，和水口的廊桥，就到了周氏家族的聚居地——周邦头。虽然规模上不及吴氏家族，但周家除了成为漆业巨擘之外，在明清两代出了三十多名进士和举人。在其家族的周氏宗祠**六顺堂**中，悬挂着解缙、卢象升、曾国藩等人所写的匾额，家族中甚至还出过鸦片战争中南洋水师的守备，可谓明清两代风云见于一祠。周氏宗祠一般并不开放，要联系旁边看守宗祠的老人家代为开门。顺着河水继续向下，还有一栋明代弘治年间修建的极为罕见的**水磨坊**，看完这里，可以沿着**古水坝**条石碇走到公路上。

昌溪有一些简单的农家乐，住宿条件一般，也可做饭，例如**古村人家农家乐**（☎152 0559 2042；昌溪乡4组184号；标双80元，旺季100元；❄）和**品一品农家乐**（☎682 0070；www.pypnjl.com；昌溪桥头往右；铺位30元，旺季40元，标双80元，旺季100元；❄📶），一般餐饮都是30元一位。

ℹ 到达和离开

每天7:00、9:00、10:00和13:00、14:30、15:30有班车从歙县客运站开往33公里外的昌溪，票价9元。如果想从8公里外的深渡镇过来，在没有直达班车的情况下，包车前往也是合适的（约50元）。从昌溪村口回歙县的发车时间是6:30、7:30、12:30、13:30、14:30，票价9元。

休宁

在大黄山旅游圈中，休宁相当尴尬。原本休宁有一个宏大的计划，即将古城岩、万安古镇与齐云山整体打造，可惜未果。如今除了齐云山之外，几乎没有可以拿得出手的热门景点。三槐堂和黄村的民居并不成片，名闻天下的休宁朝奉以及状元同样无法吸引游客。这格外令人惋惜，因为在历史上，休宁和歙县是徽州最富庶的地区，在状元广场地面上的复原图看看，就知道休宁究竟失去了多少遗产。

不过正因为此，休宁反而有一种淡然的市井之气，这座县城是为本地人而非游客准备的。

休宁县城

县城不大，离屯溪只有十几公里，途中还远远地路过**万安古镇**和**古城岩**。县城中心唯一可算景点的，就是状元广场。小小的休宁，历史上居然出过19位文武状元，因此广场上有一座**中国状元博物馆**（☎751 2961；休宁县海阳镇状元文化广场；⊙9:00~17:00，周二闭馆；门票免费）。状元博物馆向东，一路上行，就是状元阁、海阳书院以及剧团，但大部分时候大门

休宁

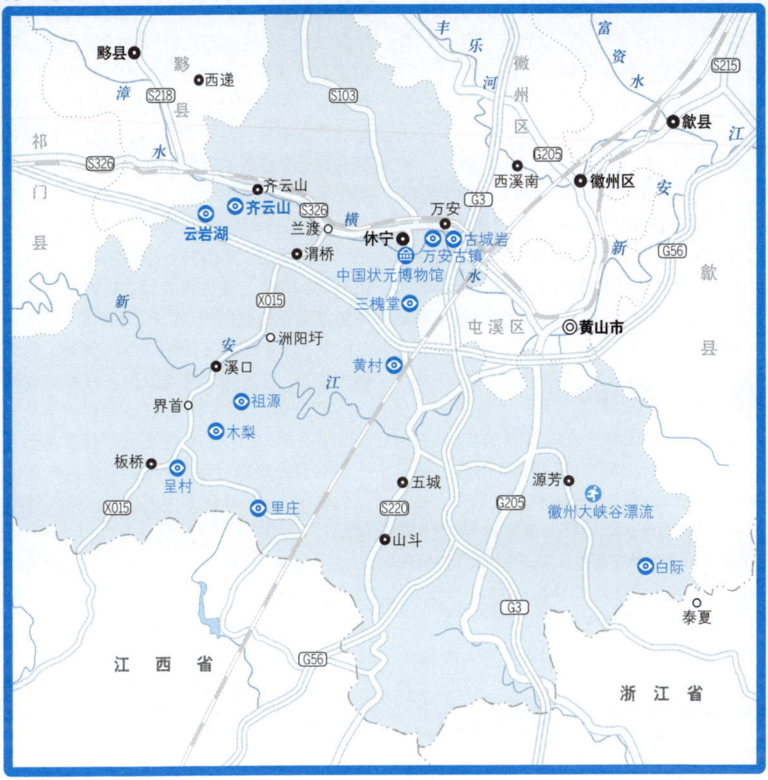

紧锁。

休宁旅游业不甚发达，如果到县城周边的万安古镇、古城岩和黄村一日游，可以住在县城。

住宿

休宁县城的住宿点以二、三星酒店为主，基本没什么特色。

格林豪泰酒店 快捷酒店 ¥

（☎779 8888；萝宁街91号工商城南楼；标双/单150元；❄📶🅿）距离状元广场、萝宁街的美食和夜宵都近在咫尺，停车也方便。酒店有整整一栋大楼，房间充足，标准的快捷酒店房型，足以满足你简单休息一夜的需求。

后元里酒店 酒店 ¥¥

（☎521 8877；齐云山西大道49号；家庭房/套房180~280元；❄📶🅿）一家崭新的酒店，带有些许的民宿感，价格和连锁酒店差不多。唯一的问题是距离状元广场有一段距离，对于自驾的家庭最为合适。

就餐

县城里餐厅很多，各种档次的都有。比较好的小餐厅主要集中在新铺堂路上。萝宁街上则集中了各式中西连锁快餐店。

星期八酒楼 徽菜 ¥

（☎138 5594 6382，139 6550 4840；新宁广场；人均40元；⏲10:00~14:00，16:00~22:00）高人气说明这家土菜馆在本地人心中的正宗程度。状元乌鸡、花猪肉、茶笋炖板鸭这些菜也的确并非随处可以吃到。

老电影院饺店 快餐 ¥

（☎753 5775；休宁县海阳镇萝宁街10号；人均20元；⏲6:00至次日2:00）本地人气爆棚，一座难求，足以说明这家店铺的口味、价格和服务都让人满意。水饺8元一份，也提供徽州口味的炒饭、卤菜和热菜。位置就在状元广场边，营业到凌晨两点更是让人安心。

购物

郑记烧饼 特产

（☎751 7163，152 1246 0290；新宁广场3号店；⏰8:00~18:00）这是一家小门面的土特产店，位置不错，正好在过境省道和萝宁街的转角上。店里有多种土特产，包括烧饼、米酒、茶干，烧饼都是现场烤制的，米酒和茶干则是从五城批发来的。

到达和离开

屯溪有往来休宁的班车，屯溪的发车点在火车站，经停汽车站，6:00~17:30，每30分钟一班，票价5元。另外，祁门也有往来休宁的班车，每天一班，13:00发车，票价14元。来往黄山市其他区县的班车一般在**休宁西站**（☎753 3780，186 5596 3780；休宁县夹溪路）门口停靠。

长途汽车在**休宁汽车站**（☎753 3781；齐云山东大道6号）乘坐，可到达周边4省和上海市，其中杭州、上海的班次较多，一天至少有6班，此外往返浙江城市的班线最密集、最方便。

当地交通

休宁县城没有公交车，基本靠步行或出租车。出租车理论上的起步价为5元，燃油补贴2元，但实际上起步通常要价10元。人力三轮车起步价5元，红色三轮机动出租车起步价6元，但车夫通常会对游客抬高起步价，一般为7~8元，如果在汽车站等交通中转地开价，则可能要10元。

前往周边乡镇，主要在休宁西站坐班车。另外，前往五城的话，有专门的西街口车站，在萝宁街胜利台广场有停车点。

齐云山

[☎400 001 8686，756 1088；休宁县齐云山；门票68元（旺季）/55元（淡季，12月1日至2月28日），索道单程60元（旺季）/35元（淡季）；⏰售票8:00~17:00，索道8:00~16:40]齐云山几乎天生就是道场的材料，这里奇峰摩天，砂岩的质地松软利于凿刻，或开路，或营造洞府，或篆刻铭文都很方便。唐以来就有寺庙在此兴建，南宋后以灵验的真武大帝而闻名。嘉靖年间，这里突然崛起，几乎与武当山并称。笃信道教的嘉靖皇帝向齐云山的真武大帝求子得应验，便派官员在齐云山多方营建，使得这里成为江南第一皇家道场。嘉靖之后，摩崖石刻和香火鼎盛的洞府日渐增多，挤满了齐云山的绛紫色岩壁。

要登齐云山，可从登封桥入口爬上山去，也可以坐索道。爬山需要1个多小时，索道上山只要10分钟。在油菜花季，坐索道可以俯瞰被油菜花田包围的小山村。下索道后，沿着台阶上下几分钟，穿过天门岩洞，就到了洞天福地遗址。许多洞穴神龛镶嵌在丹霞地貌的山崖里，石质门楼古朴厚重，四周岩壁全是大小摩崖石刻，多达数百，主要是明代嘉靖至万历年间香火最盛时雕刻的，其中还包括戚继光的题字。有些算命先生闭目坐在洞穴外等生意。

再向前，通过满是农家乐和餐厅的月华天街，就到了主要建筑玄天太素宫，明代嘉靖年间的皇家庙宇已经毁于“文革”，只有巨大的柱础和石条幸存。新修的殿宇中供奉着真武大帝和诸位太岁，道士们依然在进行着法事活动。再向前就变得冷清，直至过了最高峰就是后山。

食宿

齐云山的住宿几乎全部集中在月华天街，没有所谓饭店，宾馆同时也是餐厅。过了玄天太素宫，宾馆逐渐稀疏，因此反而比较安静。

林间小筑农家乐 客栈 ¥

（☎756 0147，153 2454 9388；齐云山月华街010号；标双150元；❄）农家乐住宿，条件类似简单的快捷酒店。用餐在店里就可以解决，可以向老板询问有没有奇特的山珠豆腐等野菜。胜在阳台上就可以看到月华天街和香炉峰的无敌美景，但早起看日出的人群或许会吵醒你。过了三天门下台阶就能看到，比较好找。

天官府客栈 客栈 ¥

（☎139 5595 3931；齐云山月华街3号；标间150元；❄）略带一些官宦风格的老宅，有自己的室内天井和水池，房间整洁，就在看日出的道路上。老板的厨艺不错，缺点同样是无法避开喧闹的游客。

到达和离开

祁门县城的古城路和过境公路路口有班车（7:00~17:00，30分钟一班）可到景区，到索道口5元，车程20分钟；到登封桥4元。黟县汽车站往屯溪的班车也经过景区，票价6元，车程25分钟，屯溪到黟县的车也路过这里。在屯溪旅游集散中心坐旅游1号线，可以直达索道口。休宁县到齐云山有巴士，从7:30开始滚动发车。

万安古镇

（休宁县城东万安镇；门票免费）万安古镇颇类似未开发前的屯溪老街或者今日的渔梁坝老街，同样是江边古镇，码头与石阶梯错落，高脚河房有墨迹黯淡的木门，老人在桥头沉睡。上街、中街这两条古老的街道实际是一条，中间隔着一条河，有两座古桥连接。如果要看村子全貌，可以跑到钟塘渡。

万安古镇曾经是上通江西、下接歙县的重镇，当年拥有百种行业，四百家店铺。如今的万安古镇虽然萧条，由于未经开发，至今依然有老式的豆腐作坊、剃头铺子和铁锅门面，老人在高脚河房下的码头上捶衣。唯一称得上景点的是上街靠近钟塘桥的**吴鲁衡罗经老店**（☎752 2666；休宁县万安镇上街70号）。吴家经营这一奇特行当已经有两个多世纪，像他们这样传承古代罗盘制作工艺的人家，如今已经所剩无几。后院是作坊，可以看工人用蝇头小楷在罗盘上写字。他们家还开了一个**罗盘博物馆**，但淡季时常关门。

可以从休宁或屯溪直接坐班车（6:00~18:00，10分钟一班）前往万安古镇。在休宁坐车，可在离汽车西站最近的十字路口上车，票价3.5元。若从屯溪过来，可在汽车站或火车站坐车，如果在汽车站坐车，不在站内而是在门口马路上等，票价4.5元。

古城岩

（☎781 6000；休宁县103省道古城岩景区；门票50元；⏲8:00~16:00）古城岩是一个小山丘，与万安古镇遥遥相望，曾经是隋唐州治所在地，尚有残塔一座。1998年，由香港老板投资，将散落于全县各地的7幢明清古宅搬迁到古城岩的山坡之上，甚至还包括完整的水口亭阁**沙堤亭**和明清牌坊，其中明代的**张应扬功德坊**和**吴继京功名坊**雕刻极为精美，展现了明代中晚期士人生活的丰富。**西园**则再现了一座三开间的徽州古戏台的模样。分属三朝。因此，古城岩如同潜口一样，展现出了真实历史中绝对不可能的风景：金、朱、汪、程各家的宅院比邻而居，高处却是黄氏宗祠。古城岩人烟冷清，倒是你近距离接触明清古建细节，甚至钻研明清风格差异的好机会。

前往古城岩，可参考前往万安古镇（见101页）的方式，坐往来屯溪、休宁的班车就能到。从万安古镇走到河边，顺着河水向下游走，15分钟后可以看到一座大石拱桥——水南桥。桥的对面就是古城岩的后门。从休宁打车过去也不超过15元。

白际

在白际徒步，以徽开古道为主，这条路以白际为中间点分为两段，若正向行走，前一段从岭脚到白际，后一段能到达浙江境内的泰夏或茶山。

这条路的大部分路段在安徽的休宁县境内，只有靠近终点的一小段属浙江淳安县。岭脚至白际18公里，正反向均可徒步，景观主要是一些驿道遗迹。此外，在南部的十里亭，有一条岔道可到达树皮顶的大坪村。现在，主流的走法不是从榆村到白际，而是从白际出发到十里亭后转到大坪村，然后折返回白际。

白际至泰夏，实际上有南北两条徒步路线，二者形成了一条环线，因此有多种走法，在白际徒步的大部分美丽景色都在这条环线上。北线以瀑布和白际大峡谷为亮点，南线则有严池梯田、古村和古树林。越来越多的人选择从浙江一侧的泰夏出发，直接走古洞门、徽开古道到大溪口，再经油煎豆腐瀑布、百丈冲瀑布到白际，另外可以先走南线到项山、严池，再转北线到白际。还有一种简单走法：第一天走北线到白际，第二天走南线回泰夏或茶山。其间有半天空闲，还可以穿越白际大峡谷探访天际瀑布（也叫白际瀑布、无名瀑布）。

白际老谢旅游服务中心（☎138 5593 1218；www.hsbjx.com；白际乡）可以提供全方位的当地资讯。

住宿

白际旅游驿站 客栈 ¥

[☎138 5593 1218；白际乡白际村；铺60元（独卫）/30元（公卫），双人帐篷60元；❄📶🅿]这是白际村目前最成熟的住宿点，由本地村民老谢经营，已经成为所谓的“白际旅游服务中心”，提供各种旅游相关服务。预订需提前三天，并且要提前支付订金，4月至10月床位都非常紧张。

到达和离开

因为对线路的选择不同，驴友们最先到达的起点主要有岭脚村、白际村和泰夏。

前往岭脚村，可在屯溪坐16路并在终点站榆村下。在同一站台换乘岭下线公交车到岭脚。若从屯溪包出租车前往，单程50元起。

从屯溪过新安大桥后，在南岸阳湖镇有私人运营的班车到白际村，一天一班，一般在中午12:00发出，车票20元，也有包车服务。

若前往泰夏，一般从浙江汾口自驾前往。

三槐堂

（海阳镇秀阳乡溪头村；门票免费）要经过一条长达6公里的乡村公路，才能到三槐堂所在的溪头村，该村的骄傲便是这座明代所建的豪华住宅。平时大门紧锁，只要拨打门上的电话，住在堂后的管理者会很乐意让你看看这栋宅邸。

三槐堂如今仅剩一进，但依然有明代建筑的博大气势，中庭开阔，回廊轩昂，中堂雄伟，左右楼阁墙壁被拆，只剩立柱，更让这座现出骨骼的老宅如同木柱森林一般。老宅中孕育出兄弟三个家族，各植槐树为信，因此叫三槐堂。三槐堂边上有一些半废弃的古宅，水田中还有水牛徜徉，溪头没有做商业开发，水稻和菊花是当地的主要收入来源。

前往三槐堂，可在休宁县城萝宁街胜利台广场停车点坐前往五城镇的班车（7:00~17:00，30分钟一班，车票3元），15分钟到达前往三槐堂的村道，进村还要走一个多小时，不如打车前往，车程在20分钟左右。此外，从溪头也有乡村公路到黄村。

黄村

（商山镇黄村；门票免费）距离县城15公里，在公路边下车后，还要沿着山路走上一公里，才会看到黄村的池塘以及核心的进士第。进士第格局类似三槐堂，虽然略小，但胜在完整。中堂高大，斗拱雄健，柱础如狮爪，坐在堂上，颇能感受到明代士子身居山乡，俾倪天下的气势。

1997年春天，黄村建于康熙年间的古宅“荫余堂”漂洋过海去了美国，并在波士顿郊外的萨勒姆小镇重建，成为迪美博物馆（Peabody Essex Museum）独特的组成部分（见103页方框）。以这一文化交流项目为机缘，萨勒姆也与黄村发生了密切的关系，加入到诸如进士第维修的文保工程中来。

除了进士第外，黄村缺乏更多的吸引点，当地的建筑使用了许多本地产的赤红色石材，有些红石上还雕刻有“文革”标语，是一大特色。顺着广场田园边的村道直行，就是历史悠久的黄村小学，教育大家黄炎培曾两次到这里考察。

黄村在休宁县城以南，和五城镇在同一条省道上，从休宁前往可以在胜利台广场车站坐往五城镇的班车（7:00~17:00，30分钟一班，车票7元），返程车最晚于17:20左右来车。如果错过了回城的车辆，黄村也有一些简单的农家乐。

黟县

黟县无疑是黄山市另一个重点的旅游区。世界遗产级别的西递和宏村，堪称徽州古村落的经典。还有许多各具特色的古村落，散落在西递、宏村的周边，就像行星围绕着两颗恒星，组成了一个古村星系。不过大体而言，可以分成以西递为首的南屏、屏山、碧山、关麓的南方古村落群，以及以宏村为中心的卢村、秀里、木坑、塔川、协里的北方古村落群。各个古村落各显神通，旅游发展的效果也各不相同，让黟县如同中国古村落旅游开

长了脚的古建筑

1985年，一位叫南希·波琳的美国女士到徽州旅行，她是美国马萨诸塞州迪美博物馆（Peabody Essex Museum）博物馆的中国艺术主管。在休宁时，她得知黄村“荫余堂”的后人无力维修这栋老屋，愿意出售，她便有了将其搬到美国展览的想法。荫余堂是建于清朝嘉靖年间的民宅，卧室、中堂、贮藏室、天井、鱼池一应俱全。黄家历代人生活的痕迹都完整地展现在老宅中。

荫余堂的美国展出计划得到了1.25亿美元的支持。1997年，美国团队开始拆除荫余堂的一砖一瓦，拆下来的部件包括2735个木构件、972块石片和当时屋内摆放的生活、装饰用品，甚至连同鱼池、天井、院墙、地基、门口铺设的石路板和小院子也拆了下来。1998年2月，装满19个国际集装箱的部件被运到迪美博物馆并按照原貌复建。

在徽州数以千计的古建筑中，有不少异地重建的例子。

如成龙私人收藏了十座徽州古民居，捐赠给新加坡科技设计大学4套，后又捐赠给蚌埠4套。1998年，古城岩风景区的香港公司将散落于全县各地的7幢明清古宅修旧如旧，迁址于古城岩，成为休宁为数不多的古建筑遗存。

1982年，国家文物局批准将分散在歙县和徽州的郑村、许村、潜口、西溪南等地的多座不宜就地保存的明清建筑拆迁复原，形成了今日的潜口景点。

异地保护虽然能够将古建筑搬迁，但无法复制其村庄的完整生态原貌，蕴含在建筑中的文化内涵也会消失，潜口和古城岩空荡荡的老房子就足以说明这一弊病。近年来徽式建筑构件、木雕、砖雕在市场上炙手可热，导致老建筑保护面临更大挑战。安徽省已经出台政策，规定古建筑以原地保护为主，古村内的古建筑的迁移保护应在本村选址进行。确实无法原地保护的，在黄山市内迁移保护，禁止非法买卖。

发的博物馆一般，具备了学术研究的价值。

黟县县城

黟县虽然景点多，但县城本身却很无趣，对旅行者来说，这里主要是个交通枢纽。近年来又变成了东部富人们争相盖度假别墅的所在，所以，乡村公路边大片的西班牙风格别墅并不值得惊讶。

到达和当地交通

从屯溪到黟县，可在黄山汽车客运总站和火车黄山站坐车（13元；6:30~17:10，20~30分钟一班；60分钟）。从汤口到黟县的车，每天有四班：7:40（经宏村）、13:20（经宏村）、9:40（经西递）、15:40（经西递），车程都在1小时左右，票价20元左右。另外，黄山市的大部分区县都有车往来黟县。上海长途客运南站有两班车（7:27，9:37）直达黟县。杭州汽车西站有一班车（7:10）发往黟县。

黟县汽车站（见104页地图；☎552 2026；黟县柯村南路宏村西路路口）有发往西递、宏村的公交车，此外还有往来周边县、区、镇的班车，可在此乘车往来黟县各景点和周边区县。

宏村

（见104页地图；☎554 1158；黟县宏村镇；门票104元）宏村的每一寸土地都曾被镜头曝光过，月塘、南湖周边更是时刻响着镜头的咔嚓声。常年游客的火爆，让宏村成了一个庞大的复合体，在宏村外坐落着远比古村规模更大的附属设施，从大型演出、林海、寺院到动力伞无所不有。如今的宏村是一个庞大的主题乐园，杂糅着屯溪老街、微缩版威尼斯、丽江四方街的混合风格。宏村如此热门，门票盈利丰厚，试图逃票的人会发现，即便在深夜，也有保安彻夜值守在哪怕最小的路口。

游览宏村最合适的时间是清晨，水气氤氲间，永乐年间的宗祠**乐旭堂**将倒影投射到与之同龄的**月沼**牛胃湖中，而清代嘉庆年间修建的**南湖书院**则将影子投射到万历年间开挖的荷叶田田的南湖上。即便是无数次在照片

黟县

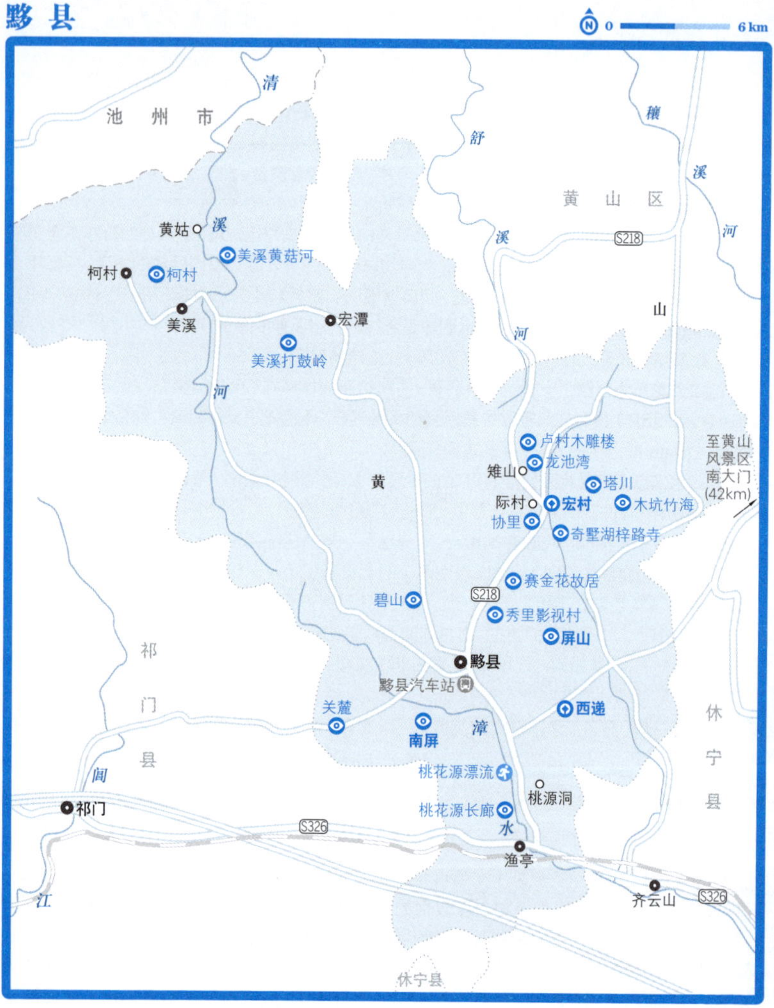

中看过这一幕，它依然会让你心动不已。

景点

在宏村旅行，不妨依据其巧妙的水路逆流而上。

随着大群游客踏上**宏际桥**，桥下的西溪就是宏村水系的主干。而后经过村口的红杨树、银杏树，从宏际桥入口进入**南湖**——这是宏村水系中面积最大的一处水体，是在万历三十五年（1607年），由宏村的汪氏宗族在石田上开凿而成。沿着南湖北侧狭窄的走道向东，会经过清代建筑**南湖书院**，这里是宏村子弟读书之处，这条沿湖的小道也是众多住宿聚集之地。向前经过南湖中央的画桥，折向北进村，沿着水流湍急的水圳（即阳沟）逆流而上，不远处即是**月沼**。建于明永乐年间（公元15世纪初）的这座“牛胃湖”是宏村的心脏，月沼周边的主要建筑包括比月沼更早兴建的**乐旭堂**（汪氏宗祠）和**汪大燮故居**（门票10元）等。月沼南边东西贯穿宏村的街道是村内最主要的街道，餐厅、购物和夜间的娱乐场所都聚集在这条街巷上，甚至有快餐店。经过月沼继续向北，会到达宏村规模最大的私家宅院**承志堂**。除了欣赏这个盐商豪族的精美木雕，也不要错过这里的庭院水塘，它同样是宏村精彩水系的一部分。你还可以沿着水圳一直到上游，直至宏村的水道进口，西溪从这里注入宏村。在村内还有**树人堂**、**松鹤堂**、**居善堂**等古民居，雕工精美，可以一看。

住宿

宏村人最主要的收入来源便是住宿和餐饮，靠近月沼和南湖的更是炙手可热。宏村人致力打造农家乐的升级版，一些外来的民宿也推波助澜，结果是价格有所上浮，但经营食宿的主力依然是本地村民，所以住宿和用餐的口味很难称得上多样。

在宏村景区外，则有远为多样化的住宿和餐饮，不妨探索一下。

★清和月青年旅舍　　青年旅舍 ¥

（☎217 1731, 139 5598 8225；宏村后街28-29号；铺60元，标双180元；❄📶）这家青年旅舍稍偏离正街，由两间面对面的老宅改造而成。这里的公共区域值得称赞，显示出了老板的“收藏癖”，公共区域之外是繁茂的植被和走廊。旅舍不大，但设计颇花心思，楼下有小小的咖啡吧。

宏村老房子国际青年旅舍　　青年旅舍 ¥

（☎554 5888, 554 5777；宏村上水圳近德义堂；铺60元，标双180元；❄📶）旅舍是由古建筑改建的，处在游览主线的西北角，门外有水圳流过，边上有德义堂、树人堂等老宅。有趣的是旅舍中有宏村水系中并不太常见的水井。老宅进口幽深，不受外面道路的干扰。客房精致古朴，原木门窗和地板、老式的木家具都显示

宏村的百年治水往事

明永乐年间宏村的汪氏家族邀请当时号称“国师”的休宁风水先生何可达前来宏村，为宏村的扩大和发展制定全面规划。何先生看到的宏村是这样的：不受约束的西溪从北向南流来，注入奇墅湖；汪氏族人乱糟糟地在原先西溪东西向的旧河道上盖房子，北面是雷岗山，南面的朝山形如火焰，似乎预示着汪氏家族的新村会再次遭受火焰（汪氏祖先先后在歙县唐模、黟县奇墅湖村居住，但都曾遭遇火灾）的灭顶之灾。新的宏村必须有一条发达的水系作为建筑的依托，“筑渠开圳，引水入村，丁户沿渠立栋”，并在风水上抑制朝山的丙丁之火。水是财富，对于商人意义重大。从实用上说，发达的水系对于新宏村的排污、消防、卫生、生活甚至景观都很重要。

于是，宏村汪氏开始了持续百年的“治水”大业。一期工程是在西溪上筑坝，提升水位，减缓流速，这样可以提升宏村的地下水水位。同时，宏村人引水入新修的水圳，一路东去，沿着水圳修路铺石，水圳保持坡度，不会太急，也不会太缓导致污物堆积。水流汇集至村子中心的天然洼地，洼地被特意挖成半月形，以蓄积“内阳水”，这就是今日的“月沼”。汪氏宗祠“乐叙堂”即建在水边，族人的新居以月沼和乐叙堂为根本，以水圳为脉络开始蓬勃发展。

这一安排使得宏村安然度过了半个明朝。到明代中后期，当地人口增长迅速，月沼所蓄“内阳水”已无法满足汪氏的需求，洪水和内涝侵扰着汪氏族人。于是规模更为巨大的水利工程重新开启。万历三十五年（1607年），宏村人“疏月沼旧规，抉田百亩，凿深数丈，周围四旁，砌石立岸，名曰南湖。”南湖远大于月沼，溪水由水圳进村，流经月沼，与地下泉水形成阴阳水交合，再向南汇入南湖。西溪堤岸进行加固，能够与南湖沟通，但又彼此隔开。西溪、月沼、南湖构成了一条彼此相关的水网。精心设置的水圳如同牛肠一般贯穿宏村，带走污物，让村庄流水处处，生机勃勃。

到崇祯年间（17世纪中前期），宏村基本完成了始于200年前永乐年间的水利规划，这一庞大的计划几乎贯穿了整个明朝。时间证明了汪家祖先的明智，水就是财富，如今宏村的水景正在源源不断地吸引着游客，为宏村创造巨量的财富。除宏村外，西溪南、唐模、呈坎、许村、灵山、黄村、昌溪的水利规划和水口布置均有可观之处。

宏 村

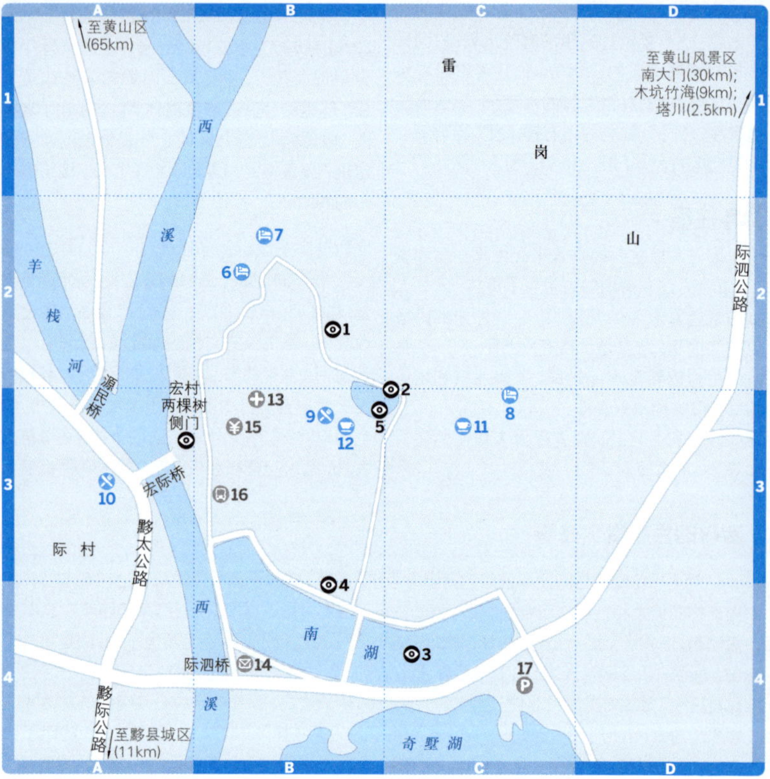

宏 村

景点

1 承志堂……B2
2 乐旭堂……C3
3 南湖……C4
4 南湖书院……B4
5 月沼……B3

住宿

6 宏村老房子国际青年旅舍……B2
7 居善堂客栈……B2
8 清和月青年旅舍……C3

就餐

9 三思堂……B3
10 一休阁土菜馆……A3

饮品

11 半朵悠莲……C3
12 旧时光……B3

实用信息

13 宏村镇中心卫生院……B3
14 宏村邮局……B4
15 农业银行黟县支行宏村分理处……B3

交通

16 宏村公交车站……B3
17 宏村正门停车场……C4

了老房子的风格，有部分房间还用了架子床。

居善堂客栈 客栈 ¥¥

（137 0559 8177；宏村上水圳6号；新楼标双150元；老楼二层景观标间300元；）居善堂是宏村中比较标准的本地农家乐，虽然较小且房间少，但保存完好，木雕、花园、回廊比比皆是，还有架子床。只是现代化铺瓷砖的洗浴设备比较出戏。客栈设有私厨。位置上几乎是宏村最北角，较为安静。

奇墅仙境中坤国际大酒店 度假村 ¥¥¥

（☎554 8888；宏村镇奇墅村；标单/双488元；❄📶🅿）对于打算躲避宏村人潮的自驾游客，奇墅湖这座度假酒店是个不错的选择，连锁酒店的风格，湖景房风光很好。餐厅连着湖面，很适合观景，可以看着夕阳吃晚餐。这里还出租山地车，一天80元。

餐饮

即便是宏村也没有丰富多样的餐饮，徽菜一统天下，而且无论景区内外，价格似乎都相差不大。臭鳜鱼、板栗鸡块和米酒等足以撑起宏村饮食的大半边天。

三思堂 徽菜 ¥

（☎186 5596 2040；宏村直街315号；人均50元；⏲9:00~20:00）你可以在月沼周边找到数家风格和价格都相对统一，网上好评度也不相伯仲的餐厅，都是由本地人经营，菜品也相当一致：以臭鳜鱼、红烧鸡块为主打，所有餐厅都以《舌尖上的中国》为标榜。三思堂是曾任民国时北洋政府国务总理的汪大燮家族故居，**得月楼**（☎554 1480；宏村镇月沼；人均60元；⏲9:00~20:00）则胜在位置好，二楼开窗就是月沼。

一休阁土菜馆 徽菜 ¥

（☎138 6559 6365；宏村外宏际桥头；人均50元；⏲9:00~21:00）与宏村的大门只有一桥之隔，价格上其实和景区里也没什么差别，口味不错。在这里进餐可以避开人潮，还可以俯瞰宏村的水道和宏际桥。

旧时光 咖啡馆 ¥

[☎182 5598 0516；月沼边斜角八分钱邮票居（近宏月沼）；人均30元；⏲8:30~22:00]所谓八分钱邮票居，就是这栋有趣的三角型徽式民居曾被画家描绘下来，出现在八分钱民居主题邮票的图案上，因此变得家喻户晓。旧时光的门面在八分钱邮票的一楼，逼仄的空间如同厨房，真正的雅座则在楼上。咖啡一杯35元以下，也有茶和进口啤酒，此外还出售一些宏村的文创产品，例如地图和明信片。在月沼边的无敌位置几乎让一切都加了分。

半朵悠莲 咖啡馆 ¥

[☎554 510，5157 5591 2138；宏村前街31号（博物馆对面）；人均40元；⏲9:00~23:00]在宏村绝称不上多样的餐饮环境中，这家平庸的咖啡馆倒也算增添了多样性。除了咖啡，这里也提供冰激凌。咖啡馆包括室内、室外区域。旁边是同一品牌的客栈，空间不大，大床房160元，双大床房和景观大床房260元。

实用信息

门票

持门票三日内可多次进出，购票时会登记姓名，一人一票。

邮局

宏村邮局（☎554 1500；宏村镇宏村街和中街交会处；⏲冬季7:30~17:30，夏季7:30~18:00）邮局代售黄山市汽车客运总站的长途车票。

银行

农业银行黟县支行宏村分理处（☎554 1165；宏村镇宏村街西端；⏲8:30~16:30）在主要街道上，从侧门进，很好找。

医疗服务

宏村镇中心卫生院（☎554 1013；宏村镇218省道西南1公里）是村里唯一的医疗机构，可以处理小伤小病。

到达和离开

屯溪旅游集散中心有直达宏村的旅游1号线，票价24元，车程80分钟。如果没赶上整点班线，可以在同一个车站坐到黟县的班线，6:30~17:10，每20~30分钟一班，车票13元，车程60分钟。在黟县汽车站下车后，转去宏村的公交车，车票3元，20分钟一班，坐到终点，出宏村汽车站，右转直行100米过桥就是俗称两棵树的宏村边门。

汤口每天有两班车发往宏村（终点是黟县），发车时间分别是8:00和13:30，车票13元，车程40分钟。另外，汤口在9:40和15:40有两班车经西递到黟县，车票15元，车程1小时，可坐到黟县汽车站再换公交到宏村。

当地交通

宏村外西侧两棵树侧门和正门之间的马路边

有好几个店出租自行车，其中质量最好的是**宏周台球厅**（☎189 5593 6175；宏村镇马顶街40号），半天15元、全天25元。出宏村两棵树的大门过桥后左转步行15分钟可达。

往来县城的公交车停靠在宏村西侧的两棵树侧门，出侧门过桥左转走5分钟就到（宏村公交车站），每30分钟有车发往县城汽车站。

在车站里，可以包面包车或商务车，价格面议。

宏村周边

卢村木雕楼

（见104页地图；☎554 5017；宏村镇卢村；门票50元）卢村最大的旅游卖点是**卢村木雕楼**，即道光年间的大盐商"卢百万"六房妻妾所住的四栋精美花雕木楼和私塾等民居，这一故事完美符合了所谓徽州女人困守绣楼的心理假设，为导游们津津乐道。不过木雕楼本身雕刻异常精美，尤其以**志诚堂**为最佳，雕刻手段多样，在门扇、窗板、横梁之上，极为精美。**思诚堂**不以建筑见长，但拥有一对极少见的石雕竹凳。最小的夫人所住的**双茶厅**里则使用了当时罕见的德国进口玻璃，足见卢百万对其喜爱，同时也可见徽州建筑工艺的变迁。村中桥亭处处，风景秀美，不远处的山上更有规模宏大的"悦榕庄"酒店。卢村有几家农家乐，其中**迎凤桥客栈**（☎554 5184，137 3306 9638；宏村镇卢村前街1号；标双100元；❄P）就在村口，门前就是古桥流水，可以提供简单的住宿。

卢村距离宏村不足两公里，可先到达宏村后，再包车、徒步或骑车前往卢村。

协里

位于宏村东面5公里处的**协里**（见104页地图；宏村镇协里村；门票免费），也可以徒步去看看。通向协里的道路就在宏村正门的对面，穿过公路就到。春季可观油菜花和桃花，秋景也不错，山上可以远眺宏村，翻山后可到达塔川。

协里还是很好的越野目的地。山上曲折的土路形成了自然的越野自行车道，是极限运动的乐园，每年三四月间这一带都会举行山地车节（比赛）。协里村口有农家乐可以住宿。**协里山庄**（☎554 1768；宏村镇协里村；标双160元；❄📶P）是一整栋楼，室外还有一个伴着小湖的庭院，可以用餐，环境不错。老板有多年接待户外团队的经验。由于距离宏村只有5公里，这里也是宏村爆满时的备选之一。

到达宏村后，可在宏村租自行车或者包车前往协里。

赛金花故居

（见104页地图；☎518 3199；宏村镇上轴村；门票50元；⏲8:00~17:00）故居位于宏村西南7公里处，别名叫归园，是徽州奇女子赛金花的故居。但其实赛金花基本没怎么在徽州生活过。归园是融合了徽州建筑特色和中国园林建制的大型建筑群。除了园林景观外，这里还有纪念馆，陈列着历史资料和照片，详细介绍了赛金花的生平。馆中还有刘半农、鲁迅、夏衍等大家对这位一代名妓的点评，但都有一些轻薄的意味。

可以从屯溪坐旅游集散中心的班车直达赛金花故居，也可以在黟县汽车站坐到宏村的公交车，约7公里，票价2元。

梓路寺

（见104页地图；☎554 8998；奇墅湖；免费）奇墅湖是在离宏村不远处开发的一个湖泊度假区，湖畔有一座崭新的、色调黑白的仿唐风格寺院——梓路寺。梓路寺见不到香烟缭绕，信众如云，只有"静"字随处可见，表明信众们正在进行禅修。止语禅修正是新兴的梓路寺的特点。有点讽刺的是，大型实景演出《宏村·阿菊》演出的巨大剧场就在寺庙旁边。

从宏村骑车去奇墅湖很方便——沿218省道骑行，见指示牌左拐即达，需时15分钟。返程的话更累，要30分钟。如果坐车，可坐黟县往来宏村的公交车，在岭头下，再沿岔路步行15分钟可达。

秀里影视村

（见104页地图；☎518 2979；秀里影视村景区；门票50元；⏲8:00~17:00）影视村是人造的景点：建造者把别处收集来的徽派建筑按设计思路集中在一起，营造了一个"古村"。村子里有牌坊、祠堂、酒楼、客栈、廊桥等。作为徽州的影视基地，这里拍摄了不少作品，最有名的是《武林外传》，剧中的"同福客栈"至今还在。景区里的餐饮、住宿等配套设施都很齐全，甚至还有别墅和酒吧。

从黟县汽车站或宏村汽车站出发，可以前往秀里影视村，从6:30至17:00，每20分钟一班车，车票3元。如果从宏村骑自行车前往，沿S218省道骑行即可，去程20分钟可达，回程时间翻倍，因为有大量的上坡路。

木坑竹海

（见104页地图；☎554 6918；宏村镇木坑村；门票30元）木坑是黟县一个海拔较高的村子，村子周围密布竹林，木坑竹海因此得名。景区的游览路线是一条环线，分西海、木坑村、南海三段。旅行者通常从西海出发，登顶观景台，遥望竹海中的木坑。然后下山来到木坑村。下山向南是南海，这里有一个幽静的山谷。过了山谷中的所谓"竹怪城"，穿过秀女湖，就回到了南海大门的起点。木坑几乎家家户户都做民宿生意（兼营餐饮），最靠外围或在村子最高处的农家乐视野更佳。**竹云阁农家客栈**（☎554 6725；宏村镇木坑竹海；标双120元）是地势较高的一栋农家乐，竹质凉阁，推开窗就是竹海，有独立卫生间。湿气大，但空气清新。早晨，不妨爬到观景台看看有没有云雾竹海出现。

黟县经宏村到黄山的班车路过木坑，在黟县县城或宏村正门停车场坐，班次很少，仅有6:50、9:50两班，回程则是13:50、16:20两班。如果自驾前往，走宏村西侧的030县道，过了宏村隧道就到了，车程15分钟左右。也可从宏村包车前往，单程30元。

塔川

（见104页地图；☎554 1416；宏村镇塔川景区；门票20元）塔川位于宏村东北方向2.5公里处，全部精华都集中在秋季，一般要到10月中下旬才开始有秋天的感觉——尤其是10月下旬。塔川现在是收费景点，不过只限于进村游览，在公路上远眺是免费的。景区设立了3个观景点，都在宏村到黄山的公路两侧。除了这些官方的观景点外，公路边还有多个点可以拍照，可以按个人喜好停留拍摄。

塔川虽然有住宿点，但条件普遍比宏村的差。从宏村骑自行车去塔川是上坡。还可以从协里穿过村子，走山上的土路前往，需要1小时。如果在宏村村口叫三轮车前往，需要花费10元。此外，也可坐自黟县出发的经宏村前往黄山的班车前往。

西递

（见104页地图；☎226 6617，515 5444；www.chinaxidi.com.cn；西递镇西递村；门票104元，网络票94元）与宏村并称，同为世界文化遗产的西递，没有像宏村一样勇猛地扑进商业的怀抱，也没有办法固守风格。在快门声和人潮中，村口的胡文光牌坊、悠长的雨巷、宏大的家宅，都渐渐失去了独有的个性。

每天9:30和15:00在宗祠**敬爱堂**中的祭祖仪式，家家户户宅院中堆积如山的木雕古董，村南边并不特别景气的文创小店、小酒吧和民宿都未必让你对西递产生切实的感受。所谓**黟县百匠**的表演更类似游园和杂耍。不妨花5元钱，同白发房主一同在**大夫第**无人造访的楼上安坐片刻，看着仿秦汉风格，如玉器一般光润高古的木雕。或者进到小巷深处，在**南墙书院**的院落中读一读徽州会社和赛神的往事，在雨中的**迪吉堂**想象主人与清代一品大员曹振镛结亲的欢宴，在**猪栏酒吧**的明代庭院中听主人说古屋墙垣兴废无常的故事，才能让你把握住这个古村厚重的时间与回忆。

住宿

西递景区内外有大量住宿点，各种档次的都有，其中大部分是本地村民将自家古宅改的民宿（食宿一体）。在"民宿风"的侵袭下，曾经朴实的农家乐从名字开始"升级"，也冠以民宿之名，变得"高冷"起来。在景区内住宿，平时的均价在100~200元，节假日翻番，景区外的价格要便宜些。装修、花窗乃至床单颜色都大同小异：木质、花窗、红灯笼和瓷砖风格诡异的卫生间，仿佛是彼此的连锁店。若住在村外，记得在入口登记，以便申请多次进入。

★ **猪栏酒吧乡村客栈西递店** 客栈 ¥¥

（☎515 4555；西递镇仁让里；标双360元

起；❄📶）这个隐秘的客栈藏匿于村子的最深处，很是难找。客栈是由一栋三层的明代古民居改造而成的，只有5间房，各有特色。丰富的公共区域值得赞赏：石砌的小庭院和回廊，由猪圈改造成的酒吧，二楼拐角的茶座，楼顶可以俯瞰西递满眼湿漉漉黑瓦的雅座，更有“碧山啤酒”和红酒可供选择。客栈服务极佳，餐食的口味也很好，雨季会有些潮湿。

昆仑国际青年旅舍西递店 客栈 ¥

（☎153 9559 6862，515 5998；西递小学前行50米，近后边溪；铺40元，标单140~200元；❄📶）位于西递的角落里，有些难找。店里有庭院，有活跃的背包客气氛。客栈背街，面向田园，颇有“开轩面场圃”的感觉。有些人或许会觉得雨季过于潮湿，旅游旺季过于喧闹。

餐饮

三号小镇 咖啡馆 ¥

（☎187 5880 9429，515 5838；西递镇西递古村景区内；人均25元；⏲9:00~21:00）三号小镇藏在西递入口不远处查计酒坊左转巷子里，古民居的厨房被改建成私密咖啡吧，庭院改成了一个类似于酒吧的有趣场所，提供日本抹茶与咖啡，可在竹林下古墙边品茗。室内也经过改造，细节充满设计感。楼上还有民宿。

南墙书院 咖啡馆 ¥

（☎183 5596 2998，515 4068；前边溪敬爱堂往上300米；人均35元；⏲11:00~20:00）在西递有一个书店已属难得，名字似乎影射了年轻老板开店的心态。书店很安静，设在僻静的古屋之内，类似大学图书馆的小阅览室。有许多关于徽州的图书，也有咖啡与茶，几乎没有游客造访。此外，楼上也有客房。

到达和离开

黟县汽车站有直接发往西递的公交车，7:00~16:00，每30分钟一班，票价3元，投币不找零，车程30分钟。屯溪的旅游集散中心有旅游1号线，也直达西递景区，车票13元。

当地知识

用黟县话读一首儿歌

徽州方言自成一派，较为难懂，与江淮官话和赣语有关系，却又不相同。语言学家说，徽语兼具两者特色，如声母系统接近赣语，而韵母系统则与南部吴语接近。此外，徽语残留了一些中古汉语的特征，如入声、次浊音。究竟徽语是怎样的，不妨来读这首儿歌试试。

《大天光，忙轰轰》
门坼光，门旯光（坼即缝隙，旯即角落）
Māngcáng gōng, mānglà gōng
开推门，大天光
Kuāngtuō māng, tā tiēgōng
猪破柴，狗烧火
Zhū pá shà, zēn sāo hào
猫弄饭，弄进裹（弄进裹即烧糊了）
Míng lā fō, lā jí gào
獝狲挑水满街坐（獝狲即猴子）
Xiùshuāng tiǔ shù mò gā cào
鸡公洗碗连爪爪
Jiāgēng xià wǒ niēzàozào
鸡母扫地粘沥沥
Jiāēng shé tāi niēguōguō
老鼠关门咕吱吱
Lāchù guō māng gūcící

*方言中的声调不完全遵守汉语拼音的四声规则，以上标注的声调仅供参考。

屏山

（见104页地图；☎552 7345；屏山村；门票50元；⊙8:00~17:00）曾经最让屏山人自豪的是，屏山被称为“风水第一名村”。这个村子背靠群山，枕河而居，但如今以大学生写生圣地著称。这些年轻人告别了人潮过于汹涌的宏村、西递，选择了稍显安静的屏山。在最主要的河街两旁，处处都坐满了端着画板的大学生，高峰期据说有“四千学子下屏山”的盛况。随处可见出租板凳、画板，出售颜料的店铺。而招牌鲜明的小吃店更达到了百家之多，从麻辣烫、冷面到北京卤煮无所不有，古老的大门里见缝插针地安置了多个便宜的小酒吧和奶茶店，加上小黑板上手写的彩色字，分分钟让你感觉是在某个大学后门的简易“美食街”里。

在这样的喧嚣背后，你可能会忘记村中**舒光裕祠**、**小绣楼**、**御前侍卫门楼**和众多明清时期建造的精美建筑。不妨四处走走，最好有导游领路，能帮你叩开平时大门紧锁的古建。有些古建经过改造变身为酒吧或是酒店，譬如“御前侍卫”门楼后面，是一个与之同名的艺术精品酒店，带有迷醉的上海滩风格，价格甚至超过一般五星级酒店。旅游业让屏山人生活彻底改变，闻名徽州的春秋两祭似乎已经成为遥远往事。

如果你想重新感受大学时代的住宿气氛，屏山提供了数以千计的选择。

住宿

御屏阁客栈
客栈 ¥¥

（☎187 5593 3789；屏山村屏山小学旁；特价双床房200元，标单350元起；❄📶）独立的院落，有生机勃勃的庭院，以古民居改造的客栈，中堂还有茶台。客房则体现出所有黄山农家乐的统一风格，在喧闹的屏山胜在安静。

御前侍卫
精品酒店 ¥¥¥

（☎555 2777；屏山村御前侍卫祠堂，标双1050元；❄📶）即便是为了猎奇，也要来看看这座号称黄山最昂贵的精品酒店。主人张震燕是电影制片人，是张艺谋二十多年的合作伙伴，这座酒店的大堂装修呈现出迷离的老上海滩风格，色调冷艳，各色从世界各地收集的老物件都放在这里，最引人注意的当然是满柜子的老电影器材。老宅原本是雍正御前侍卫舒琏的祠堂，只余宏大的门脸，因此大堂是后来利用附近一个村庄倒塌的祠堂构件拼搭而成。

客房在大堂之后，同样是全新的建筑，都是电影主题。三楼正中的书房能够使用无声电影放映机放映电影，还可体验电子管收音机和晶体管收音机。即便不去客房，在大堂中咖啡座喝啤酒也是不错的休息。

到达和离开

在黟县汽车站可搭乘班车前往屏山，一天6班（7:10、8:30、9:40、11:10、14:00、15:30），车票2元，车程10分钟，返程末班于16:00发车。也可以从宏村、西递骑车去，都是走S218省道，见到屏山指示牌后，沿岔道前行即达。从宏村去有9公里，从西递去有13公里，都有大段上坡路。

南屏

（见104页地图；☎516 4723；碧阳镇南屏村；门票43元）南屏与西递、屏山、关麓同属歙县县城以南的豪华古村落集群，论景致与规模，都不在西递之下，只是旅游开发得稍迟了一些。南屏最著名的景致莫过于电影《菊豆》中的“老杨家染坊”——建于明代的叶氏祠堂**叙秩堂**，祠堂里至今都挂着绚烂的染布，同理，村中也有**菊豆饭店**和**菊豆药店**，墙上挂着年轻的巩俐和年轻的村民们的合影。

南屏如同迷宫，如果一直迷路，不妨去景区大门请一个免费导游来带你游览。**小洋楼**表现出晚清民国的风格，并且在四方的楼顶又搭建了木质的观景台，祠堂**慎思堂**则在中式的牌楼外又建造了西洋风格的水泥方柱，极为罕见。**翰林之家**的老人很愿意（以5元的价格）带你看看他引以为傲的祖先宅院、保存下来的壁面彩绘。**冰凌阁**则是正对正堂的一个小小木雕暖阁。

如今南屏村兴建民宿方兴未艾，有倚南别墅、南薰绣楼、诒燕堂喜舍等。距离黟县县城、碧山、屏山、西递都很近。

逛完南屏后，如果有时间，可以去西面2公里处的**关麓**（☎516 3028；黟县碧阳镇关麓村；门票35元；⊙7:30~17:30），村中有连体建筑——“八大家”，一家分八户，房子分中有连。从南屏过去可以继续搭班车或包车过去。

住宿

南薰绣楼 精品酒店 ¥¥¥

[☎186 5595 1127；碧阳镇南屏村居仁区42号；标双(老床)550~650元；❄📶]南薰绣楼的房客会喜欢其浓郁的文化氛围，沉稳的老宅色调，舒适的公共区域和精致的庭院，露台更令人惊喜。价格在南屏的民宿中也算合理。

半榻山房 客栈 ¥

(☎189 5596 2910；南屏村上官厅弄4号；老床房150元；标双200元；❄📶)一栋晚清老宅，主人依然生活在其中。房间不大，但极可能做了个性化的设计，独立的小院尤其安静。饭菜做得不错，家居气氛浓厚。晚上坐在高大的中堂里，陪坐在火桶(木桶下面烧炭)中的老人看看《新闻联播》，也会觉得颇为有趣。

到达和离开

在黟县汽车站坐车可直达南屏(7:00~17:00，每20分钟一班，车票2元)。

碧山

(见104页地图；碧山村；免费)能到碧山的人，一半是对在所谓“中国最美书店”碧山书局拍照向往已久的团队游客，另一半就是怀着某种朝圣心理的青年学子了。著名的“碧山实验”，其起起落落几乎是近十年来中国乡村建设的最大一出戏，并推动着欧宁等人成为风云人物。

平心而论，碧山的确有其特殊之处：这是一个巨大的、开放式的村庄。拥有四五种有碧山土话名字的精酿啤酒，两家极为出名的民宿，碧山书局和销售日本设计师品牌的“工销社”，让碧山拥有和宏村完全不同的体验。这也让到访这里的旅行者并不热衷于去游览碧山那些更传统的景观：例如大门紧闭的前“理农馆”汪氏宗祠和标志性的碧山清代塔。

景点

碧山书局 历史建筑

(☎189 4183 1614，517 5080；碧山村启泰堂；⏲10:00~18:00)碧山书局(先锋书店)俨

徽州民宿之旅

在徽州，越来越多本地人运营的农家乐已经感受到民宿的强烈挑战与诱惑力。

在宏村和西递引导的徽州旅游兴起之后，一度以来，古民居+架子床+红灯笼+包食宿的农家乐成为标准配置。然而近五年来，异军突起的民宿已经搅动了这池春水，高消费的客人开始被民宿所吸引。有一些嗅觉敏锐的本地农家乐经营者开始向民宿转变，但高昂的装修费用、全新的设计理念、网络营销的投入，对细节的挑剔，都并非他们所能承担。其结果就是出现了一些“低仿”版的民宿，例如简单的榻榻米、独立院落和颇为民宿的新名字，当然价格上也有所上涨。

但这只是开始，2018年中国民宿的产业规模已经达到百亿，资本正在快速地投向民宿。虽然民宿鼻祖莫干山有停滞迹象，大理的民宿又遭到痛击，但全国范围内这一民宿风潮依然热烈。徽州并不例外，在新一轮徽州的农家乐升级中，壁炉、儿童房、阳光天蓬、水榭、古琴、棋坪都开始出现，管家，甚至瑜伽房也成为准标配。

即便民宿正在抬高你去徽州旅行的成本，有些设计精妙的民宿作为景观仍然值得一看。位于黟县屏山的御前侍卫艺术精品酒店独院最高价格达4000元以上，均价超过1000元，是徽州民宿金字塔的顶峰。位于黟县西递和碧山的猪栏民宿一、二、三店堪称标杆；歙县打箍桶巷的“九月徽州”等徽式老宅民宿集群正在崛起，西溪南以建在老镇政府中的“荷田里”“诗莉莉”等民宿为主要旅游吸引点。即便是偏远的祁门，也有和村庄巧妙结合的“南山客栈”以及县城中的“生在徽州”民宿，而且相当出彩。

目前这些徽州民宿的旺季价格一般为500~1200元，但新生力量正在挑战农家乐与民宿之间的界限，并在价格上大胆“跳水”。

然已经是碧山的头号景点，书店设立在一栋规模可观的家祠启泰堂内。沉稳粗壮的明清木构件，数万册图书，木板壁上悬挂的加缪等大家相片构成有趣的组合，被称为中国最美的书店也的确有几分实力。二楼是读书的所在，相当清静。你能在这里找到先锋的文创，大名鼎鼎的《碧山》杂志，左靖的《百工》刊物。此外当地名人汪老师还坐镇书局，签售由他手绘、碧山书局制作的碧山手绘地图，相当详实。书局内有咖啡和茶，旁边还有一个雅致的咖啡厅。

工销社

展览馆

（☎186 1409 5408；碧山村尚义堂；⏰9:00~17:30）虽然当地村民并不会进去买东西，但他们也会略带某种奇特的自豪和羡慕推介游客去碧山的工销社。工销社的确就是原来碧山公社的供销社，建于1964年，带有红色年代典型的供销社外貌，同时也是村祠堂——尚义堂的遗址。2015年5月，左靖和设计师们租下碧山供销社,将其命名为“碧山工销社”，经过近两年的设计改造，于2017年对外开放。如今前店成为“百工”和日本设计品牌D&Department及其创始人长贤周明的共同展区，你在这里可以买到来自日本的昂贵设计品（虽然长贤周明自称他的理念是“不做设计”），也可以买到匠心独运黟县徽墨糖和“七约”生态米酒，还有妙趣横生的碧山百工日历。此外，这里也可以索取到碧山简介和地图，极简风格设计但用处很大。工销社堪称碧山的又一张名片，已经在上海和西安开设了分店。

店铺的后方提供了敞开的四合院，开办了金工、木工、织染、柴窑、陶艺等工坊，还有一个精巧的黄梅戏剧团，还提供碧山本地的精酿与春茶，让人觉得仿佛置身于上海市区的某个私人会所。除此之外，工销社的楼上则是一个价格不菲的精品民宿（☎133 3909 4163），共有四个套房，价格为900~990元。淡季套房可分开出售，400元即可入住其中一间，此外还可组织精品游学线路。

住宿

除非住在猪栏酒吧这样的高端民宿中，否则碧山的饮食依然单调——别忘记这依然是一个村庄。但拥有了狗窝酒吧和精酿啤酒，有两个猪栏酒吧的碧山，其住宿和夜生活的精彩，已经远超过了一个村庄的标配。

猪栏酒吧二吧

民宿 ¥¥¥

（☎138 6559 3669；碧山村碧东；标双/单 670元起；❄📶🅿）距离村中心要走路5分钟左右，在小河的东侧，因此这一片被称为“碧东”。猪栏二吧紧靠狗窝酒吧，由当地豪商清末民初兴建的宅院改成，庄重雅致，庭院幽静，宅第幽深轩朗。如果不是猪栏三吧（老油厂）更加出彩，猪栏二吧本身也足以成为网红。

猪栏酒吧三吧

精品酒店 ¥¥¥

（☎134 8200 9547；碧山村碧东老油坊；标双/单 980元起；❄📶🅿）不到猪栏三吧，简直不能号称自己到过碧山。猪栏三吧同样由诗人夫妻寒玉、小光打造，设立于村东北田野上的一座清代油坊内，毗邻小河，面积颇大。距离村庄两公里左右，除了自驾就是步行或骑车前往。

猪栏三吧会让人产生某种奇妙的时空错乱感：偌大的酒吧和销售手工艺的空间放置着清代使用的巨木榨油器，餐吧的木板壁上则高书“人民公社好”；走入河边的田地中，独立的幽静茶室，干栏式的小会客室，原木桌椅、禅垫和瑜伽室则表明其宾客的生活方式。在水牛徜徉的田野之上，坐落着如此规模和格调的民宿原本就是有趣的。所以虽然价格比猪栏一二店高出不少，猪栏酒吧三店反而更成为新兴中产游客到碧山乃至徽州必去的打卡点。

土书馆

客栈 ¥

（☎177 5590 7572；碧山村西北，村委会以北；标单 120元；📶🅿）有趣的农家土屋，舒适的木塌和巨大的工作台，还有大量设计、乡村建设和园艺的书。经营人尚未想清这是为村民开设，或是为都市中的游客开设的。这是“碧山计划”余波的又一个小小产物，但有自己的清新风格，紧靠后山竹林的景致也很不错。

餐饮

狗窝酒吧

酒吧 ¥

（☎138 6559 3669；碧山村碧东；人均30

元；⏲12:30~22:00）一个真正的酒吧，在野径云俱黑的夜晚，是单纯品味啤酒的好去处。酒吧推出了多款碧山主题的精酿，并且极有创意地使用木刻版画、碧山本地的习俗和方言与啤酒术语结合。例如“天光”小麦啤和“落昏”IPA使用了本地土话；“卡尔森拖拉机”以及“工销社赛松”带有浓郁的乡土特色；“黑多修道院”自然是源自黟县的“黟”。价格为25~50元，也有威士忌和红酒。酒吧有两层楼，但是喝醉之后从没有路灯的道路上走回村里可能有些问题。

泰来农庄 徽菜 ¥¥

（☎517 5777，135 0559 3811）在所有这些高大上的书局、酒吧和民宿之外，泰来农庄或许是最类似于其他村庄农家乐的，这是其最大的优势，甚至成为碧山村的半官方餐厅。100元的住宿足够实惠，而68元的板栗烧鸡、58元的老虎鱼，以及38元的绩溪粉丝也能让人吃得心满意足。你会经常在午餐时发现来碧山的“朝圣者们”以及那些外来进驻的年轻人，这是他们与本地人沟通的又一个重要渠道。

ℹ 到达和离开

碧山距离县城很近，在黟县汽车站可搭乘班车前往碧山，一天6班（7:10、8:30、9:40、11:10、14:00、15:30），车票2元，车程10分钟，返程末班于16:00发车。

祁门

对于祁门，大部分人除了想到红茶，便再

当 地 知 识

碧山试验

碧山试验，是在欧宁、左靖等艺术家的推动之下，艺术家们在碧山进驻的试验。他们的初心是倡导知识分子回归乡村，在碧山当地创建一个共同生活的乌托邦的艺术计划。用当事人的话说，“试图拓展出一种全新的徽州模式——集合土地开发、文化艺术产业、特色旅游、体验经济、环境和历史保护、建筑教学与实验、有机农业等多种功能于一体的新型乡村建设模式。”

乡村历来是中国知识精英的关注点，“碧山计划”迅速得到了极大关注。2011年成功举办的碧山丰年祭是其得到关注的高峰。但“碧山计划”开始之初就偏向艺术和乡村建设理论，显然与村民、政府的理解南辕北辙，其共同体的理念并未得到村民和政府的充分理解。

2012年，第二届碧山丰年庆（按照政府的要求，从“祭”改成“庆”）被突然叫停。2014年，哈佛大学社会学博士周韵连发十余条微博质疑“碧山计划”，并发文《谁的乡村，谁的共同体？——品味、区隔与碧山计划》，直指“碧山计划”在本质上是极精英主义的，引发巨大争议。

在此轮论战中，宏村、西递多次躺枪。宏村和西递所谓村民“在村口抢生意、卖假古董”的风格和碧山书局卖高端精英文创，操作“碧山丰年祭”之间，究竟谁是在表演生活，这些问题都引发了大量口水。

“碧山计划”至此进入停滞和深水区，但碧山试验作为漩涡中心并未停滞。

如今被CNN称为中国最美书店的先锋书店碧山书局俘获无数粉丝，抱着乡村改造或者自我改造热诚的个人和组织走进碧山，在此谱写自己的史诗；左靖打造的《黟县百工》一书被炒出四五倍的高价，街头上走着的并不仅仅只有本地人和游客，还有一些怀抱理想的外地年轻人在此常住。

碧山试验其实已经深刻地改变了碧山，让这座原本平淡的大村庄与周边大名鼎鼎的宏村、西递有了完全不同的气场。来到碧山的人，几乎没有人冲着古迹来，而多是冲着乡村建设、猪栏酒吧、碧山试验和工销社来的。

也想不出什么。虽然有目连戏的古戏台，有高耸的牯牛降，但祁门依然无法靠旅游立足。当地村民的主要收入是茶叶、木材和油茶，祁门县医院则以丰富的蛇咬伤治疗经验而著称，这一切都足以说明祁门的风格了。

祁门县城

祁门县城祁山镇比较小，阊河穿城而过，如果你实在有空，可以到茶文化公园（文峰南路）转转，公园里就有茶山。此外作者调研时，祁门的东街正在改造，民宿、餐饮和博物馆正在进入，这将成为徽州又一片成规模的“传统”城区，并很可能成为祁门今后旅游的主要吸引点。

景点

东街 街区

这里可能是祁门老城唯一成片幸存的区域，濒临阊江，目前正在进行旅游开发。东街历史文化街区最核心的景观就是洪家大屋，是太平天国时代曾国藩与太平军鏖战祁门时的大营所在地。作者调研时，大屋正在改造，找到看门人，或许能进门一看。老街周边有许多小吃店、竹篾店、棋牌店等本地人的门面，老屋与新盖的水泥房、公寓楼错落而居。

祁门红茶博物馆 博物馆

（☎221 8000；省道226祥源祁红文化博览园内；门票免费；⏲8:30~17:00）虽然是一个企业的博物馆，但做得相当全面和专业。介绍了祁门红茶的兴起、土壤和气候环境，清代晚期的兴盛，民国时期的茶叶改良场往事，等等。揉茶的老式木器械，茶商的账本、商标以及借款文书，都一一陈列。最后自然还有购物与品尝红茶的地方。

食宿

在县城里住宿很方便，各个档次都有。比较好的选择是住在两个车站边上，这样前往周边比较方便，中心广场周边也相当方便。

江南假日酒店 酒店 ¥

（☎451 7777；十字路口新兴路76号；标双128元）尽管门面看起来颇有“城中村”风格，其实却是新开的商务酒店，条件令人出乎意料地满意，仿佛是精品连锁酒店，甚至在客房中提供祁门红茶，距离古街也只有咫尺之遥。

生在徽州精品民宿 精品酒店 ¥¥¥

（☎451 0777；东大街66号；标双600元；❄）利用祁徽式老宅加以巧妙设计和布置，颇有庭院深深、别有洞天之感。对器物的精心选择让这里看起来类似一个小型的私人博物馆，利用老墙和花窗，还巧妙点缀有茶室、小会议室等空间。关于东街改造的故事，前台或许能告诉你很多。

清溪土菜馆 徽菜 ¥

（☎457 9966；县交通局旁边；人均40元；⏲9:30~14:00，16:00~21:00）在当地人中拥有超高的人气，甚至一座难求。当地的渔民和菜农将菜送到这里，所以你能品尝到当日的河鲜甚至甲鱼。味道介于徽菜与赣菜之间，相当鲜美。此外，旁边的绝味鱼头土菜馆（☎139 5597 3446；人均40元；⏲9:30~21:00）味道也相当之好。

到达和离开

在黄山汽车客运总站和黄山站的汽车站，都有到祁门的班车，6:10~17:30，每30分钟一班，票价16元。黟县汽车站有直达祁门的班车，6:30~16:00，每40分钟一班，票价13元，乘坐末班时，最好不晚于15:30到站等候。如果错过这班，可以坐往屯溪方向的班车，在渔亭的岔道口下，向右步行至渔亭桥头，等候从屯溪开往祁门的车。祁门也有往来周边各大城市的长途汽车。以上班车大多停在**祁门汽车站**（☎451 2176；阊林路4号）。长途汽车除了停在祁门汽车站外，一部分停在它对面的**飞峰客运站**[☎450 7679；文峰南路（近326省道）]。

在县城和乡镇间往来的班车集中在**祁门社会公用汽车站**（金东市场；⏲6:00~17:00）和**南门车站**［024县道（近文峰南路）］。自助游主要会用到前者，它在金东市场里，本地人通常叫它金东车站，步行从祁门汽车站出发，沿省道向东1公里可达，坐3路公交车在金东市场站下即达。

祁门火车站（☎221 6632；祁门县祁山镇龙门坦园区）在县城的东南侧，有5个车次，主要发往上海、徐州、厦门、景德镇、绩溪。从县城中心坐3路公交车可直达。

当地交通

县城里有两路公交车，不开空调1元，开空调2元，18:00后基本上就没有公交车了。县城很小，出租车很少，县城里行驶统一收费10元。

渚口村

（渚口乡渚口村；门票免费）如果已经游览了歙县和黟县的古镇，你恐怕不会被渚口村所震撼。倪氏宗祠**贞一堂**先后两次被烧毁，如今这座是民国时期重建，斗拱雄大，古风盎然，门前还有十八对插旗杆的石鼓以壮声势。绕过祠堂，不远处还有古宅**“一府六县”**——一个正厅加六个偏厅，这是正宗官宅，但常年大门紧锁。

前往渚口村，可以在祁门公用汽车站乘坐前往倒湖的班车，一天4班（9:20、13:00、14:00、15:00），车票9元，返程的末班车在12:00。其实，不妨坐上任何一辆往西的班车，它们都经过渚口乡滩下。从滩下沿河顺流而下，可直接步行到渚口村。这段路大约要走45分钟，河两岸风景秀美，其中**橹溪湾**还是黄山市百佳摄影点之一。

桃源村（闪里镇）

（闪里镇桃源村；门票免费）桃源村有多座祠堂，如持敬堂、大经堂、序五祠等，但这在徽州并不足以称奇。让这里有些与众不同的是一座高档民宿——**南山客栈**（☎139 6502 0744；桃源村；房 500~1200元；❄），它颇为有趣地将民宿嵌入到了村中。客栈在村的外围兴建了有落地窗、壁炉和草坪的住宅，并将村中的一两座老屋改造成民宿、茶室和书房，甚至在村外修建了儿童乐园。作者调研时，这一工程还在进行中。如对这一工程有兴趣，可以去桃源村走访一遭。同在闪里镇的还有坑口村，但那里的国家重点文物保护单位古戏台已经被烧毁，所以不必特意造访。

祁门公用汽车站往箬坑、新安的车可到闪里，7:30~16:10，每30分钟至1小时一班，返程的最后一班在16:40，票价13元。

牯牛降

（☎400 0566 939；牯牛降风景区；门票100元；⏲8:00~17:00）牯牛降是安徽三大高山之一，从闪里就可见其高大的主峰。牯牛降共分为五大景区：主峰景区、龙门景区、奇峰景区、双河口景区和观音堂景区。其中前四个都在石台县境内，观音堂景区则已进入祁门县境。景区里溪涧纵横，栈道四通八达，还有若干条未经修葺的狭窄山路，其中最刺激的是通向大历山的山路。一路上，除了几块已经开始摇晃的青石板，别无人工痕迹。大部分时间你都会踩着树叶、黄土和遒劲的树根前进，路上坡度很陡，所以需要一定的户外徒步基础。山顶附近还有营地，可以扎营看日出日落。景区入口的牯牛湖风景秀丽、环境清幽，所以特别适合度假休息，边上有山庄可以直接入住。

总体上，征服牯牛降全凭两条腿，全程需要3小时左右。如果还要走土路爬大历山，还得多花1小时。建议体力一般的旅行者放弃大历山，以牯牛湖以北的大小演坑峡谷和景区入口的牯牛湖为主要目的地。

若自行前往牯牛降，先在祁门公用汽车站坐前往岩岭镇的班车，7:50~16:00，平均1小时一班，车票14元，车程80分钟。下车后，要走通往景区的水泥盘山路，大约20分钟可达。返程最后一班车是15:20。也可在祁门西站（牯牛降上车点）乘直达牯牛降景区的班车，或找当地司机包车前往。

历溪

（☎254 1445，457 2907；www.gnjlx.cn；历口镇历溪村；门票40元）虽然有门票，但似乎控制并不严格。历溪是牯牛降山下一个古村，以御医之乡闻名，其中尤其以治疗蛇毒的医药著称。村头是以宗祠改造的御医馆，展示了历溪历代御医的画像，村中则有祠堂合一堂，为明代御医王琠所建。大名鼎鼎的古戏台变成了祁红馆，时常大门紧锁，需要提前预约，否则看不到祁红馆里的目连戏演出。村口的寿星树和千年古树林葱郁异常。

村里有农家乐，提供食宿，80~100元，条件一般。

前往历溪，可以到祁门公用汽车站坐开往岩岭镇的班车，1.5小时一班，首班8:00，末班16:00，车程1小时。到前往历溪村的路口下，再步行7公里可到达历溪村。也可在路口找村民包车，单程50~60元，20分钟能到。返程末班车大约15:40到，最好在15:30之前就开始等候。

环砂

（历口镇环砂村；门票免费）环砂是目连戏的发源地，于是它最主要的古建筑**叙伦堂**就成了目连戏的展馆，作者调研时，这里正在整修。叙伦堂门前立着“禁止胡乱砍伐树木，否则罚请全村看戏”的清代石碑，颇为有趣。村中还有古民居，有居民居住，平时大门紧闭、谢绝参观。沿环绕村落的湘河走走，西侧靠近古桥处有放生池和古樟树，往山坡上走有一片古树园。环砂村目前没有明显的开发痕迹，大桥口有几家农家乐，接待能力有限。

如自行前往环砂，可以在祁门县公用汽车站乘坐往岩岭镇方向的班车，8:00~16:00，大约1.5小时一班，返程的末班车在15:50左右。环砂村紧靠着省道，下车便是村口。

安徽南部

包括➡

最佳建筑

- 胡氏宗祠（见139页）
- 胡宗宪尚书府（见139页）
- 太极湖村门楼巷（见140页）
- 洋船屋（见130页）

最佳村落

- 查济村（见129页）
- 磡头村（见144页）
- 石家村（见141页）
- 厚岸村（见125页）

为何去

我们在此谈论的安徽南部是指宣城和池州两个地级市，和近邻的黄山市相比，它们难以成为皖南的代言人，不过纵观全省，这里依然是旅游资源的佼佼者。长江在此划出皖南的分界，从河道纵横的平原过渡到徽岭山区，青山绿水间遍布李白的诗句。从四大佛教名山之一的九华山，到"不及汪伦送我情"的桃花潭，这片风水宝地自古受人追捧，吸引来和走出去的历史名人多到难以想象，追问一下龙川、江村、上庄的族谱，说不定会吓你一跳。这些王公贵族留下的古村、宗祠、府邸，成为了今天人们探寻徽派建筑和文化的最佳范本。宣纸加徽墨占据了文房四宝的半壁江山，这些古老的技艺至今无法用机器取代。"徽菜之乡"会伺候好吃货的胃，若是热衷民俗，神秘的傩戏还在池州乡村年年上演，多花点时间走进山区，你会发现这里的古道远不止徽杭一条，它们另辟蹊径，通往一些藏在深闺的古村，风景如画，却不收门票。

何时去

4月至6月 万物复苏的江南让人很难不凑旺季的热闹。家朋乡的千亩油菜花，桃花潭的梦幻晨雾，都是一年之中最上镜的时候。

7月至8月 暑期炎热，泾县与石台的水上漂流动静相宜；绩溪的荆州乡、石台的大山村，则是避暑、避人的好地方。

9月至11月 气候凉爽宜人，山水田园色彩丰富，长假出行务必提前作好各种预订准备，11月荆州乡的核桃林绽放金黄。

12月至次年3月 寒冷的淡季却是升金湖观鸟的最佳时期，九华山仍吸引着另辟蹊径的访客，一旦下雪，查济、龙川依然会聚集不少摄影爱好者。

宣城

☎0563 / 人口：280万

很多人知道宣纸却不知道宣城，其实，宣纸正是因为产自宣州（今天的宣城）而得名。这份古老的技艺扎根在宣城下属的泾县，至今你还能看到一如当年的制造工序。古村落是泾县最大的看点，青弋江边桃花潭、查济村已是声名在外的热门景区，厚岸、黄田游人稀少，却都是风水、人文兼顾的皖南村庄。顺着徽水河南下，古道上的旌德保留着形态各异的古桥，沿途即可游览。在宣城的最南边，曾属徽州的绩溪被收入了麾下。作为徽墨、徽菜、徽剧的发祥地，这里能让你浅尝徽州的文化底蕴。接着，你可以顺道南下继续深入古徽州的腹地，或者转向东去，踏上徽杭古道，进行一次跨省的徒步穿越。

宣州区

今天的宣州区几乎看不出历史名城的痕迹，唯有去新建的博物馆逛逛，才能找到它溯源至春秋时期的证据，也能为你的宣城之行提供不少灵感。市区范围不大，状元路和叠嶂路的十字是最热闹的中心，敬亭山位于西北边，谢朓楼所在的府山广场在东，博物馆在南，对岸还有一片湿地公园。如果时间有余，看看广教寺双塔和水东老街，能寻到一些更具体的旧时味道。

景点

宣城市博物馆 博物馆

（☎282 6177；水阳大道与响山路交叉口；免费；⏲8:30~11:30，14:00~17:00，周一闭馆）从府山广场的徽派老宅搬迁到城南新区，如今整个展馆从内容到展示方式都升级了不少。在这里你能看到最早记载宣城古地名“爰陵”的原物——战国时期的鄂君启舟节，清末宁国府（现在的宣州区）城池的九街十八巷复原模型，周边县城出土的青铜器、陶器，以及一些汉墓出土的明器。虽然文物存储量不多，但多媒体技术弥补了这个缺陷。不妨关注下这里对于宣城风土民俗的介绍，可以成为你之后旅行计划的参考。展厅四楼每天10:40和15:40有两场3D影片《圆梦宣城》，让你沉浸式地体验宣城的过去和未来。

市区乘坐5路至宣城市博物馆站。

谢朓楼 地标

（府山广场；免费；⏲8:30~11:30，14:00~16:30，周一闭馆）谢朓是南北朝时南齐的著名诗人，建武年间他曾出任宣城太守，据说期间曾建楼于陵阳山顶，取名“高斋”，也就是他的著名诗篇《高斋视事》的来历。后来，唐人又在原址重修了一座，因李白的《秋季登宣城谢朓北楼》而名声在外。不过，遗憾的是原建筑在抗日战争时期被毁，现在的谢朓楼是后来复建的，可以远眺的也不过是府山广场而已。

穿过谢朓楼，后方的木直街被打造成文化街区，天黑之后就是当地的小商品夜市。继续向北，穿过民族路还有一座宋代的**景德寺塔**。它现在所在的开元小区，一千年前是一座开元寺。塔从宋代保存至今，但历朝历代每修每坏，至今已几乎脱胎换骨了。

府山广场就位于市中心东侧，步行可达。

敬亭山 山

（昭亭北路；门票50元）城北的敬亭山，因为李白的一句“相看两不厌，只有敬亭山”而为人所知。漫步这片山林公园最值得留意的是**古昭亭坊**和**广教寺双塔**。前者是一个明代遗留的牌坊，后者是一对建于宋代的**双塔**，位于敬亭山后山。广教寺建于唐宣宗大中三年（849年），在当时也曾名声显赫，不过现在留下来的只有双塔。双塔东西对立，形制相同，为七层仿木结构砖塔，呈清秀的四方形，个头不高，顶部已经坍塌，据推测，塔建于北宋年间，是当地修复的最手下留情的一对。双塔的后侧还圈起了广教寺宋、清两代建筑遗址的地基。由此出土的文物被保存在宣城市博物馆，包括经幢的残件、花砖、青花残片、宋代佛像等。其中有一张塔身苏轼手书的《观自在菩萨如意轮陀罗尼经》的珍贵拓片，塔身原文已经无法看到。

市区1路、4路、6路都能通往敬亭山。如果只想参观双塔，乘坐5路公交在敬亭山下，向西步行约600米，从这里进入（尤其是下班时间）很可能无人查票。

鳄鱼湖 自然保护区

（☎304 1008；向阳镇夏港；门票30元；

安徽南部亮点

❶ 在淡季的**查济村**（见129页）小住一晚，感受典型的皖南村庄。

❷ 造访大名鼎鼎的**龙川**（见139页），近观胡氏家族留存的建筑精品。

❸ 徒步**徽杭古道**（见142页），跟随前人的足迹，享受山水间闲适。

❹ 从**家朋乡到荆州乡**（见144页），体验“小黄山”和“小川藏”的魅力。

❺ 在**九华山**（见146页）登顶天台，亲眼见证肉身菩萨。

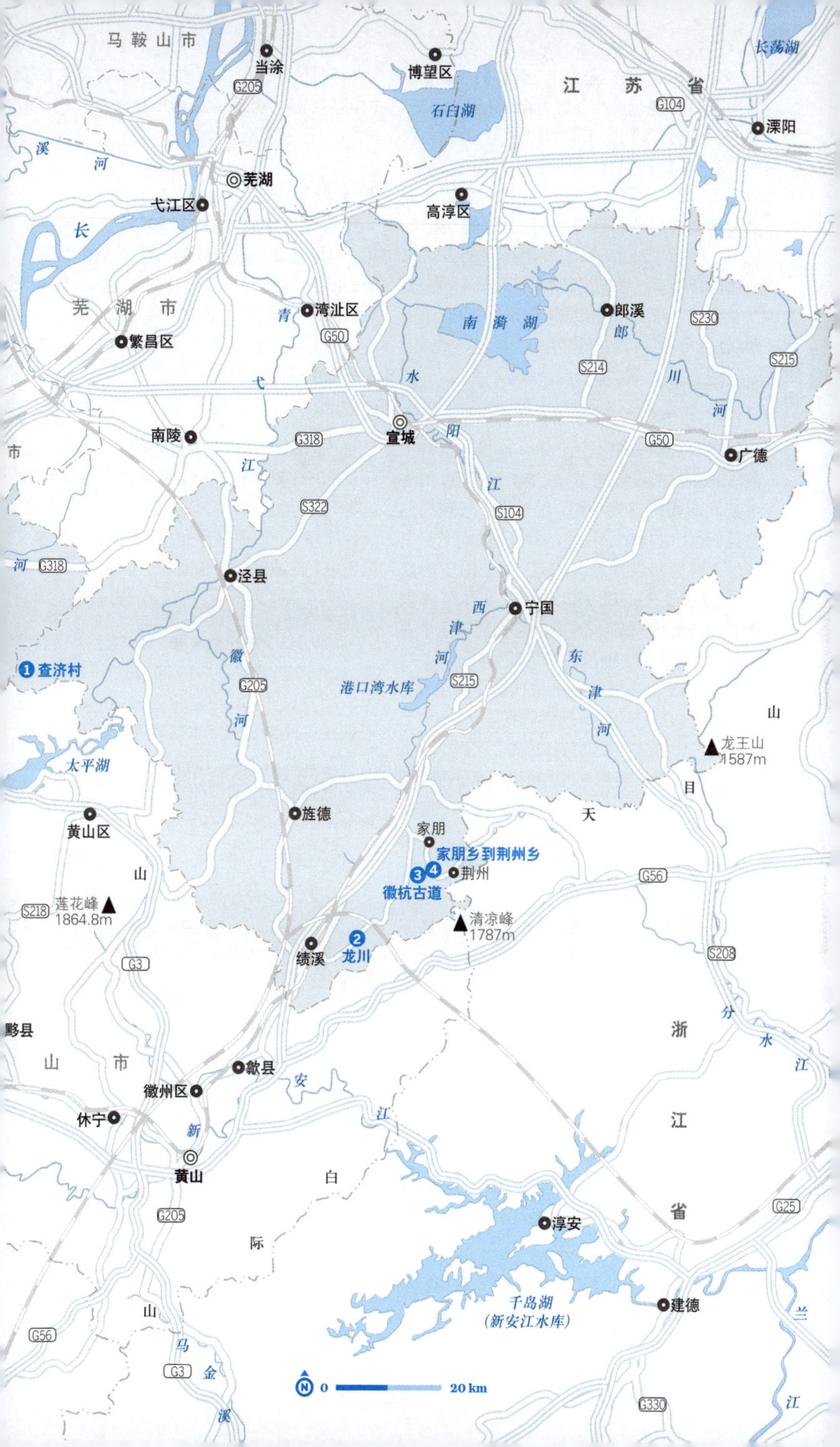

马鞍山市
当涂
博望区
石臼湖
江苏省
长荡湖
溧阳
芜湖
弋江区
高淳区
芜湖市
湾沚区
南漪湖
郎溪
繁昌区
宣城
南陵
广德
泾县
宁国
查济村
港口湾水库
太平湖
龙王山 1587m
旌德
家朋
家朋乡到荆州乡
荆州
徽杭古道
黄山区
莲花峰 1864.8m
清凉峰 1787m
绩溪
龙川
黟县
歙县
徽州区
休宁
黄山
浙江省
淳安
千岛湖（新安江水库）
建德
0 20 km

⏰7:30~18:00）保护区里冈峦起伏、树木茂密，散布着许多池塘，养育着万余条扬子鳄。不过，每年的12月到次年的3月为扬子鳄的冬眠期，这一段时间只能在温室里看那一动不动的扬子鳄。令人欣慰的是，这里曾经的鳄鱼表演和付费合照项目已经取消。但需要注意的是，不论何时到来，都不要用投食的方式来表达你对国家一级保护动物的喜爱。

乘坐5路公交车（鳄鱼湖线，6:00~19:30；1元）可以直达鳄鱼湖。

水东镇老街 古镇

距离市区30公里的水东镇曾经是当地重要的码头和商贸集散地，如今这里还留有一条1500米长的石板老街。在老街的起点，留意一处不起眼的下坡小路，下方的**十八踏**和**五道井**，是旧时村民取用水的时代遗物；老街中段的两座博物馆是最大的亮点：**皖南皮影博物馆**（免费；⏰8:30~17:00）和**皖南民俗博物馆**（门票5元；⏰8:30~17:00），它们同属一个主人，前者还原了当地皮影戏的戏台和道具，后者是一座改造成博物馆的清代徽派老宅。宅子分上下两层，从前庭到后院摆满了2000多件当地的民间古董。包括各种婚俗花轿、明清家具、傩戏面具等等，二层可以喝茶小憩。几步之遥的**大夫第**是最有代表性的建筑，但翻新较重，也时常大门紧闭。到达街尾右转，能寻到一座高大的哥特式圣母堂，始建于1876年，是皖南的第一座天主教堂。枣木梳是水东镇的传统手艺，沿街有不少小作坊现场制作并销售（5~25元）。

宣州区东边的城东换乘站有开往水东镇的班车（7元；6:20~18:00，15分钟一班；20分钟），返程末班车17:30。

食宿

长途汽车站所在的梅溪路上有不少宾馆。如果有逛一逛市区的打算不妨住在最中心的国购广场附近，不过宣州区住宿的总体水平不高，网上的照片有些美颜过度。

国购广场周边有大量餐厅，但当地餐馆在敬亭中路美食街较为集中。

宣城J.S.美宿公馆酒店 酒店 ¥

（☎520 4888；状元南路9号创业中心1楼；标双160元；❄📶）酒店地处市中心，紧邻国购广场。房间面积够大，床品舒适考究，还配有迷你冰箱。卫浴干湿分开，采用智能座便器。是市中心区域舒适度最高的一家了。

老家柴火灶 徽菜 ¥

（☎313 9099；敬亭第一楼对面的法瑞滋楼下；人均40元；⏰10:30~13:00，16:30~21:00）这里农家气氛浓郁，吃法相当特别，每一张桌子就是一个柴火灶，木柴在餐桌下燃烧，厨子现场在灶台上大刀阔斧，等待的过程让人馋涎欲滴。可以试试他家的鱼头豆腐、柴火鸡等。

敬亭第一楼 徽菜 ¥¥

（☎251 2177；敬亭路与文鼎路口；人均70元；⏰11:00~13:30，16:30~20:30）这酒楼的名字和门面都有点儿土豪范儿，可是菜品里却

宣州汽车站主要目的地车次时刻表

站点	发车时间/班次	票价（元）	行程（小时）
合肥	7:00~17:30，30分钟一班	72	3
芜湖	6:30~18:00，30分钟一班	30	1
泾县	6:20~17:20，15分钟一班	10	1.5
宁国	6:20~18:00，15分钟一班	14	1.5
广德	6:30~18:00，15分钟一班	25	1.5
旌德	6:50，8:10，9:30，10:50，12:30，13:20，15:30	32	2.5
绩溪	12:30，13:30	40	3
九华山	7:50，11:55	47	3.5
黄山北大门	13:10	60	3.5
屯溪	13:30	54	4

广德一日游

如果自驾从东边去往宣城可以顺道停留广德。最著名的**太极洞**（☎685 0446；新杭镇桃园村；门票65元，索道20元；⏲8:30~16:30）是安徽少有的喀斯特地貌。溶洞有5公里长，分为旱洞与水洞。洞内钟乳遍布，加上人造的灯光效果，冠以太上老君、灵霄双塔等神奇的名字。如果喜欢免费的自然风光，县城向南8公里的**卢湖竹海风景区**更为惬意，3000亩的水库被包围在起伏的丘陵之中，附近的笄山还生长着大片竹林。广德县城保存着宋代的**天寿寺塔**（免费；迎春街近东关街），如今修缮得一身洁白，院内还有地宫的出土文物展览。参观之后还能在迎春街的排档上饱餐一顿，当地的人气美食是位于景贤路的**汪妈煎饺老鸭汤**（⏲17:30~22:00），菜品不多，每道都是美味。

有很多是本地人喜欢的土锅子。看着真实的样品点菜会更有感觉，要注意这里厨子对盐和辣椒下手毫不吝啬。

到达和离开

长途汽车

宣州汽车站（☎302 4152；梅溪路81号）发往地区、省内、省外的长途班车皆在此发车。可以通过购票平台"皖美出行"或携程网在线购票。市区2路、8路、10路公交车可以到达汽车站。

火车

2018年宣城新火车站启用，皖赣铁路和宣杭铁路从这里经过，贯通南北交通。但目前为止还只有T和K字头列车。车站位于市区东北5公里处，明镜湖公园对面。1路、2路、7路、8路公交车均停靠火车站。

当地交通

市区周边各乡镇的短途公交在**城东换乘站**（**宣城客运东站**；阳德路）发车，车站位于市区东边5公里处，目前是一个破烂的露天广场。乘坐4路、6路、8路车（约30分钟）可达。

宣州市区的公交线路已经可以在电子地图上轻松查询。无人售票，票价1元，开空调2元。运营时间基本在6:00~19:00。

出租车起步价6元（2.5公里），之后1.7元/公里，市区内一般不会超过10元。

泾县

泾县最为人所知的，恐怕就是历史课本上的"皖南事变"。这场发生在茂林的悲剧，给这里留下了一些旧址和遗迹。不过，如今的来客更热爱徜徉在泾县丰富的自然风光之中。这里有李白带火的桃花潭，也有查济、黄田这样的古村落，源自黄山的青弋江，带来了漂流的乐趣，深藏山岭的宣纸工艺，依旧传承着古老的手工匠心。

泾县的旺季特别多，每年春天，桃花潭的两岸游客簇拥，入夏暑期，连排的竹筏跟着青弋江一同北上而去，冬季之前的小长假，也最好预订了食宿再来。

景点

水西双塔　　塔

（青弋江西岸的水西大道；免费）这是两座位于泾县市郊的宋代古塔，虽被称作双塔，但其实分属两个区域。大塔位于**宝胜禅寺**（当地称水西寺）内，名为**大观塔**，因建于北宋大观二年（1108年）得名。塔型为七层八面，45米的高度却不见收分，整体显得十分厚重。2018年又进行了一次翻新，内部不再允许进入。寻找小方塔需要下到公路，继续前行200米，沿着小路上行穿过丛林，就能看到。塔如其名，呈方形，因建于南宋绍兴年间而称作**绍兴塔**，塔身不高，内部空心无法攀登，身外也只剩下一个损毁的佛龛。

市区乘坐4路公交车至烈士陵园站可到达小方塔脚下，至水西景区站对面就是宝胜禅寺。

中国宣纸文化园　　展览馆

（见124页地图；☎560 1128；榔桥镇乌溪村；门票40元；⏲8:30~16:00）如果你对宣纸有浓厚的兴趣，可以来这个坐落在山间的现代化园区参观一下。文化园所在的乌溪是红旗宣纸（公私合营时从小岭迁址）的诞生地，当地

泾县

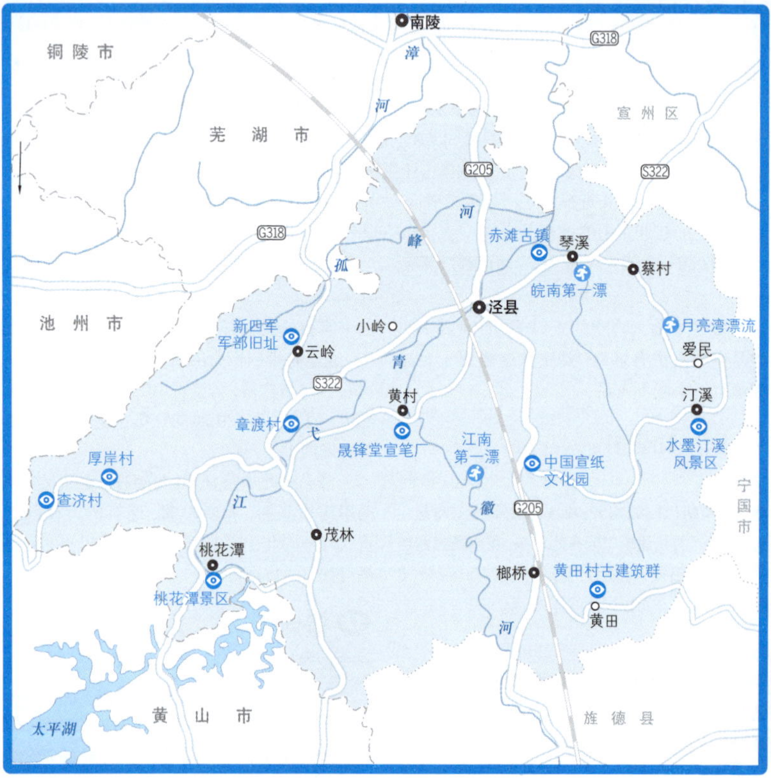

也盛产制作宣纸的青檀树，围绕园区的山坡上就能看到摊晒的原料。园内的博物馆主要讲述宣纸的历史、制作、分类以及生产流程。如果你想追溯或者探访宣纸的产地或传承人，这里能获得最全的信息。二层则陈列了不少"古董宣纸"，以清代居多，最老的是明代的罗纹纸，可惜不能触摸也不能拍照。想要和宣纸亲密接触可以去往"三丈三大纸车间"。这里诞生了世界上最大的手工宣纸，你可以看到制作它的原物还有一副使用它写就的作品。要是跃跃欲试，最后方的技艺体验园不但可以亲眼看到一张宣纸从备料开始的整个制作过程，还可以亲手捞一张宣纸（20元/张）带回家。

宣纸文化园距离县城16公里，乘坐泾县到旌德的班车在乌溪（5元；15分钟）下车，公路对面即是入口。

新四军军部旧址

历史建筑

（见124页地图；☎590 0706；云岭镇；免费；⊙8:30~16:00）新四军在武汉成立后，于1938年8月进驻云岭镇，直至1941年1月皖南事变发生前夕。当时的新四军司令部就驻扎在**种墨园**和**大夫第**两座徽派民居里，向南1.5公里的**大会堂**由庞大的陈氏宗祠改建，门楼还算气派，但内部空空荡荡。另外还有修械所、战地服务团和东南局等旧址。内容最丰富的是后期修建的新四军军史陈列馆，内部陈设了有关新四军的各种历史遗物。需要在大会堂继续南行500米。因为景点较分散，景区提供交通车（15元/人）。不过若是在春秋两季，行走云岭田间的体验绝对会超越进入这里的景点。

在泾县短途汽车站乘坐发往北贡的班车，在云岭下（6元；6:10~16:40，约35分钟一班；40分钟）。返程最晚16:40从北贡发车，约15分钟到达云岭。

章渡村

古村落

（见124页地图）章渡村位于青弋江边，曾因这里独有的沿河“千脚屋”著称。不过，现在它们是章渡最残败的地带，只能满足对颓废之美有追求的人士。从泾溪古镇的牌楼进入老街，“弃村”的感觉逐渐强烈，越往里走有越多坍塌废弃的老宅，荒草、枯木已经成为这里的主人。沿着石板台阶下到水边，曾经绵延岸边的“千脚屋”已被荒草填满，无法辨认。你可以沿着青弋江散步，消解一下这荒凉的气息，看看江中逗留的飞禽和仍然在用木棒拍打洗衣的妇女们。

章渡位于泾县以西25公里处，泾县短途汽车站发往中村的车经过这里，到章渡（4元；6:40~16:30，约30分钟一班；20分钟）。章渡不必专程前往，可以安排在查济的途中，游览之后你可以步行约1公里回到S322省道边，继续等待前往查济的过路车。

厚岸村

古村落

（见124页地图）厚岸距离县城45公里，距离查济古村约5公里，如果计划前往查济，不妨在中途停留一下这个免费又值得一游的小镇。

村里最知名的景点是**王稼祥纪念馆**，但厚岸村内的游览更为精彩。走过**聚星桥**，右边的小学里有**通德门**和**东台书院**的古建遗留，学校右侧就是气派的**王氏宗祠**（⏲8:00~12:00，13:00~15:00），这是厚岸最值得一看的古建筑，这里精美气派的花墙和门楼木雕是村里的骄傲。记得拍下祠堂里的导览地图，能帮你按图索骥找到厚岸所有的老宅。宗祠向前几步就能看到**通德街**的指示牌，原来是条千米长的石板老街，你可以从这里开始厚岸老宅的探索之旅。暗藏在这里的老宅子有大大小小十几座，现在基本是民宅，虽然破旧但也不加修饰，每个巷子和老宅都有相应的标识和解说牌，其中比较大的有“中宪第”和“大夫第”等，在征得主人同意后，都可以进去看看。

去往厚岸可以在泾县短途汽车站乘坐发往中村、查济的班车，到厚岸（9元；6:30~17:00，30分钟一班；45分钟）。回程的末班车16:30从查济发车，到厚岸约15分钟。目前厚岸也开出了一些农家乐，不过还是去查济住宿选择更多，也更舒适。

水墨汀溪风景区

自然景观

（见124页地图；☎548 1777；汀溪乡大南坑村；门票50元；⏲8:30~16:30）水墨汀溪近年来

另辟蹊径

宣纸寻踪——小岭村

宣纸的制作中青檀树皮是最重要的原料之一，泾县的小岭村（见124页地图），群山环抱，就盛产这种青檀树。如果你参观过中国宣纸文化园，便会发现小岭的名字在宣纸历史上举足轻重。据说，宋末元初，有曹姓人迁徙至此，以制纸为生，这种手艺在小岭代代相传，延续至今。在进村的一路上，青檀树已经夹道欢迎。村子的尽头有曹三大（小岭迁祖，曹氏钟公八世孙）的雕像，班车就会停靠在此。你可以造访这里比较知名的纸厂，比如，**泾县小岭宣纸厂**（古檀山庄向上20米），和**徽记宣纸有限公司**（进村入口），他们很欢迎对宣纸感兴趣的旅行者前来参观，你可以看到宣纸制作的整个工序，触摸不同的纸张，还有望看到捞纸竹帘的编织过程。记得要在周一至周六来访，还可以在展示厅里直接购买（200元/刀起）。

除此之外，跟随村中的指示牌可以找到**九华古道**的入口（过桥上行约1公里）。这条长4公里的石板古道通往双岭坑，途中可以看到许湾的古槽遗址和300年树龄的古檀树。在到达双岭后可以搭当地车回到S322省道。整个行程你最好预留半天时间。

泾县发往小岭的班车在县医院门口发车，途经农业大楼，每天3班（7元；7:00，11:25，15:40；30分钟），每班到达之后不作停留，直接返回县城。如果算好时间，你可以在游览查济（见129页）的途中，在S322省道和072县道的路口等过路车。

另辟蹊径

除了宣纸还有宣笔

宣纸、徽墨和歙砚，要凑齐皖南文房四宝，不能少了宣笔。在唐宋年代，宣笔曾与宣纸一起成为贡品，后来才被湖笔夺去了风头。想了解宣笔的制作过程，可以去距离县城14公里的黄村（见124页地图）探厂，这里有两家著名的制笔工厂，较老的**三兔宣笔厂**和后组的**晟锋堂宣笔厂**。工厂允许参观，制笔的过程包括选毫、分毫、熟毫、扎头、笔套、刻字等十几道流程。但如今工厂的工人所剩不多，这份必须由手工完成的技艺或许比你想象得简朴而复杂，你可以看到他们如何一丝不苟地反复完成每一道工序，只要足够礼貌，老师傅也愿意回答你关于制笔的各种问题。当然你必须在工作日来这里才行。

在泾县短途汽车站坐茂林的班车，到黄村（4元；6:40~16:30，20分钟一班；15分钟），两家笔厂分别位于村子两头，相差约2公里，你最好提前告知司机你的选择，就近下车。

人气颇高，是举家出行的万全选择。景区拥有山谷、翠竹、流水的天然环境，主打生态旅游。既可以沿着幽谷散步，也可以登山寻飞瀑，如果想体验刺激，景区内还有皮划艇漂流（100元）和穿越山谷滑翔（100元）。从景区大门到最远的杨树塘有5公里，可以乘坐30元往返的交通车。景区内外有很多农家乐可供选择，标间在100元左右（旺季上浮），也有人均30元的就餐服务。山里出产一种带有兰花气息的“汀溪兰香”茶叶，也是泾县的特产之一。

泾县短途客运站有直接发往汀溪景区的班车（8元；7:00~16:00，约1小时一班；40分钟）。

活动

青弋江穿泾县而过，漂流是泾县旅游的主打之一，目前有3处可以漂流的地段。在夏季的周末，漂流点附近经常会堵车。漂流通常是春季至秋季营业，冬季停业，前往之前请先致电确认。

江南第一漂（☎560 5019；榔桥镇姚村；竹筏128元/人，皮筏110元/人）长于景色，缺点是乘坐班车只能到达乌溪村，再前往距离5公里远的售票点就必须包车，小面约30元。

月亮湾漂流（☎543 0888；蔡村镇月亮湾村；120元/人）按人收费，儿童半价，沿途水浅多湾，便于嬉水。从泾县到月亮湾售票点可乘坐开往爱民村的班车（8元；30分钟；8:00~15:00，1小时一班）。

皖南第一漂（☎542 5088；琴溪镇322省道桥头；竹筏90元/人）景色一般，好处是交通便捷。上岸后也可去**赤滩古镇**（门票50元）看看，那里有一条200米长的石板路老街。

住宿

县城最热闹的是县医院旁的五岔路口，选择从这里至汽车站沿线的酒店吃住行都会比较便利，但不要太靠近车站，那会相当嘈杂。泾县住宿的总体水平不高，可选择的余地也很有限。

格林豪泰 快捷酒店 ¥

（☎503 8888；环城东路33号；标双170元；📶❄🅿）位于最热闹的中心地带，用餐便利，距离汽车站不到1公里。2018年全新开业，这里的房型尤其标准大气，且足够宽敞。酒店对面院内的**尚客优快捷酒店**（☎536 5888；环城东路76号，院内；标双115元；📶❄）是同等地段更经济的选择，也更安静。

欣悦水晶酒店 酒店 ¥¥

（☎512 5999；云岭路城市文化客厅南区2栋；标双240元；📶❄🅿）我们调研期间泾县设施最好的一个。酒店风格明快简洁，以黑白灰为主色调，除了普通大床房稍显局促，其余房间都面积够大，甚至配有浴缸。入住含自助早餐。如果自驾出行，也可以选择风格不同但条件相当的**欣悦宾馆**（☎512 2888；泾川大道548号；标双180元；📶❄🅿）价格较低，只是位置稍远。

绿都宾馆 酒店 ¥

（☎509 3888；谢园东路398号；标双160元；📶❄🅿）泾县有两个绿都宾馆，老绿都在汽车站附近，这家为2018年新开。酒店靠近新区，往西一个街区就能到达餐馆聚集的稼祥路，往东则是商业街。房间硬件崭新，且相当宽敞。

就餐

和住宿一样，在稼祥路上也有很多饭店酒楼。如果想找个风景好的地方就餐，可以去青弋江畔的青弋江大道。我们更喜欢苏红广场上排档集中地，晚餐时间开始搭台，整整齐齐几排大棚静候食客光临，从下午5点一直营业到凌晨3点。这里以炒菜为主，看料自选，也有砂锅、烧烤等，味道每家都不差，也非常受当地人欢迎。价格和饭店相当，但吃得更有气氛。

农家小院私房菜 徽菜 ¥

（城东路143号；人均45元；⏲10:00~13:00，17:00~21:00）毫无特色的店面和装修，好在非常亲民，老板亲力亲为，除了墙上的菜单，可以随时为你的口味调整食材搭配和用料。招牌菜是咸香酥蹄膀（68元），量比较大，臭鳜鱼、小河鱼自然不会少。你可以放心让老板根据当天的新鲜食材推荐，即便简单的菜肴也是道道充满锅气。

孙记香辣老面馆 面条 ¥

（☎177 5533 1717；北门菜市场，千亩园路28号；人均20元；⏲6:30~16:00）当地的老字号外加网红，特色是各种头衔的“辣”，曾经被吃客评价为“辣到怀疑人生”。不过现在口味做了改良，不再如往日凶猛。可以和当地人一样加几块臭干子佐食，另外，这里用黑毛猪肉做的锅贴也很受欢迎。

荷月楼徽菜馆 徽菜 ¥¥

（☎136 7008 0708；荷花塘路1-3号；人均60元；⏲7:00~14:00，16:00~21:00）环境特别舒适的一家，非常为游客着想，大堂中央有开放式的料理台，图片点菜一目了然。诸如臭鳜鱼（118元）、惠州酱鸭（68元）、一品锅（78元）这样的标准菜式皆能在此品尝到，菜量也不至于太大，可以试试泾县著名的茂林系菜品，上午也供应粥、面、包子类的早餐。

新楼外楼 徽菜 ¥¥

（☎580 8899；稼祥中路44号；人均70元；⏲8:00~20:00）泾县二十多年的老店，现在装修一新，是当地人办酒宴的首选地。如果对“茂林十二碗”这样的名菜感兴趣，这里就可以满足你，不过最好组队前往，这里的菜量可是相当巨大。传统名菜一样不少，价格会比普通餐厅高出一成。

购物

宣纸是泾县最知名的特产，县城稼祥南是最集中的宣纸一条街，各种价位的宣纸和文房四宝都能在这里找到。这里以代销为主，如果希望获得更低的价格不妨直接去往厂家（见125页方框）。

泾县的茶叶同样远近闻名，虽非茶中极品，但诸如汀溪等产地的茶叶通常以其保健作用见长，价格不高可以作为简单的手信，交通路上的泾县茶城有不少选择。

到达和离开

长途汽车

泾县汽车站（☎512 1654；交通路71号）省内外的长途班车皆在此发车，不过去往旌德需要在短途客运站乘坐。这里暂不支持“皖美出行”的购票平台，你可以通过携程网在线查询车次购买车票。

泾县汽车站主要目的地车次时刻表

站点	发车时间/班次	票价（元）	行程（小时）
合肥	7:20，12:40	70	3.5
宣城	6:20~17:40，约15分钟一班	10	1.5
屯溪	7:45	54	3
芜湖	6:10~17:00，约20分钟一班	24	1.5
铜陵	7:50，13:30	27	2
九华山	13:00	37	2

火车

泾县站位于县城西南边的岩潭村，是合福高铁上的一个过路站，每天往来黄山北站和合肥南站的高铁都会经过这里。车站距离县城约4公里，打车10元。

当地交通

泾县短途汽车站（交通路南端转盘旁）从汽车站出门往右200米。这里是周边乡镇班车的始发站，直接上车购票。去往厚岸、中村、赤滩、北贡的班车会和公交车一样在县城内停靠多站，可以在苏红广场站乘坐，不用前往汽车站。

如果想去蔡村镇和月亮湾，则要到**城区公用型客车站**（桃花潭中路，近泾川大道）坐车，其实是一个大停车场。坐班车（4元；6:40~17:00，约20分钟一班；30分钟）去往蔡村，坐班车（8元；8:00~15:00，1小时一班；1小时）到爱民村（月亮湾）。

公交车

泾县公交已经可以通过电子地图查询。无人售票，票价1~2元，一般间隔10~20分钟。其中1路车经过汽车站和短途站，2路车可以到达水西双塔，3路车是从汽车站开始的环线，经过县城内的主要地段。

出租车

起步价5元（2公里），之后2元/公里，外加燃油费1元，在城区内基本不会跳表。但汽车站门前候客的出租车一律都要价7元起步。打车软件在这里同样好用。

桃花潭

[见124页地图；☎587 0418；桃花潭镇；门票70元（含渡船）]桃花潭是泾县的旅游头牌。不过，当你发现桃花潭只是青弋江在垒玉墩岩壁下的一泓深水，便会感叹李白诗中的“深千尺”很可能是对“十里桃花”“万家酒楼”的回敬。但人们如此痴迷于此地也并非没有原因，春季（3~5月）清晨时的桃花潭的确是一道如梦如幻的景色。而其他时间，当地人的玩笑更为贴切——汪伦将李白骗到了这里，李白又把游客骗到了这里。

景区分为两个部分，以青弋江为界，北岸为陈村，南岸为万村，也是当地人仍然保留的称呼方式。入口设在陈村，由一条老街贯穿。途中最值得一看的是庞大的**翟氏宗祠**，占地面积达6700平方米，被誉为“中华第一祠”，据说是仿皇家祠堂兴建的，进入它足以感受自己的渺小。旁边的**文昌阁**，八角三层，登楼可远观青弋江。老街尽头就是二层楼高的**踏歌岸阁**，可以登楼赏景，楼阁的方窗正好框出了桃花潭的经典景致——眼前江水碧澄，倒映出对岸的**垒玉墩**和**怀仙阁**。

门票包含渡船，南岸的万村植被丰富，你可以将这里当作大公园漫步。得益于桃花潭畔度假酒店（入住酒店可以免门票）的入驻，这里被开发得更广阔，调研期间万村老街还在向东不断扩展中，“万家酒楼”的空缺即将被填补。码头上的西岸门楼和义门较为上镜。沿江的**怀仙阁**有着踏歌岸阁同样的功能。旁边就是传说中的**汪伦墓**。

食宿

桃花潭似乎是宁静修心之所在，这里的食宿并非热热闹闹的古镇氛围。景区内部的老街上会散落一些民宿，大多低调隐蔽，位置以靠近青弋江为佳。旺季景区内的住宿价格基本会上涨50%甚至更多，可以考虑住在景区外，有不少条件尚可、装修精致的民宿，价格会相对便宜。

近水楼台 客栈 ¥¥

（☎587 1383；老街28号；标单/双228元；📶❄）客栈就在踏歌岸阁旁，楼下经营古玩，对面的“梦潭轩”也由这家老板管理。楼顶的平台很适合观景，客房只有7间，楼板走起来声音颇大。客栈也有餐饮，只是规模小，选择余地也小。

桃花潭畔诗画山水酒店 精品酒店 ¥¥¥

（☎578 6699；桃花潭南岸；标单/双499元，含双早；📶❄🅿）酒店在桃花潭南岸的一大片园林里，这里也是桃花潭文化艺术中心。在园林里散落着若干座徽派建筑，据介绍是几位著名艺术家的画室。用来住宿的联排式建筑位于青弋江边，房间面积有36平方米，设施高档。酒店用餐人均80元。

赖吧客栈 客栈 ¥

（☎133 2913 0557；桃花潭镇；标单/双 150元；📶❄🅿）客栈正对班车的停靠点，很容易找到。门面很小，有着蓝色的木制窗栏，进入内部别有洞天，不但空间宽敞，还拥有自家的清净大院，这里的庭院房（200元）很受欢迎。不但卫生条件让人满意，整体氛围也相当温馨。

到达和离开

泾县与桃花潭相距40公里，短途汽车站每天有直达班车（10元；7:00~16:10，20~50分钟一班；1小时）。从桃花潭去查济需要包车（见查济到达和离开）。

如果计划前往**太平湖景区**需要在镇上包车（10元）到4公里外的陈村水库大坝旁的太平湖游船码头，游船有快艇、豪华快艇和仿古画舫3种，可以去黄金岛景区、龙窑寨景区和小三峡景区，其中乘坐快艇去黄金岛的票价为100元（5人以上才开船）。

查济村

［见124页地图；☎599 5299；桃花潭镇查济村；旺季（3月至10月）70元，淡季（11月至次年2月）55元；宗祠⊙9:00~17:00］注意，“查”字应读作“zhā”，是村中主要宗族的姓氏。其迁祖查文熙在隋代任宣州刺史，退休后迁居于此，将其姓氏和祖籍地山东济阳结合成为“查济”，算来查济村已有上千年的历史。这些渊源你可以在村口的**查济艺术博物馆**（⊙10:00~16:30）看到，这个私人博物馆还收藏着一些村内大宅遗留下来的木雕、石构。

虽然查济是标准的收费景点，但进入村中你还是能体会到古人愿意定居于此的理由。周围山峦叠翠，三条溪水穿村而过。人们依然习惯在溪水中洗衣，制作野生葛根。据说查济最兴旺时有108座桥，保存至今的还有30余座，其中红楼、天申、麟趾最为完好，尤其是位于中心的**红楼桥**，是查济上镜率最高的一座。桥头的红楼是赏景的最佳位置。

村内保存的古建筑大多建于明清时期，最古老的是元代建筑**德公厅屋**，高浮雕的门楼依然气宇非凡，只是内部摆设了诡异人形雕塑，展示贡面技艺。最精美的还是明代的**二甲祠**，三开间的门楼见木不见砖，体积不大却雕满了大量的戏文故事，内部“钦点翰林”的金字匾额高高悬挂。另外，还有**洪公祠**和以汉白玉石礅闻名的**宝公祠**，是始建于明代的两大祠堂。

民居中，**徐庆堂**最值得玩味，除了层层透视的进深，还有它区别于徽派建筑的“风”字形的山墙（要站到二甲祠门口回望才看得到）。**走马楼**的木雕最多，但楼下举头观望足矣，不必花3元上楼参观。

跟着景区地图你基本能找全这里的古建、民居。也可以抛开地图在查济的小巷里迷路，不用担心进入荒无人烟的地带，再偏僻的角落都会有几个抱着画板的艺术家、学生。

食宿

查济村里的民居不是客栈就是餐馆，选择颇多。下榻在许溪河边的位置最佳，喜好安静可以考虑画家村地带，相比之下，主景区外的步行街就平淡无趣了。凡是假期，住宿必然涨价，春秋两季价格翻倍还一房难求。

用餐可以在住处搭伙（20~30元/人），或者在村中某个飘香的农家菜馆坐下，菜式大同小异，价格虽高出一筹，也不会离谱。

听水居客栈 客栈 ¥

（☎159 5631 9777；宝公祠对面；标单/双128元；Wi-Fi 空调）客栈位于许溪的源头处，保公祠的对面，位置绝佳，也是查济最早预订一空的客栈之一。两排平房、一个院子，经过精心装点，植物满园。后排只有3间客房，打理得相当整洁。餐厅面积很大，门前花廊下有茶座，在这里喝茶休闲、看溪水潺潺颇为享受。

过客旅人青年旅舍 青年旅舍 ¥

（☎181 1991 9589；许溪路49号；铺50元；Wi-Fi 空调）查济目前唯一的青旅，就位于听水居的对面，紧贴许溪。一层为售卖饮品的公共空间，二层为多人间。年轻的店主将这里打理得颇为整洁，再洁癖的人也对房间无可挑剔。氛围尤其轻松宜人，可以在客栈搭伙（20元/人），餐后闲暇，身着汉服的老板会抱起吉他自弹自唱，或者给大家来个看片会。

天申桥客栈 客栈 ¥

（☎599 5969；许溪路18号；标单/双110元，露天帐篷50元；Wi-Fi 空调）客栈就在溪水边，客房除了干净毫无特色，这里楼顶的大露台才是亮点。夏日这里的帐篷房特别受欢迎，无论是看古村还是数星星，都是得天独厚的位置。

老字号豆腐坊 小吃 ¥

（许溪路中段；人均5元；⏲6:00至售完）已经成为景点的老店，房屋本身就是一个清代建筑。现在的店主是一对老夫妻，据说豆腐坊传到他们手中已是第四代。这里每天售卖当天自制的豆浆和豆腐脑，一般只有早上吃得到，这家炸臭干也是查济公认最好的，可以在隔壁打点米酒相配。

到达和离开

查济距离县城50公里，泾县短途客运站有直达班车（10元；5:30~16:10，约40分钟一班；1小时），经过厚岸。如果想从查济前往桃花潭只能包车（70元/车），也可以费点时间，坐回程班车告知司机在桃花潭路口下，再转从县城发往桃花潭的过路车，17:00之前只需耐心等待即可。

黄田村

（见124页地图；☎510 6109；榔桥镇黄田村；门票50元）黄田村也是皖南古村中风水演绎的典范之一。马冲河和凤子河在村头交汇，形成了尖头的船形，村子就铺开在这个“船头”之后。更奇特的是，村子里还有一座建于清代的**洋船屋**，据介绍，房主人为了满足母亲想看洋船的愿望而建起了这座外墙轮廓酷似船体的大宅院。整个建筑原本占地6500平方米，现在保留下来的约3800平方米，有20多栋房屋。身在“船中”你是无法验证它到底像不像洋船的，需要跟着指示牌登上对面的观景台，这里不但可以看清船型大宅，还可以远眺整个村庄。

黄田村的船形从**崇德堂**（船头）开始，跟随地图可以依次造访荣禄大夫第、思永堂、思慎堂，聚星堂和旗峰公家庙。和查济、桃花潭相比，黄田冷清很多，建筑保护也相对滞后，但村子开阔疏朗的环境不论是否和风水有关都让人心旷神怡。调研期间村子里只有零星几户农家乐，**半亩黄田农家乐**（☎136 9563 1993；近聚星堂；标双160元；📶❄）是条件最好的一家。

泾县汽车站乘坐发往旌德的班车，在榔桥镇下（9元；40分钟）。距离黄田村还有5公里，没有班车，可以在站前包当地私家车前往，30元往返。

旌德

从古到今，旌德都处于通往徽州的要道之上，但至始至终也未曾改变“被路过”的状态。和周边的泾县、绩溪和黄山相比，旌德少有能留住游人的标杆景点，能被少数人记住的或许也只有江村一个。不过，旌德仍不失成为你旅途中休整的一站。县城简单懒散，吃住不愁，途经此地的徽水河构成了不少古桥景观，无须东奔西走，你就能轻易获得不少在路上的风景。

景点

文庙 历史建筑

（营坎路5号；免费；⏲8:30~11:30，14:00~17:00，周一闭馆）这是一座没有棂星门的文庙。你会从侧门进入，然后在泮池前发现它的遗址，上面堆放着一些2014年出土的石构残件。旌德文庙的历史可上溯到元代，不过眼前的建筑为清代遗留，且经过现代修复。从泮池、泮桥到戟门大成殿都是全国统一配置，只是这里的大成殿有了些许徽派建筑的痕迹，比如典型的雕花月梁，以及以一个双层楼阁的“四水归堂”来替代了通常的藻井。

文庙的对面就是**文昌塔**，它的位置曾是旌德的中心，建成于清代，经现代修复后也有了白墙黛瓦，内部已经不对外开放。

江村 古村落

（见131页地图；☎804 6446；旌德县白地镇；门票60元；⏲7:30~17:00）江村底蕴深厚，历代名人辈出。**江氏宗祠**是村子最大的祠堂，初建于明代永乐年间，经历了两次火灾重建。现在的门面依然相当气派，庞大的八字型门楼呈屏风状，末端的山墙留有焦黑的印记。月梁上的木雕还有不少值得细看之处。在老街上，**父子进士坊**一前一后，父坊建于明弘治初年，为旌表江氏第四十八代江汉、江溥兄弟俩而立，子坊建于明弘治十八年，为旌表江汉之子江文敏而立，父子俩曾同朝为官。这两座牌坊也是江村18座牌坊中仅存的两座，坊檐上还能看到“文革”时期遭遇火烧的痕

旌德

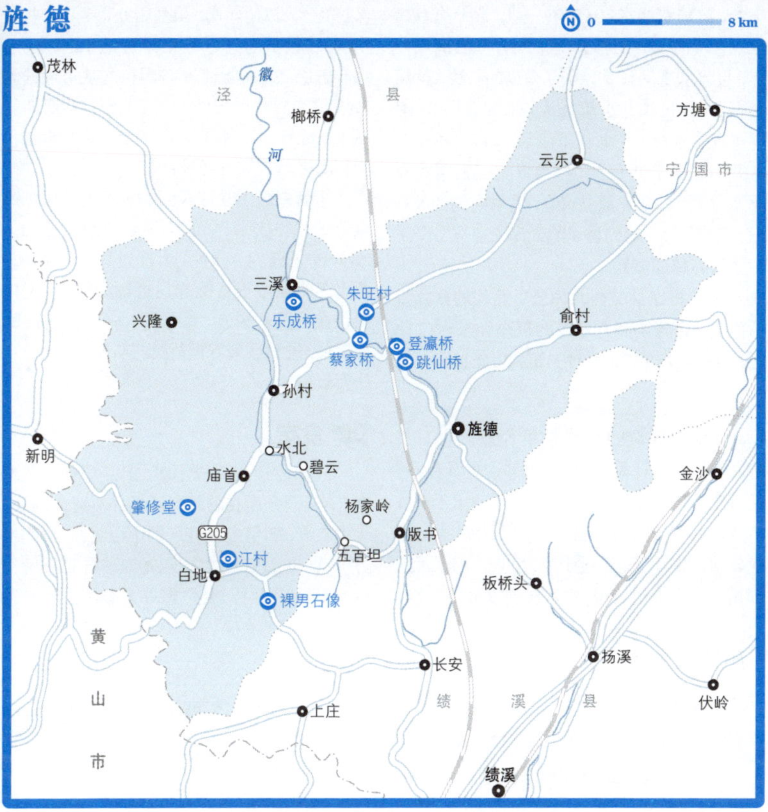

迹。附近的**溥公祠**面积不大，门楼精美，左侧的碑园里可以看到不少江村牌坊上留存下来的石构建。**笃修堂**为明代建筑，是江村现存年代最久的古民居。而同样建于明代的**茂承堂**，有大小8个天井，宅子里的砖雕、柱础雕刻及木雕构件，都有很高的水准。从前的安徽代理省长拥有两栋建筑——**进修堂**建于清末，而**黯然别墅**却是一座民国时期中西合璧的皖南民居，不设天井，还将传统的透窗改为了玻璃窗，不过你需要在远一些的外围才能看到。除此之外，这里还保留着数学家江泽涵和胡适夫人江冬秀的故居。

游览江村半天时间足矣，留宿必要不大。从旌德县乘坐到白地镇的班车（8元；6:20~17:10，20分钟一班；40分钟），在江村路口的大牌楼下车，向内步行约1公里即可到达。返程末班车为17:00。

自驾者在游览江村之后还可寻找一处有趣的古董，在白地镇柏树村外的田埂上，矗立着一尊古代**裸男石像**（见131页地图）。这尊石像与真人一般大小，左手背在身后，右手扶握生殖器，那生殖器前端已经断裂。从白地镇出发向东南4公里，在乡道公路上就能一眼看见他孤独地站在山坡的层层梯田上。

朱旺村　　古村落

（见131页地图，门票60元）朱旺村历史悠久，这里有保存完好的古代**九井十三桥**，现在它的宣传口号是"游朱旺，人必旺"。为了对得起门票，整个村子都经过了翻新，铺设了规范的游客栈道。一条小河穿过古村，13座石桥横跨在河上。这些石桥中，只有两座桥有名字。其中最靠近村口的是顺城桥，桥头旁的石壁上，镶嵌着一只铁铸青蛙，作为镇桥之宝。村里的9口古井并不在地面，而是位于河岸旁，紧贴着河水。其中的一口，就干脆直接地设在了河床的正当中。它们皆用条石围成方形，与河水之间只是相隔了垒砌的石块。虽然一石之隔，可是井水却是从井底径自涌出，演绎了真实版的"井水不犯河水"。村内还保有一些石板巷和古民居，你可以按图索骥找找垂裕堂、绍兴堂和豫立义仓，看看它们的外立面。若有兴致，走到村子的最深处还有一个呈三叠状的龙潭瀑布。

朱旺村在县城西北10公里路程的蔡家桥镇附近，有旌德到乔亭乡的班车经过村口（5元；7:00~17:00，30分钟一班；20分钟）。

肇修堂 历史建筑

（见131页地图）肇修堂并不是景点，如果有去往江村的计划，可以顺道来这里看看。这是一座有着18个天井、72间房、占地上千平方米的清代早期建筑，也是旌德现存最大的清代建筑。但因为建筑过于庞大，连它的继承人都无力承担维护费用，曾数次要求退出"文物保护"行列以便转卖。虽然因此得到了一些费用落实，但从老宅的现状来看，这个问题还远没有解决。你只能通过它现在岌岌可危的庞大体积揣测此屋曾经的人丁兴旺。调研期间屋主已经迁出屋外居住，平日老宅大门紧锁，能不能进屋观赏还得碰碰运气。

肇修堂位于县城西面23公里处的庙首镇太白村，到白地镇的班车（8元；6:20~17:10，20分钟一班；40分钟）会经过这里。这个并不出名的地方很可能连司机都没听过，记得确认在公路边树有"肇修堂1.5公里"的路牌处下车，进村后最好向村民打听路线，位置有些隐蔽。

食宿

旌德的住宿选择不多，但品质都令人满意。客运总站所在的新区环境并不嘈杂，酒店皆为新开，哪怕去往城区的中心地带，也都步行可达。走过江村大桥两侧皆是餐馆招牌，以大型饭店为主，要是想寻觅小馆子需要去

旌德的古桥

徽水河和白沙河交汇在旌德县城的东边，如果你正打算从汽车站步行前往文庙（约2公里），不妨选择沿河而行，看一看以下三座桥：

黄济桥 在新建的旌阳桥北50米处，和平路大桥旁，是五孔石拱桥，完好地保存了古桥的原状。

驾虹桥 为五孔石梁桥，难得的是桥上建有一座四角八柱凉亭。它的后侧已经可以看到文昌塔。

淳源桥 在县城的胜利路上，为五孔石拱桥，桥墩均无分水尖，而是利用桥身与河道所形成的夹角自然分水。

乘坐旌德到三溪镇（5元；5:30~17:30，20分钟一班）或者泾县的班车，可以顺道观赏下面这四座古桥：

跳仙桥 在217省道旁，告诉班车司机在跳仙桥下车即可。下车后，站在河边就可以看见那小巧的拱桥，河水里还有一条块石碇步。

登瀛桥 在跳仙桥以北500米处，这桥为三孔石拱桥。始建于乾隆三十七年（1772年），道光年间重建。泾县至旌德的班车坐左手边就能看到。

蔡家桥 位于蔡家桥镇，正名福成桥，建于雍正元年（1723年）。是五孔石拱桥，有莲花石柱栏板，桥中有一八面石柱。曾经作为205国道的公路桥。后来，为了保护老桥，当地紧挨着它又新建了一座。班车就会从新桥上开过，可以顺势打量一下。

乐成桥 在三溪镇以南，下车后往南500米就到。这座长达150米的石桥拥有11个石拱，始建于明嘉靖二十二年（1543年），曾被洪水冲毁，后于清康熙年间重建。是皖南第二长的古石桥。来到这里还可以顺道逛逛三溪老街。

不要错过

版碧公路

版碧公路是旌德主打的骑行路线，以旌德县城为起点，向西绕行一周，全程约55公里，将周边的山水风光一网打尽。这条路线除了乡道较为窄小，其余水泥路平坦，自驾也同样可行。

先沿着平坦的S217省道南下8公里，在到版书乡之前向西转入084县道，上坡6公里到达杨家岭，沿途可以俯瞰梯田，穿过杨家岭隧道下坡，前3公里弯道较多，后面的10多公里沿河而下，经过五百坦、碧云村、水北村，每个村庄都保留着古朴的风貌，可以顺道停留，之后便可抵达205国道，一路通往蔡家桥。从蔡家桥回县城，一路徽水相伴，沿途还可以游览旌德的几座古桥（见132页方框）。

到县城南边的步行街附近。

希岸轻雅酒店 酒店 ¥

（☎866 1777；站前街，近解放街口；标双168元；📶❄🅿）酒店位于主街解放街的北端，离汽车站步行3分钟。属于时尚型的连锁酒店，除了黑白的基调，还加入了"蒂芙尼蓝"。即便是特价房，也有足够宽敞的空间和足够大的床。床品洁净舒适，卫生间干湿分开，提供自家品牌的洗浴用品。入住含早餐，内容不多，只有中式粥面。

旌德凯瑞假日酒店 酒店 ¥

（☎524 3333；河东路灵芝中央城A座；标双186元起；📶❄🅿）酒店位于旌德的新区，适合自驾出行的旅行者。房间非常宽敞，入住的舒适度和酒店服务皆让人满意。出酒店便是最热闹的灵芝广场，用餐选择不少。

江南小菜 徽菜 ¥

（☎875 5777；和平路江村大道的东头；人均50元；⏲9:00~13:30, 15:30~24:00）饭店位于徽水河边，装修氛围在旌德已属超前，浓郁的江南风还略带禅意，虽然制作徽州土菜，但摆盘却十分讲究。可以试试徽式酱排（48元）和绩溪粉蒸肉（38元），若人多包厢还有河景可赏。

到达和离开

长途汽车

旌德客运总站（☎802 1201；城西路北段）长途和短途的班车皆在这里始发，长途车在大厅购票乘坐，县内短途车则是从侧门直接进入停车场上车购票。

火车

旌德已经拥有了自己的高铁，京福铁路从这里经过，连通省内的合肥、巢湖、铜陵、泾县、绩溪、歙县和黄山等地，省外上可至北京，下可抵厦门。**高铁旌德站**（江村大道）位于城西，距离客运总站仅2.5公里。

当地交通

旌德的公交车十分鸡肋，县城各处基本步行可达，而公交的间隔时间就长达20分钟。可能会用

旌德客运总站车次时刻表

站点	发车时间/班次	票价（元）	行程（小时）
合肥	6:45	80	3.5
屯溪	6:10, 7:10, 8:20, 12:50, 14:10	27	2
宣城	5:50, 6:20, 8:00, 9:30, 10:30, 12:30, 14:00, 15:30	32	2.5
泾县	6:40~17:20, 20分钟一班	18	1.5
绩溪	6:50~17:10, 20分钟一班	13	1.2
上庄	9:00, 9:50, 14:10, 15:30	9	0.5
宁国	6:50, 8:30, 9:40, 12:00, 15:00	25	2
南京	6:55	83	3.5

上的是4路环线，经过客运站和城区，票价2元。出租车起步价6元（2公里），2元/公里，县城内一般不超过10元。

绩溪

绩溪曾属徽州六县之一，作为徽墨、徽菜、徽剧的发祥地，胡宗宪、胡雪岩、胡适的家乡，绩溪始终以自己传承的徽州文化为傲，并且相信“徽州”之名，也是缘于这里的徽岭、徽溪，以及消失的大徽村。来到这里，白墙黛瓦的徽派建筑开始进入你的视线，道道出彩的徽菜会将你的伙食水平推向安徽之行的巅峰，同时难懂的徽州话偶尔也会弄得你一头雾水。

1987年，绩溪被划入了宣城市，相比大名鼎鼎的黄山市，这里一度只有徽杭古道的徒步者停留，虽然这里古村、古建的看点一样不少，但各项设施却远不如屯溪、歙县周全。2018年底，杭黄高铁开通，作为途中的一站，绩溪也正在奋力重振自己的旅游资源，那些长期沉睡在大山中的古道、古村，或许会是“当代徽州”中最值得挖掘的一个。

景点

绩溪县城里的景点集中在良安路与适之街的十字路口一带，只需半天便可看完，更多的亮点分布在周边几条线路：湖村、龙川、仁里、紫园一线，是看点最丰富的一条，可以由短途客运和公交车串起，如果时间匆忙，游览湖村和龙川两处即可；上庄“一日游”可以将孔灵村安排在回城的路上停留；家朋乡和荆州乡路途遥远、景色迷人，至少预留一整天；绩溪有直达班车至徽杭古道的起点，你可以选择半程和穿越两种走法。

★绩溪博物馆 博物馆

（☎816 7190；良安路100号；免费；⊙9:00~11:00，13:30~16:00，周一闭馆）博物馆位于老城区的北部，馆址原为绩溪县政府，也是明清两代老县衙的基址所在。如今，它是一个全新的现代化博物馆，整个建筑覆盖在一个连绵起伏的屋顶之下，意在仿造山峦叠嶂的徽岭。馆内革新了徽派建筑的庭院、天井与街巷，并原地保留了一棵700年的古槐继续生长。展厅分为地理、人文、商道、风土、徽韵和徽味等7个部分，不大的徽雕展馆里能近距离欣赏一些雕塑精品，其余皆以图文、模型居多，虽没

绩 溪

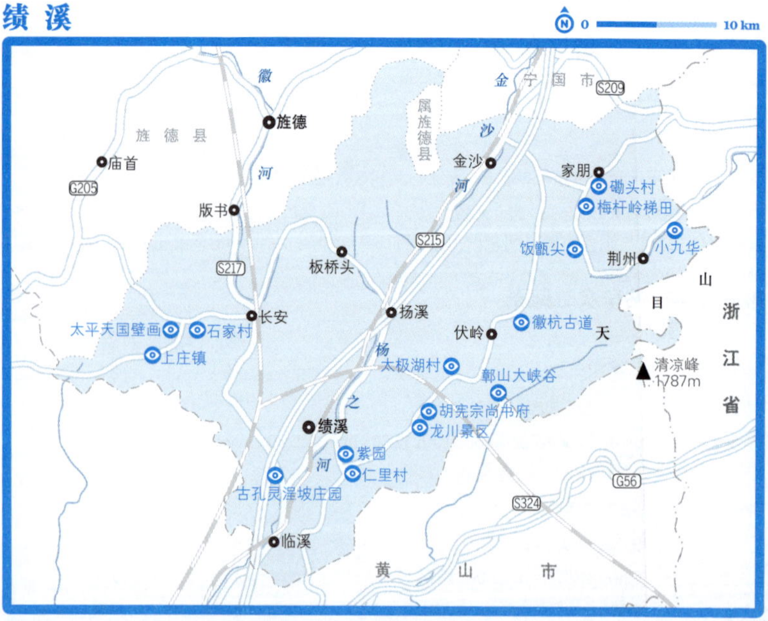

不要错过

绩溪老巷寻牌坊

看完县城景点只需半天，但扎进老城区的巷子才是玩转绩溪县城的乐趣所在，不过这些貌不惊人的老城遗迹较为分散，你可以从三雕博物馆东侧的**曹家井**向南探索，途中会发现一些古井、水圳，和破落的古民居，巷尾往西能找到县城唯一幸存的砖质巷门**西关古里**，这一带还存有一些宗祠老宅，政府正在打造文化街区。曾经西关古里的大门外是徽州第一牌坊群，耸立着19座高大的牌坊。但它们大多毁于"破四旧"，现在只留存下"三座半"牌坊。两座位于博物馆的斜对面，分别是清代旌表胡成相妻的**方氏节孝石坊**和旌表胡洪炬妻的**程氏节孝石坊**，还有一座明代的**程定进士坊**则被移到了紫园（见本页）大门旁。至于那半座，则藏在曹家井和项家桥项交叉口西侧的民宅里，上刻"旌表孝廉章瑞钟之妻程氏"，为清代牌坊，现在半边嵌进了民居的外墙，半边暴露在外。

有惊艳的藏品，这里人才辈出的历史就足以让人为之惊叹。记得寻着地标的指示前行，不然容易错过展厅。

市区公交车3路、5路至县医院站可达。博物馆大门向东约50米，**程氏节孝坊**和**方氏节孝坊**（见本页方框）就并立在街边，不妨移步看一看。

三雕博物馆　历史建筑、博物馆

（☎815 5961；良安路县广播电视台院内；免费；⏲8:00~11:30，14:30~17:30，周一、周二闭馆）所谓博物馆就是周氏宗祠，建筑本身就是最大的看点。祠堂始建于明嘉靖年间，有着和龙川胡氏宗祠一样气派的五凤楼，屋檐下施有精巧的莲花斗，两楣木雕精工细作，庭院中立着的石俑、石马、石狮、石羊，可不是配套的原物，它们来自明代工部尚书胡松和明大中大夫云南参政胡淳的墓道。大厅和回廊里摆放着多年来从民间征集来的砖、木、石三雕艺术品，可以很近距离地细看那些原本高高在房屋结构上的木雕与砖雕。大门右侧还有一座1938年树立的"双七抗战建国周年纪念碑"。

三雕博物馆距离绩溪博物馆几步之遥，需要走入广播电视台院内。

文庙　历史建筑

（良安路县医院东；免费；⏲8:00~12:00，15:00~18:00）绩溪的文庙并不起眼，虽始建于北宋，但现在留存的老物只有清代重修的泮池和泮桥，其中明伦堂的考棚被列为安徽省重点文物保护单位。大成殿及东西两庑内的木构与藻井，保存相对完好。其东侧的文昌殿被承包改建成了**胡雪岩纪念馆**（适之路绩溪中学大门外；门票20元；⏲8:00~17:00），馆内陈列着胡雪岩故居的堂舍模型和他的生平故事介绍，大多以图文为主，类似的内容在博物馆也能看到。

文庙位于三雕博物馆对面，胡雪岩纪念馆则需要从适之路的入口进入。

中正坊　历史建筑

（绩溪宾馆对面的巷子里）绩溪到了唐代才开始繁荣，但当时的"市中心"并不是现在县城所在，而是一水之隔的南岸。如同开发新区一般，宋代的主政者计划在北岸建城时，测定了一个新城中心，再由它向东西南北派生出四条城市主道。这个中心就是"中正坊"。其实中正坊本尊朴素小巧，只是一个正方形的四向拱门，二层的小楼四面开窗，镶嵌在老城北边的巷子中。参观绩溪博物馆之后，沿着适之街向南，从绩溪宾馆对面的巷子一眼就能望到它。

紫园　园林

（见134页地图；☎816 5911；上马石村紫园山庄；门票58元；⏲8:00~17:00）这里是一座园林式的古典建筑群，据说紫园的主人遍访徽州，将散落于乡土的牌坊、木构、三雕（甚至一砖一瓦）收购，然后重新构建出这些建筑。但从现场看来整个园林被打造得处处崭新，且没有任何指示告知这些"古董"的藏身之处。如果你已经看过了诸如胡宗宪尚书府这样的大宅院，紫园很难再打动你。相对值得一看的是正中的朱氏宗祠门楼，以及正厅的左右厢房，有着较为精巧的木雕。如果只为看

绩溪的“胡”人

历数绩溪走出的名人，似乎皆为胡姓，让人总有绩溪全姓胡的错觉，其实并非如此。但更有意思的是，在绩溪，哪怕都是胡姓，也有可能是同姓而不同宗的。旧时，以徽岭为界，有南胡北胡之分。南胡有龙川胡、金紫胡、遵义胡，北胡则是明经胡。这四大胡姓家族都名声显赫，当地人称“绩溪四胡”。

“龙川胡”始祖胡焱在东晋时镇守徽州，相中龙川（见139页）的风水宝地，举家迁居至此。“龙川胡”人才辈出，宋、明、清三代就出了11位进士，其中最著名的就是官至尚书的胡富和胡宗宪。“明经胡”的来历十分传奇，据《明经胡氏族谱》记载，其始祖是唐昭宗李晔的第十子，为避乱隐居民间而改胡姓，因其后考取明经科进士而得名。所以当地人也把他们叫作“李改胡”。湖里村是明经胡的发源地，也是红顶商人胡雪岩的故乡，他们的一支后裔又迁居到了上庄（见140页），胡适、胡天注便是明经胡的后代。“金紫胡”如今聚居在绩溪县城东街，因宋代名臣胡舜陟获封金紫光禄大夫而得名。清朝的“礼学三胡”，胡匡衷、胡秉虔、胡培翚就是金紫胡的后裔。“遵义胡”是相对默默无闻的一支，旧时因住在绩溪城内遵义坊而得名，最为人所知的就是其始祖，明代工部尚书胡松。

程定进士坊（见135页方框）则无须买门票进入，它就立在大门左侧。从牌坊进入就是**紫园宾馆**[标单/双 120元，旺季 180元（均含早）；🛜❄🅿]，有不错的硬件设施和推窗见山的情调，不少人将这里视作绩溪的后花园，在门口的紫园饭店也能吃到柴火大灶的农家徽菜。

紫园距离城区约2公里，6路车可以直达，票价1元。

仁里村 古村落

（见134页地图；☎831 8618；门票 38元；⏲8:00~17:00）这个历史悠久的古村依照龟形设计，手机地图上就能看出它清晰的外形。村内还保留着四门三街十八巷的街道布局，走街串巷还能找到一些明清时期的古建筑。村子以老街为中心，街上的**世肖坊**是绩溪现存科举牌坊中最早的一座，坊主是明代成化十三年（1477年）丁酉科举人。另一边的**百步钦街**由青砖竖立排砌而成，可以寻找一下村内的东井、夹墙井、铁箍井，东井的巷内还有一个手工徽墨作坊可以参观。这里散落着从前的“八大户”，比如清代建筑**诒穀堂**，连通了6栋大宅，号称48个五世同堂，现在成了一家农家乐，淡季时不消费主人也不反对你入内参观一下。仁里村族谱的先祖是唐昭宗年间来自歙县篁墩的程药公，被授予金乡县尹而举家迁居至此，现在村里还能找到**唐金乡尹药公墓道**的石巷门，和**程氏宗祠**。

仁里村距离绩溪县城3.5公里，乘6路公交在仁里站下车，向内走1公里即可。

古孔灵涅坡庄园 历史建筑

（见134页地图；☎833 5681；门票 65元；⏲8:00~17:00）孔灵村里有一座3600平方米的大宅院，虽然面积比不上胡宗宪的尚书府，但已是民宅中的高配。屋主的汪氏，祖上可以追溯到被唐高祖封为越国公的汪华（见82页方框），所以当地人对“汪家大院”这个名字更熟悉。门楼很是一般，可进门之后，却是院中有园，园中有院，厅、堂、轩、阁典雅别致，甚至还有家庙。花园里古藤新竹交错，屏幽阁的花窗让人眼花缭乱，八角玄井有环绕的石板下到池边。这里的兰香书屋原是善本古籍的鉴赏处，曾经接待过历朝历代的文人墨客，其中包括大学士许国，以及胡适。据说“涅坡别墅”的名字就是胡适赠与主人的。

7路车的终点站是8公里外的孔灵村，票价1元。来往上庄的短途客车（见133页）也经过孔灵。

鄣山大峡谷 自然景观

（见134页地图；☎815 2583；门票 60元；⏲8:00~17:00）大鄣山脉位于皖赣边界，曾经是吴越疆土的界山。这里以峡谷溪流著称，峡谷里的百丈岩高达400多米，抵近仰视更觉巍峨，岩下有深潭碧绿，形似葫芦。深谷里不乏奇松怪石，景区习惯性地按形状给予吉祥的命名，夏日游览可以享受山间凉风，踏入潺潺溪水。

大鄣山景区无班车可达，从县城包车前往单程约80元。若在夏季，也可以乘坐前往伏岭方向的班车，在水村下车，这里距离大峡谷入口6公里。在水村清凉峰大酒店停车场处，有景区人员安排前往景区的车辆（10元/人）。

住宿

绩溪的县城结构正在调整之中，汽车站搬去了人烟稀少的北边新区，但周围的相关设施却没有跟上，下榻在此虽然出行便利，却无处觅食；老城虽然相对热闹，但缺乏令人满意的住处，设施较好的酒店大多位于新区正中，两头都不挨，所以，勾留绩溪吃、住、行，还需有所取舍。

每年3月至4月间的油菜花季节和国庆长假期间，房价会有所上调。

绩溪国际青年旅舍

青年旅舍 ¥

（☎233 3233；徽山大道700号；标双115元，铺50元；📶❄）正对崭新的绩溪北站，对于有周边游览计划的旅行者相当便利。旅舍房量巨大，房型多样，房间都相当规整且宽敞，卫生状况非常令人满意。虽没有太多青旅的文艺氛围，却能让你休息得足够舒适。老板是家朋人，关于那里的旅行信息不妨多向他请教。

格林豪泰

快捷酒店 ¥

（☎815 7777；南大街22号；标双160元；📶❄）非常无奈，这应该是老城区最好的选择了。酒店位于商业中心，离排档集中地几步之遥，到绩溪博物馆步行约10分钟。老车站就位于扬之南路尽头的登源路口，来往乡镇的班车通常都会经过这里。酒店房间依然属于老式连锁的状态，但卫生状况不错。

中国徽菜文化交流中心（品悦大酒店）

酒店 ¥¥

（☎856 6666；方家园150号；标双325元起；📶❄🅿）酒店几乎位于县城最中心，前往绩溪北站和老城区的距离相当。也是目前当地酒店和餐饮的标杆。房间宽敞素雅，服务人员都训练有素。二层为餐厅，不论何时想要一品徽菜，都可以电话预约。作为徽菜文化交流中心，这里的菜品不会让你失望，价格的提升也在接受范围。

就餐

绩溪曾经被授予过“中国徽菜之乡”的美名。如果你从北面而来，到了绩溪伙食会一下子提升到你泪流满面。臭鳜鱼、毛豆腐、绩溪炒粉等当地的特色菜基本家家都能吃到，味道大同小异，但总体水平很高。除了那些饭店酒楼之外，商贸城（扬之南路和扬之北路交叉处）附近，有连排的排档炒菜。不过，需要注意的是，绩溪饭店营业时间结束较早，即便是排档也会在21:00左右打烊。除了正餐，无所不包的绩溪挞粿也不妨一试。

红泥美食坊

徽菜 ¥¥

（☎816 6866；良安路76号；人均60元；

南有“十碗八”，北有“一品锅”

提到徽菜，大多数人的反应都是臭鳜鱼和毛豆腐，但其实，徽菜也有南北之分，以徽岭为界，两边的菜式风格曾经大有不同。比如胡适先生钟爱的一品锅在当时的岭南就并不时兴。

以绩溪县城为代表的岭南，最令当地人骄傲的是“十碗八”，十碗指的是传统的鸡鸭鱼肉等主菜，“八”则是冷菜、配菜。“几碗几”构成了当时宴席配制的不同级别，如果菜式加入海参、虾米、蜇皮，就算是高档宴席了。要是碰上祭祀仪式，还会出现288碗的“赛琼碗”盛宴。而旺川、上庄等地的岭北则不如岭南这般豪奢。标配只有四个菜，但会有一个铁锅压轴，这就是一品锅。一品锅丰俭由人，荤素搭配，特别有吃火锅的热闹，岭北口音“锅”和“家”谐音，是特别有家庭氛围的乡土菜。曾经胡适先生远在美国，仍将一品锅作为家宴的重头戏。现在，“十碗八”和“赛琼碗”只能去博物馆里看看照片，一品锅却成了几乎每家饭店的标配。

⏲9:00~21:00）红泥在当地名气颇大，要是在绩溪打听美食，大多会被推荐这家。菜品也名不虚传，道道用料实在，口味无可挑剔（咸不算）。除了标配的臭鳜鱼，还可以试试葛粉圆子、绩溪炒粉，还有名叫"水曲饼"的豆腐圆子。不足4人不要轻易点一品锅（128元），会占了品尝其他菜肴的胃口。这里菜量都很大，甚至没有两三人的小桌。

铁锅饭庄

徽菜 ¥

（☎138 5639 7377；东门桥，老中医院对面；人均45元；⏲9:00~12:30，17:30~20:30）这家小馆子是当地的"网红"，即便位置偏远也有不少人慕名而来。店面颇有苍蝇馆子的气息，不过全开放式的库存，以及他家的人流量可以保证原料新鲜。只有老板一人炒菜，动作麻利娴熟，足让人对出品充满信心。当天所有备菜展示在另一边的冰柜，可以看颜值，也可以让老板娘推荐。没有所谓的特色菜，可能因为每一道都不会让你失望。不过，这里只有3个包厢和一个4人桌，能不能准时吃上还得看运气。

龙川食府

徽菜 ¥¥

（☎816 6777；何川小区197号；人均75元；⏲9:00~13:30，16:00~20:00）相对气派的大馆子，图片点菜的方式很直观，价格比别处高出一些，所有特色菜都能在这里尝到，一品锅（138元）、臭鳜鱼（128元）、山珍葛粉饼（48元）、绩溪炒粉（36元），都是这里的主打。

皖南人家

徽菜 ¥

（☎816 4087；扬之南路口；人均50元；⏲10:00~13:00，17:30~21:00）当地的老字号，特色菜自然一样不少，不过特别有国营店的气息。这里每天中午（12:00~13:00）和晚餐（17:30~18:30）推出的"食堂菜"可以说是独行侠们的救星，当地的特色菜皆以小分量出售，除了臭鳜鱼这样的大菜，基本都有望品尝到，每份3~6元的价格也十分亲民。

ℹ 到达和离开

长途汽车

绩溪客运总站（☎816 5138；徽山大道）新建的汽车站，紧邻绩溪北站，省内外的长短途客运全部集中在这里发车。关注微信公众号"绩溪客运"，可以查询到最新的车表，也可以网络购票。老车站位于扬之南路尽头的登源路口，已经停用，不过截至我们调研期间，来往乡镇的班车大多还会在这里经停一次。

火车

绩溪北站（徽山大道，龙川大道交汇处）崭新的绩溪北站终于揭开了绩溪的高铁时代。每天有十多班来往杭州和黄山北的高铁途经这里。其余的T字、K字火车班次暂停靠**绩溪县站**（扬之南路）。

绩溪客运总站汽车车次时刻表

站点	发车时间/班次	票价（元）	行程（小时）	备注
宣城	6:30，13:05	42	3	
宁国	6:30，7:20，8:50，9:30，10:40，14:15，15:40，16:25	25	2	
旌德	5:30~16:40，30分钟一班	13	1.5	
屯溪	6:10~17:00，20分钟一班	16	1.5	经停歙县、岩寺
上庄	6:40~17:05，25分钟一班	11	1	经过石家村、旺川
石门	9:30，15:00	8	0.5	经过湖村
胡家	6:40~17:50，20分钟一班	15	1	经过龙川、湖村路口、鄣山大峡谷路口、伏岭镇、徽杭古道景区
家朋	7:30~16:00，1小时一班	15	1.5	
荆州	8:00，13:00	22	2	经过金沙、家朋

当地交通

公交车

绩溪公交线路已经可以通过电子地图查到，但市内公交车车次较少，并不好用。反倒是往来龙川景区的6路公交车（途中经过紫园、仁里等几个景点）能保证20分钟一班。

出租车

起步价6元，城区一般不超过10元。绩溪县站门口打车会被要求8元起步。打车软件在这里也十分好用。

龙川

龙川是绩溪最著名的古村落。"龙川"是村子的古称，这里东有龙须山，西有石笏山，中央一条溪流穿村而过，崇尚"得水为上"的徽州人将这里视为风水宝地。绩溪胡姓的一支"龙川胡"的祖源就在这里，在人才辈出的族人中，最令当地人骄傲的就是胡富和胡宗宪，因他们留下的牌坊、府邸是目前游览龙川最值得关注的亮点。龙川也是绩溪最成熟的景点，交通便利，路况良好，景区吃住齐全。如果对徽雕门楼或古村风水有兴趣，不妨再深入一些，去7公里外的湖村看看。

景点

龙川景区　　古村落、历史建筑

（见134页地图；☎831 5763；门票 65元）这是一个标准的景区，大多数的景点只要顺着不足1公里的主街就能看全，沿途设置了语音解说二维码，你可以边走边听关于风水的种种神奇传说。剩下的时间，你可以全留给这两处精美的建筑来值回票价。

胡氏宗祠（⏲8:00~17:00），始建于宋代，现存的规模是明代嘉靖二十六年（1547年）所修。它的门前挡有一面照壁，将流过的溪水揽成了泮池。祠堂的门楼最值得好好驻足欣赏，五层重檐的歇山顶是徽州宗祠最高配置，被称作"五凤楼"。门楼面阔七间，前后16架斗拱将屋顶前挑出1米多，额枋、梁驼、雀替上的木雕细密精巧，专业人士也叹其为徽雕水平的最高体现。据说"文革"时期宗祠曾改为小学，教师带领学生将写有革命标语的报纸将门楼上的雕刻层层包住，才让这些精品得以保留。

进入主厅堂，留意厅内的巨大梁柱，它的底部看似石雕的莲花礎基其实也是木头的。四周的内隔扇门均雕以荷花，正中放置胡氏祖先胡焱的画像，这幅色彩模糊的画像已经是400年的古董了。祠堂后厅的隔扇门裙板原本有100幅花瓶的木雕，如今只留下40幅，但依然无一相同。文徵明所提的"世恩堂"保存在这里，但曾经悬挂在祠门的"龙川胡氏宗祠"匾额已经佚失。关于胡氏族谱和历代名人的介绍你可以在厅内一一看到。另外，你会发现宗祠东墙的小门里还有一个"丁家祠堂"，仅两进三开。这又是一个关于风水的故事，你可以向当地人打听一下，任何人都能回答你。

奕世尚书坊，可以说是绩溪最重量级的一座。始建于明嘉靖四十一年（1562年），是胡宗宪旌表自己人生功名的"恩荣"牌坊。当时胡宗宪位高权重官至尚书，因此这座牌坊也动用了一切可能的资源。甚至连关键部分的石料都是来自淳安的茶园石，这种坚实的石料曾经是南宋时期的御用石，现在从颜色深浅上你也很容易将它和花岗岩区分开。一流的砖雕技艺也在牌坊上一目了然。坊上的"奕世尚书"和"奕世宫保"皆是文徵明的手迹。除了胡宗宪，还可见"成化戊戌科进士户部尚书胡富"的题刻，一坊二主也是奕世尚书坊名字的由来和含义，据说，此构想也和胡宗宪当时所处的不利政局有关。而最终，在尚书坊建成3年后，这位曾经立下汉马功劳的坊主就在狱中留下"宝剑埋冤狱，忠魂绕白云"的诗句蒙冤自刎。

胡宗宪尚书府　　历史建筑

（见134页地图；☎831 5587；门票40元；⏲8:00~17:00）虽然隶属同宗，且只是几步之遥，但现在尚书府和龙川归两个公司管辖，需要另收门票。参观这个处处有玄机的大宅的确物有所值，想要深入了解这里的故事最好请一位讲解（30元），或者等着团队蹭听一番。府邸现在以胡宗宪为名，但其实这座庞大豪宅的增建前后跨越了十二代族人。5000平方米的占地面积，却无一处空落，通过兜兜转转四通八达的小径，将庭院、楼阁、戏园，甚至家祠、医馆等"二十四门阙"串联得高低错落，处处可见主人的生活情趣。可以留意一下预知天气的“气象鼓”，梅林亭里“胡氏家井”，以及罕见的全木制牌楼“位协三公木牌坊”。这里的会官厅中央还有一个悬挂半空的描金樟木盒，上题“天奉诰命”，是专门用来存放圣旨的宝箱。

胡宗宪官至兵部尚书，园中的图文介绍了他的抗倭事迹，人们熟知的抗倭名将戚继光、俞大猷都曾在他的麾下，他也曾慧眼识英将怀才不遇的徐渭收为幕僚。由他主持纂辑（郑若曾主编）的《筹海图编》，记载了钓鱼屿（钓鱼岛）的方位以及据此抵御倭寇的布防，也因此现在人们将胡宗宪认定为“将钓鱼岛划归中国版图的第一人”。

太极湖村 古村落

（见134页地图；☎837 0878；门票 60元）源溪河向右拐了一个弯，紧接着向左又拐了一个弯，这样的反“S”形将湖村加持成了“太极湖村”。对于这里的种种风水奇象，当地人和专家都有无数神乎其神的解读。不过湖村也没有因此大红大紫，相比龙川这里冷清许多。你可以慢慢感受村里水口的园林风光，气派的章家祠堂，还有咏泉街的流水潺潺。龙川胡氏二十五世祖——宋朝枢密史胡元龙的祖墓坐落在龙形山上，墓顶有一棵近千年的参天古树。

最值得细细观赏的是这里的一条**门楼巷**。湖村共有14座砖雕门楼，其中的7座集中在这里，它们大多为清代末期的留存，也是徽雕工艺巅峰期的代表，面砖的镂空最多达到了9层，每一个都令人叹为观止。虽然略有缺损，但可以说是绩溪周边门楼砖雕最精湛最集中的地方了。

湖村距离县城19公里，距离龙川约7公里。绩溪客运总站开往石门的班车会经过湖村，或者乘坐班次更多的胡家班车，在湖村路口（6元；30分钟）下，再向山里步行2公里进村，17:00前能等到回程的过路车。

食宿

龙川景区内外都有各种档次的住宿选择，除了那些经济型平民客栈和小宾馆外，配套有总统套房的龙川迎宾馆就在景区的附近。这里餐厅选择不多，我们更建议回县城吃住。

尚书府客栈 客栈 ¥

（☎136 3723 8992；标双96元；Wi-Fi 空调 P）位于尚书府景点对面，客栈的房间设施不错，就餐标准人均30元。来这里的户外爱好者很多，主人也可以当向导，他对于附近的龙须山、七姑尖和徽杭古道都很熟悉。

寻梦徽州客栈 客栈 ¥

（☎181 9675 6029；标双168元；Wi-Fi 空调 P）位于龙川景区内的奕世尚书坊旁，2018年新开，有着出落于农家乐的装修风格，古色古香，推窗见景，略带文艺气息。入住这里提前联络有望免去景区门票。

到达和离开

龙川距离绩溪11公里，县城的6路公交车来往绩溪汽客运站与龙川之间（经过老汽车站），每天7:00~17:00，20分钟一班，票价2元，无人售票。

紫园、仁里、龙川、湖村在同一条路线上，发往胡家、伏岭的班车也会依次途经，可利用各种交通串连游览。

上庄

提到上庄，立刻可以联想到胡雪岩、胡天注、胡适这样的大人物，这里是“明经胡”的故乡，尽管这些名人一生在上庄逗留的时间并不长久，但崇敬他们的旅行者仍然会来此寻找有关他们的蛛丝马迹。这里的三个村子上庄、旺川、石家，曾被政府打包成了一个大景区，但效果并不理想。2018年又转为旅游开发公司承包，现在除了胡适故居和胡开文纪念馆收取联票，其余村子皆可免费游览。班车会依次经过三个村子，相互之间相隔约2~3公里，一天时间足够慢慢游览。

景点

上庄 古村落

（见134页地图）上庄村位于徽州三大水口之一的杨林水口，村里的中心就是胡适先生的塑像，他的身后便是**胡开文纪念馆**（联票50元；⏲9:00~17:00）。纪念馆原先是胡开文的故居，这栋前后二进的徽派建筑，却是上庄第一座使用了钢筋水泥建起来的民居。在纪念馆的"思齐堂"里有胡开文制墨的历史介绍，还有当年的墨制品和传统的制墨工具。

顺着一旁的路标走入深巷，兜兜转转才能找到**胡适故居**（联票50元；⏲9:00~17:00）。这个传统的徽派建筑毫不华丽，主屋正厅为三大开间，标准的两层楼，前后进，隔扇门上的兰花草木雕已是这里最华丽的装饰。胡适先生一生在这里度过的时间相当有限，但当年和夫人江冬秀完婚就是在庭院左侧的正房。房间里还留存着描金漆的百子婚床，后厅里悬挂的还是当年各方贺喜的对联原物。除此之外，和先生有紧密联系的物件稀少，对门的书房和入口处的杂物间陈列着一些极简的生平简介。

故居附近，还有先生曾经就读过的私塾"来新书屋"，但已变为民居，只有门楣上的"山高水长"可辨认；书屋的旁边是胡适父亲的胡铁花宅，现已破败，门院深锁。除了两个纪念馆，上庄村内的古建并不多，旅游公司正努力开发一些典型的民居供游人参观，但若不是先生的粉丝，上庄可能会让你失望。

旺川

古村落

旺川村距离上庄3公里，这里最出名的是有一处省级文物保护单位**太平天国壁画**（见134页地图）。壁画存于村内一座曹氏的支祠，据说竣工不久就被太平军占为营地，壁画共有7幅，其中的一幅《攻城胜利图》据考证是咸丰十年（1860年）太平军攻克旌德的真实写照。但因为年久失修，这座承载壁画的老宅很可能大门紧锁，无法参观。同样大小的画面被复制了一幅展示于宣城市博物馆（见119页）。你可以在网上预览一下，再决定是否有必要前来寻找原作。

对于这个"景点"，村内没有任何指示牌，沿主路寻找曹玉华牙科诊所，从其右边的巷子进入，沿左手方向走，直到看到一栋废弃的老宅，门楣上有"村南书所"就是了。另外，旺川的门楣匾额上的书法造诣远近闻名，可以找找"瑶琴一曲""花萼相辉"和"欧化东流"等颇受好评的作品。

如果你对曹诚英的故事感兴趣，她守望胡适回乡的长眠之处就位于出村约50米的公路边。

石家村

古村落

（见134页地图）石家村是三个村子中古建风貌保存最好且最有趣的一个。整个村庄的道路横平竖直，且恰好九纵五横，当地人把它叫作"棋盘村"。据记载，这里是北宋大将石守信后裔的聚居地。而这个棋盘村曾经也真的仿造中国象棋，在后方正中设置了"帅府"——石氏宗祠。可惜原建筑不复存在，你只能看到残存的遗址，府前有半亩池塘，池内还有一个按照石守信帅印等比扩筑的印墩，不过现在池塘内布满了荷花。棋盘村不大，每条巷子都可以一眼望到底，即便逐街寻访也不会花去太长时间，这里有几座保存较好的

不要错过

参观工坊

上庄镇上至今还保留着几个老厂房，且都大方迎客，不妨去看看那些无法以机器取代的古老的技艺是怎样完成的。

老胡开文墨厂（☎856 0078；上庄开发路41号；⏲8:30~11:30，13:30~16:30）20世纪80年代沿用至今的老厂房，2018年终于得以翻新，面积不大，人员不多，但很欢迎游人来此参观他们的工作流程，看看已经打磨得包浆发亮的木刻墨模和压模木条。要是兴致浓厚，老师傅也很愿意给你展示和讲解揉墨、捶墨和压制的加工过程。厂房门口也有销售门店，甚至可以买到胡开文最为著名的、以"八宝五胆"入墨的食用药墨。

如果对徽雕感兴趣，继续前行约500米，新开的雕刻时光小镇有展示一些木雕为主的工艺品。再前行400米，还有**古徽州兄弟艺雕陈列馆**（☎856 5569；旺川和尚岭，通往上庄的公路左侧；⏲8:00~11:30，13:30~17:00）这里曾经制作完成了长14米、宽1.2米的由72块砖雕拼接而成的砖雕版《清明上河图》。但雕刻师傅在工作时间不允许打扰，厂房欢迎游客参观，但仅限于成品。

民居，比如成德堂、思永堂，但能否进入参观还得看运气。

石家村距离旺川村约2公里，进村之前，你首先会看到村外还有一座建在桃花溪旁的魁星阁，里面供奉的贴金魁星和石家先祖的牌位，也是村子象征“狮象守门”的水口景观。

食宿

游览上庄留宿的必要不大，目前三个村子中只有上庄有食宿，选择不多。靠近汽车站的**常溪宾馆**（856 0248；标单/双 80元；）算是比较像样的一个。住宿位于四楼。房间简易，设施齐全。二楼是自家的餐厅，能吃到地道的一品锅。

到达和离开

绩溪客运站发往上庄的班车（11元；6:30~17:00，25分钟一班；1小时），会依次经过石家村和旺川村，最后停靠上庄，可以沿途随处上下车。从上庄到绩溪，每天6:00~16:40，25分钟一班。另外，旌德客运总站也有发往上庄的班车（9元；9:00，9:50，14:10，15:30；1小时）。

徽杭古道

（见134页地图；839 1088；门票62元）这是一条由安徽通往杭州的古驿道。千百年来，困于山中的徽州人将丰富的物产输送到更富庶的浙江，于是一代代徽商应运而生。今天，古道的交通功能已淡去，摇身一变为驴友们探古访幽的热门徒步路线。全程需6个小时，线路比较简单，难度低，堪称老少皆宜。

仅从风光来讲，徽杭古道并不出众，全程大多以横切山谷的线路为主，不少游人会选择半程游览，在经过江南第一关，到达施茶亭后返回。这一段沿途有些怪石嶙峋的景观，算是徽杭古道上最优美的风景了。景区也特意在河水对岸修建了新栈道，让你不走重复路线。如果计划穿越，正反皆可，起点、终点、沿途皆有大量补给站，几乎不用负重。唯一需要注意的是，避免雨天出行，且不论从哪一端开始，将门票保存到最后，出入口皆有查票。出发前可以先关注景区微信公众号“徽杭古道”，有地图、全景、攻略等详细信息。

食宿

古道沿途农家乐众多，食宿、沐浴皆不在话下。通常一个床位加晚、早两餐的标准价格是120元/人，逢周末和节假日建议提前预订。安徽一端的古道入口处有**古道饭店**（182 5634 6876）；从起点步行1个多小时路程的黄茅培村有**翠竹山庄**（153 2459 6157）、**光明人家**（153 2459 6689）等几家农家乐；再走约1小时的下雪堂村有**雪堂小院**（133 4563 3739），是驴友聚集众多的一个，这一带的农

另辟蹊径

吴越古道

吴越古道，也是古时安徽与浙江之间的通道之一。从宁国万家乡大塔村、脚庵村（海拔约400米）到浙江的浙西天池（海拔约1100米），全程约15公里，只需3个小时左右即可完成。一路皆有指路牌，只需沿着石块铺就的古道爬坡，无须向导。途经山涧、瀑布和水潭，接近山顶时会看见古时关隘“千顷关”。再往前走400米左右就是**浙西天池**（0571 5861 1788；门票38元），这是一个水库，位于千米高山上，由天然池塘扩建而成，现在成了风景区。如果从安徽古道进入则无须门票，绕天池半圈可抵达景区大门。从天池往东约2公里（登高100多米），就到了**癞痢峰**（海拔1363米），这是这一带的第二高峰。由于山顶处岩石与杂草相间，所以被形象地称为“癞痢”。善于经商的浙江人很不喜欢这个名称，他们称这个山峰为乐利峰。

古道起点从脚庵村开始，这里有多户农家乐，**驴友农家乐**（180 5639 2862；）和**小管农家乐**（187 9223 7998；），是驴友最常用的两家，条件和价格相当，标间150元，搭伙30元/人。从宁国客运南车站坐到大塔村的班车（15元；8:00~17:30，约1.5小时一班；1.5小时）通常会进脚庵村，也可以提前联系农家乐主人来接。

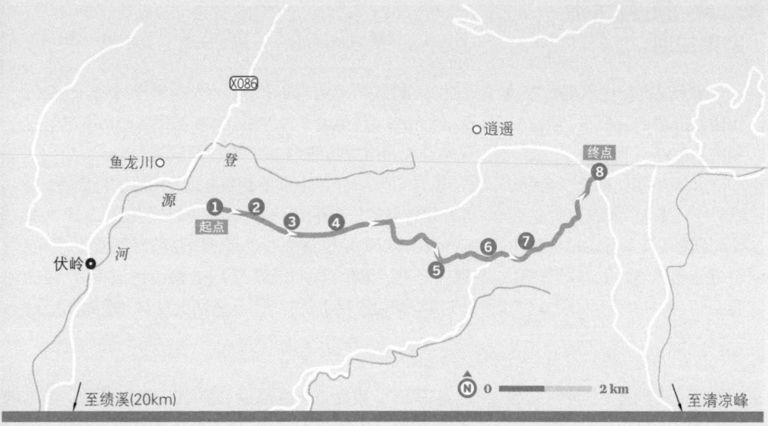

步行游览 徽杭古道

起点: 徽杭古道西门

终点: 永来村(徽杭古道东门)

需时: 6小时

最高海拔: 1050米

难度等级: 初级

这条路线连通了皖浙两省,大部分在安徽境内,全程20公里左右。四季皆可徒步,没有安全隐患,但最好避开雨天。本书介绍从安徽出发的正穿路线。

从❶**徽杭古道西门**出发,很快就踏上了传说中的1400级台阶,这条栈道全由长约2米的花岗岩石板嵌入石壁筑成,坡度并不令人绝望,持续攀登20分钟便可到达❷**江南第一关**。这是标志徽杭古道的最重要的关隘,也被认为是古道最险要的地方。之后的古道会相继途经西寺飞瀑、摩崖石刻等景观,约30分钟到达❸**施茶亭**,这里曾专供来往古道的行人歇脚,你也可以在此停留片刻打量一下亭子对面的佛掌峰。这也是整条古道风景最为赏心悦目的路段,石板路也保留得相对完好。需要返回绩溪的旅行者,可以在此折返,施茶亭有个岔路口通往对面的新修步道——逍遥谷,可以让你回程时不走重复路。

从施茶亭开始的路较为轻松,继续往前约25分钟(经过一处水库)到达❹**黄茅培**,之后又大约50分钟平坦的机耕路,待你走完一段水泥路之后很快会到达❺**下雪堂**。这里有个分叉路,注意选择窄小的上行路线。从下雪堂至❻**上雪堂**为持续的上坡,因为山路较窄,旺季沿途上下避让,至少需要约1小时才能到达古道的最高点❼**蓝天凹**,这里地势开阔,海拔1050米,向东可远眺群山,春季时这里漫山的杜鹃最为上镜。这里有3家农家乐,可以补给歇宿。

蓝天凹之后的路线大多下行,在林中步行约45分钟便可到达景区的东大门❽**永来村(徽杭古道东门)**,把票根递给检票员,徽杭古道的徒步穿越到此圆满结束。

不要错过

家荆古道

家荆古道，也叫荆磡古道。是一条从家朋乡翻越荆磡岭到荆州乡的步行路线。现在仍保留着层层的石板路，穿越村庄、田野和山岭，甚至可以通往浙江。在当地人心目中这条古道的景色绝不亚于徽杭古道，因为只是路线跨度太短的“村道”而被埋没了。

从家朋乡到荆州乡全程10公里，耗时约5小时，途中需要翻越高约700米的荆磡岭。也就一次上下坡，没有太大的难度，也无须特别的户外装备，只要合脚的鞋子和1瓶饮用水即可。沿途虽有写着“家荆路”的电线杆可以导向，但是途中还是有一段路被野草覆盖，所以最好还是请当地的向导带路，以免迷失方向出意外。途中经过岩下村，翻过荆磡岭后，经栈路头顶、杨村坞到荆州乡。两边可以对穿，都会直接到达村子，从家朋出发的上坡时间更短一些。

家乐最多；再走近1小时到达蓝天凹，有**徽杭人家**（☎849 0731）等三家农家乐。也有不少驴友选择在蓝天凹的平地上扎营，并不额外收费，不过这里没有水源。

到达和离开

多年来驴友、攻略都认准鱼川是徽杭徒步的起点，现在班车已经帮你节省了半小时脚程，直接停在了景区门口。在绩溪客运站乘坐前往胡家方向的班车，提前告诉司机在徽杭古道景区门口（9元；30分钟）下就行。

景区的出口在永来村（属于浙江省杭州市临安区），需要继续步行2公里来到浙川村（村口牌坊前的浙基田公交站）才有公共交通。去往杭州方向，在此乘坐K372路（1.5元；6:30~12:30，1小时一班，14:10，15:10，16:40；1小时）至颊口公交站，再继续换乘K366路（1.5元；6:20~16:40；1小时）到达昌化汽车站。同站发往杭州的末班车约在17:00左右，如果错过则可以先坐班车到临安，那里发往杭州的末班车直到22:00。旺季可以寻伴拼车在永来直接包车去往昌化（约1小时车程），一般要价200元/车。最好凑齐人再和司机谈包车价，不然会以80元/人的价格揽客。

如果返回安徽，昌化汽车站也有发往绩溪（48元；8:35；3小时）和歙县（40元；7:55，8:35，12:15；2.5小时）的班车。

家朋乡和荆州乡

家朋和荆州（并不是刘备“大意失荆州”的那个湖北荆州）位于绩溪的东北边，距离市区不过50公里，风貌却和平坦的绩溪县城大相径庭。这里近邻徽杭古道的起点，厚重的山岭越发紧密，横在两乡之间的云山岭高耸险峻，被当地人称为小黄山。旧时全靠一条家荆古道打通两地，直到20世纪80年代，荆州乡才正式通了公路。如今，曾经的古道依然可以徒步穿越，贯通两乡的盘山公路也能让你品出一丝“川藏线”的壮美。

景点

磡头村 古村落

（见134页地图；免费）磡头村也是家朋乡的所在地，这里群山环抱，农田围绕，云川溪奔流入村，辟出长长的水街。沿着这条主道，村民依山筑舍，就势造房，水街两侧皆是上坡的石板巷。据说有些房屋从门口到床上也须拾级而上，才有了“磡头磡，上床三档磡”的八字民谣。

听泉楼和**许氏宗祠**是这里最出名的两个建筑，它们相互为邻，就在水街中段。相比它们，更引人注目的是许氏宗祠前的**节妇坊**，标准的四柱三门五层檐，仿斗拱的结构精细到位，甚至连镂空的浮雕都依然品相完好。仔细辨识，还可发现它上题“恩荣”二字，等级上等同于奕世尚书坊，样貌上也有过之无不及。这座气派的牌坊是明代嘉靖年间为表彰村民许保之妻章氏所立，至今已经400多年。而村里另一块节孝坊则已经被砌在了民宅之中，对面不远处就能看到它的半边躯体。

村里细小的巷子保留着完好的石板路，虽然通往的多是破败的老宅，不少古董构件就散落在它们之间。胡宗宪所建的怀恩堂已经不复存在，原址的巷内，还留有当初建筑前的半月形的伯雨洗砚池，左前方保留着残存的鼓楼建筑。

梅杆岭梯田

自然景观

磡头村外是村民顺应山势开垦的梯田，方圆10平方公里，足有1600亩。每年春季（4月至5月）麦苗茁壮、菜花开放，是这片山景的颜值巅峰期，也是游客高峰期。届时观看这一美景的最佳位置就在梅杆岭的盘山公路边，现在已经建有开阔的观景台，但在油菜花节期间，这里依然拥挤得连三脚架都找不到地方摆。

观景台在距离村子约2公里的公路边，可以步行前往，或者在乘坐去往荆州的班车时选择左手边的座位沿途欣赏。

饭甑尖

山

（见134页地图）在家朋乡与荆州乡之间，横亘着一座云山岭，它的最高处有一巨石，形如倒扣的饭甑，于是这个山峰就被称为饭甑尖。峰顶海拔1349.6米，是体验野攀、俯瞰家朋的最佳位置。乘坐从县城和家朋乡开往荆州乡的班车，在山顶附近的云山岭公路隘口处下车。往右有小道通往山顶，山势较平缓，沿途两侧有茂盛的灌木和杂草，登顶这一段路约需1小时。不过想要翻上那块形似饭甑的巨石有些难度，非专业选手可能需要动用攀岩绳才能上到绝顶。巨石之下已经足够欣赏风景，虽然沿途的难度不大，但这里并非景区，没有任何指示标识，最好结伴而行，且避开雨天。

绩溪县城发往荆州的班车（22元；8:00，13:00；2小时）会经过起点。如果希望当天往返绩溪，可以先乘坐8:00发往荆州的班车，在登山口下（约9:30），再等荆州13:00的回程车，中间的时间足够你慢慢登顶并饱览山顶景色。且此趟往返车是同一个司机，可事先留好电话。

小九华

山、寺庙

（见134页地图；门票48元）小九华离荆州约4公里，因传说九华山地藏王曾经在这里修行而得名。又因“大九华许愿，小九华还愿”的说法，这里一度曾香火鼎盛。而当地人认为这种说法只是因为从前去大九华路途遥远，所以自从公路发达之后，这里便人气大减，旧时的寺院也因种种原因拆除重建了。目前来看，从山景到寺庙的数量都远不及大九华，只是延续了荆州的险峻山势，有一些造型奇特的花岗岩巨石，最著名的就是形似大刀的突兀巨岩**关王刀**。最重要的寺庙**地藏王大殿**嵌在山头，需要登上九九八十一级台阶才能到达。

去往小九华只能从荆州乡包车，单程约30元。

食宿

家朋和荆州都值得停留。荆州少有游人到访，有着淳朴的民风，家朋乡则拥有更成熟的接待能力和绝佳的自然环境。两地的客栈都能帮你找到徒步向导，根据人数200~300元/天。旺季为3月至5月和9月、10月，房价有所上涨。如果没有徒步或爬山的计划，从绩溪出发，来一次串连两地的一日游也同样可行。

值得一游

皖浙天路

从绩溪出发进入家朋乡，两边的群山渐显峥嵘，若不是点点白墙黛瓦提醒你的所在，估计会有进入川西的错觉。在到达磡头村时，大片大片的梯田映入眼帘，如果你正盘算着来个航拍，接下来的公路立刻可以满足你——过家朋乡后，车直接上行，接二连三的发夹弯让你有足够的时间俯瞰这片梯田，其中最佳的位置就是**梅杆岭观景台**（见145页），若是自驾可以停留欣赏。随之周围巨大花岗岩会吸引你目光，笔架峰（1387米）、五指峰（1350米），“小黄山”之称并非浪得虚名。短短5公里之后，车已经爬升了900米，隘口（海拔1158米）处就是**饭甑尖**（见145页）的登山入口。由此为界进入荆州乡，车辆一路下行，落入山谷。沿途是满山遍野的核桃树，若逢秋季（10月下旬至11月初）通体金黄的树林绝不亚于春天的油菜花田。

家朋阿玲客栈

农家乐 ¥

(☎139 6620 8810; 磡头村, 派出所对面; 标单/双80元, 旺季150元; 📶❄🅿)新建的楼房, 客房的设施崭新, 楼顶有平台, 底层还有车库。热情开朗的老板娘阿玲拥有多年与驴友打交道的经验, 已经很熟悉户外运动的需求。她本人就是向导, 可以带队进行多条路线的穿越与登顶。

家朋青年旅舍

青年旅舍 ¥

(☎138 6547 1332; 磡头村涧滨路4-1号, 村口处; 铺位35元, 旺季50元; 标单/双80元, 旺季100元; 📶❄🅿)青旅位于家朋村口, 也为近年新开, 房间干净, 也能为住客提供不少游玩建议。

荆州友谊宾馆

农家乐 ¥

(☎150 5632 3172; 荆州汽车站对面, 政府旁; 标单/双80元, 旺季100元; 📶❄🅿)调研期间荆州最新的一家宾馆, 房间干净整洁, 卫生条件相当好。老板熟悉当地徒步路线, 可以带队走家荆古道。提供包车去小九华(30元单程)。用餐可以在他家点菜, 也可以去镇上自觅农家乐和当地小餐馆。

到达和离开

绩溪客运站有到家朋的班车(15元; 7:30~16:00, 1小时一班; 1.5小时), 回程最晚在16:00。到荆州的班车每天只有两班(22元; 8:00, 13:00; 2小时), 返回绩溪的班车每天为7:00、13:00, 往返皆途经家朋。

虽然离徽杭古道的起点很近, 但来往的班车走215省道, 不经过古道景区。逗留荆州乡可以逛逛这里的老水街, 顺着主道旁的指示牌往里, 能找到不少破败的老房子。

池州

☎0566 / 人口: 162万

我们有理由相信, 池州将来可能会改名叫"九华山市", 大多数来池州的游客都是冲着这座佛教名山, 而四通八达的省内外交通更是让他们轻松地来, 也轻易地走, 不去涉足池州的其他区域。虽然北面长江, 南接黄山山脉的池州不乏可去之处, 但这里的旅游资源始终开发得不温不火, 若寻着官方景点而去, 体验很难让人满意。这里适合有大把时间的探寻者, 你可以下到无人问津的乡村, 寻找被城市遗忘的古老傩戏, 或者深入下属的东至、石台县, 发现藏在深闺的山中秘境。

九华山

[☎282 1008; 门票旺季(1月16日至11月15日)160元, 淡季(11月16日至次年1月15日)140元, 法定节假日间执行旺季价; 景区交通5~50元(见152页景区大巴)]作为地藏菩萨的道场, 九华山与五台山、峨眉山、普陀山并称为中国四大佛教名山。这里佛寺众多, 散落山间, 被赞为"九华一千寺, 撒在云雾中", 加上频频出现的肉身菩萨(修行者圆寂后肉身不腐, 见150页方框), 让九华的神秘更加耐人寻味。如今, 景区内外的配套设施一应俱全, 游览车、索道的搭配可以让普通游客轻易登顶, 而虔诚香客也通过登高拜寺体验真正的身、心考验。

其实, 拜寺并非九华山的全部, 确切地说, 寺院占据的只是九华山的前山, 它的后山则依然保持了原有的山林风貌, 成为户外爱好者的天下。如今后山开发了两处景区, 即便没有专业装备也能享受山间清净, 不过去往后山需要从青阳(见152页)出发。

游览九华山四季皆可。普通旅行者最好避开每年的佛教节日和节假日, 春秋两季是步行游览的最佳时机, 冬日降雪, 虽需忍受严寒, 但这也是整座山最为宁静的时候。九华山景区实行一票制, 有效期3天。除非想拜尽千寺, 一般逗留1~2天便可将景区看全, 可以参考我们给出的路线(见151页方框)。

景点

你可以这么理解九华山的景点分布: 从售票处到九华街的13公里称为山前景区; 九华街景区是九华山的中心, 住宿、吃喝集中在此, 围绕九华街的山头是寺院最为密集的区域; 天台和花台并列在九华街景区的东侧, 但相隔一个山头, 分别是两个观景至高点; 在天台和九华街之间有一片谷地, 被称作闵园, 以凤凰松为地标, 是一片竹林密布的尼庵区。各景点之间互通山路, 也可借助景区交通。寺院开放时间一般为8:00~17:30, 特殊节庆可能延迟。景区内不售卖香烛, 每处寺院都免费提

九华山

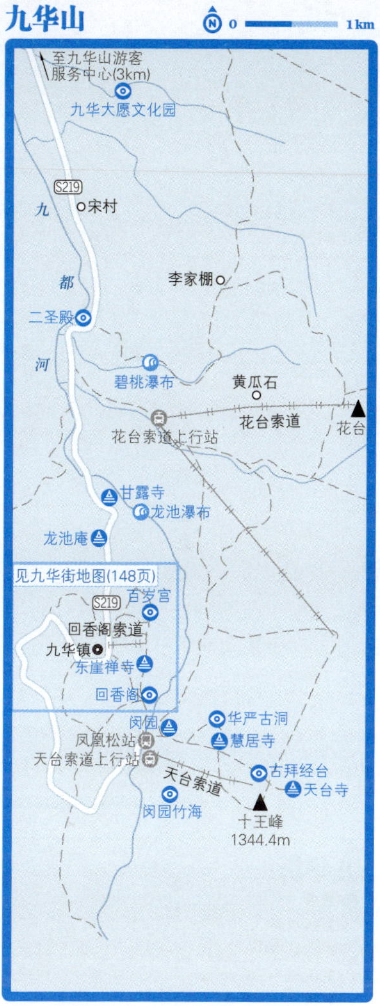

供3支香。

山前景区

从售票厅到九华街有13公里，乘坐景区巴士约需20分钟，风景优美但山路蜿蜒，晕车人士务必有所准备。沿途经过两个景点，**九华大愿文化园**（见147页地图；门票180元）和**甘露禅寺**（见147页地图），前者是全新的人造奇观——99米高的地藏王大金像，坐在班车左侧的座位就能在途中欣赏；后者是九华山佛学院的所在，是一栋古朴的黄色建筑，但通常不对游客开放。

对于普通旅行者来说，这段路程坐车游览即可。但如果你心意已决，那记得徒步这一程不要走公路，山间有清晰的石台阶小路。

九华街景区

九华街是九华山山腰上的一处盆地，海拔约640米，这里也是九华山的游客基地，以一个环形的街道构成整个镇子，街上有三种店铺，餐厅、宾馆、小卖部。从九华街向山上望去，就是林立的寺院。我们在此由近及远介绍较大的几座，你可以根据体力和兴趣选择游览。

祇园寺（见148页地图）就位于九华街入口处，寺院自明代创建至今一再扩建，规模是九华山“四大禅林”之首。寺内的弥勒殿和大雄宝殿是清代的官式建筑。

化城寺（见148页地图）也是**九华山历史文物馆**的所在地。不过目前内部展品稀少，令人期待的“血经”（《大方广佛华严经》，共81卷，由明代高僧无暇禅师以指血调朱砂，耗时28年写成，为九华山镇山之宝）也是以照片的方式陈列。

旃檀禅林（见148页地图）有三座面向九华街的庞大佛殿，是九华街最金碧辉煌的寺庙。大悲楼内供奉着9.19米高的四面千手千眼观世音菩萨像，以檀香木制作，也是寺院“旃檀”的来源。

通慧禅寺（见148页地图）供奉着仁义师太肉身（见150页方框），位于殿内二层。这是九华山距今时间最近的一座，也是世界上唯一的一座比丘尼肉身。通慧禅寺来客稀少，通常你有足够的时间近距离直面仁义师太。

月（发音为肉）身宝殿（见148页地图）是九华山最殊胜的宝殿，供奉着九华山第一座肉身菩萨——地藏王金乔觉，以及圆寂时的坐缸。寺院有多个入口，但不论从哪边进入，都需要攀登九九八十一级台阶才能来到主殿门前。殿内1.8米高的汉白玉塔基上放置着17米高的木质地藏塔，里面还有一座石砌塔，肉身就安放在塔内——是的，你无法亲眼看到。如果从北门进入，还会途经**地藏禅寺**（见148页地图），殿内安放着慈明和尚的肉身，位置在大殿左侧。但是你依然不被允许进入，殿内的僧人会指引你隔着门缝望一眼，或者隔着

九华街

九华街

景点

1 百岁宫……F2
2 地藏禅寺……C3
3 化城寺……D2
4 通慧禅寺……E3
5 月身宝殿……C3
6 旃檀禅林……D3
7 祇园寺……D2

住宿

8 东崖宾馆……D2
9 流云筑……B2
10 喜舍……B2
11 幸芸山庄……D1

就餐

12 曾福兴……D3
13 太白酒家……D2
14 祇园素斋……E2

实用信息

九华山祈福邮局……(见3)
15 九华镇派出所……C2
16 九华镇卫生站……C2

寺门参拜。

百岁宫(见148页地图)建在高高的山脊上，这里供奉着明代无暇和尚的肉身。但并不是气派非凡的那座，而是左手边有黎元洪题字的小殿。肉身供奉在殿内的第二进，非常隐蔽。另外，百岁宫的建筑方式也是山中一绝，参观的同时不妨留心一下它将金柱直接顶在山石上的技巧。从祇园寺左手的闵公庙旁的

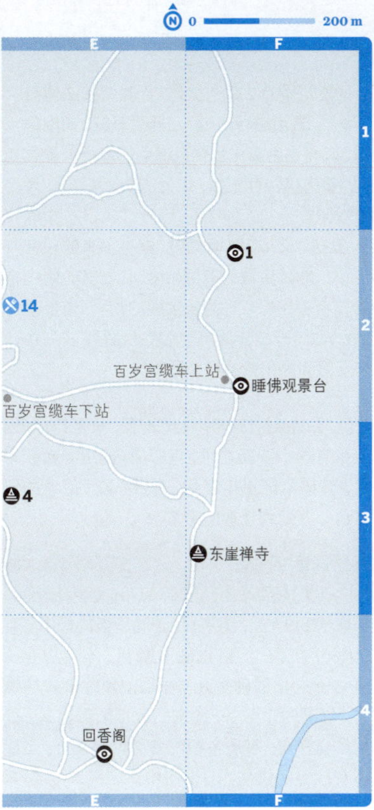

台阶（1479级）可以直达百岁宫，也可以在太白楼对面选择缆车（见147页地图；单程/往返45元/80元；⏲7:00~17:00）。

闵园景区

（见147页地图）夹在两个山头中间，闵园的存在感较弱，它是**天台索道上行站**的所在地，所以通常可以顺道游览。这是九华山的比丘修行地，建筑相对小巧，比起山中大庙，这里清净许多，除了拥有一颗千年的**凤凰松**，还有一大片翻涌的**闵园竹海**。

景区大巴的凤凰松站就停靠在此，如果你从九华街景区徒步过来，可在回香阁处根据“凤凰松”方向的指示牌一路下山。要是从闵园出发徒步前往天台，至少需要2小时。

天台和花台景区

天台（见147页地图）正顶海拔1306米，是大多数人来九华山的最高目标。这里四面视野开阔，据说天气晴好时西北方向可以看到长江。山顶的日出、日落也值得期待，你可以参考官网给出的时刻表。天台最主要的寺院是**古拜经台**（见147页地图），据说是金地藏拜经的遗址，看点藏在大雄宝殿旁的小殿，地板上封存着地藏菩萨的大脚印。徒步参拜天台是一场身心苦旅，从闵园出发，最快也要2小时，自慧居寺起，一路持续不断地上行台阶，沿途也无风景可言。想要轻松一些可以选择在凤凰松站乘坐天台索道（见147页地图；单程/往返 65元/120元；⏲7:00~17:00）来替代闵园至拜经台的路程。之后还需攀登826级台阶，才能到达正顶。除了去峰顶签到，你还可以跟着指示牌花30分钟绕一个小环，去往最高的**十王峰**。

从天台正顶有清晰的路标去往花台，全程步行需要3个小时。除非你还有力气徒步回程，不然只能坐索道下山，而花台索道的下站（见147页地图；单程/往返 90元/160元；⏲3月至10月 7:30~17:30，11月至次年2月 8:00~16:30）位于山前景区，如果有行李在九华街就需要乘坐景区巴士往返一次。**花台**（见147页地图）的景观比天台略高一筹，曾经单独收取门票，现已取消。这里更大的亮点是长达1399米的**高空栈道**，如果想要治疗恐高症可以来挑战一下。

节日

每年的农历七月三十是地藏菩萨的诞辰，也是九华山最热闹的时候，各个庙宇要举办连续7天的“地藏法会”，加上农历七月十五的盂兰盆节，整个九华山一带在这个时段会变得拥堵不堪，当然也能看到很多平日里不多见的庙会表演和佛教仪轨。

每年的大年三十直到元宵节也是如此，特别是大年三十烧头香、年初五拜财神时，拥堵程度甚至比佛教节日更胜。普通旅行者最好避开这些时间段，不然务必要提前预订住宿，做好充足的准备。另外农历四月初八的佛诞日、观音菩萨生日等节日也都会有节目。

住宿

九华街有足够的接待能力，环形的街道以东南边最为热闹，聚集着颜值较高的酒店和客栈；北边则大多是当地居民自己装修的

当地知识

神秘的九华山肉身菩萨

九华山有一种奇特的僧葬方式——"坐缸"。即僧尼圆寂之后不火化，而是将其法体盘坐装殓在一口大缸中，周围填充入生石灰、木炭、檀香，最后进行封缸。三年后开缸，如肉身不腐，就用漆涂抹，塑成金身。从佛教的观点来看，肉身是否腐化和坐缸僧尼的修行有重要关系。因为即便使用同样的坐缸方式，也只有极少量肉身保存下来，成为"肉身菩萨"，大多数僧尼遗体在坐缸后几日发出腐烂气味，便及时火化。

九华山一带可考据的肉身菩萨有14尊，但大多在"文革"时期被毁，保存下来的只有五尊（月身宝殿的金乔觉肉身、通慧禅林的仁义师太、地藏宝殿的慈明和尚、百岁宫的明代无暇和尚和九华后山双溪寺的大兴和尚），其中最古老的是保存在月身宝殿的新罗（位于朝鲜半岛的古国）高僧地藏王金乔觉的肉身，这位九华山"开山师祖"唐代来此修行，其肉身距今已有千年历史。而如今能够亲眼鉴证的，只有无暇和尚和仁义师太两尊。

各种"山庄"和"农家乐"，住宿、用餐的价格会稍许低一些。如果提前预订，主人通常都会在九华街的大巴站迎接客人。用餐也可以在住处点菜，价格会比九华街上的饭店便宜一些。

除此之外，山脚下（景区外）的柯村新区也有大量住宿，虽然价格会便宜一些，但游览不便；较大的寺院，如祇园寺、天台寺、古拜经台、慧居寺等，也辟有客房，铺位一般50元左右，标间100元/人，以接待香客居多。山上住宿条件比较差，基本上从慧居寺再往上，水源匮乏，枯水期不能洗澡也是常有的事。

九华山住宿淡旺季价差较大，黄金周和各大佛教节日价格至少翻倍，且需要提前预订。

幸芸山庄
农家乐 ¥

（见148页地图；☎153 8537 3737；灯塔新村128号；标双128元；📶❄）当地人自家改建的客房，位置在稍显偏僻的北边，但离虎形山车站（去往闵园天台缆车下站）很近。老板一家非常热情，愿意给你的行程出谋划策，最主要的是——这里的客房干净得无可挑剔。

流云筑
酒店 ¥¥

（见148页地图；☎282 9277；白马新村195号；标双268元；📶❄）酒店2018年新开，将极简风贯彻到了极致，房间里你只能看到三种颜色：原木的家具，白色的床品和水泥色的厕所墙面。榻榻米房（单188元，双218元）非常受欢迎，透过窗就能看到月身宝殿。

喜舍
客栈 ¥

（见148页地图；☎153 0566 8595；九华街南侧，白马新村130号；标双147元；📶❄）九华山上少有的小清新之风，色彩简洁，房间面积不大，整体氛围更年轻化，自带小院。他家的饭菜也一直受到住客的夸赞。

东崖宾馆
酒店 ¥¥¥

（见148页地图；☎283 1370；化城寺附近；标单/双819元起；📶❄）位于九华街的最中心，2018年翻新，价格也随之翻倍，不过物有所值——这里的确是九华山目前硬件最好的酒店。标准四星配备，优雅的改良徽派建筑，处处尽显禅意。客房各项配备必然是满分，二层还有抄经阁供住客自由使用。

就餐

九华街上的餐厅分布和住宿一样，热闹地带的餐厅体面而价高，西北边的农家乐大同小异，价格也当仁不让。如果入住农家乐，也可以考虑在主人家解决用餐。

祇园素斋
素菜 ¥¥

（见148页地图；芙蓉路1号；人均80元；🕘11:00~14:00，17:00~20:00）隶属于祇园寺，是祇园寺上客堂宾馆的餐厅，供应全素斋，是你见识素菜千变万化的好机会。东坡肉（78元）、回锅肉（58元）皆可以假乱真，或者选择午餐时段（11:00~14:00）体验一顿78元的自助素斋，内容也相当丰富。

曾福兴
徽菜 ¥¥

（见148页地图；化城路11号；人均65元；🕘9:00~22:00）本地的老店了，生意一直红火，2018年重新装修，环境提升不少，口味依旧保持。特色菜包括曾福兴狮子头(28元/例)、香猪肉(98元)、玉露羹(28元)等,菜量属于精致。普通农家小炒39~78元,会在菜单上额外标注素菜。

太白酒家 徽菜 ¥¥

(见148页地图;芙蓉桥边;人均70元;⏲9:00~21:00)据说李太白曾在这里隐居,门前还有太白井、太白书堂等景点。酒家靠近河边,装修古色古香,供应的菜品也较有农家风味,虽然价格不那么农家。石耳炒鸡蛋(58元)、笋干烧肉(58元)、太白臭鳜鱼(168元)是点击率最高的菜品。

危险和麻烦

游客被九华灵猴抢走食物、背包的事件每年都有发生,有些人甚至会被灵猴咬伤。猴群主要集中在百岁宫缆车附近,天台缆车旁也有不少,特别是上行的缆车站。最好的办法是尽快通过,不要逗弄猴子,尤其不要使用手中的塑料袋去逗弄它们,这个动作会让它们误以为你拥有很多食物。如果不幸被抢,也不要争夺,以免被咬。九华街和闵园两地皆有卫生站,万一咬伤务必及时处理。

实用信息

九华山游客服务中心(见148页地图;☎282 3780;柯村新区)可购买九华山景点门票、景区大巴票、长途汽车票、九华山机场直通票等。在咨询台可预约导游服务(100元/天)和领取免费旅游资料、部分景点的介绍。微信公众号"九华山旅游",有详细的交通、天气、地图等信息,也可以在线购票。

九华山祈福邮局(见148页地图;⏲8:00~17:00)在化城寺旁。附近还有建设银行和工商银行,两处均有24小时ATM。

九华镇派出所(见148页地图;☎283 1331;灯塔新村41号)

九华镇卫生站(见148页地图;☎283 1330;芙蓉路)在白马大酒店对面,如果不幸被九华灵猴咬伤,及时来这里处理,医生对此类事件较有经验。

到达和离开

飞机

池州九华山机场(☎487 9222)目前开通北京、上海、成都、广州、厦门、泉州等地航线。在机场内的九华山旅游服务中心可以购买九华山门票。九华山出发的机场直通车(☎282 2222;20元;7:20,12:00,13:00,16:30;30分钟),机场到九华山的班车对应航班发车。

长途汽车

九华山汽车站(☎511 7602)就在游客服务中心

九华山路线规划

九华山的寺院多而分散,对于普通旅行者来说,可以尝试跟着我们的路线,分两天看完山中主要的寺院。

第一天:祇园寺—百岁宫—睡佛观景台—东崖禅寺(幽冥钟亭)—回香阁(万佛塔)—小天台—月身宝殿—旃檀禅林—通慧禅林—化城寺。这条路线将九华街一带的寺院景点串联起来,全程约需要4~5小时。其中旃檀禅林、通慧禅林、化城寺和祇园禅寺就在九华街外缘的平地,其余皆在山间,途中的幽冥钟亭和万佛塔是俯瞰九华街的最佳位置,去往小天台的路线是单线折返,体力不够可以跳过。轻松的走法是乘坐单程缆车先抵达百岁宫,之后的路线基本是一路下行。如果徒步则可以反向从月身宝殿开始上山,相比从祇园寺直上1479级台阶缓和多了。

第二天:步行去往天台只有一条路线,阶梯步道大多在山林中,沿途景色并不出众。建议索道上行(临空观景的角度更好),再步行下山(最快1.5小时),即便这样也会花去你半天时间。

对于体能挑战者可以合并两条线路一天走完,在回香阁处下到闵园的凤凰松开始去往天台的攀登。如果游览花台,一天几乎不可能。最快的办法是先在游客中心坐去往花台索道的大巴,然后从花台步行前往天台游览,步行或缆车下山,坐景区巴士回九华街,次日游览其周边的路线。

九华山汽车站车次时刻表

站点	发车时间/班次	票价(元)	行程(小时)
池州	7:00, 8:00, 9:00, 10:00, 11:40, 12:20, 16:00, 16:30	12	1
屯溪	7:50	70	3
宣城	7:10, 13:00	47	3
芜湖	7:50, 12:30, 14:20	43	3
黟县	12:30	50	3.5
石台	11:40	35	2.5
合肥	6:50, 7:50, 9:00, 10:20, 11:40, 12:30	88	4
杭州	6:50, 14:50	125	5
上海	7:00, 14:50	140	6
宁波	7:00	180	6
南京	7:10, 9:00, 13:00	85	4
武汉	7:00	155	5

内。有沟通省内外的各方向班车，安徽省内的班次会根据淡旺季相应增减，可以在携程网提前查询购票。

火车

池州站(见156页)有来往九华山景区的直通班车(☎522 8666; 9:00、10:15、11:00、13:00、14:00、15:00、16:50，回程7:15、10:00、13:00、16:00)，其实坐高铁站前的池青九线(见156页)也一样便利。

当地交通

景区大巴

九华山景区内有黄色的旅游大巴(6:30~17:00，根据客流约30分钟一班)，分别有游客服务中心、迎仙桥(九华街)、花台(索道下站)、虎形山(九华街内)、凤凰松(天台索道下站)，五个站点。联票50元，每个站点只能乘坐一次，上车时会在票据上打孔，表示该段已乘坐过。如果你计划徒步完成某段路程，也可分段购买，游客中心至迎仙桥25元，至凤凰松50元，至花台15元，迎仙桥至凤凰松5元。通常司机只在站点停靠，如果要前往地藏圣像和甘露寺，需要提前告知司机，可原地上下车。自驾车上山与景区大巴走的路线相同，但私家车只允许进入到九华街(旺季可能不允许进入景区)，沿街有停车点，统一收费(7:00~18:00，15元/车；其他时段25元/车)。

如果错过大巴，可以询问入住民宿的老板或者酒店前台，帮忙叫私家车，一般送至游客服务中心20元/车，至青阳或池州市区50元/车。

青阳

青阳县在九华山的北边，距离九华山仅30分钟(22公里)路程，比池州市区都近。这里是进入九华山、特别是九华后山的中转地。县城不大，但足以应对你的短暂停留。沟通县外的班车在城东的新汽车站，若要去往九子岩和莲峰云海等景区，则需在市中心的老车站乘坐。两个车站间有1路公交来往。

景点

九子岩 山

(☎545 0091; 门票旺季80元/淡季65元; ⏲8:00~17:00)九子岩是九华山后山的一处景区，看点是最高处九块巨大峥嵘的岩石，有种说法，说九华山的原名为“九子山”，就缘于这九块岩石。但因为佛寺稀少，不被香客所熟知，也使得这里的山景更为天然、清净。不过登山的体力活丝毫不减，如果全程徒步上山可能需要4~5小时，沿途会经过从巨大岩石中川流而下的**七布泉**，和供奉着大兴和尚(见150页方框)肉身的**双溪寺**。在到达**华严寺**(九子寺)之后，还需攀登2~3小时才能到达能够远眺“九子”的天华峰望峰台。

从景区入口的双溪寺附近有索道(单程

45元/联程80元；⏲8:00~16:30）可以直接上到华严寺，将1小时的路缩短到10分钟。需要注意的是，华严寺以上的7公里山路路况有些复杂，会经过一些需要手脚并用的铁索、岩石路段，雨雪天慎行，景区公告提示"只是适合户外攀登，散客自行上山后果自负"。

青阳县城出发，商业广场西侧的南门桥下有发往九子岩的直达公交车（4元；7:00~16:30，约30分钟一班；20分钟），途经朱备镇。淡季班次较少，记得确认回程时间。如果错过末班车，双溪寺附近有当地人的农家乐（100元/人，含餐）。

莲峰云海 山

（☎511 57788；门票旺季100元/淡季80元）2018年起莲峰云海景区也意识到了自己的价值，不再免费开放。这里最主要的景观是主峰莲花峰，同样是九华山山脉中的一座，海拔1048米，因常有云海相伴而得名。这里并不如九子岩险峻难走，倒是更像一个度假疗养山庄。中心有一个四星级配备的**莲峰云海生态园酒店**（☎515 8888；标双旺季658元起/淡季498元起；Ⓦ❄Ⓟ），入住酒店可以免门票。周围有一些附庸风雅的书舍、茶室和民俗博物馆。在酒店已经能够远眺莲峰云海的景观，若有脚力也可以走10公里登上莲花峰，景区以铺设台阶路，单程需2~3小时，沿途没有补给。

莲峰云海景区没有直达车，从县城打车前往单程约40元，也可以先乘坐九子岩的公交车抵达朱备镇，再包车完成剩下的4.5公里。

食宿

青阳的住宿主要集中在庙前路、木镇路和老车站附近。周围的饭店、超市、路边摊比较集中，足够做补给之用。这个区域里的**花红徽文化主题酒店**（☎502 6075；富阳南路山水华城18号；标双190元起；Ⓦ❄Ⓟ）是当地比较有特色的一家。装修古色古香，处处体现徽派文化，有民宿的亲切也不失宾馆的卫生标准。若为方便出行，新汽车站对面的**麒彧大酒店**（☎581 2888；上东物流商贸城1幢；标双138元；Ⓦ❄Ⓟ）全新开业，各类设施都比较舒适。

活动

攀登石台阶不是九华山的全部，如果你想在这里开拓户外乐趣，后山是最好的选择，攀岩、溯溪、徒步皆能在这里找到场地。从天华峰、莲花峰、天柱峰，甚至花台、天台之间都有山路可循。不过因为无人管理，最好由有经验的户外向导带领，或者跟团出发。青阳当地的**九华山龙哥户外运动协会**（☎189 0566 5688），强项就在于九华后山，他们不仅熟谙当地的每一寸土地，还会策划出各种特殊的户外线路。单独带队费用约在300元/天（有免门票的特权），也可以报名参加他的团队活动。

到达和离开

作为九华山的中转站，青阳沟通安徽省内外的交通非常发达，通常省外、县外（车程40公里以上）的班车停靠在**青阳汽车中心站**（☎511 7602；103省道，木镇路附近）。

不用理会门口试图带你去九华山的黑车司机，在车站门口乘坐1路公交至商业广场站，对面的巨大停车场就是老车站（电子地图标注为"蓉城客运站"）。这里有来往九华山的城际公交车（4元；7:00~17:50，20分钟一班；35分钟），直接停靠在九华山游客服务中心门口。

青阳汽车中心站车次时刻表

站点	发车时间/班次	票价（元）	行程（小时）
屯溪	8:30, 14:00	58	2
宣城	7:45, 9:10, 9:50, 10:50, 12:25, 13:40, 14:10, 16:50	37	2
铜陵	7:00~16:50（约20分钟一班）	21	0.5
安庆	11:40	35	1.5
石台	6:50, 7:40, 10:20, 12:35, 13:35, 15:00, 15:50	26	3
黟县	13:20	41	3

池州市区及周边

进出九华山的交通四通八达，使得到访池州市区变得不那么必要。的确，这里旅游资源的开发也不温不火，市区没有太多看点，只有秀山门博物馆值得一看，最值得夸耀的**杏花村文化园**（杏花村大道108号；门票88元；⏲8:00~17:30）也只是一个仿古公园，而传说中的杏花村古井，则被圈进了一家餐厅的后花园（杏花大道、翠微西路交叉口）。停留市区，可以去烟柳园公园听听老人们的黄梅戏，或者爬上齐山远望宽阔的平天湖。

市外则精彩很多，景点以东至和石台两县为主，前者可寻鲜为人知的古镇，后者可以深入养生胜地仙寓山。夏季是体验秋浦河漂流最佳时段，自然爱好者可以在秋冬前往升金湖观鸟，民俗爱好者则可前往渚湖姜村、刘街等地寻找民歌和傩戏。

景点

秀山门博物馆
博物馆

（☎202 0001；杏村西街302号；门票88元；⏲9:00~17:00，周一闭馆）秀山是梁昭明太子萧统的衣冠冢的所在地，其实并不在池州城区，是宋朝池州太守为纪念这位未即帝位就去世的太子，将原城西的秋浦门改名秀山门。城门原物早已不复存在，如今复建的一小段城门仍然挂着“秋浦门”的名字，而秀山门博物馆就位于这段城墙内。

这是一个当地私人创办的博物馆，论其藏品的品质和数量则足以和不少市级的官方展览媲美。这里收集了3700余件来自安徽（也有中国其他地区）各地的木雕、砖雕、石雕构件。以明、清时期为主，如果你在古村里没有把三雕看过瘾，那这里应该可以喂饱你的眼睛。除此之外，这里还陈列了大量的傩戏面具，一尊昭明太子的木雕像，以及一块清代金砖。

关注其微信公众号“秀山门博物馆”可以在线看到全馆的VR全景，但我们仍然建议你网购一张门票（常有折扣），近距离端详一下这里的藏品。唯一让人遗憾的是，不少藏品以拼接的方式重现，虽有文字介绍，但大多缺乏出处和具体的年代信息。

东流古镇
古镇

一个古老的小镇。相传陶渊明任彭泽县令的时候，经常到东流来种植菊花、吟诵菊花，所以东流也被人称为“菊邑”。如今的东流古镇里找不到什么菊花，一塔一祠几乎就是东流旅游的全部。一座古朴荒凉的陶公祠隐藏在江边的小山丘上，里面有一尊陶公塑像和影印的诗词和生平介绍。门口的石塔，就是秀峰塔，现已铁门紧锁不可攀登。东流算不上合格的观光景点，年代久远的老宅不少处于荒废的状态，沿着老街会一直通往长江边，你可以站在高高的防洪堤上看看长江“东流”。

池州客运总站有发往东至的班车（30元；6:00~17:00，约30分钟一班；2小时），东至汽车站每天有直达东流的班车（4元；6:30~20:30，1小时一班；15分钟），也可以在池州客运总站直接乘坐到大渡口或者泉水塘的班车（24元；6:30~16:35；1小时），再转城际公交。但我们觉得东流并不需要特意前往。

南溪古寨
古村落

（东至县南溪村；门票45元）南溪古寨的后缀是“大山深处最后一个古匈奴部落”，据说这里最早的居民是唐代为避黄巢之乱流落至此的匈奴后人，其祖先可以追溯到被汉武帝钦赐金姓的匈奴休屠王太子金日磾。在成为“南溪古寨景区”之前，这里也叫金家村。但这里除了身世非凡，看起来和其他村寨的差异并不大。南溪古寨被九座山环抱，直到2004年才通了车，和其他著名村寨相比，这里依然淳朴，即便是旺季也有可能“无人售票”。尽管一张张景点介绍已经安在村内各处，但实景总不如解说词来得精彩。村子内部道路极其复杂，据说古人是依照八卦阵法为之布局，以起到保护村庄的作用。**古堡楼**、**九龄故居**、**金氏宗祠**都是这里代表性的老建筑，但有的成为民居、有的正在施工修缮，需要和当地人沟通后参观。

村内有当地人的农家可以接待游客，**古寨风情农家乐**（☎139 5550 2390）和**匈奴情农家乐**（☎138 6681 8110）是比较好的两家，价格在百元左右。房屋里面保存着现今少见的老式家具，有热水器可以洗澡，但没有空调。

去往南溪需要在东至汽车站转车，站内有开往金榨、花园方向的公交车（6元；5:20~12:30，约1小时一班，14:20，16:30；50分钟），下车点离村子还需步行1公里。班车为循环线，不在村里停留，记得和司机确认下一班的到达时间。需要注意的是，县城外9公里外的新车站已启用，目前进出车辆新老车站都会停靠。

升金湖 自然保护区

升金湖是"东亚—澳大利亚"候鸟迁徙路线上珍稀候鸟的越冬地和栖息地之一，每年大约有十万只候鸟在此过冬。无污染的各种浮游生物和小型鱼虾为鸟儿提供了美味的食物，鸟类在滩涂留下的粪便又成了滋养水草的上好肥料，这片湖泊也因为鱼货价值的"升金"而得名。在这样一个良性循环当中，来升金湖的鸟类一年比一年多，大量珍稀的候鸟也引来全国各地众多的观鸟者。升金湖以"中国鹤湖"著称，候鸟一般每年11月下旬迁至升金湖，次年3月飞离，期间你可以参考升金湖官网（sjh.shidi.org）所列出的观鸟点，守望心仪的候鸟。

升金湖距离市区约70公里，观鸟以自驾为宜。湖边的大渡口镇和胜利镇是两个重要的集散地，镇上有不少食宿点可以满足停留。池州汽车站也有班车发往大渡口（18元；6:30~16:35，约1小时一班；1小时）和胜利（19元；6:30~16:35，约1小时一班；1小时）。

食宿

池州的翠微西路和长江中路交叉口为中心繁华路段，以大润发为地标。但和本土酒店相比，逐步入驻的连锁酒店性价比更高。秀山门广场旁的**iu酒店**（☎525 1777；翠微西路，通达广场4层；标双125元；Wi-Fi 空调）有着简洁明快的房间布置，卫生条件也令人放心。如果担心广场吵闹，一街之隔的**锦江之星品尚**（☎522 1888；秋浦西路，通达广场A座；标双/单124元；Wi-Fi 空调）在2018年新开，设施崭新，房间空间宽敞，位置闹中取静。另外，位于平天湖景区的的**平天半岛大酒店**（☎261 4999；平天湖景区1号桥旁；景观房828元起；Wi-Fi 空调 P），能让你享受推门见湖的奢华体验。

市中心有不少用餐选择，大润发北侧的步行街是年轻人吃喝较为集中的区域，但大多是来自中国各地的风味菜，本土店铺较少；商之都广场所在的百牙西路聚集了较多炒菜馆子；位置稍显偏远的**庄稼人粗菜馆**（☎202 9577；秀山南路南湖路交叉口；人均40元；⏲9:00~13:00，15:00~21:00）是当地人比较认可的土菜。

到达和离开

飞机

池州现已开通往返北京、天津、上海、广州、厦门、西安等地的航班。机场位于市区东北边23公里处，位置兼顾市区和九华山景区。也有往返两地的班车，池州城区至机场的大巴专线（☎231

安徽南部 池州市区及周边

不要错过

池州傩戏和罗城民歌

傩戏流传于长江流域的各个地区，如今在贵池、青阳一带傩戏的风俗依然保存完好，并且融入了安徽本土的徽剧和目连戏的特色，有了不少传统剧目。池州各地每年正月的初三至十五都要举行"春祭"，以及农历八月十五的"秋祭"。举办地点一般在周边乡镇，如刘街、梅街、茅坦等地，并通常以家族为单位。最隆重的是正月十五，各宗族在梅街镇青山庙举行朝庙仪式。这些乡镇距离市区不远，也皆有班车可达，如有兴趣可以关注池州市文化馆（www.czwhg.gov.cn）或其同名微信公众号，每年年初都会公布当年的傩戏活动表。

据考证，傩戏的主要腔调之一傩腔就是根据当地的民歌小调发展而成。这种小调就是罗城民歌。罗城民歌在池州市东边25公里的渚湖姜村还能听到。早在20世纪60年代，就有罗城民歌歌手姜秀珍在中南海唱过《山歌唱到北京城》，现在村里还成立了一所罗城民歌学校。80多岁的姜秀珍还会不时去罗城民歌学校教学生唱民歌。若想造访，可以在汽车站门口坐池青九线在墩上镇下，换当地的公交车即可到达。

7792；18元；7:20，16:00；30分钟），在翠柏路的百岁大酒店发车，会停靠百岁大酒店、池州宾馆和池州客运总站。

长途汽车

池州客运总站（☎271 7088；永明路288号）是市区最主要的汽车站，发往市外和县外的班车大多数在这里发车。可以在携程网查询购买车票。

前往九华山和青阳县，可以直接在车站门口乘坐城际公交**池青九线**（5元；8:00~18:00，20分钟一班；1小时），价格是车站内中巴班车的一半。

火车

池州站是武杭高铁、池黄高铁的中间站，不少前往九华山的旅行者也会选择以此中转。普速列车也停靠在此。火车站和汽车站相邻，距离市中心约7公里，乘坐公交15路，约需40分钟。

石台县

石台县在池州城区以南，境内山峦密布，有着“安徽原生态最美山乡”之称。秋浦河和各条支流穿行其中，华东最后一片原始森林——牯牛降（见116页黄山）就在石台县。夏、秋两季是到访石台的最佳时段，除了穿行森林，还能体验一段秋浦河漂流。

景点

仙寓山 村落

（☎663 1018；七彩谷、古徽道50元，富硒村50元）仙寓山在石台、祁门和东至的交会处，已经处于石台县的最南边，属于黄山的余脉。仙寓意为“神仙居住的地方”，海拔1300多米，零污染的好山好水好空气，诞生了著名的**富硒村**，不少人慕名而来，休养生息、夏日隐居。山中两片景区分开收费，村外的景点主要是**七彩玉谷**和**古徽道**。沿途有清晰的指示路牌，以及不少寓意吉祥的景点，七彩玉谷拥有天然彩色石头，继续深入有一条保存较为完好的徽池古道，可以通向祁门的红旗水库。调研期间这里正在进行修整，预计2019年下半年对外开放。

富硒村当地人直接唤这里作大山村，有不少农家乐，随意走进一户农家都可以接待食宿，价格几乎一致，100元/人，含食宿，不少人都选择在此长住。夏季凉爽，来此避暑的人尤其多。

在石台汽车站乘坐珂田的班车（10元；9:00，14:00；1小时）可以直达景区。原本售票处到村子还有8公里，这条山路曾经让游客叫苦连天，现在已经整修完成，自驾车可以通畅驶入，班车可以继续送进村内。从大山村回程的班车每天只有7:00、12:00两班。

食宿

石台县城的住宿选择不多，以小型宾馆为主。**新世纪宾馆**（☎602 4958；人民北路13号；标单/双158元起；Wi-Fi 空调 P）是县城里相对条件较好的酒店，房间空间较大，床单、被套都比较清洁。位于县城中心，步行范围即可解决用餐。

漂流秋浦河

秋浦河是池州最著名的长河，发源于石台县珂田乡，至池州贵池区流入长江，全长180公里，几乎覆盖了整个石台县。漂流是体验这条长河的最佳方式，各个河段都开发出了不同名目的景区，分别售票。**秋浦河漂流**（☎602 6883；起点石台县仁里镇；80元/人）是比较老牌的漂流项目，整段漂流大约2小时，水流平缓，无惊无险。途中包含**百丈崖**（☎602 6883；石台县矶滩乡；门票 80元）借着瀑布和峡谷开发了滑索、瀑布攀岩等娱乐项目。更上游的**怪潭漂流**（☎602 8527；80元/人）水质好于秋浦河漂流，更为惊险刺激一些，会途经两个激流险滩。漂流季从四五月份就开始，到11月结束，冬季暂停。除了漂流，沿岸还有两个比较著名的巨型溶洞，**秋浦胜境大王洞**[☎443 8368；贵池区大山村；门票95元/70元（淡季），索道 60元；⏰7:30~17:00]和**蓬莱仙洞**（☎602 1199；石台县贡溪乡杜村；门票 60元；⏰7:30~17:00），皆是五彩斑斓的彩灯溶洞。游玩秋浦河夏季最佳，适合自驾前往，旺季网上会推出各种优惠套票。

人民路和仙寓路、曙光西路的交叉区域属于最热闹的地带，也分布着一些土菜馆，以仙寓路居多。秋浦路上也有不少小餐馆和早餐店。

到达和离开

长途汽车

池州客运总站发往石台的班车较少（20元；10:30，13:10，16:40；2小时），**西门汽车站**（杏花大道，近杜坞路）的班次较多，每天6:30~16:00，30分钟就有一班（25元，1.5小时），末班回程16:00。**东至汽车站**也有发往石台的班车（15元；7:00，8:50，11:30，13:00；1小时）。

石台县城的班车集中到了城东的**石台客运汽车站**（☎602 0503），有发往青阳（26元；6:30，7:00，7:30，8:30，9:30，11:00，12:00，14:50；2.5小时）、东至（21元；7:40，8:50，11:30，13:00；2小时）、安庆（30元；6:15，7:40，9:10，13:05；2小时）等地的班车。

安徽中部

包括➡

最佳餐饮

- 刘洪盛城隍庙店(见170页)
- 庐州太太鼓楼店(见169页)
- 耿福兴明教寺店(见170页)
- 四季春(见187页)
- 蓝义兴烤鸭(见188页)

最佳景观

- 姥山岛(见178页)
- 采石矶(见181页)
- 雨耕山历史建筑群(见186页)
- 大通古镇(见188页)
- 琅琊山(见174页)

为何去

鼓励你前往这片区域会显得有点用力过猛，毕竟甚至不需要在合肥转车就能直达精彩的皖南。但如果你想从东部地区出发来一场说走就走的短途旅行，安徽中部其实有不少能发现惊喜的目的地，这一带突出的优点是公路铁路交通都非常便捷。

你可以从合肥到巢湖市，一路看沿线村镇的湖天胜境，再到巢湖去泡个温泉；也可在皖江三城寻找工业外衣下面各自灵秀的独特之处，欣赏铜陵的铜器，芜湖的西洋建筑以及马鞍山那些与李白有关的风景；或者到滁州欣赏琅琊山的醉翁风骨，再转至凤阳拜访那座曾经的明中都。

何时去

3月至5月 春意盎然，适合去合肥市郊的大蜀山和滁州著名的琅琊山踏青。

6月至8月 长江沿岸夏季潮湿高温，可以尽量避开在这个时节前往这一片区域。

9月至11月 气温转凉，金桂飘香，山河湖泊都披上了瑰丽的颜色，这也是吃鸭子的好季节。

12月至次年2月 进入萧条的旅游淡季，户外景观变得平淡，最低气温在零度上下，而且没有暖气，寒冷难熬，着实不是到访的好时节。

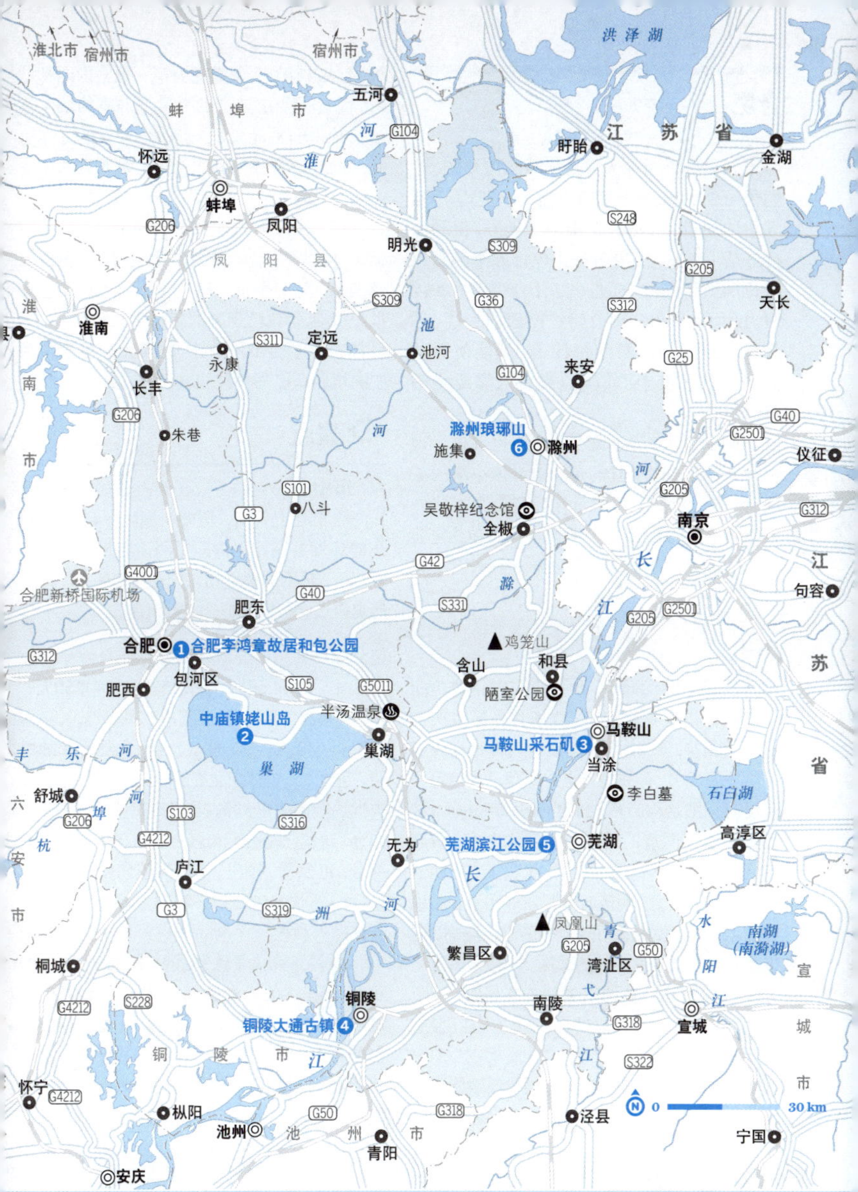

安徽中部亮点

❶ 拜访合肥**李鸿章故居**（见164页）和**包公园**（见160页），顺路品尝当地的市井小吃。

❷ 在**中庙镇姥山岛**（见178页）上，欣赏一望无际的巢湖水色。

❸ 登临**马鞍山采石矶**（见181页），看李白咏叹过的江水奔流东去。

❹ 到**铜陵大通古镇**（见188页），坐上渡船去偶遇江豚。

❺ 漫步**芜湖滨江公园**（见186页），穿过这座城市的开埠史。

❻ 带着醉翁之意，攀登**滁州琅琊山**（见174页）。

合肥

☎0551 / 人口：796.5万（含三河及巢湖）

如果告诉当地人你是来合肥旅行的，他们很可能会投来不解的目光——这是一座求学的城市，也是一个出差的地方，但和旅行总是不太沾边。就算搬出包拯和李鸿章这两位历史名人，也还是少了几分吸引力和说服力。而且安徽省内公路铁路四通八达，你甚至不用先到合肥经停转车，就能便捷地去到无数人梦中的徽州，或者云雾缭绕的黄山。

所以为什么去合肥旅行呢？也许这个理由会开解你：这里真的是一个非常小众的旅游目的地。我们也尽量帮你发现合肥那些外人不知不晓的看点，并且努力带你去寻找它们的独特闪光，为你的旅途带来一丝眼前一亮的别样灵感。

历史

从三国时代开始，合肥的军事驻防功能就远大于商业集散城镇。曹魏和孙吴多次在此短兵相接，《三国演义》中的名将张辽因逍遥津一战成名，孙权也差点在这里马失前蹄。隋唐时合肥始称庐州，到明初时，庐州城由城墙和护城河围绕的城市形态基本形成，城墙建在被淝河环绕所形成的小半岛上，巧妙借用了河流的守卫。明清时合肥发展出了安居乐业的城池规模，而抗日战争中南京沦陷后，这里又成为了日军进犯的热战区。

历代兵家必争的结果是古迹尽毁。到了20世纪50年代，和中国的许多城市一样，合肥的明清城墙在轰轰烈烈的“拆墙运动”中消失了。20世纪70年代末开始，按“环城公园”理念建设的合肥呈现出清秀可人的城市新貌，到1992年，合肥获评为第一批全国园林城市。而近十年房地产的力量把合肥的城区体量拉扯得非常庞大，由于往外开发的成本更低，摩登高楼纷纷向四围扩张，就现在来看，一环内老城区的市容显得有一些停滞。

但不要小看这座城市质朴无华的实用主义，“科学”是合肥的另一个关键词：城西北董铺水库边有个小半岛叫作“科学岛”，是20世纪50年代就已规划的高精尖科研区；中国科技大学于1970年南迁至合肥，至今仍在为中国培养众多高科技领域人才。

景点

市中心

合肥已经没有“历史老城区”了，不过现在的环城公园路之内即是明清庐州府城的位置。除了热闹的商业街，本区内也有一些人文历史看点，紧凑安排一日便可游完。

包公园 园林

（☎6288 5950；芜湖路72号；联票50元，包公祠单独售票20元；⏲夏季8:00~18:00，冬季8:00~17:30；Ⓜ包公园D口）今天人尽皆知的黑脸“包青天”包拯出生在合肥东部的肥东县，去世后归葬故里，葬在当时庐州城的东南角。如今，这里已是合肥市区一环内环城公园的一部分，包公墓、浮庄、清风阁连同西侧小岛上与墓园隔开的包公祠一起被开辟为包公园，开放供人参观。

原祠堂在太平天国战乱中被毁，现存的建筑大体是在清光绪年间由李鸿章主持重建的，祠堂一侧墙壁上有重修时临摹包公真容的石刻画像，中堂牌匾原为李鸿章之兄李瀚章题写，包公以及四护卫的金身像则是现代重修的，至于龙、虎、狗型三把电视剧《包

从合肥出发

➜ **合肥及周边2日游** 第1天在合肥市区看展馆和遗迹。第2天去三河古镇，当日往返。

➜ **皖江三城3日游** 第1天合肥出发至铜陵，前往大通看古镇和江豚。第2天前往芜湖，去江边寻找开埠时期的西洋建筑。第3天先到当涂去拜谒李白墓，再去马鞍山登临采石矶。

➜ **巢湖环湖2日游** 第1天合肥出发，先至滨湖新区看展馆后转到长临河镇，游览后前往中庙。第2天游览中庙后经黄麓和烔炀到达巢湖。第3天在巢湖逛博物馆，再去半汤泡个温泉。

值得一游

合肥的三国时代遗迹

在三国时代，地处江淮咽喉的合肥是曹魏驻防地，也是孙吴前来争夺势力范围的短兵相接之处。公元215年，孙权率十万精兵来攻却险些被生擒的经典战役“逍遥津之战”就发生在这里。如果你是三国迷，不妨试着在合肥寻找一下当年的硝烟。

逍遥津公园（寿春路16号；免费；⏰夏季6:00~22:00，冬季6:30~21:30；Ⓜ大东门A口）是合肥的老牌市民公园，在古淝水渡口逍遥津所在地的基础上建成。从寿春路上的正门入园，门口张辽骑马威震逍遥津的铜像会提醒你，这里是这位猛将以少胜多的古战场，不过园内其实没有留下太多和三国有关的古迹。入口处是吵闹的游乐设施，往西北能走进安静的浓密树荫，张辽墓位于桂花林中一个顶上有亭子的小土丘后面，圆形墓冢上长满了草，也没有墓碑一类的遗迹，是否为真身冢不可考。往东到逍遥阁（登楼10元），楼内有一些三国故事木雕展览。逍遥阁对面的小岛上另有一处张辽衣冠冢，但岛上树木茂盛，即使付费划船也不太容易登上去。

从逍遥津往南来到**明教寺**（淮河路步行街近九狮桥街；门票10元；⏰7:30~17:00）的入口，这座寺庙基于三国时的“教弩台”而建成，传说这个高台是曹操教授将士射箭的地方，但至少这里曾作为曹魏军事据点是可信的。明教寺东面有一条不起眼的小巷叫作飞骑桥巷，在典故中，现已不存的飞骑桥即当年孙权骑马逃出城时马匹飞跃跨过的那座断桥。

曹魏与孙吴交战中期，位于今合肥市区的合肥旧城屡受进犯，魏明帝曹叡下令在旧城西北修建新城作为军事驻防地，以远离利于东吴遣兵的水路，靠近并防卫重镇寿春。**三国新城遗址公园**（市区北郊三十里岗公园路1号；门票25元；⏰8:30~17:30）基于这个军事遗址开发建成。这里看点不多且离市中心近20公里，更像一个周末郊游和春季赏花的市民公园，所以除非你自驾或有大把时间，且对三国的历史非常痴迷，否则不太有专门前去的必要。在省电气学校站（近地铁西七里塘站）乘300路公交可至公园大门。

青天》里广为人知的砍头铡刀，当然都是复制的。

祠堂东约700米的另一块湖边园林即包公墓园，这是包公及家眷和后人的墓地。包公墓穴经考古发掘后，修复了墓道并供游人进入参观，可以隔着玻璃看一看据说为金丝楠木制成的包拯棺椁。墓园西侧的清风阁门票包含在套票内，不妨登楼眺望合肥护城河一带的秀丽风光，再到湖中同样包含在套票内的浮庄去走一走，欣赏园林山石。

园区分两个入口且互不连通，入口都在芜湖路东段，包公墓园的入口靠近体育路口，包公祠的入口则靠近宁国路口。在我们调研时，如果只看包公祠可单独买票，但参观墓园则需购买包括包公祠在内的联票。

庐州府城隍庙　寺庙

（霍邱路近蒙城路；免费；⏰9:00~21:00）城隍庙建于北宋，历代屡建屡毁，以太平天国和新中国成立后的毁坏最为严重。从20世纪90年代开始，这片区域恢复了历代庙前商贩云集的景象，成为市民喜爱的购物和吃喝场所，四围都是小商品市场和餐饮小店。2017年重建了城隍庙的寺庙建筑，不过从戏台到两侧的配殿都是现代结构的二层小楼，戏台前的古井据说建庙时就已开凿，姜夔旅居时还曾品尝过井里的水。正殿供奉首席城隍孙觉，殿后是20世纪90年代修复的娘娘庙，供奉道家的三位娘娘，在当地香火很旺，不过庙门口会有施展巧舌吸引你去看相的人。调研时，娘娘庙对面5层高的思惠楼在重新装修暂不开放。

寺庙的正门在霍邱路上，也可以从安庆路上的城隍庙小商品市场穿过来。

安徽博物院旧馆　博物馆

（微信公众号：ahmu1956；安庆路与金寨路交叉口；免费；⏰9:00~17:00，16:00停止入馆，周一休馆；Ⓜ三孝口D口）这座博物馆建成于1956年，外观是典型的建国初期建筑风格，柱头上的浮雕装饰细节精美。在新馆（见164页）投入使用后封闭数年，2018年重新开放参观。

合肥城区

至三国新城遗址公园(9km)
大房郢水库
合淮路
四
北二环
里
蜀
山
湖
城市森林公园
四里河路
河
临泉路
南
西二环
清溪公园
淝
河
14
植物园
清溪路
潜山北路
半岛路
合作化北路
肥西路
长丰路
樊洼路
史河路
青阳路
4
安农大
科学大道
淠河路
三里庵
南
至合肥新桥国际机场(30km)
天柱路
长江西路
十里庙
西七里塘
大蜀山
3
长江西路
五里墩
7
科学大道
西二环
怀宁路
肥西路
蜀山风景区
贵池路
8
黄山路
黄山路
香樟大道
天智路
潜山路
合作化南路
36
15
玉兰大道
望江西路
望江西路
至合肥野生动物园(2km)
东至路
休宁路
金寨南路
合欢路
石台路
休宁路
金桂路
南二环
习友路
集贤路
天鹅湖
祁门路
宿松路
翡翠路
5
怀宁路
39
合肥绕城高速
2
十
金寨南路
习友路
五
芙蓉路
集贤路
9
繁华大道
繁华大道
翡翠湖公园
翡翠路
九龙路
金寨南路

0
2 km
E
F
G
H
1
2
3
4
5
6
7
淮北路
涡阳路
板
天水路
铜陵北路
二
十
物流大道
新蚌埠路
新海大道
北二环
桥
埠
阜阳路
凤台路
颖上路
合瓦路
瑶海公园
颖河路
当涂路
河
生态公园
临泉路
37
42
北二环
蒙城路
河
合肥火车站
北一环
北一环
44
站东路
长淮
临泉东路
沿河路
寿春路
逍遥津公园
铜陵路
杏花公园
明光路
三里街
东五里井
东七里
漕冲
蒙城路
长江东路
41
淮河路步行街
明光路
长江中路
东一环
长江东大街
三孝口
四牌楼
大东门
花冲公园
庐江路
包公园
花
塘
见放大图
和平路
裕溪路
南一环
合工大南区
曙光路
19
34
徽州大道
裕溪路
斛兵塘
南淝河路
南
至李鸿章享堂(2km)
宿松路
33
九华山路
马鞍山路
铜陵路
东二环
太湖路
太湖东路
朱岗
淝
望江东路
南淝河路
河
徽州大道
屯溪路
秋浦河路
梁园路
葛大店
南二环
沿河路
0
800 m
庐州大道
32
蒙城路
阜阳路
祁门路
望湖城
杏花公园
16
寿春路
逍遥津公园
17
明光路
38
11
25
13
40
合肥南站
安庆路
23
27
28
30
10
12
长江东路
1
淮河路步行街
31
21
南站南广场
三孝口
长江中路
四牌楼
大东门
明光路
里
繁华大道
金寨路
24
26
35
20
43
徽州大道
18
骆岗
京台高速
庐江路
29
河
徽州大道
6
包公园
至渡江战役纪念馆(12km)
滨湖森林公园(16km)
雨花塘
22
宣城路
马鞍山路
高王
放大图

安徽中部 合肥

合肥城区

景点

1 安徽博物院旧馆 F6
2 安徽博物院新馆 B6
3 安徽科学技术馆 B4
4 安徽农业大学 D3
5 安徽省地质博物馆 B6
6 包公园 G7
7 大蜀山森林公园 A4
8 合肥市科技馆 D4
9 徽园 B7
10 李鸿章故居 G6
11 庐州府城隍庙 F6
12 明教寺 G6
13 逍遥津公园 G6
14 源泉徽文化民俗博物馆 A2
15 中国科技大学东区 D4

住宿

16 八点伴酒店 F6
17 布丁酒店胜利路步行街店 H6
18 富力威斯汀酒店 H7
19 罐头党客栈 E4
20 桔子精选酒店（大东门店） H7
21 尚都里酒店 G6
万能国际青年旅舍 （见34）
22 维也纳国际酒店（合工大店） G7

就餐

23 风波庄宿州路店 G6
24 嘎嘎鸭下巴 F7
耿福兴明教寺店 （见12）
25 刘洪盛城隍庙店 F6
26 庐州烤鸭店红星店 G7
27 庐州太太鼓楼店 G6
28 素福素食自助餐厅 F6
29 同庆楼包河万达店 H7
30 詹记宫廷桃酥王淮河路店 G6
31 周贵妃凉皮步行街店 G6

饮品和娱乐

32 ON THE WAY E6
33 USTC1958 E4
34 保罗的口袋曙光路店 E4
35 卡旺卡商之都店 G7
36 骑士餐吧 D4

购物

安徽省博物院书店 （见2）

实用信息

合肥客运中心站 （见38）
37 合肥旅游汽车站 F2
38 合肥南站 E6
39 合肥汽车客运南站 D6
40 合肥汽车站 H6
41 合肥市汽车东站 G3
42 合肥站 G2
43 三孝口邮政支局 F7
44 新亚汽车站 F2

除了东二楼的安徽革命史陈列会作为常设展厅，其他均为定期更换主题的临时展览，可留意官方微信获得信息。从城隍庙顺安庆路往西步行约5分钟即到。

李鸿章故居 故居

（淮海路步行街中段；门票20元；⏲9:00~17:00，16:00停止入馆，周一休馆）和包拯一样，清末重臣李鸿章也是合肥人引以为傲的老乡。虽然现存的纵深四进院落只是当年李家宅产的一部分，但从周遭今日的繁华也可想见当时李府的荣华富贵。除了欣赏大户人家的砖石木雕，故居内还有三个常设展览，分别展出李鸿章生平、墨宝淮军与近代国防发展史。

故居在商业中心淮海路中段一个想错过都难的位置，最近的地铁站为四牌楼A口。李鸿章享堂（见166页）与曾经的陵墓则在东郊。

近郊

下列很多片区都属于合肥蓬勃发展的新城，完全没有郊区的样貌，但为了便于旅行者安排线路，我们有些抱歉地把二环外的区域统称为“近郊”。景点按推荐程度排列，安排线路时不妨参考地图方位来做一线游览的规划。

安徽博物院（新馆） 博物馆

（☎6373 6658；微信公众号：ahmu1956；怀宁路268号；免费；⏲9:00~17:00，16:00停止入馆，周一休馆）与其他地方近几年落成的新展馆一样，这座博物馆的体积非常巨大，可看的亮点也很多，如果你想看的藏品没有在外借展，那你一定不会对这里失望。

常规展览中，按时间线走的**安徽文明史陈列**在2楼和3楼分设5个展厅，其中史前时期展厅内的**凌家滩玉鹰**代表了新石器时代颇高的手工水平。夏商周展厅内，方国林立的脉络和技艺精湛的青铜器都值得一看，其中出土于寿县的青铜器都颇有亮点：楚幽王墓**铸客大鼎**因巨大身形和飘零辗转的传奇，成为镇馆宝物之首，记录了与楚通商的**鄂君启金舟车节**小而精美，数件**蔡侯墓青铜器**都带有楚地的美学符号。此外还可找找在黄山屯溪出土的**云纹五柱器**，它有着形似高功率Wi-Fi路由器的奇特造型。

博物馆中用4楼一整层来做**徽州古建筑陈列**，可近距离欣赏木石建筑构件的精美细节，也可以踏入1∶1复制的建筑模型中的整体结构，为你的黄山村落欣赏古建筑之行做预热。5楼除了时常更换主题的临时展览，还有两个小而美的常规陈列：**江淮撷珍陈列**展示了历代珍贵民间精巧器物，其中南宋**镶金玛瑙碗**和**葵花形金盏**，元代的**剔犀云纹漆盒**都非常精美；安徽——尤其皖南曾是富甲风流文气昌盛之地，因此在**文房四宝陈列**中，你可以一次欣赏众多明清至今的精品宣城纸笔、徽州墨与歙县砚。

进入博物馆后的大厅即2楼，入口处导览台提供语音导览器租借（30元/台，需提供身份证并支付200元押金），也可扫码下载智慧导览App并付费20元使用讲解功能。从博物院书店（见171页）一侧往下走是附属食堂，午间提供20元的快餐。

博物院与地质博物馆都在城南政务新区的安徽省文化博物园区内，入口在园区东侧靠近怀宁路，如果自驾前来，免费停车场就在东侧入口外。调研时从老城区到博物院的公交不算方便，淮海路步行街附近市府广场站或四牌楼站乘129路公交到终点合肥体

画魂潘玉良

从烟花柳巷到十里洋场，再到巴黎的艺术沙龙，最终与知己天涯相隔埋骨异乡……潘玉良的故事并非一个大众传颂的励志经典，却是民国时期女性意识觉醒故事中拥有不坏结局的那一个。

潘玉良于1899年出生在江苏镇江的一个贫苦家庭，13岁时被卖到安徽芜湖的青楼内，与时任民国芜湖海关监督的桐城名士潘赞化相识，这位具有新派思想的进步文人为她赎身，并纳为妾。之后潘赞化因同情和支持革命而被罢免，于是携家眷寓居上海，这也开启了潘玉良学习绘画的道路。她先就读于刘海粟创办的上海图画美术院（即她归国后任教的上海美术专门学校），1921年考入法国里昂中法大学远赴欧洲，先后在里昂、巴黎和罗马学习西洋绘画与雕塑。1928年学成归国后，她已成为当时海派画坛上的一颗新星。1937年，潘玉良再次前往法国深造，西方古典主义绘画功底、印象派的色彩技法再加上国画人体的框架，以及大量对于东方女性形体和生活场景的描绘，使得她的作品自然而然具有着跨越国界的女性主义魅力，在法国乃至全欧洲的艺术界赢得了价值和声望。旅居法国的40年中，虽然多次期待回乡，但她都没有得到机缘重返中国。1959年，潘赞化病逝于安庆。1977年，潘玉良病逝于巴黎，她与旅法友人王守义先生的合葬墓位于巴黎蒙帕纳斯公墓的第7区。

由于与潘赞化的姻缘，再加上特殊历史年代的阴差阳错，潘玉良身故后的一大部分作品于1984年辗转回国，由当时的安徽省博物馆接收保存，这也是如今的安徽省博物院拥有大量潘玉良传世画作的原因。遗憾的是，虽然在安徽省博物院新馆投入使用的前几年里，馆内曾有过潘玉良作品特展，但我们调研时馆内并没有潘玉良作品的常设展览，她的一部分画作常年在外借展，另一部分作品仍然收藏在安徽省博物院的库房中。

有消息称，未来安徽省博物院有可能会在老馆开设一个潘玉良画作陈列厅。当你到访安徽省博物院新馆时，也可以去一楼的博物馆商店欣赏一下她的几幅知名画作复制品。如果你对潘玉良的生平有兴趣，由黄梅戏名家韩再芬主演的《潘张玉良》是一部优秀的戏曲作品，此外由关锦鹏导演的电视剧《画魂》也用精美的镜头讲述了这位女画家的传奇。

育中心站后，步行10分钟可到。不过，计划在2019年底通车的地铁3号线在博物院附近设有站点。

安徽省地质博物馆 博物馆

（怀宁路268号；免费；⏲9:00~17:00，16:00停止入馆，周一休馆）这个科学类博物馆的名字听起来有些无趣，其实藏了不少宝贝，值得在参观完安徽博物院后顺道一游。2楼恐龙厅内藏有大量恐龙化石和模型，吸引了不少本地家长带小孩来过周末。对恐龙没兴趣就逛逛1楼，别忽略镶嵌在中庭墙壁上的史前海洋生物标本，其中近60平方米的**贵州关岭海百合标本**不止很有科研价值，也足够美丽。矿物岩石厅内的展品十分丰富，除了漂亮的奇石标本，还有看到安徽特产的黄山玉雕和歙县砚台，以及各种宝石戒面和雕刻摆件，完全可以把它当作珠宝展厅来参观。博物馆北侧有一片奇妙的树化石林，正门前的小道两侧列还有奇石标本，其中一块巨大的灵璧石非常罕见。

博物馆在安徽省文化博物园的东北角，不过正门也靠近怀宁路，到达方式参考安徽博物院新馆。

大蜀山森林公园 公园

（长江西路近玉兰大道路口；免费；24小时；Ⓜ大蜀山站C口）海拔284米的大蜀山是合肥最高峰，这座不大的山丘因远古火山喷发沉积而形成。如今大蜀山已建成一座合肥西郊的森林公园，是当地人周末郊游的好地方。山上植被丰茂，能让你暂时躲避城市雾霾，在人迹较少的南麓还很容易看到松鼠和斑鸠等野生动物。

森林公园有几个入口，长江西路上的东门因临近地铁站而最方便到达，这个区域游人也最多，登山路为平整缓坡，顺园内盘山路往南走约2.5公里，即可找到通往望江西路的下山路，这里离合肥野生动物园（见168页方框）东门不远。从黄山路西端的入口进入即蜀山烈士陵园，一段登山路是楼梯，需要花点力气攀爬。

调研时大蜀山禁止骑自行车上山，正门和南入口都做了围挡，自行车无法入内。一些骑行攻略会为你指出小路入口，但园内一些盘山路段存在较大的坡度，为了自身和其他游人的安全，请不要轻易尝试。

源泉徽文化民俗博物馆 博物馆

（微信公众号：anhuiyuanquan；科学岛路农业示范园1号；门票50元；⏲9:00~17:30，周一休馆）博物馆坐落在城区西北郊董铺水库南岸，由民间收藏家运营，因此不像公立博物馆那样免费开放。但如果你对徽派建筑感兴趣，或者没时间去皖南看老宅子，那就不要错过这里。园内收藏展示了馆长近30年间从安徽乡野收集而来的古建筑和构件，其中树德堂、诗源堂、雷氏支祠等数座古建筑为整体迁建收藏。馆内脉络清晰、概念新锐，石雕瑞兽馆内还鼓励参观者触摸展品感受历史，细节也非常友好，适合亲子出游。

如果乘公交前往，出地铁大蜀山站A2口往北到大铺头公交站，乘903路公交至山北站下车即到。

李鸿章享堂 纪念馆

（裕溪路415号；免费；⏲9:00~17:00，周一闭馆）光绪二十七年（1901年），李鸿章病逝于北京，两年后归葬合肥东郊。20世纪50年代时陵墓被毁，只保留下陵前祭祀用的几间享堂。如今享堂经过修复后免费开放，堂内有一件血衣复制品，这是他在马关遇刺的凭证，也可阅读墙上的名人撰联来重新了解这位清末重臣。距市中心约10公里，可在寿春路上逍遥津公交站乘15路直达。

滨湖森林公园 公园

（滨湖大道塘西河大桥东侧3.5公里；免费；⏲24小时）公园位于合肥城区东南角，是十五里河与南淝河注入巢湖入水口的一片滨湖湿地，经过生态修复后建成了免费开放的市民公园，天气晴好时来散步骑车或看湖水都挺惬意。正门附近有非常讲究的洗手间，入口处还有自动贩卖机出售零食，骑行游巢湖可在此经停休息补给。调研时共享单车不能骑入园内，自备自租的单车可通行，也可租用公园单车（单人车10元/小时，周末20元）。

在渡江战役纪念馆（见167页方框）公交车站乘526路，滨湖森林公园站下车即到。这段路单程约6公里，风景不错，有时间精力不妨骑车过来。

徽园 公园

（繁华大道276号；门票20元；⏲夏季

值得一游

滨湖新区"泡馆"半日游

合肥市东南的滨湖新区与巢湖岸相接，湖岸一角是合肥新规划的展览馆区，这个宏大的建设计划包括7座展览馆和1座图书馆。但在我们调研时，只有渡江战役纪念馆和安徽名人馆已建成并正常开放，来参观的一般都是学生和事业单位的团体访客。不过，由于两座免费展馆都离滨湖公园很近，如果你的旅行计划里没有巢湖，花半天到这里来逛逛展馆顺便欣赏水色也还算惬意。

军事爱好者应该不会错过**渡江战役纪念馆**（云谷路299号；免费；⏲9:00~17:00），这座巨大建筑的外形似帆船又似剑锋，南侧入口处竖着渡江战役总前委的铜像，刘伯承、邓小平等五人面向巢湖，远眺长江南岸。纪念馆没有选址在战役发生处，一方面是因为巢湖及这片滨湖区也是渡江前的军事训练场所之一。展馆内用丰富的图文资料和复原模型展示了这一场发生在1949年的关键战役：解放军野战军渡江作战迅速攻下南京总统府，国民党"划江而治"成为梦幻泡影。

与纪念馆一路之隔是**安徽名人馆**（云谷路303号；免费；⏲9:00~17:00），展馆陈列都以图文资料和复原场景为主，如果你想和包拯、朱元璋、李鸿章和陶行知等安徽名人的塑像近距离合个影，会觉得这里有点意思。喜欢戏曲的话，三楼的第八展厅内每天在仿古戏台上定时播放黄梅戏经典作品，透过这一楼层的落地窗还可远眺巢湖和新城区。逛完两座展馆后，不妨往南过马路到免费开放的**滨湖公园**里走一走，这里除了节假日都游人罕至，所以格外清秀安静，高耸的渡江战役胜利纪念塔也在公园内。

调研时最近的地铁云谷路站距离两座展馆约4公里，5号线通车后，乘地铁至纪念馆站会更方便。目前从市区乘地铁到云谷路站，出B口后打车或骑自行车可到，也可在这个地铁口附近的史岗村公交站乘526路到达。如果你享受骑行，可往东骑至华山路后往南转到环湖北路再继续往东，这条路行人很少，湿地公园和建筑工地的景观对比强烈。

8:30~17:30，冬季8:30~17:10）这座新城高楼映衬下的园林建于1999年，园内仿建了当时安徽的17个地级市的著名景点，比如迷你巢湖和微缩黄山，在2011年上海世博会时徽园增建了安徽分馆，调研时含安徽馆联票30元。如果你的旅行计划不会去到很多省内看点，来这里一站式假装游全省也是可行的。在中秋节、国庆节和春节等公众节假日，这里常举办戏曲灯会等文化活动。市区大东门公交站乘226路可达，此外徽园在安徽博物院新馆南面约2公里，可安排一线游玩。

住宿

合肥不是旅游城市，对旅行者来说在城区内性价比最优的住宿通常是全国性的品牌连锁酒店。为了出行便利，我们建议你把住处限定在一环内，游玩或中转都方便。

还需要提醒你，政务新区目前是合肥最光鲜的区域，但目前该片区公共交通不算便利，建议在3号线地铁贯通后再考虑住在这一带。滨湖新区万达城有万达文华、诺富特及铂尔曼等品牌酒店可选，价钱挺划算，但这片新城区人气稀缺，耐得住寂寞再选择这里。

如果你想在合肥多待几天且住得宽敞舒适一些，宁国路合工大附近的新建公寓楼盘中有不少装修时髦的短租房源，价格与普通连锁酒店差不多，在爱彼迎等短租网站上均可搜索预订。

八点伴酒店
酒店 ¥

（☎6520 0880；霍邱路与蒙城路交叉口；标双199元；📶❄🅿）城隍庙附近一家闹中取静的酒店，就在安徽博物院老馆后身，离三孝口地铁站也很近。卫生间干湿分离，一些装饰细节也比较用心。由于是影视文化创作基地的下属产业，大堂里装饰有一些古董级别的电影设备，在榻榻米房（258元）内还装配了投影仪。

罐头党客栈
客栈 ¥

（☎6366 3718；曙光路中隐于市外街，近南一环；床位49元，标双130元；) 巷子里一家新近装修过的小客栈，调研时公共区域收拾得不够整齐，但房间卫生挺不错。所有的房间都有独立卫浴，带内窗的单人间110元，床和浴室都挺大。床位则是二人标间合住，比起普通床位设施要好很多。所在的“中隐于市”片区是合肥新兴的文艺街区，集中了一些受年轻人喜爱的咖啡馆和餐厅。但请留意，调研时该片区的酒吧并不严格遵守噪音管制，周末和节假日住这里有可能会很吵。

尚都里酒店 酒店 ¥¥

(6227 3642；九狮桥街与勤劳巷交叉口；标双287元；) 淮河路闹市中一家比较精品的住宿选择，位置很好，就在明教寺对面，离大东门地铁站也不过5分钟步程。外面有一些吵闹的商铺，不过好在房间隔音做得还不错，另有带厨房的小公寓（387元）可选。各种房型都配有冰箱，房价含早餐。

桔子精选酒店（大东门店） 酒店 ¥¥

(6366 1886；巢湖路283号，近马鞍山路；标双360元；) 地铁大东门站东侧集中了不少快捷酒店品牌，这家桔子精选开业时间不长，是同类型酒店里品质更好那一档的，公共空间和客房装饰都很有精品酒店的调调，客房内的自动窗帘和蓝牙音响等用心细节也能让住客愉悦。位置很好，过马鞍山路就是淮海路步行街。

万能国际青年旅舍 青年旅舍 ¥

(6382 2066；曙光路中隐于市内街，近南一环；床位45元起，标双150元；) 合肥第一家加盟国际青年旅舍联盟（YHA）的国际青年旅舍，用一栋旧楼改造而成，结构紧凑但有一些户外的天台空间，提供付费的公共厨房和洗衣机服务。住这里的优点是你可能会遇到一些志同道合的旅行者，缺点是部分房间有下水道反味儿的问题，周末可能会有噪音。

值得一游

带孩子游合肥

虽然在商业向心力上经常受到“徽京”南京的碾压，但正牌省会合肥其实是一座值得骄傲的科技城，掌握的核心科技不只体现在汽车、家电制造和农科技术研发上，更拥有量子力学等尖端领域的国家级实验室。下面列出的场所均适合带孩子接受科学启蒙，或者寓教于乐逛一下。

合肥市科技馆（微信公众号：HFSKJG；黄山路与合作化路交叉口；免费；9:00~16:30，周一和周二闭馆）设施新且互动性强，经常举办少儿科普活动，另一栋建筑内是杨振宁陈列馆。市府广场乘10路公交可到。**安徽科学技术馆**（天乐路8号；免费；9:00~16:30，周一和周二闭馆）从建筑到布展都富有复古的科幻气息，可引导孩子通过图文和仪器学习理化知识。新的省科技馆规划在滨湖新区，但调研时还未投入使用。展馆近地铁科学大道站B出口，离大蜀山公园不远，可一道游览。

合肥高校众多，虽然历史不算悠久，但大多有着绿植优美的校园。不止是著名的“科学少年班”所在地，**中国科技大学东区**（金寨路96号）也是一处受欢迎的赏樱场所，百余株重瓣春樱排列在郭沫若广场北面的玉泉北路两侧，其中还有一株罕见的绿色樱花。花期大致从每年3月中旬开始，校方或会在工作日限制入校，只有周末和节假日能入校游览。其他季节时，也可在校园内小坐喝杯咖啡（见170页）。乘126路公交至科大东区站，从西门进入校园就能立刻远离高架桥带来的城市紧张感。**安徽农业大学**（长江西路130号）小而低调，校内道路两侧梧桐树高耸，建于1953年的教学楼有着典雅的建国初期建筑风格。正门离地铁安农大站A口很近。

想要带孩子亲近自然和动物，可以到**合肥市野生动物园**（望江西路600号；门票35元，儿童票17元；8:00~17:00）。公园在大蜀山的西北角，在大蜀山地铁站C口东南的大铺头公交车站乘往南走的665路或801路均可到达，警察学院站离动物园东门很近。

维也纳国际酒店（合工大店）

酒店 ¥¥

（☎6543 3666；www.wyn88.com；宣城路103号，近芜湖路；标双278元起；📶❄🅿）一家按四星标准设置的商务型酒店，大堂装饰有浮夸的欧式壁画和吊灯。客房中规中矩但空间宽敞，高楼层的房间视野开阔。位置很好，下楼走五分钟就是包公园。通过官网或代理网站预订折扣较大。

富力威斯汀酒店

酒店 ¥¥¥

（☎6298 9888；www.marriott.com.cn；马鞍山路150号；标双1035元起；📶❄🅿🏊）想在合肥住得豪华且便利，不妨考虑这家可以俯瞰闹市区的五星级酒店。这栋光鲜亮丽的大厦就在包公祠东边，过马路就是包公园地铁站。客房设置比较传统，床品舒适，浴室配品为招牌白茶系列，部分房间可俯瞰包公园。房价经常浮动，通过代理网站预订的价钱通常有较大优惠，但价格不一定含早餐。另有三间附属餐厅提供精致中西餐，对外客开放且常有价格合理的自助餐。

布丁酒店胜利路步行街店

快捷酒店 ¥

（☎6277 7607；胜利路与寿春路交叉口西北角；标双108元，单人间79元；📶❄）如果只是第二天赶早班车的话，这里是一个经济可靠的过夜选择。和大多数布丁酒店一样房间小、欠收拾，但拥有近邻大东门地铁站、客运站和机场大巴的突出优势，价钱也经济。旁边还有格林豪泰、尚客优、城市之家等品牌的连锁酒店可选。

就餐

合肥的口味兼容并包，除了本地口味的家常徽菜，湘、粤、川菜乃至东北菜都挺受欢迎。市中心的宿州路算得上市中心的美食聚集地，尤其是寿春路至长江路中间这一段，不少广受市民欢迎的老字号总店都在这里。不过有名的老字号都走连锁路线，所以去吃饭前不妨用地图搜一下离你最近的那家店。此外，宁国路至罍街一段是合肥有名的小龙虾街。

另请留意以下几个片区的就餐概况：博物馆新馆所在的政务新区缺乏家常餐馆，可考虑就近去万象城、天龙汇等商场内吃饭；滨湖新区的展馆内只出售小零食，最近的餐馆聚集地是万达城住宅区且人气不旺，建议吃饱了再去；大蜀山公园北门外建了一条“半边街”仿古商铺，没什么特别可逛的，好在有连锁餐饮店保证游人吃喝无忧。

庐州太太鼓楼店

徽菜 ¥¥

（宿州路与中菜市巷交叉口；人均60元；⏲11:00~22:00）新派家常徽菜连锁品牌，有很多家分店，鼓楼这家位置不错但门面不太起眼，在百大鼓楼名品中心的南边，上楼才到餐厅。菜肴非常丰富，以新派徽菜为主，兼有川、湘、粤菜。可以尝尝徽菜代表黄山臭鳜鱼（78元），另外三河米饺（12元）也做得不错。长江西路近天王巷南口也有一家位置不错的分店。

素福素食自助餐厅

素食 ¥

（飞凤街近城隍庙商城；20元/位；⏲11:00~13:30，17:00~19:30）一家简洁明亮的素食自助馆，离城隍庙很近。菜品以家常炒时蔬为主，也有凉菜汤粥可选，面点种类丰富。吃腻了合肥口味偏重的油辣咸，这里是很好的清淡口味选择。

庐州烤鸭店红星店

小吃 ¥

（长江中路省委大院内；人均50元；⏲6:00~21:00）合肥很受欢迎的烤鸭店，总店在临近淮海路的宿州路上。这家分店闹中取静，食客多为住在附近的老街坊，烤鸭（25.5元/斤）、桂花赤豆糊（5元）配鸭油烧饼（2元）都好吃。从淮海路步行街上的百盛商场西侧走哑巴巷往南，过天桥后进左手边的高家祠堂巷即到，巷口的青砖祠堂是合肥城内并不多见的晚清建筑，由清末的高氏实业家建造。

周贵妃凉皮步行街店

小吃 ¥

（淮海路步行街中段，近李鸿章故居；人均15元；⏲9:30~21:30）也是一家广受欢迎的合肥老字号小吃，在20世纪90年代初由一位来自陕西的周姓女士开创，就地取材把皖中常用的红薯粉做成了凉皮（9元/份起），此外还有蕨根粉、米线和牛筋面可选，当地人大多喜欢双拼（11元/份），一勺辣椒油配上简单的豆芽菜就很爽口。步行街这家店位置很好找，在李鸿章故居对面的下岗再就业小商品一条街内。城隍庙对面是总店（10:00~20:30），空间紧凑但很整洁。

耿福兴明教寺店
小吃 ¥

（九狮桥街北口，近淮河路步行街；人均25元；6:30~22:00）源自芜湖的百年老字号，在合肥市也有好几家分店，这家位置很好找，就在明教寺对面。新装修过的门面古色古香，内部时髦明亮，在这里能吃到鸭脚包（5元）、虾籽面（9元）和萝卜丝酥烧饼（2.5元）等可口的传统小吃。

刘洪盛城隍庙店
小吃 ¥

（安庆路城隍庙商城西侧；人均20元；6:30~20:30）合肥本地百年老字号，同样在城内甚至全省有多家分店，城隍庙这家很方便到达。最受欢迎的小吃是冬菇鸡饺（19元），汤汁浓郁分量十足，当年的创始人便是靠这道招牌起家的，还可点个烧饼（2元）一起吃。

风波庄宿州路店
徽菜 ¥

（宿州路135号巷内；人均40元；11:00~14:00，17:30~21:30）风波庄在合肥民间颇有口碑，除了好玩爱演的江湖侠义气，价钱和口味也很实在，在省内多地都有连锁店。宿州路上这家号称“总舵”的店躲在巷子里，店小二会按照个人口味给推荐菜，好吃的招牌大力丸按“江湖规矩”一人只能点一个。上菜很快，口味偏咸，可以交代少放盐。

詹记宫廷桃酥王淮河路店
点心 ¥

（宿州路139号；7:00~22:00）合肥有名的传统点心字号，做桃酥（8元/100克）起家，现在中西式点心均有，品种繁多价格实惠，深受当地人喜欢，这家店位置很好，门口经常排队，也可搜搜其他分店。

同庆楼包河万达店
徽菜 ¥¥

（马鞍山路与芜湖路交叉口万达广场5楼；人均80元；11:00~21:00）也是旧时合肥城里有名的酒楼招牌，如今在城里有许多家分店，是当地人摆宴席中意的选择，规模都挺大挺体面。菜品繁多，除了划算的当日特价菜，还可以挑吴山贡鹅（48元）和同庆楼煮干丝（28元）来尝尝。

嘎嘎鸭下巴
川菜 ¥¥

（长江中路女人街中段小吃街；人均60元；11:00~22:00）改良川菜在合肥很受欢迎，从这家新派干锅店的热门程度就能看出来。招牌酸辣鸭下巴干锅（48元起）以辣而闻名，微辣就已经是非常辣，可以多点几个小菜一起吃。女人街这家店是总店，环境不错，店内的题字有点意思。附近的小街小巷也是合肥知名小吃摊点的聚集地。

饮品和娱乐

合肥的高校众多，酒吧、咖啡馆等休闲娱乐场所一般分布在高校附近。调研时南一环外的曙光路上开发了一片叫作“中隐于市”的青年文化商业街区，集中了一些酒吧，此外中科大东区和西区之间也有不少酒吧和咖啡馆。

USTC1958
咖啡馆 ¥

（微信公众号：UNILAB；金寨路96号中国科技大学东区郭沫若广场西北角；人均40元；9:00~23:00）如果想在合肥有让你眼前一亮的咖啡馆体验，到这里就没错了。这家非常时髦的极客风格咖啡馆位于中科大校园内，水泥搭配原木色调的室内装饰，有简洁明快的几何线条，半开放式吧台面向花园，常能看到像是在运算量子公式的科技型学子。单品手冲咖啡25元起，并配有甜点可选。

保罗的口袋曙光路店
书吧 ¥

（微信公众号：paulpocket；曙光路中隐于市外街7号，近南一环；咖啡20元起；10:00~22:00）算得上是合肥的一张“文艺牌”，目前在城区有3家店。这家“小口袋”空间不大，一层出售文化、电影、艺术类书籍和文创产品，并有一个迷你吧台提供饮品和点心，小票上每日都有一首不同的小诗。二层有落地窗和玻璃天窗，陈设整洁且温馨可爱，定期举办主题电影放映和文化讲座一类的活动，可通过微信公众号来了解实时信息。看到门口的红色电话亭就找到了。

ON THE WAY
酒吧 ¥

（微信公众号：ONTHEWAYBAR；庐州大道与祁门路交叉口大摩广场4楼；人均50元；14:00~0:00）合肥摇滚老炮们转行做起了精酿，于是有了这个集酒馆和演出现场于一体的青年文化空间。在市区共有3家店，这家对于旅行者来说最方便，同时也是国内外音乐人到合肥演出的首选场地，可通过微信公众号来查询每个月的演出信息。出地铁望湖城站D口后往北步行可至。

骑士餐吧

酒吧 ¥¥

（微信公众号：knight0551；金寨路91号鸿基广场1楼；人均70元；⏲13:30至次日2:00）虽然已把经营重点偏向到了西餐上，但仍然是合肥有名、有口碑的老牌酒吧。室内是美国西部酒吧的轻松随意风格，除了鸡尾酒外也提供各地厂牌的精酿啤酒，户外还有一个小花园并提供露天坐席。每日有不同主题的活动，周末会有现场演出。

卡旺卡商之都店

咖啡馆 ¥

（宿州路商之都商场1楼；人均15元；⏲9:30~21:00）合肥本地起家的奶茶咖啡连锁店，凭物美价廉的品质获得本地人赞不绝口，众多分店让你几乎随时随地走累了都能坐下来喝一杯。这家商之都店离包公园不远，逛累了可以来歇一会儿。

购物

调研时，合肥市区新开的大型购物商场集中在南二环内的政务新区及地铁站附近，长江中路上的银泰百货是一环内最豪华的商场，不用对市中心的淮河路步行街抱太大期望。此外，合肥人也很爱去南京逛商场购物。

安徽省博物院书店

书店

安徽省博物院新馆（见164页）大厅一角的附属书店有较多的专业书籍，喜爱历史的旅行者不妨翻翻这里与国内其他博物馆共享的研究类书籍，可能会有惊喜。这里也有如博物院官方制作的纪念品周边，如潘玉良作品主题的陶瓷咖啡杯（42元）、四叶碟（19元）和笔记本（12元），是比较值得购买的纪念品。

实用信息

危险和麻烦

在我们调研时，合肥最大的麻烦可能是过于庞大的市区面积与尚未铺设完全的地铁网络，这使外来旅行者在交通出行时很容易摸不着头脑。解决方法是尽量使用手机地图提供的公交方案，在打车高峰期使用手机叫车软件。较大概率遇到的安全隐患则是随处可见的逆行电动车。

邮局

如有从合肥寄明信片的需要，**三孝口邮政支局**（长江中路351号，近四联大厦巷；⏲8:00~18:00）比较方便。另外托包邮区的福，几乎所有快递公司在合肥都有分公司。

媒体

微博@**今日合肥**和@**新浪安徽**是获取本地新闻的可靠媒体途径。

合肥本地宝（微信公众号：bdbhefei）可查询地铁、公交及机场大巴的实时信息。

到达和离开

飞机

合肥新桥机场（机场代码HFE；☎6377 7888；www.hfairport.com）有往返国内几乎所有省会及其他大城市的航线。如果从你的出发地直飞合肥票价较高或需中转经停，不妨先查询飞往南京禄口机场的航线是否更便宜。

长途汽车

调研时合肥的长途汽车站又多又复杂，这里只列出对旅行者比较有用的信息供参考。此外请留意：安徽中部和北部地区均铁路通达，长途汽车没有高铁快，也没有普快列车便宜，所以我们建议你优先考虑选乘火车。

除了新亚汽车站之外，所有车站均联网售票，在**合肥汽车客运官网**（www.ahlwsp.com；微信公众号：HefeiKeyun）及去哪儿、携程、飞猪等旅行代理网站上均可查询实时更新的发车时间和票价。

合肥汽车站（☎6429 7263（北区），6429 0193（南区）；明光路168号；Ⓜ明光路站A口）又叫明光路汽车站，旅行者可在此乘车前往许多目的地，如黄山风景区（98元；7:20、10:20、12:40、14:40；5小时）、巢湖（22元；5:40~19:30滚动发车；2小时）、滁州（55元；6:20~18:30约1小时一班；4小时）、宣城（72元；7:30~17:40约1.5小时一班；4小时）。车站分为南北两个区，有各自的售票处，机场大巴1号线乘坐点在北区。

合肥客运中心站（☎6563 8620；龙川路与庐州大道交叉口；Ⓜ合肥南站A口）就在高铁合肥南站的东侧，又叫合肥南站汽车站，很容易和合肥汽车客运南站混淆。这个市政规划的客运中心目前班次客流均不多，有用的线路是去往中庙的定制公交旅游2号线以及机场大巴3号线。与地铁接驳便利，但出地铁站后的引导信息很模糊，建议找工作人员问路。

合肥汽车客运南站（☎6347 5575；宿松路近南二环）又叫南门换乘中心站，对旅行者最有用的线路是前往三河（见173页）的班车，另有直达黄山风景区（98元；8:20、11:10、13:50、15:10；5小时）的线路。在火车站乘1路可达。

新亚汽车站（☎6771 1342；凤阳路站近站西路）很小，只有去目前不通火车的寿县（37元；6:20~18:20滚动发车；2小时）时必须到此乘车。也有班车至三河，但出城时容易堵车，住在附近再考虑到此乘车，调研时这条线路上车买票。车站在地铁长淮站西侧约500米，也可从火车站乘709路到达。

合肥市汽车东站（☎6441 3399；长江东路517号；Ⓜ东七里站C口）最有用的线路是到中庙（见177页）的中巴车，也有直达黄山风景区的班车（98元；7:40、10:40、13:15、13:43、14:40；5小时）。

合肥旅游汽车站（☎6425 5878；站西路近火车站；Ⓜ合肥火车站C口）就在火车站西300米，但主要运营送合肥人去外省旅游的线路，机场大巴2号线也经停这里。

此外请留意，**合肥汽车客运总站**（☎6424 0222；站前东路近火车站）的名字很容易与明光路上的合肥汽车站混淆，好消息是这里班线很少，旅行者基本用不着到此乘车。

火车

对旅行者来说，合肥站与合肥南站这两座火车站最有用。**合肥站**（胜利路与站前路交叉口；Ⓜ合肥火车站A口及D口）为综合车站，经停特快、普快及高铁各种列车，到东部各条铁路干线上的车次非常频繁且快捷。站房配套很现代化，进站需预留15分钟。

合肥南站（龙川路与庐州大道交叉口；Ⓜ合肥南站A口）为高铁站，是合福高铁上的一个重要停站，从这里可乘高铁快捷到达黄山北站。合肥南站很大，出地铁、取票到进站最好预留20分钟时间。此外，合肥南站的东部有一个附属的公交总站，但调研时站内的指示做得非常不明确，可能会花掉20分钟去寻找。如需乘公交，我们的建议是出北广场去龙川路上找车站，从总站发出来的车一般都在这个站经停。

另请留意，高铁**合肥北城站**离合肥中心有25公里远，事实上这个位于长丰县郊野的车站离哪里都不近，也没有公交接驳。除非你要来欣赏这朵中国高铁线路规划中的奇葩，否则买票时别选这里。

ℹ 当地交通

抵离机场

新桥机场位于市区西北45公里处的高刘镇，调研时当地暂时没有把地铁线路接入机场的规划，但往返市区的机场大巴比较便利，也有往返省内诸多县市的长途汽车客运，无须去到市区即可中转。

共有4条**机场大巴**线路，票价均为25元，每条线路的发车间隔均在30分钟左右。其中1号线（8:20至航班结束）对旅行者最有用，从机场到市中心三孝口、合肥汽车站和火车站客运总站。2号线（8:20~17:00）可达客运西站、旅游汽车站（近合肥火车站）。3号线（8:20~20:00）可达合肥南站（高铁站）和汽车客运南站。4号线（8:20~19:00）到政务新区的天鹅湖大酒店。到达层3号口内外都可购买机场大巴票。

机场到达厅一侧有名为“城市航站楼”的**城市直通车**接驳服务，可直达省内许多县市，如安庆、六安、潜山、桐城、巢湖、铜陵、芜湖、淮南、寿县、蚌埠、亳州、宿州、淮北。发车班次各不相同，具体信息可致电6377 7700，或在机场官网查询。

公交车

合肥市内公交车均价2元，站牌信息标示清晰，二环内公交线路的运营时间多为6:00~22:00。在我们调研时，大部分公交车辆都安装了扫码仪，可以用支付宝乘车码来付钱。

不过公交站台设置有些让人困惑：在一些路口，同一行驶方向可能会有两个以上的同名站台，提供给不同线路的车辆停靠，初来乍到需要费力找一找，百度地图提供的信息基本都是准确的。此外，现有数条走专用通道的快速公交BRT线，车站多在马路中间，大多数站台有天桥或地道连通，但少数站台可能需要横穿马路才能到达。

出租车

市内出租车起步价8元（2.5公里），之后1.6元/公里；夜间起步价9.6元，之后1.92元/公里，无燃油附加费。从一环内打车至机场的打表价格在100元左右。

自行车

合肥市内道路边随处可见摩拜、哈啰、青桔

等多家共享单车和电动车。不过我们调研时发现，道路两侧非机动车道上有很多自行车和电动车在快速逆行。究其原因可能是因为市内街道（尤其是宽街大道）的中间都设有非常漫长的栅栏分隔，所以骑行时要转到方向正确的一侧车道并不容易。这也给不熟悉路况的旅行者增加了更多的骑行障碍和风险，所以我们并不太推荐在市中心骑行代步。不过，在大蜀山、滨湖新区和政务新区等近郊区域，共享单车是很有用的代步工具。

如果你需要适合长距离骑行的自行车，在城南紫庐地铁站附近的**捷安特滨湖店**（☎139 5602 1312；万泉河路徽昌苑114号；⏲8:00~20:00）可以租借到适合骑环湖的变速车，车况良好，租金每天50元，店铺就在师范附小三小运动馆对面。

地铁

合肥地铁起价2元（8公里），之后按里程递增。在我们调研时，合肥地铁已开通了1号线和2号线两条线路。1号线为南北走向，对旅行者有用的站点有合肥站、包公园、合肥南站、云谷路等；2号线为东西走向，横贯市区一环的中心，对旅行者有用的站点有四牌楼、三孝口、安农大、大蜀山、汽车西站等。两条线路的换乘站为东大门站。

据悉预计在2019年底，合肥地铁3号线即可通车，这条线路绕开了一环内的市中心区，但在政务新区的安徽省博物院附近会设置车站，和1号线的换乘站为合肥火车站，和2号线的换乘站为西七里塘。此外，同时在建的4号线预计在2020年通车，5号线预计在2012年通车。

三河古镇

三河镇属于合肥下辖的肥西县，在合肥市区南部约50公里，因丰乐河、杭埠河与小南河这三条河流在此交汇而得名。历史上三河因便利的水道交通而成为商业繁荣的贸易集散地，富足通达养出不少名人学士。在太平天国末期，陈玉成等将领据守三河，一时缓住了湘军攻击天京（南京）的脚步，他也因此获封"英王"头衔。

由于镇子是被三条河流夹成的狭长小岛，古西街、古东街和古南街三条主要街道也大体都是顺河的南北走向，西、东、南形容的是三者的相对位置。所谓的"古镇"，就是基于这三条街道上尚存的古建筑而建立的，而环绕青砖白墙老民居的，更多是三五层高的居民楼公寓，不过所有建筑都被装饰上了古风栏杆和马头墙。当然，从合肥到这里逛老街吃米饺一日游，也还是值得的。

景点

调研时进镇免费，大部分景点收费，开放时间均为8:00~17:30。每个景点单独售票，另有四联票（50元）、六联票（90元）和九联票（120元）三种优惠套票可选。镇子主要有北门和东门两个入口，建议从三杭路上的北门一路玩下来，这里的游客中心除了售票也有寄存和充电等服务，并提供免费地图。

过仙归桥便是古西街，这里有**董寅初纪念馆**（20元），董寅初为出生在三河的华侨领袖，这处宅子是他的故居。继续往南的**刘同兴隆庄**（20元）是镇上刘氏富商家的商号"同兴隆"旧址，古宅保留得较为完好。再往南有**仙姑楼**，深长的三进院内供奉在当地有名的道家仙姑，第一进院子为保留得较好的晚清建筑。

继续往南是县城中心的十字路口，东面通往大捷门。往西先后经过两座桥：**三县桥**的桥身和护栏条石基本是旧物，这里曾是肥西、庐江、舒城三县的分界；站在**望月桥**拱上，有可俯瞰河道穿过镇子的美丽视角。下桥即仿古**望月阁**（20元），从望月阁旁北转是新建的**大夫第**（30元），里面收藏了一些民间家具。十字路口继续往南是古东街，经过展示太平天国相关历史的**三河大战风云馆**（30元）和仿古戏台**万年台**后是一段太平天国时修筑的**城墙**，墙内侧有一个炮台可免费登上去。出城墙往西转过**二龙桥**，这座桥上也有拍摄古镇的好角度。

继续往西可见**城隍庙**，寺庙免费但不一定每天开放。从城隍庙西侧北转可至**孙立人故居**（10元），孙立人将军是抗日战争中国远征军的将领之一，他也是三河人。如果钻进城隍庙东侧的巷子，就回到了**古南街**，这一段游人不多，青砖民宅颇为好看。往北经过淮军将领刘炳章的故居**鹤庐**（10元）和小姐绣楼**古娱坊**（15元），就能找到有名的**杨振宁故居**（30元），这里曾是杨振宁外婆的宅院，他年幼时父亲赴美留学，母亲便带他在此借住，据说他当时每天穿过宅院北边狭窄的**一人巷**去上学。从这里出古南街往东转，出了大东门再走一段就能回到三河镇客运站。

食宿

三河算是一个鱼米之乡，特色土菜名声响亮。古镇南城墙外的一段古东街上集中了十余家土菜馆，由于景区执行规范管理，你在游客中心即可看到各种菜肴的指导价格和分量，基本都是素菜十几元、荤菜二十几元的价格，所以不用担心被坑，带着平常心去吃就好。每家菜馆都有的招牌菜主要有：三河小炒（酱干木耳炒肉丝）、三河炸酱（马蹄莴笋酱肉丁）、仔鸡烧菱角、三河渣虾糊、锅巴虾子等。米饺一般在小店或小吃摊单独出售，均价1元/个，味道也差不多，遇到自家做馅料现包现炸的，可以优先尝一尝。

从合肥出发到三河，当日往返时间非常宽裕。如有住宿需要，可考虑二龙桥西侧临河的**三河旅游客栈**（☎6555 6837；标双120元；🛜❄Ⓟ）这家新开的家庭旅馆窗明几净，房间内有一些用心的装饰，另有公用卫生间的大床房（85元），房间面积不小，还配有舒适的大沙发。

购物

镇上几乎所有旅游纪念品商店都会出售羽毛扇和米酒等当地特产，同样都按景区指导价格来定价。南街上的**中和祥**（⏲8:00~19:00）是老字号，仙姑楼便是由最早的店主出资修建的。除了热门的糖果米酒外，这里也出售自家厂里生产的特色点心，如玉带糕和大麻饼，1盒10元左右。

到达和离开

合肥到三河的客车主要从新亚客运站（18元）发出，约半小时后经停汽车客运南站（15元），6:00~18:00约半小时一班。高铁南站旁的客运中心站也有班车（18元）发往三河，9:00~16:00每个整点一班。在合肥可就近选择客运站，车程为1~1.5小时。三河客运站回合肥的末班车一般在17:30之前。

当地交通

镇子很小，步行游览基本不费力气。客运站门口有三轮车服务，50元可乘2人，带你在镇子里绕一圈，边走边讲解的同时也可能会推荐购物。有的揽客车夫会告诉你三河客运站离古镇很远，不用太当真，从客运站到古镇东门约500米，到北门也不过900米。

滁州

☎0550 / 人口：407.6万（含凤阳）

长江北岸的滁州如今是一座颇具时髦韵律的都市，然而在历史上，这里很长一段时间是南北对峙的兵家必争之地。司马睿南渡建康建立东晋之前曾寓居琅琊山；五代时在城郊清流关一战中，时为后周将领的赵匡胤大破南唐军，并因此实力大增；南宋辛弃疾抗击金兵，滁州是他驻防过的重镇之一；而到元末时，这里也是朱元璋攻打南京建都之前的大本营。如今的滁州清秀宁静，经济也因邻近江苏而蓬勃发展。

因为距离太近，不少南京人会把滁州作为周末游的目的地。要是从合肥出发且时间充裕，可走铜陵—芜湖—马鞍山—滁州线，或者走寿县—淮南—蚌埠—凤阳—滁州线，一站一站玩过来。

景点

如今滁州的看点不多，胜在有文人的光环加持。多数旅行者都为琅琊山而来，这里离市中心很近。但如果你选乘高铁过来，就会先到达市区南边的滁州站或者全椒站，不妨顺道去看看吴敬梓故居。

需留意，凤阳县在行政区划上属于滁州地级市管辖，但地理和交通上都离蚌埠更近。为了便于你规划行程，我们把凤阳的内容放到了“安徽北部”章节。

市区

琅琊山 山

[☎351 2999；琅琊古道西端；门票80元（夏季），70元（冬季）；⏲6:30~18:00，7:00~17:30] 因北宋谪官欧阳修写下了《醉翁亭记》，滁州城西5公里处这片小丘陵成了滁州最有名的看点。琅琊山因西晋末年琅琊王司马睿寓居山中而得名，又因唐代宗御赐建寺而成为佛教胜地。如今山中的古迹大多为明清时建造

的，可沿步道或乘电瓶车（单程20元，往返30元）一路游览野芳园、醉翁亭、同乐园（欧阳修纪念馆）、琅琊寺与湖心亭等小景点，琅琊寺后山还有一些历代摩崖石刻可看。游览之后不想原路返回，也可从东门出去，往东步行约3公里至滁州学院南校区乘公交或打车离开。

此外，琅琊山北门外东北约2公里处是原址新建的南京太仆寺景区。太仆寺为朱元璋建都南京后设置的管理军马的机构，王阳明曾在此担任过太仆寺少卿，并在丰乐亭讲学。凭琅琊山门票免费入园，有时间可前去一看。

滁州北站火车站及市中心乘11路可达琅琊山风景区北门口，在城北客运站也可乘107路直达。下车后顺路直走往前约300米就是景区入口，不用上楼梯转到并没有什么人气的商业区里去。

滁州博物馆 博物馆

（龙蟠大道99号；免费；⏲9:00~16:30，周一休馆）这座毫不浮夸的地区综合性博物馆值得博物馆爱好者前来一看。一层为自然风物陈列，展出了区内的溶洞火山等地貌，以及动物标本和矿石标本，还有和县人头盖骨的复制品。二楼的历史文化陈列布展清晰，展品亮点包括新石器侯家寨遗址出土的陶器和石器，先秦淮夷方国的青铜与陶器，以及汉墓出土的铜镜和画像石及唐寿州窑黄釉瓷枕，还有凤阳明中都的一些建筑构件。如果你在琅琊山没细看摩崖题字，馆内展出了清晰的拓片，此外还收藏了一个题有《醉翁亭记》全文的青花将军罐。

博物馆正门离中都大道更近，市区乘25路政务中心西门下车即到。

全椒县

吴敬梓纪念馆 纪念馆

（全椒县河湾路近内环北路；免费；⏲9:00~17:00，周一休馆）《儒林外史》书成于南京，但作者吴敬梓其实是全椒县人，屡试不第才成了秦淮寓客。如今重修的故居兼纪念馆就是他的祖宅，展览了他的生平以及各种版本的《儒林外史》。有兴趣不妨前去参观。故居对面就是襄河，沿河公园风景不错。

从高铁全椒站或汽车站过来，乘全椒3路在吴敬梓纪念馆下车后，往北过桥即到。如果从滁州市区乘101路或105路过来，可在太平文化广场或襄河大闸站下车，往西顺着河边的公园步道走1.5公里到达。

食宿

南北主干道丰乐大道与天长西路及琅琊西路的交叉口，均为滁州的商业中心区，吃住都方便。通往琅琊山风景区的琅琊西路上有城市之家、锦江之星等快捷酒店可选，万瑞四季酒店（☎351 1888；琅琊西路69号；标双309元；📶❄🅿）则更高档舒适。此外调研时滁州市区有很多公寓式酒店选择，在市中心的苏宁雅悦和乐彩城等商住区都有大量房源，可在订房网站上查询。

琅琊山风景区公交站附近是滁州学院的学生们喜欢光临的商铺街，吃喝咖啡都有。琅琊西路上也有很多小餐馆，苏宁广场等大商场内则有时髦的大小食肆。此外新开发的滁州1912街区在清末属于老滁州城南门外的教会地界，如今的商业街有吃有喝但人气不旺，有时间可前去一逛，试着从仿欧建筑里找出那几座真的历史建筑来。

此外在滁州还能找到一些民间小店。老字号小谢蚝油饼（三里亭路近丰乐大道口；人均10元；⏲6:30~11:00，17:00~20:30）没有招牌，找着人群去排队就对了。门口用大铁炉子现烤蚝油饼（2元），可配碗馄饨（5元）一起吃。门口这条街也是小吃一条街，随便找一家都不会难吃。李新田砂锅（育新西路19号；人均25元；⏲16:30~23:00）也是经营了二十余年的老字号，没有环境可言但生意非常火爆，秋冬季晚上可来吃个暖和的招牌羊肉砂锅粉丝（15元），门口这条街也是夜宵热门地。

到达和离开

不管省会合肥是否乐意，芜湖、马鞍山和滁州等地级市实际上都在南京大都市圈的近距离辐射范围内。尤其是滁州，这里与南京近年来大力发展的浦口区在地界上无缝接临，南京的地铁线路规划已经延伸至滁州，**南京S4号线**从南京北站（即朱自清的爸爸买橘子送他上车的浦口火车站）往西到达高铁滁州站，并与3号线交接换乘。按工程的乐观估计，到2022年6月，南京市民即可乘地铁前往滁州爬琅琊山了。

长途汽车

滁州北客运站（☎303 8555；世纪大道与金山路交叉口）对旅行者帮助较大的班线有：凤阳（40元；7:20~18:00约1小时一班；3小时）、合肥（48元；8:00~18:00滚动发车；3小时）、和县（22元；13:20；2小时）。市中心到北客运站约5公里，在滁州大剧院站乘16路公交可达。

滁州汽车客运总站（☎373 1666）即滁州南客运站，就在高铁滁州站旁，离滁州市区较远，加上滁州北客运站离市区更近，班线更多更全，所以抵离滁州市区时基本没有必要选择这个汽车站。

在去哪儿、携程、飞猪等旅行代理网站上均可查询实时更新的发车时间和票价。

火车

滁州的火车站设置有些复杂，我们尽量描述得简单一点：每个火车站都可能对你有帮助，计划行程时请使用地图查看相对位置。虽然3个火车站中有2个在全椒县境内，但滁州全椒一体化发展迅速，市区到全椒的公交接驳也非常有效。

滁州北站（天长东路近琅琊东路）为离市区最近的老火车站，调研时只经停普快列车，往返南京（硬座11元；40分钟）的车次不少，但只有一班车（硬座40.5元；约5小时）往返合肥。往返蚌埠（硬座19.5元；约2小时）以及上海（硬座51.5元；约5小时）的车次较多，往返铜陵、芜湖和马鞍山方向的普快也停这个站。

高铁**滁州站**（全椒县北洪武西路与中都大道交叉口）距离滁州市中心约12公里，主要停靠上海虹桥（二等座164.5元；约2小时）、南京南（二等座24.5元；18分钟）及徐州东（二等座124.5元；约1.5小时）、北京南（二等座418.5元；约4.5小时）等方向开过来的动车。

不要忽略高铁**全椒站**（全椒县南儒林路与万福路交叉口），这是能助你从合肥南站（二等座45元；35分钟）快速抵达的可选项，到站后乘公交到达滁州市区，加起来的时间也比乘普快火车短。

当地交通

调研时滁州市区打车起步价7元（2.5公里），往后1.6元/公里。滁州公交市区内1元，远途车2元，空调季均加价1元，调研时部分线路可支付宝扫码付款。对旅行者最有帮助的线路是：101路和105路由北至南连接起了滁州北站（老火车站）、滁州高铁站、襄河大闸（在此可步行或换乘至吴敬梓纪念馆）、全椒汽车站和全椒高铁站，全程耗时约1.5公里，105路政务中心站离博物馆也不远。

合肥到巢湖

巢湖北岸的滨湖大道贯通后，从合肥到巢湖一路玩过来变得更为便捷。这一路的城镇之间都有公交接驳，自驾当然更便利。如果你想骑车欣赏湖景，从中庙往西至巢湖市一段建议尽量转到临湖的村道来骑，因为不少路段的滨湖大道其实离湖岸有一段距离。

长临河镇

明初实施军民屯垦政策，其中大量江西民众迁入巢湖北岸湖滨荒地，这处位于长临河口的同名市镇便是当时形成的移民聚落之一。镇上保留有规模较大的古商铺街建筑群，也因临近合肥而最早得到旅游开发。如今丫字形的古街上有**长临河民俗馆**、**汉服博物馆**、**报刊博物馆**、**邮政博物馆**等几个小展馆免费开放（9:00~12:00，13:30~17:00）。此外东街的**基督教堂**已有百年历史，如今仍在使用，周日有风琴伴奏的唱诗班，南北街中段还有一家老式的**留真照相馆**，仍在用老式设备为村民和游人拍摄照片。如果对移民史感兴趣，古街两侧墙上的图文展板值得一看。

食宿

镇子是合肥人周末短途游的目的地之一，因此周一到周五比较冷清，周末和节假日时，当地人会在古街上摆小摊，售卖新鲜的农家蔬果和巢湖水产，不过小摊出售的炸虾饼几乎都是工厂预加工的半成品。老街上也有几家做乡土菜的家常餐馆，人均50元左右。镇南口有酒店宾馆，不过镇子很小，连所有展馆在内全部逛完也不需1小时，基本没有必要在这里留宿。

到达和离开

如果不自驾，可在合肥市区史岗村公交站（近地铁云谷路站B口）或渡江战役纪念馆公交站

巢湖周边

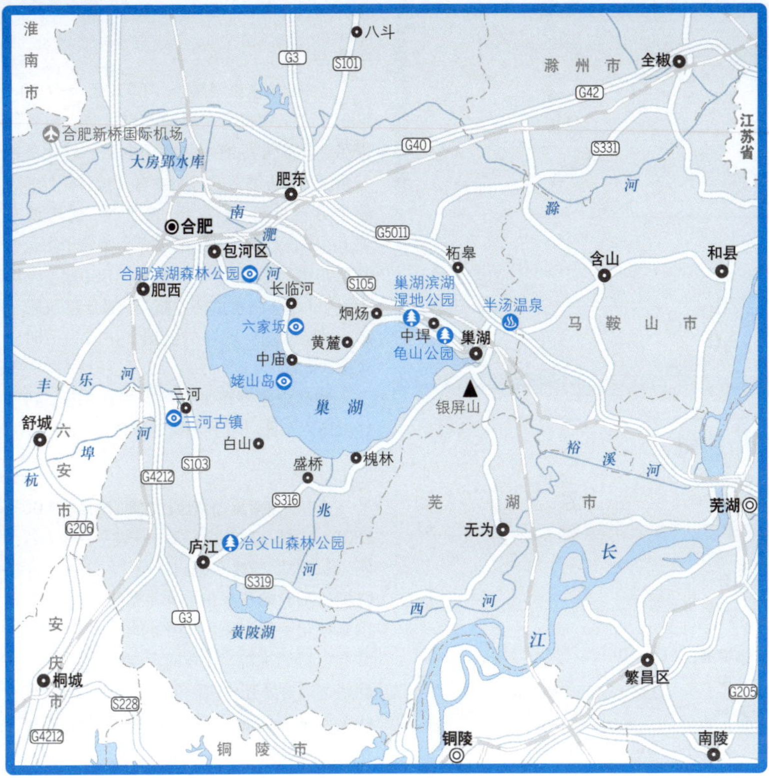

乘526路公交（2元）至长临河镇，在长临河镇南口乘D195路则可继续前往六家畈和中庙。

六家畈

六家畈村位于巢湖半岛的西北，也是滨湖大道上长临河到中庙的半途必经一站。本地望族吴氏家族曾出过三位淮军高级将领，他们在村中均建有宏大优美的家宅，如今保留下来的有**吴氏宗祠**、**吴毓芬故居**、**吴毓兰故居**、**六家畈古民居**等几处的晚清院落，均免费开放。村子不大，在村中心顺着指示牌就能找到所有看点。也因村中一批先辈从李鸿章时代便是淮军嫡系，不少后人也成为了国民党将官，他们在解放战争后远走海外，这是小村成为“侨乡”的原因。

进村之前会先经过一个叫作“宝塔”的公交车站，从这里的小路口往西约1.5公里来到巢湖边，可看到**振湖塔**。这座七层砖塔始建于明崇祯年间，清光绪年间由吴家续建完工，是六家畈村的风水塔。

到达和离开

长临河发出的D195路公交会先后路过宝塔站和六家畈站。

中庙镇

顺滨湖大道进入中庙镇地界，就到了巢湖市辖区。这个巢湖北岸的小镇拥有湖岛古刹等观光元素，在20世纪90年代即因姥山岛旅游开发而成为目前巢湖边的成熟旅游风景区。从合肥过来当日往返一日游是可行的，而只要避开“五一”、暑假、“十一”和春节等热门节假日，这里都算一处清静之地，可以住上一晚慢慢游逛。

中庙镇

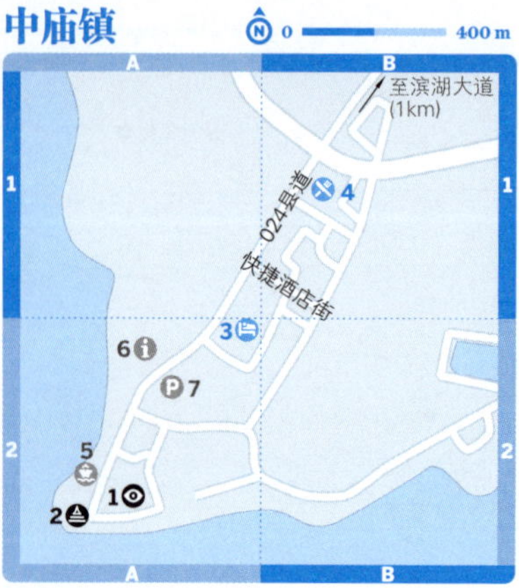

中庙镇

景点

1 昭宗祠……A2

2 中庙寺……A2

住宿

3 树枫宾馆……A2

就餐

4 宾朋酒楼……B1

实用信息

5 姥山岛码头……A2

6 游客中心……A2

7 中庙停车场……A2

景点

姥山岛 岛屿

（☎8857 8318；中庙镇南侧；门票15元，机械船往返票45元；快艇往返票60元；⏲8:00~16:30）被氤氲水色所包围，形似一叶扁舟的姥山岛上有着欣赏巢湖的独特角度。从中庙镇南巢湖岸边的码头乘坐游船即可登上岛，环岛有临水观湖步道，顺登山道可到岛中央的文峰塔去登塔眺望，这座砖塔始建于明末。此外，岛上游客中心附近还有华藏净寺和一个小渔村可以逛逛。不想多走路，也可选乘走岛南岸的电瓶车（20元）轻松游览。

姥山岛风景区在中庙停车场附近的旅游中心和码头各有一个售票处。网络订票会便宜一些，但需要到游客中心换票，在我们调研时订票后2小时才能取到票，请提早预订。

中庙寺 寺庙

（中庙镇南巢湖岸边；门票10元；⏲7:30~17:00）这座寺庙因在巢湖北岸的中心位置而得名“中庙”，拥有登高眺望湖景和姥山岛的好角度。寺庙供奉的神明中有一位称焦姥（这位地方神祇与“陷巢州，涨庐州”的传说有关），因此又名“太姥庙”。寺庙始建于东吴，其后在南唐及元时都有增建，1889年（光绪十五年）由李鸿章主持重修，但部分建筑毁于1948年战火中，现存的前殿和中殿为清时建筑留存。

到达中庙停车场后顺湖岸往东走，到了姥山岛码头即可看到中庙寺红色的院墙。

昭忠祠 古建筑

（中庙镇南巢湖岸边；免费；⏲夏季9:00~17:00，冬季8:30~16:30，周一闭馆）中庙又名忠庙，得名原因与建在湖边的昭忠祠有关。这座临湖的祠堂始建于1892年（光绪十八年），为供奉祭祀李鸿章麾下淮军的阵亡将士而建，共有三殿两进院。如今祠堂院落在经过整修翻新之后对外开放，院内古树参天，陈列有一些关于淮军的展览，也可仔细看看建筑上仍存的砖雕装饰细节。

从中庙寺继续往东走100米即到昭宗祠，此外在我们调研时，昭宗祠东侧正在修复重建李公祠。祠堂与昭宗祠为同期工程，为光禄大夫李文安而建，这位庐州乡贤正是李鸿章的父亲。

食宿

中庙的食宿都集中在镇南的居民新村，镇东北有碧桂园旗下的酒店，但冷清得有点吓人。中国联通营业厅南侧那条小街上开了数家快捷酒店，价钱都在百元上下，条件不差。要住得更安静一点，可去海事局旁的**树枫宾馆**（☎139 6568 6262；标双100元；Ⓦ❄Ⓟ），这家由当地村民开的小宾馆窗明几净，设施也比较新，离湖岸也更近。

码头附近一条街都是主打“巢湖三白”（白银鱼、白丝鱼和白米虾）的土菜馆，不过主要接待的是旅游大巴团餐。我们建议你可以顺主路烔中路往北稍微走远一些，到本地人居住的新村小楼里找餐馆。宾朋酒楼（烔中路北中国移动营业厅旁；人均50元；⏲10:00~22:00）是其中口碑不错的一家，干锅鱼和炒虾米都新鲜。

到达和离开

从合肥直达中庙的公交方式主要有2种：到合肥客运东站乘客运专线中巴（10元；5:30~17:30，半小时一班），或者在合肥南站东侧的合肥客运中心站乘坐定制公交旅游2号线双层巴士（10元；8:00、9:15、10:30、11:45、13:00、14:15、15:30、16:45、18:00各一班，节假日增发班次）。想在沿途多逛几个村镇，则可在先乘526路公交至长临河镇，之后换乘D195路（2元）经过六家畈终到中庙停车场。

离开中庙时如果不折返合肥而是继续旅程，中庙停车场有继续往东至巢湖的2条公交班线，H101路走105省道，沿途经过黄麓镇和烔炀镇；H103路走滨湖大道，进入巢湖隧道前的龟山站离龟山公园最近。

当地交通

中庙镇很小，步行基本能解决所有的出行需要，如果想骑车四处看看，也很容易找到共享单车，镇上还铺设了专门的骑行道路。

黄麓镇

黄麓镇也是巢湖北岸在明初移民潮中形成的村镇之一，因在西黄山麓而得名。如今黄麓镇的看点不在镇中心，而在镇西北约7公里的洪家疃村。这里是国民党高级将领张治中的家乡，作为民国时的乡村教育尝试，张治中将军在1933年在此主持创建了黄麓师范学校，如今等桂翁堂、科学馆等四座旧校舍经过翻新，可进入校园一看。校园内还有张治中故居（⏲9:00~17:00，周一闭馆）也免费对外开放。

到达和离开

从中庙方向过来，可在中庙停车场乘H101路到镇上的黄麓车站后，再换乘H102路到黄师终点站。如果从巢湖市区方向过来，H102路往返巢湖汽车站和黄麓师范学院之间。

烔炀镇

烔炀（发音同"桐杨"）镇的名字取自烔河与炀河，火字旁来自古代避水患的寓意，两条河流在此交汇后注入巢湖，交汇处形成的贸易集散地就是最早的烔炀街市，历史最早可追溯至南宋时。丁字形的街道上仍有近300座明清建筑遗存，如今正在经历修复和开发，将陆续作为烔炀老街向游人开放，主要看点有东街李鸿章当铺和东闸口正堂陈示碑，以及新中国第一所实验农民文化馆。

时间充裕可在附近逛逛。镇南约4公里的中李村是李克农将军的故乡，如今他的故居已建成李克农将军纪念馆（⏲9:00~17:00，周一闭馆）免费开放。从这里往东南约1公里，巢湖岸边的月亮湾湿地公园可以近距离观赏湖水。这个公园内的植被不错，树木和芦苇都很丰茂。从公园顺滨湖大道往东约7公里是唐嘴水下古城遗址，据推测这里和消失的居巢国有关，不过在岸上基本看不到什么古迹。

到达和离开

从中庙乘H101路公交可至烔炀镇，距离烔炀老街最近的公交车站是烔炀镇政府站，到站后往南步行即到。继续乘H101路可到李克农故居、巢湖市中心和火车站。月亮湾湿地公园附近的停车场有10路至巢湖市西边的新城区。

巢湖

☎0551

"陷巢州，涨庐州"，巢湖边神秘消失的古城与这里原本可能非常精彩的历史一起沉入了水底。不过，巢湖市所属的"亚父乡"这个地名提醒我们，这里是楚汉之争时项羽的重要谋士范增的家乡。如今巢湖市区的看点不多，不过如果你已计划从合肥出发到中庙，不妨再多花1天时间，把你的线路延伸到巢湖东北角的这一片湖滨来。

景点和活动

巢湖值得专门前去的地方不多，一天就足够看完。如果时间安排比较宽裕，可以沿着市中心清秀的洗耳池公园逛一逛，再到卧牛山公园试着寻找基督教会普仁医院旧址。自驾的话，还可考虑去半汤温泉北面7公里的半汤郁金香高地看花。郁金香的花期一般在3月至4月，夏季还有薰衣草。有兴致还可去柘皋镇吃个传统早茶，镇子距巢湖市区约半小时车程。

巢湖市博物馆

博物馆

（☎8231 3427；建康东路与裕溪路交叉口；免费；⌚9:00~16:30，周一不闭馆）在1996年的一次建设工程中，巢湖市区东郊丘陵放王岗（典故称因商汤流放夏桀于此而得名）上出土了一座棺椁完整、从未被盗的汉墓。如今的巢湖市博物馆便依托这座西汉吕轲之墓而建，除了原址保护和展览的墓葬以外，还有一个规模很小但布展清晰的展厅，陈列了吕轲墓中以及巢湖火车站附近北山头汉墓中出土的文物精品。两座汉墓的陪葬器物都以青铜和玉器为主，其中放王岗墓出土的**铜朱雀**和**铜鹿盘**均带有率真优美的汉朝艺术风格，北山头墓出土的**朱雀衔环踏虎玉卮**代表了当时水平颇高的立体雕刻技艺，**带盖银豆**具有同时期波斯阿契美尼德王朝常用的花瓣凸泡装饰。展厅楼下还有一个巢湖名人名贤馆，可看到有巢氏、范增、冯玉祥、张治中、李克农等与巢湖有关的历史名人。

调研时，博物馆靠近裕溪路的正门处正在建设新馆，据消息称，新馆建成后会展出更多汉墓出土文物，可能会包括证明墓主身份的玉石吕轲之印，以及汉朝人“博弈”用的漆制六博棋盘。如果你到访时新馆仍然没有建成，可以从南边那条水泥小路上山，到坡顶后左转进入博物馆后门。这条路能通车，打车前来也可以请司机开上来。天气好时，后门外有远眺旗山和鼓山的好视角，这两座山也是成语“旗鼓相当”的由来之一。

龟山公园

公园

这是除了中庙之外另一个近距离欣赏巢湖水色的去处：虽然目前的巢湖水色是尴尬的碧绿色——这要归咎于水体富营养化带来的蓝藻爆发，不过当地正在努力改善城市附近的水质。公园的主体是一座形似乌龟入湖的小山丘，覆盖有茂密的森林植被，所以来爬山观湖还是让人愉快的，可顺便找找湖边的巨型神龟石雕。

从巢湖市区乘10路或H103路公交至龟山站下车，顺下坡路往东步行即可入园。如果从市区开车骑自行车过来，可从“湖天胜境”牌坊进入后顺滨湖大道一路往西到公园，森林和湖水交映的景致挺不错，还能远眺巢湖闸以及巢湖港的大船。

半汤温泉

温泉

半汤温泉位于巢湖市区东北部约8公里的半汤街道，这里从隋唐时起就是有名的汤泉。现在主街汤山路两旁有数家温泉浴场，其中**御泉庄温泉**（☎8255 5555；汤山路128号；标双568元，住客泡温泉免费；🛜❄🅿）面积大、环境好，浴票每人218元，但在各家代理网站上常有优惠，设施包括花园露天泡池以及室内泡池和桑拿房。省干部疗养院内的**元帅楼**是朱德曾经下榻疗养的地方，提供简朴的住宿（标双140元，住客泡温泉免费；🛜❄🅿）。小院子里树荫下的露天泡池50元/人，至少2人起泡。室内房间里的小泡池30元/人，泉眼出水温度在50℃左右，客人不多时需要多放一会儿水。此外，镇上还有好几家本地人爱去的温泉浴室，淋浴泡池兼有，价钱大约都是25元/人。

可在市中心或巢湖火车站乘11路到半汤温泉区站下车，从路口沿汤山路往北走约700米可到元帅楼，从元帅楼到深业御景温泉还要继续往北约700米。

食宿

对于旅行者来说，快捷酒店仍然是巢湖市区较为便利、舒适的住宿选择。湖路与健康路的交叉路口是商业中心，出行就餐都便利。如果对过于深长的走廊没有恐惧感，**如家耳街店**（☎8239 9199；巢湖路德胜中央城，近健康东路；标双126元；🛜❄🅿）客房干净标准，是不错的短住选择。此外，半汤主街汤山路上也有一些客栈宾馆，但性价比一般。除非预订了可以享受温泉的住宿，否则还是住回城区更舒适方便。

新修的美食步行街**耳街**上能找到从麻辣烫到台湾小吃各种类型的吃喝小店，店面都挺体面。要想找到更地道家常的小馆子，**天后宫街**和**十字街**分列天湖商城东西两侧，这两条街上有许多家当地人下馆子吃土菜的口碑餐馆，随便走进一家味道都不错。例如**天**

湖饭店土菜馆（天后宫街近天河路；⏲6:00~23:00）人均30元就能吃得不错，可尝尝野生小杂鱼和虾米锅巴，调研时门头灯箱上还有另一个名字“含巢土菜馆”。

到达和离开

长途汽车

对旅行者最便利的客运站是市中心的**巢湖汽车站**（☎8231 3455；太湖山路东段），就在火车站东南300米，在去哪儿、携程、飞猪等旅行代理网站上均可查询实时更新的发车时间和票价。至合肥（20元；7:00~17:25，流水发车；2小时）的班次最多，可随车托运自行车（20元）。也有同样频密的车次分别发往马鞍山（35元；7:20~16:30；2.5小时）和南京（40/50元；6:30~17:30；约2小时）。

火车

巢湖有两个火车客运站，**巢湖站**（世纪大道与太湖山路交叉口）对于旅行者更为便利，主要经停普快列车。从合肥（硬座12.5元；1小时）过来的车次非常密集，也可迅速转到芜湖（硬座12.5元；1小时）和宣城（硬座23.5元；2小时）方向去。除非远距离直达，否则没必要选择高铁**巢湖东站**。

当地交通

巢湖市区公交票价为1元（开空调时为2元），远距离线路——如开往中庙的H101路和H103路、开往黄麓的H102路一般为3元或4元。11路公交连接了市中心建设银行、汽车站和附近的火车站、巢湖东站和半汤温泉区，是对旅行者最有用的线路。

巢湖出租车起步价6元（2公里），之后1.2元/公里，夜间起步价7.2元。在安徽省变幻莫测的行政区域划分中，巢湖曾做过十余年地级市，这在一定程度上造成了这里的出租车数量明显供大于求，不过司机们倾向于不接网约车订单。

调研时摩拜共享单车在巢湖开通了服务，但车辆不算很多。如果能找到车的话，从市区骑到龟山公园是个好主意，单程约6公里。

沿江地区

安徽中部便捷的铁路交通增强了省会合肥的向心力。从合肥出发，可以轻松串起气质各不相同的皖江三城。

马鞍山

☎0555 / 人口：230.2万

马鞍山市区在近代因铁矿而迅速兴起，在1954年始建镇，1956年便升格为市。这里的城市布局比较特殊：老城区沿雨山湖而建，环湖建成了清秀的市民公园，城内散落着不少富有时代气息的工人新村。采石矶在城西南郊与长江相邻，从这里往北的一片江边地带是马鞍山钢铁厂及其他工厂所在地，厂房、塔架、烟囱和厂内铁路共同构成灰暗冷硬的工业场景。铁路和宁芜公路把城区和工厂区相隔开，城区和厂区有着风格截然不同的景致。

作为工业城市，这里没有非常热门的旅游看点，但也会带来一点别致的惊喜。此外，对于从南京甚至上海方向过来的旅行者，完全可以把马鞍山当成一个不落俗套的周末2日游目的地。

景点

长江边的采石矶是这里最响亮的看点，城内的马鞍山市博物馆和朱然家墓也值得一看。马鞍山市周边的县治历史更为悠久，在当涂与和县有一些古迹可寻。可把市区作为落脚点分别前往，但这样就要在交通往返上花费时间。串成线路来走的话，芜湖—当涂—马鞍山—和县—全椒—滁州这条线上，每一站都有看点，也有便利的公共交通接驳。

市区和市郊

采石矶风景区 公园

（☎210 0647；西南郊唐贤街1号；门票80元；⏲8:30~17:00）采石矶位于长江边的翠螺山脚，被誉为长江三大名矶之首。李白寓居当涂时经常登临矶头吟咏长江，后来的历代文人也形成了到这里饮酒赋诗的风雅传统。除了受文人喜爱，这里也因地势据长江之险而成为兵防重地。如今这里被开发为景区，一系列大小景点散布在山间和江边，天气晴好时慢慢游逛颇为宜人。

古人为李白编造了醉捞江心月时溺水骑鲸仙去的故事，事发地就设在采石矶，因此这里有附会的衣冠冢以及捉月台，作为纪念祠

马鞍山城区

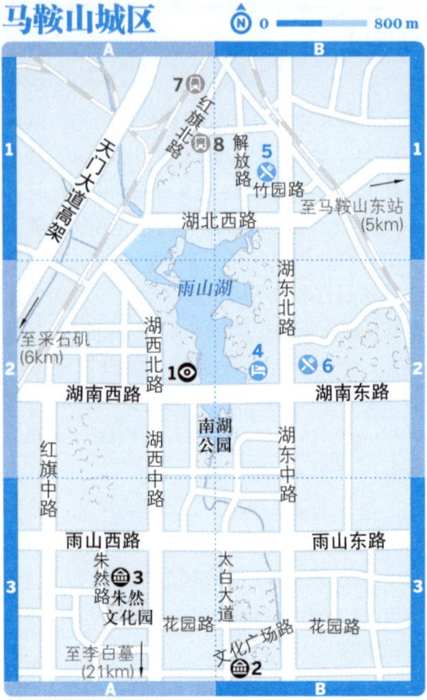

马鞍山城区

景点

1 儿童公园 A2
2 马鞍山市博物馆 B3
3 朱然家族墓地博物馆 A3

住宿

4 金鹰尚美酒店 B2

就餐

5 马鞍山公益善食馆 B1
6 英子包子湖东路店 B2

实用信息

7 马鞍山站 A1
8 马鞍山长途汽车站 A1

的太白楼则建于清代。沿环绕山脚的木栈道走一走，还能找到传说中明朝开国功臣常遇春渡江登岸时留下的"大脚印"。别错过山顶的三台阁，在这里可登高远眺大江东去。由于矶头附近的江心沙洲几乎都是唐以后才形成的，可以试着去想象一下李白曾经看到的那片瀚海般的江水，还原波涛滚滚流向天际的图景。有兴趣的话，还可看看归葬此处的书法家林散之先生的艺术馆。

在新三馆站乘118路、马鞍山东站乘4路公交均可到景区门口。如果乘马当线从当涂过来，且行李不多、时间尚早，也可让司机在采石路口停车，过马路往西步行约600米到景区门口，游览完再去马鞍山市区。景区门票不低，调研时网络订票优惠较大，但需提前2小时预订。

朱然家族墓地博物馆 博物馆

（朱然路与花园路交叉口，近鹊桥二村；免费；⏲夏季9:00~17:00，冬季9:00~16:30，周一闭馆）在三国时，马鞍山一带为东吴属地，因扼守都城建业而尤为险要。朱然是东吴的一员武将，关羽败走麦城、被斩杀于临沮等大事件都和他有关。除了朱然墓以及另一处据推测可能属于其父或其子的无名家墓，园内还有另外两处未发掘的墓冢。家墓周围现已扩建成为免费市民公园，取名为**朱然文化园**（⏲夏季7:00~21:30，冬季6:00~22:00）。

已发掘的墓葬兼博物馆在公园西北角，其中朱然墓由墓道、封门、穹顶、甬道、墓室及漆棺残件组成，狭长形制是当时吴地典型的厚葬墓，虽然屡屡被盗，但仍有出土的竹刺文简佐证了他的身份。朱然官至左大司马兼右军师，且与孙权私交深厚，他的坟墓也是已发掘的东吴墓葬中主人身份、地位最高的一座。此外，朱然墓旁有小厅陈列了出土文物，比如越窑青瓷羊和黄口羽觞杯，还有造型简约的漆案凭几和漆木屐，以及精美图案展示出当时贵族阶层生活的漆盘。不过由于漆器的保存条件很严苛，馆内的漆器都是看起来崭新的复制品。

朱然文化园的正门在花园路上，从马鞍山市博物馆过来约2公里。此外当涂和合小区也有202路公交直达这里。直奔主题请入园后经过朱然铜像到广场左拐到达博物馆，或可直接前往西北门只看墓葬和博物馆，离西北门最近的公交车站为鹊桥二村站。

马鞍山市博物馆 博物馆

（☎835 5970；www.mas-museum.com；文化广场路近太白大道；⏲9:00~17:00，16:00停止入场，周一闭馆）长江在马鞍山地区哺育了丰饶的史前文明，从商周开始这里也是和铜陵类似的青铜产区，因此博物馆一楼展厅内新石器时代器物和青铜都值得一看。**青铜勾连云**

纹饶堪称镇馆之宝，虽然凌家滩发现的一系列高水准玉器（如玉龙、玉鹰、玉猪和蹲姿玉人）大多收藏进了安徽省博物院，但在这里还是能仔细看看精巧的烟墩山玉人。从东吴一直到东晋、南朝，不少勋贵、南渡士族受封在马鞍山一带，二楼"六朝京畿"展厅内陈列的墓葬出土器物还是有一点看头，如青瓷器、墓砖和铜镜，朱然家族墓出土的部分陪葬品也在这里。三楼"山水诗城"展厅内，展出了李白及其他诗人在这里留下的足迹和诗作，不过突然响起的诗歌朗诵有点吓人。对共和国工业史感兴趣，"现代文明"展厅里有一些关于马鞍山钢铁工业的有趣图文资料。

博物馆的正门在文化广场路上，乘202路公交到印山路站下车可到，也可乘106路到新三馆站，下车往西北走。

儿童公园

公园

（湖南西路近紫霞路；免费；⏲7:00~18:00）这座带有怀旧审美的小公园就在雨山湖一角，适合顺路看看或者打发时间，带孩子出行或者喜欢奇怪看点的旅行者可能会发现惊喜。内有国内外著名景观的微缩建筑散落在精致的花木间，这些微缩景观如今看来有点过时，但真材实料的建法很有20世纪八九十年代市民公园的严肃趣味，比如微型大雁塔的塔檐，都是用迷你青砖一层一层收出来的。

公园在市中心的金鹰购物中心西侧约1公里，闲逛过来非常方便，路上会经过雨山湖公园的南门，当地人喜欢在这里休闲运动，周末下午还会在湖岸摆小摊卖点小零碎。

当涂县

李白墓

陵墓

（当涂县太白镇南；门票30元；⏲夏季8:00~17:30，冬季8:00~17:00）李白晚年潦倒无依，到当涂县投靠时为县令的族叔李冰阳，并在此终老。因此，一般认为，在当涂县南10公里、青山脚下的李白墓为真身冢。墓冢与正前方的太白祠在历代战争中屡次被毁，如今可见的建筑都是1980年重建的，在太白祠内的墙上，有一块"大唐翰林李公新墓碑"是南宋时重建留下的古迹。穿过太白祠便可见李太白墓，因为诗仙嗜酒，墓前供奉的酒也是常换常新。

现代重修墓园时，在附近扩建了桃林、荷塘、盆景园（门口还放了一块"贾岛墓碑"，是清朝时好事文人立下的"赝品"）等园林，使这里成为本地人休闲春游的好地方。此外，李太白墓东南约8公里处还有一座谢公祠，为纪念李白崇敬的南朝诗人谢朓而建，但公共交通不便到达，自驾者有时间兴趣可以前去。

如果从马鞍山市区乘马当线（见184页）过来，在当涂东客运站下车后换乘游1路可到李太白墓。游1路每小时一班，时间不凑巧的话，也可在当涂东客运站乘班次频繁发往黄池、大陇、石桥等周边镇上的小客车，告诉司机在李白墓停车。回程同样可以拦过路车，回到当涂东客运站再转至马鞍山。如果乘火车从芜湖方向过来，当涂火车站和当涂东客运站之间有201路公交连接。

和县

陋室公园

公园

（和县陋室东街23号；免费；⏲8:30~17:00）山有仙则名，长江西岸的和县则因为《陋室铭》而增加了几分名气。唐时陋室早已不存，不过如今和县城内又修建了一座陋室公园，里面还有一座刘禹锡纪念馆（周一闭馆）可以参观，调研时当地又在为陋室增光添彩，扩建园林。

看完公园后往南继续走，还可一路游览重建的和县文庙（免费；8:30~11:30，14:30~17:30，周一闭馆），再走过一条仿古商业街来到始建于南宋的镇淮楼（免费；开放时间同文庙），这座城楼在历史上是和州城的南门，在拆墙运动中躲过一劫，现在经过修复但大体结构至少是明清时的，城楼内还有一个小展览。

从马鞍山到和县的班车（从6:30至17:30循环发车；1.5小时；18元）从马鞍山长途客运站发出，过江时会途经一个现名"太白岛"的巨大江心洲。在和县客运站下车后，顺文昌中路往南走约5分钟，经过曾经的城隍庙到第一个路口左转即到陋室公园。

逛完和县后可选择返回马鞍山，也可在客运站搭13:00那班车到全椒县（1.5小时；17元），再转到滁州继续旅程。

节日

马鞍山中国李白诗歌节 文化节

1989年开始，马鞍山市每年都会举办李白诗歌节，以吟诵和音乐剧等多种方式来表现诗歌艺术。近年的节期通常在10月16日前后，会址一般在“新三馆”中的**马鞍山大剧院**，就在马鞍山市博物馆东侧。

食宿

湖南西路是马鞍山的商业中心，住在附近吃饭出行都方便。这条路上有如家、格林豪泰等快捷酒店可选，想住得奢侈一些，**金鹰尚美酒店**（☎661 8888；湖南西路8号，近雨山湖公园；标双479元；）应该是这座钢城里最时髦的新派酒店。

马鞍山本地的饮食口味和习惯都和南京相近。在当地连锁中式快餐店**英子包子**可以品尝到各种家常美食，如汤包和鸭血粉丝等小吃，以及梅菜扣肉和油面筋塞肉等家常菜配饭。这家店菜品丰富价格实在，很受当地人欢迎，在市区和当涂有好几家连锁店，**英子包子湖东路店**（湖南东路湖东北路交叉口东北角；人均20元；⊙6:00~20:00）就在金鹰购物中心东侧，位置和环境都不错。金鹰购物中心内还有更时髦的各类餐馆和饮食档口可选。此外，雨山湖北面的竹园路是小吃一条街，其中**马鞍山公益善食馆**（湖东北路近竹园路；19元/人；⊙11:00~13:00，17:00~19:00）提供菜品丰富的家常素食自助，这家店热心公益，收益都捐赠给助学助贫等项目。

到达和离开

长途汽车

对旅行者最有用的**马鞍山长途汽车站**（☎833 6600；红旗北路96号）就在火车站东南侧。除了密集班车发往和县（见183页），这里去往合肥（72元；6:00~18:50，约40分钟一班；3小时）、芜湖（18元；6:10~16:30，约1小时一班；1小时）、滁州（34元；7:30、7:40、12:30、13:30、13:50、17:40；2小时）和南京南站（20元；5:50~18:40，约1小时一班；1小时）的班车都很多。在去哪儿、携程、飞猪等旅行代理网站上均可查询实时更新的发车时间和票价。然而时间凑巧的话，火车更快或更便宜。

火车

马鞍山站（红旗北路103号）在市区北面。调研时只经停普快和少量特快列车，芜湖（硬座11元；约40分钟）和南京（硬座12.5元；1小时）过来的普快列车较多，合肥（硬座28.5元；3小时）过来的则只有2趟。

高铁**马鞍山东站**（天宝路与马濮路交叉口）在城东北，从铜陵（二等座44元；约1小时）、芜湖（二等座16元；约20分钟）和南京南站（二等座15.5元；约20分钟）等地过来的高铁停靠在这里。离主城区不远，公交接驳便利，1路和106路均到市中心。

当地交通

马鞍山市区打车起价7元（2.4公里），之后1.9元/公里。市内公交线路同样执行空调价（2元）和非空调价（1元），调研时已支持支付宝扫码乘车。公交10路环线可至马鞍山长途汽车站和马鞍山火车站，106路连接了马鞍山东站、市博物馆（新三馆站）和朱然家墓博物馆（鹊桥二村站）。连接马鞍山和当涂的“马当线”票价3元，往返于马鞍山长途汽车站和当涂东客运站之间。202路则连接了当涂和合小区、市博物馆（印山路站）和马鞍山东站。

如果想窥探一下马鞍山钢铁厂，可在火车站乘1路，这趟车从厂区北部穿过，一直开到长江边的天顺港。

芜湖

☎0553 / 人口：369.6万

虽然同为皖江沿线城市，但与铜陵和马鞍山的重工业血统相比，芜湖多了几分清末开埠带来的西洋风情。光绪二年（1876年），英国伺教案之机与清政府签订《烟台条约》，作为长江下游良港的芜湖成为条约中同期对英国开埠通商的口岸之一，租界大致从青弋江口及狮子山一带顺长江往北延伸至弋矶山。经历了房地产开发浪潮的洗刷，如今老租界区还有一些历史建筑可看。在更长的时间线上，芜湖的历史能上推至吴越交战的春秋战国时代，火车站东侧的神山即是传说中干将莫邪铸剑之地，城中的鸠兹公园也得名于吴国时这里的地名。

芜湖城区

芜湖城区

景点

1 广济寺 …… C2
2 徽商博物馆 …… C2
3 王稼祥纪念园 …… A2
4 芜湖滨江公园 …… A3
5 芜湖天主堂 …… A3
6 雨耕山历史建筑群 …… B3
7 赭山公园 …… C2
8 中江塔 …… A4

活动

9 凤凰号游轮 …… A2

住宿

10 奥顿酒店 …… C3

就餐

1887英官邸 …… （见6）
11 耿福兴芜湖总店 …… B2
12 蓝义兴烤鸭 …… C4
13 四季春 …… B2

实用信息

14 芜湖汽车站 …… D1
15 芜湖站 …… D1

长江水系的支流河网在芜湖辖区内也早早哺育出了人类文明，下辖南陵与繁昌二县丘陵中的春秋土墩墓群可作为当时吴越属地生产力的佐证。无为县则有为北宋米芾任知军时建的米公祠，以及始建于北宋的九层砖塔黄金塔，时间充裕或自驾可前去一探。

景点

芜湖城区不大，主要看点都相距不远，亮点集中在长江边和市中心，可作紧凑一日游，时间宽裕不妨去鸠兹公园散步。此外，城南的芜湖方特水上乐园是受青睐的周末短途亲子游目的地。合肥往返芜湖非常便利，从南京和上海方向过来也非常快捷，总之从周边大都市到这座江城过一个周末，会是不错的别致之选。

芜湖滨江公园

公园

这座开放式大公园是芜湖的一道靓丽城市风景线，从北到南总长约2.5公里。园内一条滨江步道沿线点缀了不少有趣的水生动物雕塑，比如从楼梯爬上岸的一群大螃蟹，靠滨江路一侧还有一条适合眺望江水的木栈道。

公园所在的地块基本都位于曾经的租界内，如今还能找到两座与开埠相关的历史建筑。太古路与海关路交叉口一栋简洁的二层红砖房为**太古轮船公司旧址**，这家公司隶属于当时的英国太古洋行。公园中心广场一旁的**芜湖海关旧址**曾是清政府设在租界以管理出入港货物税收的部门，建筑为配有钟塔楼的英式南洋风格，除了塔尖在1937年日军空袭中遭到损坏，建筑基本保存完好。由于潘赞化曾在这里担任海关监督，并结识了潘玉良（见165页方框），为了纪念他们，海关门前立有二人的铜像。

中江塔和旅游客运码头分别在公园的南北两端。如果从火车站东广场乘31路过来，新市口站离老芜湖海关不远。

中江塔

塔

这座五层青砖塔始建于明万历年间，不过到清康熙年间才落成，后因战祸和淤塞导致塔顶塔基均不存，只剩一截塔身，被本地人称为"宝塔根"。2013年修复成了如今的样子。宝塔身兼风水塔以及航船导航灯塔的两重职能，因建在青弋江注入长江的水口而得名。中江塔附近也是李鸿章设置的芜湖米市所在地：开埠通商后，李鸿章为制衡租界区的外资商业而把镇江米市迁至芜湖，这一举措带来了这片名为"二街"的民族商业街区的繁荣。不过随着市政工程改造，那些建于清末与民国的商铺建筑都消失了，只有小公园里的铜像能提醒你这里曾经的市井气息。

顺滨江公园走到最南端，即可远远看到中江塔，宝塔所在的小公园离天主教堂和雨耕山也很近。

雨耕山历史建筑群

历史建筑

（长江中路与青山路之间，近芜湖天主堂；免费）芜湖开埠后，英国曾在长江边范罗山和雨耕山一带的租界内设置领馆，如今这一带仍存的部分历史建筑群作为雨耕山文化产业园开放。园区中央一栋带回廊的二层西洋建筑为**英领事官邸旧址**，如今是咖啡馆兼餐厅（见187页），"游客中心"所在的四层建筑为**内思楼**，曾是天主教芜湖总堂会创办的内思工业学校教学楼，现为文创办公区。大楼的正门在南侧，可绕过去看看门口漂亮的楼梯。园区还有用防空洞改建的酒窖，但调研时人气不旺，一般节假日时才开放。园区到达方式参考芜湖天主堂。

芜湖天主堂

历史建筑

（长江中路90号；免费）就在雨耕山英领事官邸旧址的西北侧，是一座带钟楼的双塔楼式教堂建筑，建于1895年。如今教堂恢复了弥撒仪典，时间为周一至周六6:30，以及周日8:00，对外开放观礼。东面临近广场那栋带漂亮天窗的四层小楼，曾为教堂配套的**神父楼**。

乘31路公交至天主教堂站下车即到。如果对旧建筑感兴趣，沿滨江路往北至太古路上的第一人民医院，院内还有一座圣母院旧址。

广济寺

寺庙

（九华中路九华广场西侧；门票5元；⏲6:30~17:00）广济寺依赭山南麓而建，寺庙始建于唐时，据传金地藏开辟九华道场之前曾在寺内修行，也有广济寺曾供奉有地藏金印的说法。因为九华山的渊源，寺庙有美名"九华行宫"。如今寺院内最古老的建筑为宝殿后身的赭塔，始建于北宋。从赭山公园正门往南步行五分钟，即可见到寺庙面前的大广场，赭山公园内也有路可至寺院后山门。

徽商博物馆

博物馆

（九华中路151号；免费；⏲9:00~11: 00，13:30~16:00，周日及周一闭馆）博物馆在赭山脚下一个小而精巧的园林中，主要展出了馆长收集的徽派建筑砖石木构件，以及一座迁移收藏的宅第，它是用两座残旧建筑拼接复建的。入口处的立体铁艺屏风"铁打丹青"细节很是精细，用芜湖传统铁画手艺打造而成。

博物馆入口在赭山公园正门口北侧，门口有一面“忠孝节义”墙，芜湖站东广场乘10路即可到。博物馆对面是工艺美术厂，门口有不少经营铁画的商店。

赭山公园 公园

（九华中路177号；免费；⏲5:30~21:00）如果时间比较宽松，逛完徽商博物馆后，不妨到这个免费的市民公园逛逛，登山远眺芜湖江景。此外，抗日战争中率领中国远征军前往缅甸抗击日军、最后殒命缅甸战场的戴安澜将军就葬在公园北边的山头上，他是芜湖市下辖的无为县人。

公园的到达方式同徽商博物馆。享受步行的旅行者也可试试穿过公园抄近路：在公园内往南可走到广济寺后山门，从西北门出则可直接走到凤凰美食街北口。

王稼祥纪念园 纪念园

（中山北路23号；免费；⏲8:30~16:30，周日和周一闭馆）伟大的马克思主义者王稼祥是安徽泾县人，正是少年时期在芜湖求学时，他受到了革命救国的启蒙。纪念园坐落在狮子山北麓，这里曾是英租界内圣雅各教堂的属地，如今园内的王稼祥生平陈列馆便是用原教堂的附属建筑改建的。即使对这位党史上著名人物的生平兴趣不大，也可在展馆内看一看芜湖老建筑的照片。下山出口处展出了王稼祥出使苏联时乘坐的老式吉普车，车库对面一栋旧建筑曾是教堂的牧师楼。

纪念园正门在中山北路上，即现在的芜湖十一中学的西面，王稼祥曾经就读的圣雅各中学的老楼保留在十一中校园内，不开放参观。新市口乘2路可到。

芜湖市博物馆 博物馆

（中江大道近仁和路；免费；⏲9:00~17:00，周一闭馆）在我们调研时，这座面积巨大的博物馆只有一个常设历史文物展，按时间线展出了芜湖境内包括皖南土墩墓葬在内的考古发现，以及历史建筑的图文模型展示，有兴趣可细看近代芜湖的民族工商业发展史，以及曾经老街的照片。

博物馆在芜湖城东的政务新区，对于远道而来的旅行者可能没有很大的亮点，时间充裕再考虑前往。芜湖站东广场乘游2路或新市口乘15路均可到。

凤凰号游轮 游轮

（☎301 6777；微信公众号：fenghuang youlun；滨江北路13号）在芜湖可乘船夜游长江，调研时这艘游轮每天19:30从旅游客运码头发船，往南到中江塔附近后折返，兜一圈在20:00回到出发码头，周末和节假日可能会增发白天班次。船票40元/人，可通过微信公众号或代理网站购买，也可在码头买。

新市口乘2路可到，从王稼祥纪念园顺中山北路往西走到江边也可到码头。码头北面正在建另一座超级大桥：芜湖长江公铁大桥。码头外顺滨江路继续往北是芜湖造船厂旧址，船厂最早的前身为清末民族工业福纪恒机器厂。

食宿

沿江而建的芜湖不大也不小，可考虑在黄山中路或北京中路靠近九华路的区域选择连锁酒店入住，性价比有保障，吃饭出行都很便利。**奥顿酒店**（北京中路5号；标双232元；📶❄🅿）离广济寺很近，酒店主楼是用之前的国营芜湖饭店老楼改造的，有一点历史酒店的味道，客房面积比较宽敞，公共区有健身房。此外万达广场离市中心和火车站都不远，这里的住宅楼内有很多短租公寓房源，夏季和周末可能会比较抢手。可在各大订房网站查询，挑最新开的就好。

芜湖口味介于合肥的油盐与南京的汤水之间，又有一点吴地的精致意味，加上这座城市比较时髦，所以很容易找到从传统到西洋的各种美食。

1887英官邸 西餐 ¥¥

（长江中路雨耕山文化产业园内；人均70元；⏲11:00~23:00）用英领馆官邸改建的西餐厅兼咖啡馆（咖啡28元起，鸡尾酒48元起），日韩及西餐兼有，品质卖相都不错，也可逛累了来喝个下午茶（78元2位）。调研时这里客人不多，所以私密性很好，可以仔细看看这座老宅的内部结构。

四季春 小吃 ¥

（凤凰美食街北口；人均20元；⏲6:00~

21:00）芜湖有名的老字号小吃店，虾籽面（10元）是最响亮的招牌，应季时不妨试试蟹黄汤包（30元）。此外美食街南口是**耿福兴芜湖总店**（人均25元；⏲6:30~14:00，17:00~21:00），也可来尝一尝这个老字号品牌在老家的味道有没有更好一些。

蓝义兴烤鸭

小吃 ¥

（环城北路大草坪，近九华中路；⏲9:00~12:00，15:00至售完）芜湖老字号清真烤鸭，凭借酥脆可口的滋味获得了好几代芜湖人的口碑。红皮烤鸭15元/斤，每天只卖100只，卖完就收工。

到达和离开

长途汽车

芜湖汽车站（☎388 4288；文化路北端）在火车站西侧，主要有班车发往巢湖（30元；6:50~17:40，约每小时一班；车程2小时）、合肥（53元；6:10~18:50，约半小时一班；车程3小时）和马鞍山（18元；7:55~18:10，约1小时一班；车程1小时）。在去哪儿、携程、飞猪等旅行代理网站上均可查询实时更新的发车时间和票价。

此外**芜湖客运南站**有班车发往当涂、池州和黄山，但是没有必要折腾过去，坐火车前往很方便。

火车

调研时**芜湖站**（文化路北端）为综合性客运站，经停高铁、特快和普快列车，班次频密目的地众多。对旅行者有意义的目的地主要有合肥（硬座23.5元；约2小时）、铜陵（二等座28元；约40分钟）、池州（硬座21.5元；约3小时；二等座46.5元；约1小时）、宣城（硬座12.5元；约1小时）、黄山（硬座40.5元；约4小时）、马鞍山（硬座11元；40分钟）和马鞍山东站（二等座16元；约20分钟）。商合杭高铁通车后，即可从芜湖乘高铁迅速转至宣城。

当地交通

芜湖打车起价7元（2.5公里），之后1.8元/公里。共享单车以哈啰和青桔为主，很容易找到。市内公交执行1元或2元的季节票价，调研时芜湖公交已安装支付宝扫码乘车设备，但尚未开通。对旅行者帮助最大的31路串联起芜湖火车站东广场、鸠兹广场、新市口和天主教堂。

铜陵

☎0562 / 人口：160.8万

铜陵也是皖江边的一座重型工业城市，名字揭示了这里从先秦至今的主要产业——铜矿冶炼。西汉时设立的丹阳郡以炼铜而闻名，专门设置铜官来管辖铜业，铜陵的大工山、凤凰山便是当时郡内的著名矿场，古矿场的淬石之火一直燃烧到了宋金时。

合福高铁开通后，从铜陵去黄山非常快捷，再加上这里离安庆、池州和九华山都很近，前往这些目的地时不妨半途经停铜陵一游，当然也可把这里作为皖江三城短途游中别有亮点的一站。

景点

铜陵最值得一看的是大通古镇和长江江豚，计划安排半日游即可。如果住上一晚，还可去天井湖边逛一逛，感受一下工业城中的清秀风光。

大通古镇

古镇

（☎2897 666；免费）大通镇位于铜陵市区南12公里的长江边，这里是青通河注入长江的水口，与长江之间还有鹊江与**和悦洲**相隔。也因这种夹江水道和江心洲的特殊地势，大通在依赖水路运输的时代成为商船补给及货物转运的客货栈集散地。航运萧条后，大通的发展也随之停滞，直到近年开发旅游，才将这里的古街巷从时间尘封中清理出来，并加上了一些为影视拍摄服务的仿古招牌。

到达大通镇政府后从光荣路口往下走，左边山坡上为西班牙神父修建的**天主教堂钟楼**，建于20世纪初，教堂的其他建筑已毁。继续走到坡底，路口的一栋两层建筑为**日军俱乐部旧址**，1938年日军占领大通后曾在此盘踞。左转往南的街道即**澜溪老街**，这条有方形路石铺就的老街历史可追溯至明初，现存的青砖马头墙商铺建筑多为清末和民国时期留下的，多数门口摆满小鱼干，也能找到一家已有百年历史的老式剃头铺。

老街中段有几处新中国成立初期的公共建筑，新建的**大通展览馆**里展出了一些来自附近老街及对面和悦洲的房屋石构件，通过

当地知识

濒危的江豚

如果你对中国濒危保护动物的生存状况有所了解，当你看到大通古镇上知名特产“白鳍豚牌小磨麻油”招牌时，可能就会感到有点尴尬和伤感。白鳍豚已经在2007年功能性灭绝，但它们的名字仍然为观光旅游服务着。

如今大通的另一个旅游关键词是江豚，它们与白鳍豚可以算作近亲，都是长江流域中特有的淡水鲸类哺乳动物。比起白鳍豚，江豚的进化程度更高一些，主要分布在湖北至安徽一段长江水域。据大通的渔民回忆，20世纪中期附近江中可见的江豚数量还很多，有时会遇到它们跟在渔船后面要小鱼吃。而到2018年，农业部专家估算长江流域江豚总数在1012头左右，干流区数量约445头。

在人类活动频密的皖江流域，江豚的生存现状非常不乐观：渔业过度捕捞使它们在捕食时处于劣势，机械船噪音干扰它们的声呐系统而难以辨清游向。此外，兴建大型码头、沿江采砂、船体螺旋桨和受污染水质等因素都成了工业文明刺向长江野生水生物的利刃。

和悦洲原是两块江心洲，北部有少量村民居住，南部为蔬菜种植基地，中间的夹江水域相对安全宁静，因此被水闸截江形成一片白鳍豚养护场。如今这里已成为**大通淡水豚保护区**（门票20元；⏲9:00~17:00），主要功能为养护江豚，工作人员每天在10:00、12:00和16:00分3次投喂鱼类，这时很容易看见江豚浮出水面的身影。至**和悦洲**及**大通淡水豚保护区**（见本页方框）的渡口在澜溪老街北口临江一侧，从5:00至18:00约半小时一班免费渡船，上岸后按指示即可走到。

为了吸引游人的注意力，一些旅游宣传会把自然保护区喂食江豚的活动称为“江豚表演”。但请注意，喂食是在半自然环境中养护江豚不得已的权衡选择，江豚没有为人类表演的义务。

模型可看出如今荒草萋萋、仅存数座旧建筑的和悦洲上，其实曾有过和大通一样繁华的街巷。出展馆继续往南走大约1公里可至佛寺**大士阁**，这里曾有“九华山头天门”的美名，如今的寺院是新修的。

从铜陵火车站直接去大通古镇，最快的办法是乘16路到育才路口站，再几步走到淮河大道上的育才路站换乘9路，车程约1小时。9路终点站在大通镇政府对面，回铜陵市区的末班车在18:00之前。

铜陵博物馆 博物馆

（www.tlsbwg.com；八宝路1506号；免费；⏲9:00~17:00，周一闭馆）如果对铜器铸造感兴趣，可来逛逛这座外形就像一个铜匣的博物馆。进馆即二楼，该层的陶瓷精品展厅内收藏了一些历代名窑陶瓷，其中有铜陵地区的顺安窑。三楼的铜文化展是精华，赶时间的话看这里就够了。入口处用模型展示了失蜡、范铸等几种古代铸造青铜器的技艺，展厅内主要陈列了不少各种器型的青铜器，以**饕餮纹爵**与**饕餮纹斝**（jiā，作为礼器使用的温酒器）最为精美珍贵，此外还有古拙神秘的**人面形铜饰件**，大量兵器上也有花样复杂的漂亮纹饰。铜陵从先秦时期就已经是能完成开采、冶炼和铸造生产线的青铜器产地，展厅内的金牛洞巨型炼渣即可证明采炼铜矿的规模，而看完四楼的铜工艺精品展，你就会明白如今这里的铜业仍然蓬勃。下楼后可到免费开放且有巨大窗景的小书吧坐下来休息一下。

博物馆坐落在城区东北还没发展起来的新城区，公交不太便利，正门外有26路车站，这班车约30分钟一班。如果你从铜陵北站过来，可乘39路先至新石小学站，步行约800米至博物馆参观后再至铜陵站或市中心。

食宿

铜陵是工业城市，这里不太容易有非常值得专门推荐给旅行者的酒店或客栈。我们的建议仍然是在城区商业中心（如淮河大道与长江路交叉口片区）选择便于就餐出行的快捷酒店。在订房网站上查看最近装修时间，挑新开业或装修的住就行。

与马鞍山类似，铜陵的餐饮口味也接近南京。想吃本地菜的话，可试试铜陵起家的家常菜餐馆**小菜园**，这个品牌提倡健康食材，所用的时蔬大多是自家菜园农场生产的，如今在省内外有多家分店。**小菜园淮河大道店**（淮河大道55号市政大厦2楼；人均50元；⏲10:00~13:00，16:00~20:30）是铜陵市内便于旅行者前往的一家，离去大通的9路公交车站很近。招牌的石板蒜蓉虾（小份39元）口碑和味道都不错，吃饭就有免费水果赠送。早餐可去人气颇旺的**姐妹粉丝**（幸福村近石城大道；⏲6:00~20:00）解决，这家平民小店已经营近二十年，每天早上都有人排队等位吃一份鸭血粉丝（9元），粉丝用砂锅现煮，又油又辣很够味。从中国银行公交站旁的小巷子往北走一分钟就能看到餐馆，这一片区也是充满生活气息的幸福村市场，还有不少当地人喜欢的小餐馆档口。

到达和离开

长途汽车

铜陵汽车站（☎288 9123）与铜陵火车站在同一栋建筑内，在去哪儿、携程、飞猪等旅行代理网站上均可查询实时更新的发车时间和票价。班车主要发往合肥（55元；8:00~12:00流水班车，13:10、14:20和15:40各一班；车程2.5小时）、九华山（25元；7:00、8:00~17:20流水班车；车程1.5小时）、池州（20元；6:30~16:20，约1小时一班；1小时）、宣城（34元；6:50~17:10约1.5小时一班；2小时）和六安（65元；8:20和13:30各一班；车程3.5小时）。到芜湖、马鞍山和南京的班车很少且基本都在早上，但旁边的火车站就有频密高铁可供选择。

火车

铜陵现在有两个火车站。**铜陵站**（北京东路与沿新大道交叉口）在主城区东南8公里，经停高铁和普快，主要可由此前往合肥南站（二等座52元；1小时）、芜湖（二等座28元；30分钟）、马鞍山东站（二等座44元；1小时）、南京南站（二等座59.5元；1.5小时）、安庆（二等座32元；40分钟）和池州（二等座17元；20分钟）等地，高铁**铜陵北站**（钟鸣镇上周村）在主城区东北30公里，是合福高铁上的一个停站，从这里去黄山北站（二等座76.5元；约1小时）很便捷。

铜陵火车站客流量不大，铜陵北站的客流量更小，从取票到进站10分钟足够。与主城区有公交接驳。

当地交通

铜陵出租车起步价6元（2.5公里），之后1.7元/公里。市区内公交车1元，较远距离2元，开空调的季节均上涨1元。对旅行者有帮助的线路主要有：16路从铜陵火车站到天井湖东侧市中心的市政府站和育才路口站（可换乘9路至大通）；39路连接了铜陵北站、新石小学（近铜陵博物馆）和铜陵火车站。

安徽北部

包括➡

最佳餐饮

- 杨家牛肉汤（见194页）
- 雪园小吃部（见198页）
- 昭德轩（见203页）
- 双寺牛肉馍（见206页）
- 莲池格拉条（见209页）

最佳古迹

- 寿县古城墙（见194页）
- 蚌埠汤和墓（见197页）
- 明中都故城遗址（见200页）
- 明皇陵（见200页）
- 花戏楼（见205页）

为何去

“橘生淮南则为橘，生于淮北则为枳”这句古语可能有点过时了，在如今淮河南北两岸的皖北地区，矿产与随之而来的工业成为了这一区域的共同关键词，房地产也助推着各个城镇发展出相似的风貌。然而，秦汉与三国的风云硝烟都曾席卷这片古老的沃土，隋唐运河上的商船白帆也曾划破这里的天际线。

虽然在时间的长河中，与这些历史事件相关的风物大多早已是白云苍狗，不过想走一段冷门访古之旅的旅行者们，还是可以从那些仍然可见或已深埋地底的历史遗迹中，试着还原皖北大地上的精彩过往。此外，保留有完整城墙的寿县、曹操家族兴起的亳州以及朱元璋发迹的凤阳都是这片区域内可见古迹较为集中的目的地，较为值得专程前往。

何时去

3月至5月 春季前往皖北地区，在平原上看农田中麦苗萌芽也是一件乐事。

6月至8月 夏季热风很容易笼罩中原，建议你避开在此时前往皖北。

9月至11月 气温适宜，瓜果丰收，这时雨水也不多，是旅行的好季节。

12月至次年2月 只要能忍受低温，冬季偶尔的降雪会给古迹增添风韵，这时也是喝牛羊汤进补的好时节。

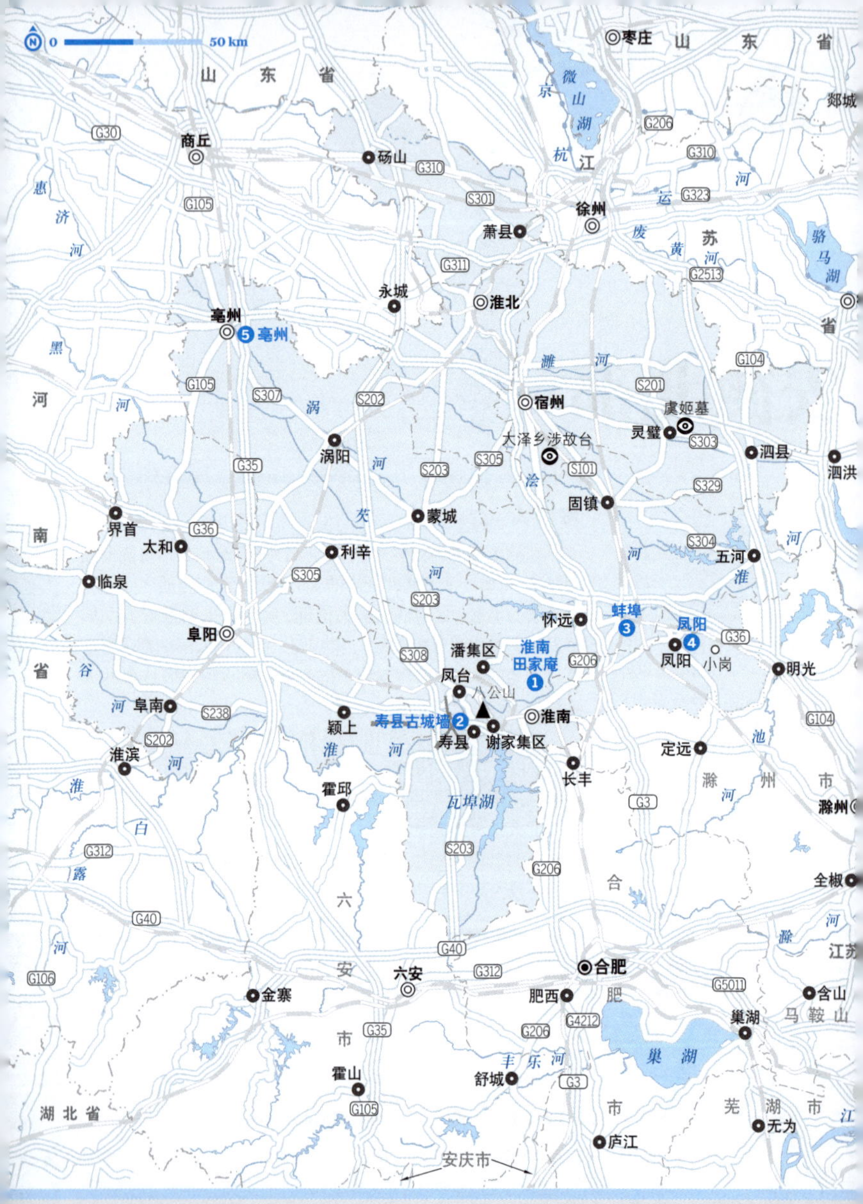

安徽北部亮点

❶ 到**淮南田家庵**（见193页）寻找被岁月尘封的老镇，乘完淮河轮渡再喝碗牛肉汤。

❷ 登上**寿县古城墙**（见194页），环绕一圈看老县城内的人间烟火。

❸ 至**蚌埠**（见197页）中转时，抽出半天吃小吃逛博物馆紧凑一游。

❹ 在**凤阳**（见198页）欣赏博物馆内的精美石雕构件，以及明中都故城里的坚实须弥座。

❺ 穿梭小巷寻找南京巷钱庄和花戏楼，再逛逛“药都”**亳州**（见203页）城内的药材市场。

淮南

☎0554/ 人口：348.7万（含寿县）

近现代的淮南因煤矿及电厂等产业而突飞猛进成为工业大城，加之淮河航运的骤然兴衰，如今呈现出的城市面貌非常奇异：新城往四围甚至山的另一边浩荡铺开，而曾经的商贸中心仿佛一个20世纪五六十年代的城镇模型标本被封入玻璃瓶中，瓶子的一半已经掩埋到了河滩上的泥沙里。因此，那些偏爱探索近现代城镇发展的旅行者，在这里总能找到触动神经的细枝末节。

从2015年底开始，寿县从六安市划出，改归淮南市管辖，如今淮南市区至寿县有便宜便捷的公交接驳。从合肥有密集客运班次直达寿县，但也可考虑先到淮南市区再一线游玩。

景点

田家庵老镇 街区

20世纪30年代，南京国民政府开始运营淮南煤矿，矿区在田家庵东西两侧的九龙岗与大通两镇，三镇间筑有铁路以服务煤炭运输。淮河南岸的田家庵渡口成为船运输送煤矿的大码头，这处原本只有几户人家的河滩迅速成为车马繁忙的商埠。抗日战争时期河边又修建了火力发电厂。1950年淮南建市，如今在田家庵老镇可见的照相馆、百货商店、银行、旅社、船站等国营企业便始于当时。1978年大通煤矿报废，20世纪80年代淮河停止了客运业务，随后三十年间轮船货运也随着公路铁路的发展而日渐萎缩，田家庵也随之沉寂到了时间的角落里。

火车站乘110路可至田家庵公交站，往北走就是这片街区。试着从旧建筑间寻找这些在手机地图里已经失去名字的街道：东西向的淮河路是老城的干道，在淮舜北路西侧与其平行的两条巷子分别是港口二路和港口一路，港口二路上有很多家商店出售旧船上卸下的零件。往北走到淮上渡口，这里有至淮河北岸的高皇镇的轮渡（单程1元）。

淮南市博物馆 博物馆

（东山中路15号，近广场南路；免费；⏲9:00~17:00，周一闭馆）博物馆位于一幢庞大的建筑里，但调研时主要展厅只在三层。馆藏文物陈列中，点到为止地展出了一些陶瓷和墓砖，因为淮南地区是先秦时楚文化的辐射范围，青铜器还是有一些亮点。寿州窑陶瓷精品陈列值得你花点时间，寿州窑是兴盛于隋唐的民窑，《茶经》中特别赞赏了窑产瓷器特有的黄釉色泽。陈列精细讲解了从唐到宋的寿州窑器型和纹样的变化，展品也很丰富，其中泗县隋唐大运河考古发现的寿州窑瓷枕美丽又珍贵。

火车站西侧乘110路至市电视台，旁边就是博物馆正门。此外，寿州窑的主窑口就在淮河南岸的上窑镇，在淮南市区东北约20公里，对古瓷有兴趣的自驾旅行者可前去一探。

大通万人坑教育馆 展览馆

（大通南山路；免费；⏲9:00~17:00）这座教育馆展示了煤矿业繁荣背后的一段惨痛历史。1937年底南京沦陷后，日军铁蹄迅速踏入皖北，淮南煤矿被强占，大通矿区一度沦为集中营式矿场，煤矿工人死难无数，他们大多被就近草草掩埋在了矿场附近。除了图文与实物资料，馆内还有一座白骨累累的万人坑。教育馆始建于1968年，因此馆舍都是当时的建筑。

市区乘6路或210路至水泥厂路口，顺这条路往南步行1.5公里可至，半路可以看到一片废矿坑回填建公园的工程。如果运气好遇到班次很少的702路，也可换乘至教育基地下车。附近还有两处日本侵略时代留下的遗迹：水泥厂路公交站往东约100米的碉楼为大通站后碉堡，作用是保卫大通火车站及防止工人外逃；公交站西北的居仁村二区北侧有窑神庙遗址，为祈求保佑不发生矿难而建。

食宿

快捷酒店仍然是淮南最有性价比的住宿选择。因为市区面积不小且非常分散，我们建议你住到人民南路一段，这条路上有格林豪泰、汉庭等连锁品牌可选，转车吃饭都方便。

如果想吃得方便体面一些，淮南汽车站附近的万达广场和火车站附近的吾悦广场内都有新派餐馆和排挡，也有简化标准的牛羊肉汤。田家庵老镇的东门市场附近有好几家老字号牛肉汤馆子，虽然邋遢但口味非常好，在东门市场的北门口还有两家经营清真羊肉的小摊兼售羊肉汤，清晨开始营业，午餐过后就收摊。**杨家牛肉汤**（人民北路与淮建路交叉口，第一人民医院往北；⏲5:00~14:00）虽然也不讲究但有门面，牛肉汤7元，吃不饱的话还能加一个1块钱的大馍，配料里圆圆的豆饼是淮南寿县一带的特色。此外如果在淮南住一晚，可到人民南路龙湖中学东面的**前锋新村夜市小吃一条街**去逛逛，能找到牛羊汤、鸡蛋饼、炸土豆片等受本地人喜爱的小吃。

到达和离开

从淮南市区到寿县，直达公交29路是最方便的，12分钟发一班车，末班车19:00前，票价2元或3元。29路始发站在田家庵附近的龙湖公园东门，在淮南火车站西侧也有停站。也可在博物馆门口乘3路等公交到蔡家岗，在这里换乘29路至寿县。

长途汽车

淮南长途汽车站（☎216 0666；国庆路近大润发商场）对旅行者的帮助不太大，这里往返合肥（35元；7:00~18:10滚动发车；3小时）的班次最多，到六安（35元；7:00~16:20；3小时）的班车会路过寿县（11元；1小时），但到达的是寿县换乘中心，还要转公交才到古城南门。在去哪儿、飞猪、携程等代理网站可查询购票。

火车

淮南站（舜耕中路与龙湖南路交叉口）现仅经停普快列车，但车次便利。往返合肥（硬座15.5元；约1小时）、亳州（硬座37.5元；约3小时）和阜阳（硬座19.5元；1.5小时）均有频密班次，即使去到淮北（硬座43.5元；每日3班；3.5小时）也比乘长途汽车便宜省时。调研时老式站房正在改造，最好预留15分钟时间进站。

高铁**淮南东站**（大通站前路）距离市区15公里，虽然有G1、G2等公交保证接驳，但我们还是劝你除非远距离直达淮南，否则没必要选乘经停那边的班次，对于旅行者来说淮南站的班次足够用了。

当地交通

淮南打车起步价6元（2.5公里），之后1.4元/公里，暂无方便旅行者租赁的共享单车。公交车1元起价，空调季加1元，但对旅行者有用的线路班次不密，想节省时间请多打车。

寿县

☎0554

寿县是淮河沿岸首屈一指的古城。广为人知的，这里是《三国演义》中的曹营重镇寿春，而把历史往前推至战国时，昔日南方霸主楚国在秦国实力渐强的胁迫下偏安东迁，曾定都寿春十八年。在东晋时，著名的淝水之战就发生在当时寿阳城北淝河边的八公山，前秦苻坚"投鞭断流"，贤相谢安"东山再起"，这场以少胜多的经典战役也是"风声鹤唳""草木皆兵"等成语、典故的来源。

如今寿春城墙仍保留完整，在古城内还有博物馆以及一些历史建筑可看。虽然老城内的居民正在陆续迁出，但在小巷中仍然能寻找到鲜活的生活气息，以及好吃的牛肉汤。

景点

除了八公山在古城北门外约2公里，其他所有看点都在古城墙内的老县城，城内有东西南北四条主干道，小巷纵横穿插其间。调研时南大街是热闹嘈杂的商业中心，北大街较为冷清，北门与西门附近的路段都在"景观提升"的改造计划中，东大街封路整修。在你前往时，这个老县城会有更标准体面的外观。

寿县古城墙 城墙

（见195页地图；城墙免费，城楼门票10元；⏲城墙24小时开放，城楼8:30~17:30）寿县古城墙成型于北宋，明清时固定了如今的四门格局，城墙周长约7公里，最高处达8米左右。除了城门由砖石砌成，其他墙段都用夯土构筑，外层贴砖以加固防水。出于抵御淮河水患的考虑，寿县城墙躲过了拆墙运动，几乎所有墙段都是原装。而在1991年和2003年淮河水患时，寿县城墙固守县城不被洪水波及，当地人描述当时的情况好像"水中漂着小木盆"。

调研时除了西门暂不收费，其他3个门城楼都单独售票，门票均为10元，南门城楼内有关于城墙历史的小展馆。西门定湖门及瓮城均重新修整过，南门通淝门作为迎宾门面更

寿县城区

为崭新靓丽，视野直面高楼拔地而起的新城区；北门靖淮门及附属瓮城为古迹，可以从侧面登上城墙看护城河边的池沼，并远眺八公山；东门宾阳门及瓮城也仍有斑驳古意，门楼娟秀的砖雕题字值得欣赏。

即使不买门票，也可登上城墙去走一段，以俯瞰的视角来观察这座老城。当地人饭后很喜欢到墙头散步，夕阳西下时有生动美丽的风景。

寿县城区

景点

1 报恩寺 D1
2 古清真寺 B2
3 寿县博物馆 B2
4 寿县古城墙 A3
5 文庙 B2

就餐

6 聚红盛 A2
7 梅氏全羊馆 B2

寿县博物馆 博物馆

（见本页地图；西大街近清真寺巷；免费；⊙8:00~12:00，14:30~17:30，周一闭馆，周末、节假日、午间不休）这座博物馆又名“安徽楚文化博物馆”，作为一个不富裕县里的县级博物馆，馆舍规模已经非常巨大，而且在我们调研时，当地又在新区建设“寿春城遗址考古公园”，并计划把博物馆迁到那边去。新馆预计在2020年投入使用，届时可能会更多地展出馆藏的蔡国及楚国文物考古发现。

古寿春城的历史亮点颇多，但由于出土的楚大鼎以及其他先秦青铜重器真品都收藏在安徽博物院，二楼展厅内主要展出了一部分蔡侯墓出土的青铜礼器，以及一些汉墓出土的陶制冥器。三楼佛光普照厅内收藏了本地寺庙出土的文物，如三圣庵中的唐木雕大势至菩萨和宋木雕地藏，还有圆通寺铜铸十八罗汉。报恩寺佛塔地宫内的**金银舍利棺椁**堪称镇馆之宝，墙上还绘有复制的地宫内壁画。窑瓷生辉厅内有一些按朝代布展的寿州窑瓷器可看，如果不去淮南市博物馆，在这里看一看寿州窑的演变也能看个大概清晰。

从十字路口顺西大街往西步行5分钟即到，离寿县文庙也很近。

报恩寺 寺庙

（见本页地图；大寺巷东端；免费；⊙8:00~

18:00）报恩寺始建于唐，后经多次修复重建。寺院在北宋时曾有九级佛塔，如今仍可通过残存的塔基想象一下这座古刹曾经的宏伟，1977年清理佛塔地宫时出土了舍利金棺椁等宝物，现在大多收藏在寿县博物馆。佛塔遗址后的二佛殿内有清时的重建碑记，院内两棵古银杏据说是贞观时种下的，如今仍存的大雄宝殿重修于清乾隆时，可留意欣赏宝殿外壁上的砖雕文字，殿内两侧有十八罗汉，也是清重修时塑造的精品造像。留心在宝殿门口找找号称寿春八景之一的“石羊抵头”，其实这只是六石柱墩侧的一幅石雕图案，珍贵之处在于它是唐时建寺留下的遗迹。

寺庙在古城东侧，从东大街转到箭道巷后至大寺巷，一直往东走即到。路过照壁巷时，可留意找找清末建造的寿县基督教堂和明时修建的寿州州署谯楼拱门。

文庙

历史建筑

（见195页地图；西大街近清真寺巷；免费；⊙8:00~17:30）寿州文庙始建于元朝，清光绪年间经过一次大修，之后大体毁于战乱。现代重建后，基本只有戟门、泮池和大成殿的石质台基为旧物，两棵古银杏和数棵古柏树长得非常茂盛，大成殿后身嵌有太和元气坊上卸下的石碑，一侧厢房内还有非物质文化遗产展览。文庙就在博物馆广场的对面，同时也是老年人活动中心，周末很热闹，门口还有出售旧书和连环画的小摊。

古清真寺

清真寺

（见195页地图；清真寺巷南段；免费；⊙8:00~18:00）寿县清真寺建于明天启年间，清时数次维修重建，规模较大而有“华东清真大寺”的美名。寺院内有数棵树龄古老的银杏，正殿无像宝殿即礼拜的地方。由于寿县是皖北回族聚居地之一，附近街巷的居民多为回族，这座古老的清真寺仍然履行着礼拜、宰牲和葬礼等职能。寺院开放参观，入寺请注意服装等基本礼仪。

文庙新建的魁星楼斜对面的巷子即清真寺巷，一直往南走就能走到清真古寺，也可以从南大街西侧的留犊祠巷往西穿过去。

八公山

公园

八公山曾是西汉初年淮南王刘安的封地，传说他常与八位贤士一起在山上研究天象编订历法，并写出奇书《淮南子》。如今八公山被分成了一南一北两个公园，分属淮南市和寿县。淮南的是**八公山国家地质公园**（八公山区丁山路西端；门票40元；⊙8:00~17:30），园内有地质博物馆。在蔡家岗（见194页）乘游1路可到，但班次非常少，远道而来的旅行者不太有必要花时间前去。

寿县这边的是**寿县八公山森林公园**（靖淮路北端；门票40元；⊙8:00~17:30），主峰四顶山建有佛道合一的奶奶庙，可登顶远眺淮南和寿县，其他还有一些人造景点，较为适合周边城市自驾过来亲子周末游。

从公园正门外顺大路往西走300米，能看到**汉淮南王墓**（门票10元；⊙8:00~17:00），石碑立于清时。墓主刘安痴迷于炼金方术，一不小心发明了豆腐，并使得封地所在的寿县和淮南都成为了豆腐的故乡。马路对面是**中国豆腐主题文化园**，免费开放参观但是没有什么人气。继续往西北约6公里山脚还有一座**廉颇墓**（免费），墓主即负荆请罪的廉颇将军，史记记载他病逝于寿春。

从寿县北门沿靖淮路步行至八公山距离不到2公里。此外可乘寿县公交3路至八公山。从刘安墓至廉颇墓，也可在路边拦往向西去往凤台或利辛的过路车。

食宿

可以住在淮南往返一日游，也可在寿县住上一夜。不过不要对寿县的古城风貌抱太多的期待，如今城内大多是新的民房建筑，南大街上电动车喇叭和商铺广告一样吵闹，如果实在想住古城内，南照壁巷的几家宾馆环境更安静一些。

想住条件好一点的，可考虑南门外新商业区景润广场的**汉庭酒店**（☎411 1222；寿春路近寿蔡路桥；标双160元；Wi-Fi 空调 P），2018年开业，从前台到客房都是颇为精致的升级版。要是自驾且计划去八公山游玩，也可考虑住到公园门口的**万景国际大酒店**（☎410 5888；标双188元；Wi-Fi 空调 P），调研时只要不是热门节假日，房价都含双早并赠送两张寿县八公山森林公园的门票。

古城内体面的馆子集中在西大街上，如气派的**聚红盛**（见195页地图；西大街西端；人均60元；⏲10:00~13:30，16:00~21:00），是当地人摆酒席的地方，湘菜和皖北口味兼有，还有豆腐的各种创新吃法。**梅氏全羊馆**（见195页地图；大卫巷近西大街；⏲6:00~9:00，11:00~13:00，17:00~21:00），原是清真寺旁的老店，新近搬迁到了文庙东侧的大卫巷内。全天供应羊汤，午饭和晚饭时间可尝尝红烧牛肉和清烩羊肉，或者寿县特色的绿豆圆子，人均50元能吃得很不错，环境清爽，二楼也有座。

清真寺巷往东有两条巷子通到南大街上，分别是**营房巷**和**留犊祠巷**，在两条巷子里能找到很多好吃的清真小摊，也有甜食店出售油茶和点心。特别是营房巷靠南大街一侧，这里有两三家无名小店，大约每天7:00~19:00供应地道的牛肉汤（10元左右），可加1元钱的绿豆圆一起吃。此外在主街上很容易找到特产店，出售非清真的甜点"大救驾"，传说中它救了赵匡胤的命。

到达和离开

长途汽车

调研时合肥至寿县的班车只从新亚汽车站（见172页）发车。**寿县汽车站**（☎312 6361；寿春南路近滨湖大道）位于老城南面约5公里的203省道旁，南门口乘1路或2路公交到达。车站有频繁班车发往合肥（37元；15:20~17:18流水发车；2小时）和六安（26元；5:40~17:20流水发车；1.5小时）。也有班车至蚌埠、马鞍山和南京，但班次少车程长，灵活的走法是到淮南换乘火车。在去哪儿、携程等代理网站可查询购票。

如果从淮南坐29路公交过来，在寿蔡路桥下车离古城南门最近。此外高铁**寿县站**正在建设中，选址在八公山公园与寿县北门之间，是商合杭高铁线上的一个停站。

当地交通

寿县打车5元起价，之后1元/公里。这里暂无共享单车运营。调研时古城附近的公交线路有些混乱，但贯穿南北大街的2路、3路和6路等路线能为你提供有限的帮助，例如游览完西南片区的看点后，在十字路口乘坐任意一辆往北的公交，都能把你带到北门内。此外，北门附近有商家出租带棚子的观光二人自行车，10元可以租一天。

蚌埠

☎0552 / 人口：337.7万

蚌埠是全国重要的铁路交通枢纽，在你的皖北旅途中很可能会从这里过路转车，尤其是去往凤阳，先乘火车至蚌埠后再转乘客运专线前往最为快捷。蚌埠的亮点也足够你下车一看，做一个半日游安排。

景点

虽然蚌埠在1912年津浦铁路贯通后才形成繁盛的市集，但境内从旧石器时代就已有人类活动，考古发现的历代珍宝各有亮点。

蚌埠市博物馆（www.ahbbmuseum.com；龙腾路近行湖路；免费；⏲9:00~17:00，16:00停止入场）内有藏品丰富且布展清晰的陈列，解说牌写得专业而详实，也可租借免费讲解器（押金200元）。进入大厅可见巨大的淮河古象菱齿象化石，二楼**历史文化陈列**内，新石器时代双墩遗址出土的纹面人头像有奇异美感，同期陶器上有复杂神秘的刻划符号。楼上夹层一个专题小厅展出**春秋双墩钟离国君柏墓**考古发现，嵌有贝壳装饰的青铜镂空龙耳罍（léi，酒器）非常精美，其他随葬品还有颜色艳丽的彩绘陶罐，以及留有食物残渣的青铜簠（fǔ，食器），展厅一角有陵墓复原模型，展示了奇异的人殉葬式。另一个夹层专题小厅复原了疑为传说中**大禹涂山会盟**的祭祀台，有兴趣也可一看，别错过汤和墓中发现的**元代青花缠枝牡丹瓶**，它是镇馆之宝之一。想了解蚌埠市镇的发展史，就别忽略近现代陈列厅。四楼**铜镜展厅**内展出了历代铜镜的实物和拓片，这里曾是宋金对峙前线，区内发现的两国铜镜对比来看颇为有趣；**淮河历史文化陈列**会为地理水文爱好者的沿淮河之旅带来灵感，厅内罗列了淮河沿岸数个重镇的地理人文，可细看这条改道大王在历史上的折腾，以及沿岸人民坚韧求生的智慧。博物馆正门在建筑的东侧。

龙子湖东的**汤和墓**（曹山路西侧近胜利东路口；免费；⏲8:00~11:30，14:00~17:30）是蚌埠市内一处值得前往的古迹。汤和是明初功臣之一，他的陵墓与徐达、李文忠等开国武将的墓葬形制类似，龟趺华表、石羊石马、文臣武将等石雕均保存较为完好。墓穴内部曾被盗过，如今墓室已修整开放，可从享堂内的台阶下去看明初高超的砖砌技术。墓园入口不显眼，巷口有一对石狮子。

如果时间充足或家庭短途休闲自驾游，可去城区东南的市民公园**龙子湖公园**逛逛，此外蚌埠西郊有一个免费的**涂山公园**，传说中的大禹会盟就发生在这里。

食宿

在蚌埠的首要目的是转车，看点半天足够，所以不太有必要在这里停留一晚。如有住宿需要，在火车站附近找一家新近装修的连锁酒店就很便捷。

可抽出1个小时去蚌埠天桥花鸟市场吃小吃，这里曾是蚌埠热闹的老街，如今已整修一新，街口还有一座有年头的天桥清真古寺。**雪园小吃部**（华丰街一巷北；⏲6:30~20:30）是蚌埠有名的国营老字号，每天都坐满了来吃鲜肉馄饨（8元）的本地人，馅料各不相同的四色元宵（7元）也很受欢迎。此外调研时雪园对面新开了一家**老蚌埠饮食文化馆**（人均25元；⏲7:00~21:00），内有数家复古档口做老字号蚌埠小吃，能把烧饼夹里脊、牛肉烧饼、赤豆糊等名小吃尝个大概。

到达和离开

淮河路东段是蚌埠市区的交通中心，火车蚌埠站和汽车站都在这里。作为铁路枢纽，南来北往的列车大多会路过**蚌埠站**（淮河路近广场东路），调研时这里经停特快、直快和普快列车，仍是人工检票而且人多车多，最好预留20分钟时间进站。车站外有行李寄存点，小件行李每件10元。

发往合肥（54元；7:30~18:20，约每小时一班；3小时）、淮南（18元；7:00~18:40滚动发车；2小时）等地的班车停靠在**蚌埠长途汽车中心站**（☎302 7044；淮河路与解放二路交叉口）。路口往南的小客运站有密集班车发往凤阳（7元；6:00~19:00滚动发车；40分钟）。

高铁**蚌埠南站**在市区东南约9公里，除非远距离直达蚌埠，否则这个车站远不如市区的蚌埠站方便。这里离凤阳很近，旁边的**蚌埠综合客运站**有专线班车（7元；7:00~17:50滚动发车；20分钟）直达。

当地交通

在蚌埠火车站广场北面名为"交通路·火车站"的公交车站乘107路可到蚌埠市博物馆，西北的"国强路·火车站"公交车站有105路至汤和墓。博物馆到汤和墓约5公里，两地之间公交不算方便，可打车或骑共享单车，调研时蚌埠有哈啰单车，打车起步价6元（2.5公里），之后1.6元/公里。

凤阳

☎0550 / 人口：67.4万

受淮河的哺育，凤阳所在的地区在新石器时代已有人类活动，先秦时已非常繁盛，春秋史书中出现的"钟离国"就在如今县城与蚌埠之间。不过直至"草根皇帝"朱元璋登上龙椅之后，这个好地方的大名才为众人所知。但少有人知的是，这座小县城还曾在名义上短暂做过明朝的"中都"。如今凤阳县城和周边散落着一些历史看点，都与朱元璋和明王朝有着直接的关联。在你的访古之旅中，一定不会错过这一站充满惊喜发现的看点。

请留意，凤阳为滁州市的下辖县，但地理位置离蚌埠更近，建议你从蚌埠过来更方便。其实，在明初时，蚌埠和滁州都是凤阳府下辖地。

景点

县城内的所有看点再加上城南7公里的明皇陵，时间安排紧凑1天足够看完。小岗村在城东约30公里，乘班车前往要多留至少1天时间。

凤阳县博物馆　　博物馆

（惠政路与社稷坛路交叉口；免费；⏲9:00~17:00，周一休馆）这座县级博物馆内看点缤纷。镇馆之宝是一进门就能看见巨大的**白色花岗岩蟠龙石础**，是在中都城的内城中发现的，蟠龙立体浮雕和流云纹值得仔细欣赏。如果对先秦史感兴趣，**钟离厅**中展出了卞庄春秋钟离康墓出土的铜编钟等青铜器，这座钟离国君墓同样有圆形人殉结构，墓主康是蚌埠双墩墓主柏的儿子。

中都厅是博物馆最精彩的地方，集中展

凤阳城区

出了明中都考古发掘出的建筑构件，其中琉璃构件、城墙文字砖、龙凤纹样的瓦当以及壮观的白玉石栏杆座一角都值得细看，这些构件表明了南京明故宫与北京明故宫的建造方法都与明中都联系紧密，馆方似乎也在力证中都故宫开明故宫精致优雅之先河。一个展室内布置了劳动人民建造中都宫殿的复原模型，外围的栏杆直接用纹样精美的宫殿栏杆石做成，对明初军屯民屯的体系感兴趣，可读一读旁边关于明初移民的文字。最后用一个展室介绍了明中都的发掘情况，可以看看旧照片。逛完后还可请保安开门让你到中庭的小花园逛逛，花坛几乎全是用明中都发掘出的残破石构件来砌成的。

在汽车站对面的科技学院南门公交站乘坐102路或8路，总工会站下车，往北过一个路口就是博物馆，这里离明中都遗址西门也不远。

凤阳城区

景点

1 龙兴寺 C2
2 明中都鼓楼 C3
3 明中都故城遗址 A1

住宿

4 安徽科技学院学术交流中心 C1
5 希岸酒店 B3

就餐

6 老现城 B3
7 伊穆园牛肉煎包 B3

实用信息

8 凤阳长途汽车站 C2

明中都鼓楼

历史建筑

（见本页地图；花铺廊商品街南端；门票30元；8:00~17:30）鼓楼建于洪武八年（1375

年），处在凤阳老城的中央偏南，四个方向延伸出四条主街，也是明朝城市的经典布局。鼓楼基座基本是原件，其他建筑基本已毁，1998年时重建了楼阁，楼内有一个朱元璋展览馆，可在这里了解朱元璋所带来的凤阳城市建造史，站在鼓楼上可俯瞰县城。售票处和登楼口在北面，楼前的广场也是当地人的休闲娱乐场所。

从汽车站旁往南顺文昌街走到楼东街，就能看到鼓楼。

明中都故城遗址

古迹

（见199页地图；西门：西华路近中都大道；免费；⌚8:00~22:00）朱元璋曾设故乡凤阳为"中都"，并下令建设一座雕栏玉砌的宏大都城，虽然宫殿从来没有完全完工，但它的结构先后成为明朝在南京与北京两处宫殿的母本。

在明末起义及后来的历次战争中宫殿建筑群数次被毁，砖石构件也屡屡被市政建设及村民建房挪用，因此现存的明中都故城遗址，只是县城西北的一片荒地。可见的遗迹有南门即午门的残墙，其中墙基须弥座上有着花纹精美的石刻，此外还有西侧残留有门拱的西华门，可找找刻字城墙砖，北面还有另一段残墙，东华门正在进行考古发掘，挖出了带有车辙痕迹的汉白玉过道，其他遗迹均基本不存。不过，考古发掘出的建筑构件大部分都收藏在凤阳县博物馆内，在馆内即可近距离欣赏。

调研时当地正在遗址上开发遗址考古公园，不过暂时没有收费的意向，午门和离县城最近的东华门均不开放，可从西侧的西华门进入，走到午门还要十多分钟。西门离凤阳县博物馆不远，建议先参观完博物馆后一线游览。县城乘4路至行政中心站离西门最近，在你前往时东门和午门有可能已对外开放，也可骑共享单车过来沿途看一眼。

明皇陵

陵墓

（太平乡皇陵村；门票50元；⌚8:00~17:00）明皇陵原为朱元璋父母和兄嫂等家人的贫寒墓地，朱元璋成为明朝开国皇帝后，为他们重修了风光大墓，并奉为皇陵。

皇陵位于057县道边的一片农田中，共有两块墓碑，一块有字一块无字。有字碑文为朱元璋所撰，罕有地自述了低微出身，无字碑据推测是为了谦虚评价父母的身份和自己的功绩。此外还有32对石像生竖立在神道两侧。除了现存的神道墓碑和石像生，皇陵原本还有享堂和配殿等地面建筑，毁于明末农民起义及其后的历次战争，如今的享堂是重建的。

明皇陵在凤阳县城南约7公里，在城内的凤大线客运停车场乘坐到大庙方向的车（从6:30至18:30，10分钟一班；3元）即可至。从鼓楼往西走到宜文路（又叫皇陵路）上，再往南就能看见停车场。

小岗村

村落

2018年是改革开放40周年，小岗村再次受到高光关注。1978年，当时的中国农村仍然实行人民公社集体劳动制度，生产效率非常有限。当时凤阳小岗村的18户农民冒着巨大的政治风险，在文书上按下了红手印，以"土地大包干"走出了中国农村家庭联产承包责任制的第一步。这一事件被官方认定为中国农村劳动制度改革的序幕，也成为了改革开放的重要时刻。

如今小岗村内街道宽敞屋舍整洁，顺主道入村后主要有3个看点，开放时间都为8:30~12:00和13:30~17:00，需至游客中心领票和购票。**大包干纪念馆**（免费）以图文陈列讲述了这段史实的前因后果和关键人物。纪念馆附近还有一处**当年人家**（20元）院落，这个茅草小屋是当年那18户农民按手印的现场，炕沿上还糊有20世纪70年代的报纸。村委会后边是**沈浩纪念馆**（免费），沈浩同志2004年到小岗村担任村委会主任，2009年病逝于任上，是受到褒扬的新时期优秀干部代表。

凤阳长途汽车站有发往小岗村的班车（7元；8:50、10:20、15:30、17:00；1.5小时），从小岗村返回县城的时间为6:20、7:10和13:30，这意味着要赶最早的班车前往才能在当天返回凤阳，自驾前去更方便。

龙兴寺

寺庙

（见199页地图；东华路与长春路交叉口；门票30元；⌚8:00~17:30）在加入郭子兴红巾军抗元之前，朱元璋曾因潦倒无依而出家为僧，这座原名"于皇寺"的寺庙就是当年他的皈

当地知识

花鼓、朱元璋与凤阳

花鼓是凤阳的一个关键词。虽然凤阳适合耕种的土地并不少，但在明清时，作为灌溉水源的淮河也经常泛滥决堤，造成“三年恶水三年旱”的水患困局。再加上这里人口众多，生存压力大，于是花鼓戏成为穷苦人沿街卖艺讨生活的工具，大量流民一路走一路唱，把凤阳花鼓传到了大江南北。不过随着近现代对淮河的大力治理，凤阳的农业生产得到了很大的保障，成为歌词中唱的那个“好地方”。如今在凤阳的年节庆典时会有花鼓戏班助兴，传统花鼓戏也成为非物质文化遗产，亟待年轻一代学习传承。

“自从出了朱皇帝，十年倒有九年荒”这句花鼓里的不满之情，有说法称是到清朝甚至民国才被当时的好事者附会出来的，不过在明初建设中都时，朱元璋的父老乡亲们很可能已经对这项劳民伤财的工程颇有腹诽。从洪武二年（1369年）至洪武八年（1375年），朱元璋征调大量人力物力投入到了中都皇城宫殿的建设，却在大体完工的情况下突然停工，留下了浩大、精细但毫无用途的宫舍。在停工后，他又下令在凤阳继续修造、扩建了钟鼓楼、皇陵以及他曾出家的寺院，以及一座专门关押皇族的高墙监狱。

在凤阳县城东北约65公里，蚌埠五河县化明塘村有一处**严氏墓**，神道石像生保存较为完整。墓主严家小姐与朱元璋同时代，对于她的身份已不可详考，但由于一品夫人级别的高规格葬式，民间有传说称她在朱元璋逃亡时曾救过他一命。至严氏墓的公共交通较周折，自驾可考虑前往，陵墓就在104国道西侧。

依之所，寺庙因出了这位真龙天子而改名为龙兴寺，另有“皇觉寺”的美名。寺庙于洪武十六年（1383年）得到皇家寺院级别的扩建，不过现存的建筑大多数是现代新建的。

寺院就在凤阳长途汽车站对面，如果你在乘车前有时间要打发，来逛逛也不错。

住宿

凤阳最方便的住宿都集中在汽车站附近，本地宾馆100元左右，调研时大一些的连锁快捷酒店品牌有格林豪泰。想要住得舒适，可至老城商业中心的**希岸酒店**（见199页地图；☎602 1999；府西街近火巷子，标双256元；🛜❄🅿），在我们调研时，这里可能是县城里最新最体面的一家酒店，位于老凤阳宾馆的院子里，离鼓楼不到200米却闹中取静，能睡个好觉。房间宽敞明亮，配有全自动窗帘。房费包含早餐，不过会跟随预订情况而产生波动。此外，学校小花园里的**安徽科技学院学术交流中心**（见199页地图；☎673 3200；九华路安徽科技学院东区西北角；标双130元；🛜❄🅿）是一个安静安全之选，离汽车站也不远。不过房间有一些陈旧，不要对简朴的设施报什么期待，接待大团体时餐厅会提供免费早餐。找不到的话，可询问校内师生怎么走。

就餐

清真菜是凤阳的一大特色，鼓楼西侧的楼西街是凤阳县城的回民聚集地，并建有清真寺，这条街上的大小清真餐馆都非常地道。**伊穆园牛肉煎包**（见199页地图；楼西街；⏲6:00~10:00，16:30~18:30）就在鼓楼西侧，铺面很小不太好找，但生意很好，大牛肉煎包（1元/个）用活发面做成，口感柔软有韧劲，可配一碗辣汤（1元）一起吃。

如果要去环境比较好的新派餐馆，**老现城**（见199页地图；府北街商贸城内；人均50元；⏲10:00~21:00）很有点时髦土菜馆的味道，皖北土菜与川湘粤特色菜混搭。从府西街上凤阳商贸城东边的巷子走进去就能看见。餐馆所在的商业街上还有很多各地口味餐饮可选。

到达和离开

凤阳目前没有火车站，曾经的凤阳站在县城东北约5公里的古渡临淮关镇上，是津浦铁路上的一个停站，如今已不办理客运。**凤阳长途汽车站**（见199页地图；☎672 5672；东华路与长春路交叉口）在县城东北，对旅行者来说这个汽车站最便利的是往返蚌埠的班车，至蚌埠汽车站（6:00~19:00，约10分钟一班），车程40分钟，也有班车至高铁蚌埠南站（6:10~17:50，约1小时一班），车程20分钟，票价均为7元。至小岗村（见200页）的班车也在这里乘车。至合肥（48/55元；6:00~17:30，约1小时一班）的班车需3个多小时，从凤阳先至蚌埠南站乘高铁更快。不过在我们调研时，西边新城区长安街中都西苑附近已建好一座新的客运西站，老站可能会搬迁。

当地交通

凤阳打车起步价5元（2公里），之后1.5元/公里，调研时有哈啰单车方便代步。县城有几条公交线路，几乎都经过汽车站前，去往新城区的博物馆和明中都遗址时可选乘，票价季节性变化，1元或2元。

宿州

☎0557 / 人口：565.7万

宿州历史悠久，这里的地名起源于春秋时期的宿国，是五等爵位中男爵级别的封地。吴、鲁两国会盟时，子贡施展巧舌化解冲突的典故就发生在宿国。陈胜、吴广大泽乡起义成为推翻秦朝暴政的导火索，刘邦、项羽垓下一战奠定了汉朝的基业，这两个重要事件都发生在宿州。

宿州城内保留下来的可见古迹不多，其实隋唐大运河曾东西横贯宿州城，到宋代逐渐淤塞废弃，不过护城河的格局基本保留了下来。如今除了站在车水马龙的街道上想象当年大运河的繁盛，也可以去博物馆欣赏运河考古时发现的精美文物。

景点

请留意，宿州辖区不小，到虞姬墓、大泽乡和垓下古战场等处的公共交通颇为周折，加之这些看点历史久远，现存遗迹或是看点稀缺，或是现代附会太多，不自驾或对历史兴趣不大的旅行者可酌情考虑取舍。如果自驾且从徐州方向过来，可转至杨庄乡看清代建筑林探花府。

市区

宿州市博物馆 博物馆

（www.sz-museum.com；通济一路8号；免费；⏲9:00~17:00，周一闭馆）博物馆的二楼和三楼为按时间线排列的历史文化展厅。进馆即二楼，汉代墓葬出土的铜镜和画像石等墓葬器物可以一看，如果要去褚兰九女坟或萧县博物馆（均见208页方框）看更多的画像石，厅内播放的关于宿州地区出土画像石的影片值得细看。此外，隋唐运河通济渠段发掘出土的瓷枕非常精美，尤其是**三彩兔形座天鹅纹枕**，还有萧窑的素色瓷器、宋金时代风格迥异的瓷器以及明清时民间趣味的粉彩瓷等器物。由于宿州是解放战争中淮海战役主战场之一，军事迷可以看看关于淮海战役的陈列。

博物馆位于老城西北的新城区，在整个政务中心广场的中心位置，可乘21路至市民活动中心站，这里距离正门更近。

基督教福音堂 教堂

（大河南街东段，近淮海路；免费；⏲5:00~20:00）这座中式教堂在宿州老城内，由美国基督教长老会于1908年时建造，与美国作家赛珍珠的父亲赛兆祥教士有一点渊源。现存的礼堂和一角的钟楼都是建于清末的中式青砖建筑，在周末礼拜时，还能听见礼乐团用锣鼓和风琴共同演奏福音曲。从城中心的淮海路步行过来很方便。

赛珍珠故居 故居

（汴河中路市立医院内；免费；⏲8:30~11:30，14:30~17:30）赛珍珠在华生活的近30年中，有5年时间与当时在华研究农业的丈夫在宿州度过，这段生活经历以及与中国农民的接触，为她的作品《大地》提供了大量素材。他们的故居在如今宿州城南市立医院住院部正门旁，是一栋保存完好的二层小洋房。调研时一部分作为纪念馆开放参观，一部分仍为医院科室。乘公交1路及15路均可到达。

市区周边

虞姬墓 陵墓

（灵璧县东6公里宿泗公路南侧；门票40元；⏲8:00~18:00）这处2米高的土丘被认为是虞姬的墓冢，如今被圈成了一个大景区，除了适合郊游的园林、湖泊外，还有一个陈列室可看。如果自驾且有时间和兴趣，还可至灵璧县韦集镇与固镇县濠城镇之间的沱河沿岸，这一带留下的土丘土城遗迹，据考证是楚汉决战的**垓下古战场**。此外，滁州定远县城南30

公里的二龙乡嗟虞墩也被认为是另一处虞姬疑冢。

公共交通到达方式较为周折，灵璧县客运站乘301路公交至五里墩换乘3路，虞姬文化园站下车即到。也可从客运站打车，单程30元，可与司机议价等候回程。

大泽乡涉故台 古迹

（西寺坡镇南8公里西涉路边；免费）这里即历史上大名鼎鼎的大泽乡，最早的可见遗迹是一座人工堆筑的土台，陈胜、吴广便是从这里点燃了秦末农民起义的燎原之火，"涉故台"是后世人取的名字。土台周围有一些从明至今的纪念石碑，旁边的纪念馆不一定开放。

到这里的公共交通颇为周折，在宿州快客站乘班车至西寺坡（4元；从5:40至18:00，约15分钟一班；30分钟）到镇上再包摩的（单程20元）才能到达。调研时客运中心站到祁东矿的客车停发，如果你前去时这条线路开通了，也可坐这趟车到后王寨下车后可往北步行约2公里到涉故台。

食宿

快捷酒店仍然是宿州性价比较高的住宿选择，火车站附近有不少快捷酒店，其中汉庭和7天是大一些的连锁品牌，老城中心的胜利路上还有一家格林豪泰。想住宽敞舒服一些，新城区拂晓大道与银河三路交叉口的万达广场楼上有不少小公寓改建的短租房源，在订房网站上搜索比价即可。

澈（sǎ）汤是宿州的特色传统小吃，在淮南淮北也挺流行，做法大致是鸡丝鸡蛋煮汤再用淀粉勾芡，并加香辛料和中药材调味，很多早点包子铺都有卖，**昭德轩**（淮海南路737号；⏲6:00~10:30）是名声响亮的非物质文化遗产保护基地，可要一碗汤（4元）配蒸饺（4元）或者糖糕（1元）吃。此外还可去市中心的**马家姐妹手工面皮**（胜利东路489号；⏲8:00~22:30），面皮（6元起）、娃娃鱼（6元）、牛肉饼（3.5元）和卤素鸡（1.5元）都是特色。娃娃鱼用山芋粉做成，加上酸甜口的汤水和榨菜调味，在皖北苏北都很流行，夏天很解暑。

大一些的馆子有**无名饭店**（西昌南路49号；人均60元；⏲11:00~21:30），这家当地人喜欢的餐馆地锅类的土菜做得很地道，特别是俗名"小鸡喝饼"的地锅鸡，因贴在锅缘的面饼"喝"掉鸡汤而得名。距离旅行者方便的活动区域不很近，打车最方便。

此外，宿州的"符离集烧鸡"名声响亮，土特产店内有真空包装便于带走的成品。符离集在城北的引河边，在历史上曾是宋金对峙的军屯重镇。

到达和离开

宿州的交通节点颇为分散，尽可能选择经停**宿州站**（胜利路东端）的列车能省时省力，车站在主城区东侧，至合肥（硬座37.5元；约3小时）、蚌埠（硬座14.5元；1小时）与徐州（硬座12.5元；1小时）的车次较多。高铁**宿州东站**（宿马现代园站前路）在城东30公里，除非远距离直达，否则没必要选择这个车站。

宿州快客汽车站（☎365 0157；拂晓南路468号）去往灵璧的班车（15元；6:20~17:45，约20分钟一班；1小时）对旅行者较为有用，至西寺坡的班车也从这里发出。新建的**宿州汽车客运中心站**（港口北路近北外环路）在城北10公里，有些让人难以理解地大且远，但幸运的是对于旅行者来说，只有乘坐去淮北（15元；6:30~15:30循环发车；1小时）的车是有用的。

当地交通

宿州打车起步价5元（2公里），之后1.4元/公里，调研时暂时没有方便旅行者租赁的共享单车。公交1元起，到火车东站的29路3元起，开空调的季节均加收1元，调研时公交尚未支持支付宝。对旅行者较有帮助的公交线路有：9路连接火车站和快客站，16路连接火车站和客运中心站，29路连接火车站和火车东站，33路连接客运中心站、政务中心（近博物馆）及快客站。交通节点的末班车都能保证最后一班火车或长途车的到站接驳。

亳州

☎0558 / 人口：516.9万

曹操故里亳州同样有着悠久的历史。尉迟寺遗址可以证明，亳州地区在新石器时代已出现了成熟的人类聚落。学界也有假说称，在成汤建立殷商之前，曾带领商族由亳州迁

亳州城区

亳州城区

景点

1 亳州博物馆 C4
2 曹操运兵道 B2
3 曹腾墓 C3
4 道德中宫 B1
5 花戏楼 B1
6 华祖庵 C1
7 南京巷钱庄 B1
8 汤王陵 C1
9 张园汉墓 C3
10 中药材专业市场 C4

住宿

11 花熙别院 B1

就餐

12 鸿福斋 B2
13 双寺牛肉馍 B2
14 新兴街农贸市场 B2

实用信息

15 亳州火车站 D4
16 亳州汽车东站 D1

徙至商丘。这里地理位置四通八达，再加上有着“华佗故乡”的美名，明清时山陕商人下广州贩运药材时在此集散经停，这也是北关钱庄与关帝庙的由来。如今亳州是中国四大药都之首，大宗药材交易直接影响中药市场的行价。

如今亳州城内的历史看点不少，老城区也在逐渐开发古城模式的景区。在你的皖北仿古之旅中，这里会是一个有趣的停站。

景点

南京巷钱庄与花戏楼所在的区域称北关，为明清亳州城北门外的商贸区。调研时当地正在给这一片老街巷的民居外立面贴上看起来像青砖的瓷砖，所以当你前去时，亳州老城很可能会以更加体面的标准化古城面貌来迎接你。城内所有收费景点都由同一家公司经营，经常有打折或优惠套票活动，在我们调研时所有看点都是10元。不过当你到访时可能门票会上涨，可留意售票处的套票优惠。

曹操运兵道 古迹

（见204页地图；人民中路近希夷大道；门票10元；⌚8:00~17:30）这里是与花戏楼平分秋色的亳州亮点，毕竟“奸雄”曹操与暗道运兵非常搭配。地道始建于东汉末年，为曹魏修建的军事暗道，由于南宋时黄淮水患入口被掩埋，直到1969年开挖防空洞时才被发现。目前景区开发出一条空间交错的环形地道，游人可入内一探里面猫耳洞与通气孔等特殊设施的玄机，通道的出入口都在新建的“建安文学馆”内。火车站北乘10路至大隅首站下车即到。

南京巷钱庄 历史建筑

（见204页地图；南京巷19号；门票10元；⌚8:00~17:30）药都亳州在清时的药材生意已非常发达，这座钱庄始建于1825年，诞生与用途都与山陕药材商人密切相关，与平遥钱庄日升昌也曾有过紧密合作。钱庄共有三进院子，院内各处房屋分别处理钱庄票号的收银、存储、汇兑等业务。

从运兵道往北步行15分钟即到南京巷。附近街区是亳州的老北关，附近的巷子都很有年头。从南京巷口往东可至白布大街和帽铺街，往西走老砖街至花戏楼街，一直往北就到了花戏楼。

花戏楼 历史建筑

（见204页地图；花戏楼街北段，近涡河南岸；门票10元；⌚8:00~17:30）这组清初建筑本名大关帝庙，同时也是当时山陕两地商人在亳州聚会联络的会馆。由于寺庙山门琉璃瓦顶五彩缤纷，戏台木雕惊喜夺目，民间便给了它“花戏楼”的爱称。山门上雕刻有技艺高超的微雕砖雕，每一幅都是不同的故事：钟楼上图大梁城，下图白蛇传，鼓楼上图“三顾茅庐”，下图“李娘娘住寒窑”，中间上图“吴越之战”，下图“郭子仪上寿”，每个故事都与山陕商人有渊源，可跟着旅游团后面听一听典故，也留心看看威武的铁旗杆。大殿前的戏台上有三国演义七十二回的故事，每一幅都纤细精美，调研时关帝庙大殿正在维修，在你前往时即可近距离欣赏廊檐和屋脊上的漂亮装饰。

从关帝庙往东还分别有张飞庙、岳飞庙、朱公书院、火神庙和金陵糖业会馆等经过修复的历史建筑，细节处有一些漂亮的砖石木雕，凭票可一起参观，继续往东可至涡河岸边。

亳州博物馆 博物馆

（见204页地图；芍花路209号；免费；⌚8:00~17:00，周一闭馆）馆内主要是一个按时间线布展的常设展厅，历史最古老的藏品有尉迟寺新石器时代遗址出土的陶器和石器，还可看一看村舍建筑遗存和墓葬的图片。部分图文陈列颇有家乡名人馆的意思，从帝喾、商汤到老子、庄子，似乎都与亳州有些渊源。馆内精彩亮点在于董园与张园两处曹氏家墓出土的陪葬器物，其中**银缕玉衣**可能属于曹操之父曹嵩。此外还有隋墓出土的仪仗俑、明城墙和墓葬出土的物件以及一个为袁世凯复辟而做的洪宪九龙盘等藏品可看。

火车站往西1.5公里即博物馆。游完博物馆后，可往东至曹操公园逛逛，园内有一座纪念曹操的**魏武祠**（门票10元；⌚8:00~17:30），不过是新建的仿古建筑。走到魏武大道东侧的曹操公园东门站，乘6路公交可至华祖庵和道德中宫。

华祖庵 历史建筑

（见204页地图；永安街中段；门票10元；⌚8:00~17:30）神医华佗与故事里处死他的曹操是亳州同乡，这座寺院便是为纪念他而建造的，始建于唐，现存建筑多为明清时重建。庵内还有一个华佗纪念馆，讲述了他的生平和贡献。

道德中宫 历史建筑

（见204页地图；老祖殿街新华南路；门票10元；⌚8:00~17:30）即本地人口中的“老祖殿”，同样始建于唐，现存建筑为明时重建并经过多次维修和扩建。从古时便有说法称老子的出生地并非河南鹿邑而是亳州涡阳，因

另辟蹊径

亳州的曹氏家墓

曹氏家族兴起于亳州，豪门望族人丁兴旺，家墓的占地面积也很广大。其中两座墓冢经考古发掘后对外开放，可下到墓室参观。

曹腾墓（见204页地图；魏武大道董园路交叉口西北角；门票10元；⏲8:00~17:30）又名董园2号墓，墓冢被盗过但可考墓主为曹腾，即曹操父亲的养父，他也是东汉末年颇有权势的宦官，曹家因他而发迹。墓室较小，但墓门前的画像石刻更多也更精致，墓门处的神荼、郁垒二门神线条飘逸。墓室顶部曾有华美壁画，但都已脱落。董园2号墓北面还有一座1号墓，是曹操父亲曹嵩之墓，墓室未对外开放，但考古发现的部分墓葬收藏在亳州博物馆。

不远处的**张园汉墓**（见204页地图；魏武大道与文帝路交叉口东南角；门票10元；⏲8:00~17:30）同属曹氏家族，也一样曾被盗过，具体墓主或不可考。共有11个墓室，抢救发掘出的玉猪、司南佩和铜猪等幸存的陪葬器物都藏在亳州博物馆，墓内的看点主要是门楣石上雕刻的青龙白虎图，以及墓门左右的捧奁侍者石刻，涂料的颜色仍有些许存留。

亳州方言习惯把墓冢叫作“孤堆”，亳州城内还有数十座孤堆或与曹氏大家族有关。比较好找的曹氏家墓还有曹操公园内的**曹四孤堆**，四座墓冢的墓主均不可考。从曹腾墓顺董园路往西绕到薛阁小学，这里除了墓主尚未确认的**观音山孤堆**，还有一座建于明清时的七层砖塔。

此这位兼具哲学家与道家祖师身份的先贤在亳州受到了重大礼遇。在华祖庵的西北，可一路游览。

药材市场 市场

亳州地处传统中药材产区，又有着名医华佗的大名加持，因此在明清时已是中原地区非常有名的药材集散地，出资修建花戏楼的山陕商人中，很大一部分是来自山西主营药材的大商帮。

如今亳州堪称中国最大的中药材集散地，城内面积巨大的药材市场比比皆是。对于旅行者来说，火车站西芍花路南侧的**中药材专业市场**（见204页地图；芍花路近白依路口，新世界商品城往南）最方便到达，在这里能看到品类繁多的中药材，很容易拍出有奇妙序列美感的照片。不过请留意，这个市场内的蛇干、鹿茸、刺猬皮等养殖动物药材会让喜爱同情动物的人们心中一颤。想避开动物药材，不妨走到芍花路北面的**马园中心路**，这条路周围聚集了数十家香料和中草药批发店，可一边学习药材的名称与功效，一边深吸几口药草清香。

汤王陵 陵墓

（见204页地图；谯陵北路东侧，近涡河北岸；免费；⏲8:00~18:00）过魏武大桥后东侧汤王陵公园的红墙内，有一座据说为商朝开国君主汤的陵墓，不过这只是一座由明朝人附会的纪念冢，而且园内没有什么古迹，只是一个树木高耸的免费市民公园。所以到访这里的唯一理由是：你去离这里不远的汽车东站乘车之前还有时间要打发。市中心大隅首站乘2路即到。

住宿

亳州的住宿同样以快捷酒店为主，住在火车站西侧的芍花路上很便利。由于做药材生意的客商往来频繁，药材市场附近的主路上也有各种品牌连锁可选，价格普遍在100~150元。随着北关的旅游开发，老城巷弄里逐渐出现了几家有点传统小调的民宿，如**花熙别院**（见204页地图；☎166 0568 0661；帽铺街中段19号；标双159元；Wi-Fi 空调），房间干净整洁，公共空间雅致舒适。如果不嫌远，南面新城万达广场附近也有不少酒店，大多开在新楼里，硬件不错。

就餐

亳州也是安徽的回族聚集地之一，这里的清真风味大菜小吃都很有当地特色。**双寺牛肉馍**（见204页地图；人民路近清真前街；⏲6:00~10:00）这家老店过去开在清真寺旁，新近搬到了更好找的人民路上，靠近清真前街南口。招牌的牛肉馍16元/斤，薄皮里填满牛肉馅和粉条，当地喜欢的吃法是用豆皮（1元）卷起来，下着油茶（2元）或稀饭（2元）一起吃。

曹操运兵道北边的新兴街农贸市场（见204页地图）里也有很多美食，老字号鸿福斋（见204页地图；新兴街中段路东；人均40元；⊙11:00~22:30）是当地人喜欢的清真餐馆，牛肉类的菜品很受欢迎。这条农贸街上还有许多牛羊肉摊点，一般早上10点之前能吃到非常地道的牛羊肉汤，虽然环境嘈杂，但很能贴近当地人的生活节奏。市场也有传统清真甜食店，出售麻叶、馓子等油炸食品。

ℹ 到达和离开

亳州火车站（见204页地图；芍花路东端）发往河南商丘（硬座12.5元；1小时）的车次频繁，也有班车直达合肥（硬座50.5元；约4小时），还可乘火车先到阜阳（硬座16.5元；约1小时）再转至合肥。在我们调研时，高铁**亳州南站**（神农大道与银杏路交叉口）正在建设，预计在2020年商合杭高铁通车后投入使用，并将配套南站汽车客运站。

亳州城区东西南北各有一个汽车站，在我们调研时北站建好尚未使用，南站为临时站，之后将迁入高铁亳州南站。不过除了至淮北不通火车，需至**亳州汽车东站**（见204页地图；☎512 6909；汤陵东路与006县道交叉口）乘坐班车（45元；7:30~16:30，约1小时一班；3小时），至其他目的地基本都能在火车站乘火车到达，也可先到阜阳再转车。

ℹ 当地交通

亳州打车起步价5元（2公里），之后1.4元/公里。调研时市内有哈啰单车，骑车代步是可行的，不过这里有着与合肥同样的问题：宽街大路中间有过于长的栏杆围挡。所以骑车时如需调头，遇到通道就别错过。公交按季节1元或2元，对旅行者有用的线路主要有：2路连接汽车南站和汽车东站，6路连接曹操公园东门和华祖庵及道德中宫，10路连接火车站和曹操运兵道。

淮北

☎0561 / 人口：222.8万

淮北与宿州地理相近，历史上隋唐运河通济渠曾沟通两地，近现代的经济结构也相似，都是以煤矿为基础的重工业城市。两座城市一直有"一体化"的呼声，但由于财政分配等问题，如今仍是看似若即若离、实则紧密相连的关系。

另辟蹊径

寻找隋唐大运河

隋唐大运河开凿于隋炀帝大业元年（605年），到宋金交战时期逐渐荒废，在近500年间带来繁盛的商贸航运，沿岸诸多城市也因河而生。2014年，中国大运河与丝绸之路联合申遗成功，隋唐大运河这个湮没在岁月中的名字再次获得了关注。如果你有足够的时间和兴趣，可试着在皖北寻找隋唐大运河的遗踪。

隋唐大运河的通济渠段也称古汴河，流经安徽省的淮北与宿州两市。其中淮北濉溪县柳孜运河码头遗址（免费；⊙8:00~11:30，14:30~17:00，周一闭馆）在结束考古之后，原址保护并开放参观，可从淮北至濉溪再乘中巴车前往。淮北市博物馆（见208页）同时也作为中国隋唐大运河博物馆，柳孜遗址考古发现的大部分文物都收藏在馆内。此外，淮北在南部新城修建了一个运河大观园（泉山路和南黎路交叉口；免费），这是一个巨大的仿古建筑商业区，不过隋唐运河其实并没有流经这里。如果自驾且在淮北停留，过来看看仿古夜景也不错。

运河考古曾在宿州老城发现了通济渠运河段和埇桥遗址，但现在遗址仍然深埋在地下。河道的大致范围在中山街以南、大河南路以北，如今站在这片闹市区，几乎无法想象河流由西向东穿城而过的情景。运河继续流至灵璧县，北宋时押送至汴京的花石纲中，有一部分便是这里的特产灵璧石，如今县城南有出售灵璧石的市场，以及一个灵璧奇石文化园（门票60元；⊙8:00~17:30）。继续往东到临近江苏的泗县长沟镇，这里的一段古汴河是曾经的运河故道，也是一段至今还活着的运河。

对于大多数旅行者来说，淮北是一个弃之也不太可惜的鸡肋目的地，但如果你喜欢画像石，就算为了看博物馆也值得花半天前来。时间充裕还可至城北的相山公园逛逛，登高远望这座典型的皖北工业城。

景点

市内

淮北市博物馆 博物馆

（www.hbbwg.net；博物馆路中段，近相山中路；免费；◷8:00~11:30，14:30~17:00，周一闭馆）这座博物馆又名"中国隋唐大运河博物馆"，一楼主要陈列有隋唐大运河考古文物发现，主要有运河沿线发掘出的精美瓷器，小小的**影青孩童抱球瓷塑**佐证了北宋的流行运动蹴鞠，馆内复原了濉溪县境内的柳孜运河遗址（见207页方框），并有遗址出土的古船。二楼有汉墓中出土的陶器和玉器，以及一个证券展厅可看。此外，一楼的部分展厅还陈列有不少汉画像石，大多画风稚拙而有趣，正门左侧另有一个陈列画像石的室外展厅，以及一座用墓石残件修复的汉墓。如果遇到在博物馆做管理和研究的姜老师，可以向他请教与博物馆相关的问题，他对画像石和柳孜运河都很有见解，且乐于助人。

博物馆在城南的博物馆路上，乘8路公交至世纪广场站后步行即到。

濉溪县

临涣古镇 古镇

临涣古镇在2006年被列入全国文物保护单位，但这并不意味着这个镇上有很多地上文物可看。不过没什么旅游亮点其实也有一点好处，这里有淮北小城镇最真实的面貌，如今镇上满是有些灰头土脸的现代民房建筑。镇中心的**文昌宫**（文昌街与淮海路交叉口；免费；◷8:30~12:00，14:00~17:30，周一闭馆）是镇上可看的古建筑之一，始建于唐，但现存建筑多为明清时修建，院落曾是淮海战役时解放军第三野战军总前委驻地，目前作为展馆开放。淮海路往西还有一座**城隍庙**，但不一定每天开门。镇南的**怡心茶楼**（南阁街南端；◷7:00~19:00）是本地人消磨时光的百年老茶馆，周末和节假日会有淮北大鼓表演，棒棒茶10元一壶，这种便宜的大众茶叶起源于六安茶叶贸易带来的红茶脚料，镇上的老人们喜欢从早上就在茶楼附近的街边喝茶抽烟嗑瓜子。我们调研期间，这一片区在进行景观提升改造，或许在你前往时能看到一个更体面的仿古古镇。若有心去找真正的**古城墙**，可到镇子东北角，镇政府后侧的黄土堆

安徽北部 淮北

另辟蹊径

在皖北看画像石

对于喜爱画像石的访古旅行者来说，皖北处处是亮点，这里是中国重要的汉画像石分布区之一，刻画内容主题包括了神话故事、阶级礼仪和生活场景等诸多方面。

宿州市博物馆（见202页）和**淮北市博物馆**（见208页）均收藏了许多区内出土的画像石。此外还可到**萧县博物馆**（县城民治街68号；免费；◷8:30~17:00，周一休馆），博物馆设在始建于宋的萧县文庙内，收藏有二百余块区内发现的画像石。虽然萧县属宿州下辖，但地理上离淮北更近，淮北客运站有密集班车前往萧县汽车站，车程均1小时左右，汽车站到县城内有公交接驳。

宿州和淮北区域内还有两座原址保护的汉画像石墓，分别是宿州褚兰镇往西约1公里的**九女坟**，以及淮濉溪县岳集乡古城村的**古城汉墓**。但这两座汉墓没有专人看管，很有可能遇到找不到钥匙管理人的情况，建议自驾且时间充裕再去试试。

此外，江苏徐州也是重要的汉画像石分布区，从淮北到徐州的交通非常便利，从萧县火车站还可乘跨省公交至徐州淮西客运站，所以在走这条画像石线路时不要错过了这里的看点，**徐州汉画像石艺术馆**（湖东路；免费；◷9:00~17:00）及**徐州博物馆**（和平路101号；免费；◷9:00~17:00，周一闭馆）都大有可观。

另辟蹊径

要不要去阜阳

想去阜阳探寻一些冷僻的亮点？先给你泼一瓢凉水，至少我们调研时，还不是到访这处颍州故郡的好时间。不过，阜阳是皖北另一个便利的火车枢纽，把这里作为从亳州返回合肥的中转经停站随便逛逛，也是不坏的主意。

阜阳地区历史悠久，考古发现中不乏文物精品。由于新博物馆正在建设中，建于1988年的**阜阳市博物馆**[清河东路339号；免费；⌚8:30~11:30，15:00~18:00（夏），14:30~17:30（冬）]老馆已条件老化，似乎就受到了一些冷遇，展品和布展都乏善可陈。不过位于南部新城双清湾的新馆预计在2019年底投入使用，在汝阴侯墓和女郎台墓等地发现的馆藏宝物或将重新展出，届时前往应该能有更多精彩。老博物馆东侧的文峰公园可以一逛，内有建于清康熙年间的七层青砖塔**文峰塔**。从公园往西北可到临泉路与东城墙路口，两条路中心环岛处有一座**魁星楼**，调研时这座始建于明万历年间的三层砖塔正在维修，路口车流量大，近看请注意安全。一圈走下来，你会发现这座大众刻板印象中对它颇有微词的城市，其实拥有清秀宁静秩序井然的市容市貌。

即使什么也不看，下车吃一碗阜阳特色格拉条也值得。这种小麦粉制成的粗面嚼劲儿十足，店家不用刻意攀附洋伙食来宣传，你吃时自然会发现它与意大利面相似的奇妙口感，配上麻酱和豆芽非常爽口。**莲池格拉条**是有名的老字号，在城里有好几家连锁店，火车站西也有一家方便前往的分店（北京东路近汽车东站；小碗7元；⌚8:00~21:00）。此外粉鸡和枕头馍都是阜阳的特色小吃，在城里很容易找到经营的店家。

阜阳火车站（北京东路东端）在城东北8公里，往返亳州（硬座16.5元；1小时）、淮南（硬座19.5元；2小时）及合肥（硬座37.5元；3小时）的快速列车班次非常密集。在火车站出口右侧停车场乘11路可至文峰公园。需留意，阜阳火车站客流量大且站前围挡较多，进站最好预留20分钟。车站附近的连锁酒店都很新，餐馆也不少，中转如需住一晚，住在这个区域基本挑不出毛病。

便是。

如果你来都来了，不妨在镇上随意找一家小店尝尝羊汤配马蹄烧饼，乳白色的羊汤浓郁香醇，烧饼都是用铁桶改造的炉子现烤出来的，非常酥脆，10块钱就能吃饱，镇上还有包瓜、培乳等当地特产食品，方便买来带走。

濉溪客运站有班车发往临涣，6:40开始约20分钟一班车，车程约1小时，票价7元，在濉溪中医院也能拦到这趟车。临涣返回濉溪的中巴车停在淮海路上的农业银行旁，就在文昌宫的西边，末班车17:20之前。

食宿

很抱歉我们又要建议你去住快捷酒店，但在我们调研时，它们确实是淮北市内方便又较有品质保障的住宿选择。汽车站和火车站附近都有汉庭，淮海中路上有如家，吃喝转车都便利。

淮海中路又叫一马路，是淮北的中心商业街，这条街上从本地小吃到洋快餐兼有。临近的**小东风地锅城**（洪山路西近淮海中路；⌚11:00~14:00，17:30~21:00）是很受欢迎的当地土菜馆，地锅鸡或者地锅牛腩都值得尝尝。

到达和离开

淮北火车站（站前路与桓谭路交叉口）在汽车站南约1公里，是一座综合站，经停高铁和普快。前往阜阳（硬座24.5元；2小时）和徐州（硬座12.5元；1小时）的班车都很多，也能便利地转至蚌埠（硬座23.5元；2小时）、淮南（硬座43.5元；4小时）与合肥（普快硬座41.5元或54.5元，约5小时；高铁二等座164元，2.5小时）。

高铁**淮北北站**在市区北13公里的杜集区坡里村，调研时未通公交，幸运的是经停高铁班次很少，旅行者暂时没有使用这个车站的必要。

淮北汽车站（☎302 3084；古城路78号）在老城

中心，往返宿州（15元；7:00~18:00滚动发车；1小时）、徐州（20元；7:00~18:00滚动发车；1.5小时）等地的班车停靠在这个车站，另有前往萧县（9元；7:00~18:00滚动发车；40分钟）的班车。

城区西南角还有一个**淮北汽车南站**（濉溪北路近人民中路），主要有往返亳州（45元；6:00~15:40，约1小时一班；3小时）的班车停靠在这里。

当地交通

淮北打车起步价6元（2.5公里），之后1.3元/公里。公交系统便利度一般，对旅行者有用的线路有：11路和22路连接了客运中心站和客运南站，在淮海中路（大马路）附近可乘21路至世纪广场站再走到博物馆；8路可至濉溪县中医院，在这里有中巴车分别前往柳孜（6元）和临涣（7元）。

安徽西南部

包括➡

最佳餐饮

- 迎江楼（见229页）
- 惠园酒店（见229页）
- 大关水碗（见235页）

最佳住宿

- 君同酒店（见220页）
- 八湾堂民宿（见223页）
- 美可居酒店（见227页）
- 格美酒店（见237页）

为何去

令人痴狂的古徽州风情万种，让人无暇顾及西边的安庆和六安。在多数人的刻板印象中，皖西南穷困落后，欠缺足够的吸引力。但若抛开成见，你会发现，自古以来的沉重枷锁并没有让这里的美景褪色，反而更增添了丰沛的文化情怀。

如果徽州是灵秀的少女，那么安庆就是风霜满鬓的智者，迎江寺和振风塔阅尽千帆，曾经的“南岳”天柱山早已“退位”，老者的一丝柔情全系于婉转的黄梅调中。千百年来，独领风骚的皖江文化在这里结出文明的累累硕果。走进故居林立、古迹丛生的安庆街头，每片砖瓦都有动人心魄的故事，很适合放慢脚步，以敬畏之心重走先贤之路。

六安是上古传说中皋陶的封地，远有荆楚文化留下的厚重印记，近有鄂豫皖边区的战事风云。但六安的容貌不仅限于博物馆的展板上——在皋城双塔下品一杯淡雅的瓜片，到中央公园听一曲日渐稀有的庐剧，再追根溯源，到大山腹地的原始森林走一走，就能渐渐体会到这个大别山深处老城的魅力。

何时去

3月至5月 雨季滋润了巨石山玉兰、霍山五色梅的花开，丰沛的水量也会让天堂寨的瀑布跑起来。

6月至8月 想要逃避酷暑，不妨泛舟花亭湖，到霍山大峡谷、天堂寨来一次酣畅淋漓的漂流。

9月至11月 气候宜人，在热闹的黄梅戏艺术节上，聆听妙音品尝美味。

12月至次年2月 数九寒天的冬季让人叫苦连天，但宛若仙境的天柱山雪景和天堂寨冰瀑，会让你停止抱怨。

安徽西南部亮点

❶ 拜谒唐代“四大昭庆”中唯一保存完整的千年古刹**六安昭庆寺**（见213页）。

❷ 在**天堂寨**（见220页）徒步华东最后一片原始森林，一脚踏两省。

❸ 从**迎江寺**（见224页）开始一次安庆市内徒步游（见228页），领略江北古城的雄浑沧桑。

❹ 探访有“中国第一文山”美誉的**浮山**（见231页），想象古代文人墨客竟相“作金声”的场面。

❺ 丈量**桐城老街**（见234页），感受文都日渐衰微的脉搏。

❻ 登上有“江淮第一山”之称的**天柱山**（见237页），享受身体的历练与视觉的盛宴。

❼ 观览长江独一无二的胜景**小孤山**（见241页），与江豚偶遇。

六安

☎0564 / 人口：483万

与合肥比邻的六（音“陆”）安市区并无太多吸引旅行者驻足的亮点。古老的皋城双塔逐渐湮没于楼宇商厦之间。拜悠久的历史所赐，皖西博物馆陈列的文物有着颇多看点。如果你想远离人潮，古老的昭庆寺会给你提供一处修身养性的僻静场所。

六安别名“皋城”，曾是皋陶的封地。汉武帝时，淮南王刘安谋反事败，武帝希望这里“六地平安，永不反叛”，六安的名字方才出现。六安（包括下辖区县）是皖西的代名词。

景点

皋城双塔 塔

（见214页地图；北塔：解放中路与皋城路交叉口，南塔：黄大街北段；免费）老市区的南北两侧，两座千年古塔屹立至今，隐隐成为城市地标。六安紧邻老淠河，却从未遭过洪灾，老人们将此归结为双塔的护佑。

北塔又名多宝庵塔，矗立在已修葺一新的多宝庵内。北塔传由唐朝尉迟恭监造，最初为药师塔，通高26.9米的圆锥形塔身古朴雄浑，外观九层，内部实为七层，《六安州志》记载塔颠为盗贼所损毁。

原本与北塔遥遥相对的南门观音寺塔距离北塔约2公里，林立的小区挡住了旅行者望向城北的视野。南塔最早是唐朝僧人元通化缘而造的浮屠寺塔，塔身共9级，高28.3米，和北塔一样是六角形阁式造型，但砖雕、花窗、彩瓷佛像和瓷匾的点缀，让它更为精彩富丽。

前往北塔，可乘1路、5路、12路、14路、16路、201路等公交车，在北塔公园站下车；去南塔，可乘18路、202路、301路，在鼓楼街口下车后，沿黄大街向南行200米。

皖西博物馆 博物馆

（见214页地图；☎337 6191；佛子岭中路市政务中心东侧；免费，讲解70元，语音导览20元；⏲9:00~17:00，周一闭馆）这里丰富的展品和专业的介绍保证让历史迷收获满满。近万件的馆藏瑰宝主要是从新石器时代以来的各类文物，尤以铜器类藏品居多。第一部分展品以商周礼器、战国兵器和明清生活用品为主，其中的镇馆之宝——商代牺首兽面纹青铜圆尊，为目前中国同类圆尊中器形最大的。春秋时期犒赏将军凯旋归来的酒器蟠螭纹罍和楚国的黄金货币郢爰让人眼前一亮，而数量丰富的寿州窑和霍山窑是瓷器展览中的明星。第二部分是皖西地区丰富的墓葬文物。2006年轰动海内外的“双墩一号”西汉墓出土的错金银铜壶群和仿制棺椁场景，会让考古爱好者大饱眼福。

二楼西侧的庐剧艺术陈列为命运多舛的戏曲门类留下了史料，展览主要以乐器、曲谱、戏服为主。东南侧展厅是最富情趣的皖西民风民俗展，可以看到丰富的戏曲形式和霍山石斛、六安瓜片等的制作技艺，亟待保护的柳编和抬阁等民俗让人记忆犹深。

可乘11路、16路公交车在皖西博物馆站下车。

皋陶墓 陵墓

（皖西大道与经六路交叉口东300米；免费）皋陶在传说中是辅佐尧、舜、禹三世的“司法鼻祖”，薨于六安，而今只剩这座孤零零的坟冢。这座墓坐落于城东7.5公里处，硕大的圆形土冢前一对对望的獬豸，象征了墓主人掌管刑律所秉承的严明和公正。神兽中央是清朝同治八年（1869年）安徽布政使吴坤修手书的“古皋陶墓”碑刻。冢顶形如华盖的黄连木在落日下显得分外庄严肃穆。

乘坐14路公交车在终点站下车，皋陶墓在公路北侧。

★昭庆寺 寺庙

（见214页地图；☎139 6671 3999；孙岗镇昭庆村；免费）位于城东25公里处的唐代古刹名不见经传，也少有人烟，寻访颇费周章，但寺庙会让你惊叹。

昭庆寺建于贞观年间，是唐太宗李世民亲诏敕建的四大昭庆古寺之一，由开国元勋尉迟恭督建。建寺1300多年来，历经9次重修却仍保持古朴风格，实为难能可贵。**弥勒殿**是进入寺庙的第一重殿，由身高一丈有余的哼哈二将把守山门，弥勒佛背后的韦驮将军为少有的坐像。二进**大雄宝殿**是全寺精华，殿中央供奉着释迦牟尼，背后的观世音菩萨为罕见的男相，此外，这里的中央柱础石也是全国

六安城区

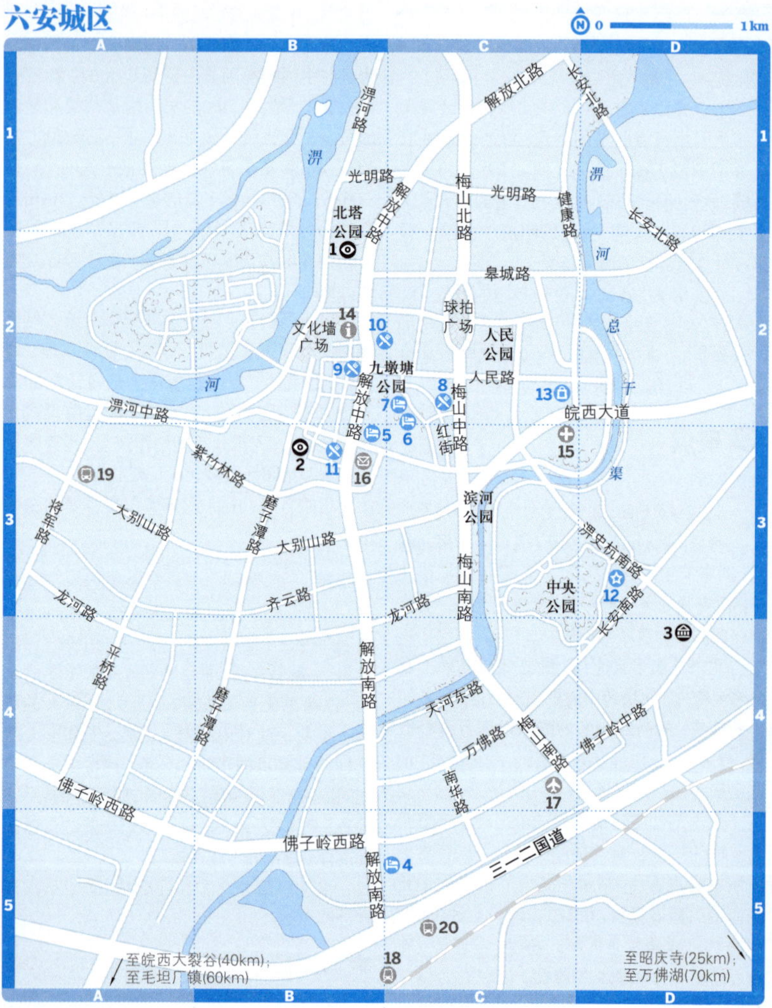

古建寺庙中最大的，地面使用的乌金方砖为唐代皇家建筑特有，可惜没有一块是完整的。三进**毗卢殿**于明成化年间重修，两侧供奉着全国独有的毗卢十四世转世佛像。西侧小禅堂是全国最古老的**唐僧殿**，为纪念玄奘亲临讲经说法而建，殿前屹立着一株千年银杏古树。向东穿过月门是六安唯一的**月身宝殿**，延永大和尚的装金肉身现存于佛像后的迁佛塔内。走到四进**接引佛殿**，观察窗棂上的木雕，刻画的却是道教的八仙，向东的**祖师殿**陈列了昭庆寺第十九世住持西池大师生前的用品。调研期间，寺庙北侧规模宏大的新大雄宝殿建筑群已经落成。

每年农历二月十九和九月十九是昭庆寺的香火庙会，场面非常热闹。

在客运东站乘坐去孙岗镇的专线公交（1元；6:00~17:00，1小时一班；1小时），抵达孙岗后要继续东行3公里，可以在路边等待过路小面包车（5元），也可包车（15元）。

住宿

深居内陆的六安游人不多，宾馆设施大

六安城区

多比较陈旧，价格也偏高。相比之下，连锁快捷酒店更物有所值。

青皮树酒店

酒店 ¥

（见214页地图；☎339 7999；皖西大道198号；标单/双 129~179元；❄📶🅿）新开业的连锁快捷酒店，紧邻华联超市和西都时代广场，位置相当便利，房间干净整洁，性价比较高，部分房间无窗。

春栖酒店

酒店 ¥

（见214页地图；☎321 1777；解放南路锦绣华府西大门；标单/双 138/148元；❄📶🅿）离六安火车站和汽车南站只有十分钟的步行路程，周边餐饮众多。一楼大厅设有书吧，新装修的客房简洁舒适，入住朝西的房间要忍受过往车辆和广场舞噪音的干扰。

皖西君亭酒店

酒店 ¥

（见214页地图；☎336 1188；皖西西路108号；标单/双 180元起；❄📶🅿）位于市中心的最佳地段，出门就是热闹的红街。房间很宽敞，设施齐全，整体舒适度令人满意。不过，狭小的淋浴间相比诸大的空间，显得有些不合乎情理。部分特价房为内窗，隔音效果不佳。

皖西宾馆

酒店 ¥¥¥

（见214页地图；☎368 1818；皖西君亭酒店旁；标单/双 400~600元；❄@📶🅿）六安最老牌的五星级酒店，有残疾人士专用客房和无障碍设施，专业的服务值得肯定。但中规中矩的装修风格、略显陈旧的硬件设施离真正的五星标准还有差距。如果有空余的更高级房型，经常可以免费升级。

就餐

六安的美食街不少，云路街上能吃到最正宗的周家臭干，明珠步行街上有人气很旺的梅花糕。往南的五牌里巷，每天一早唤醒着六安人的味蕾。想要品尝大别山的味道，可以到齐云路的各式本地土菜馆里寻觅。如果你是肉食动物，皋城路上的众多烧烤店不会让你失望。

郁兴发牛肉汤

小吃 ¥

（见214页地图；☎139 5613 0188；人民路130号；人均10元；⏲7:00~14:00，16:00~21:00）六安地区出名的特色小吃，分店众多。招牌的牛肉粉丝汤（7元）并没有明显的独到之处，但四四方方的葱油饼（1.5元）烙得鲜香酥脆、层次分明，值得一尝。

袁师傅包子

小吃 ¥

（见214页地图；☎137 3196 5090；五牌里巷与解放中路交叉口西40米；肉包1.5元，素包1元；⏲5:30~10:00）备受当地人青睐的一家包子铺，每天清晨蒸笼前都围满络绎不绝的食客，买包子的方式很特别——人不排队，钱排队。包子薄皮大馅，放了炒米米粉的肉馅软糯鲜香，就着一碗细滑爽口的辣糊汤下肚，才算是解锁了六安早点最地道的吃法。如果没有赶早，对面的**五牌里小马包子**（☎181 1061 9446；肉/素包1元，辣糊汤2元；⏲6:00~19:30）也是不错的选择。

玉华煲仔王大酒楼 快餐 ¥

（见214页地图；☎322 1797；解放中路九墩塘对面；人均35元；⏲10:50~14:00，16:50~21:00）2001年，一位下岗女工以煲仔饭起家，如今发展为市中心一座四层大酒楼，并开有多家分店。主打还是物美价廉的煲仔饭和炒菜，以粤菜形式烹制，保留了重油重味的本地风味，带有焦脆锅巴的排骨煲仔饭和酸辣汤是最受欢迎的组合。

味道小厨 徽菜 ¥¥

（见214页地图；☎227 1717；红街E座24号；人均60元；⏲9:00~13:30，16:00~20:30）期待在老"六安州"的怀旧氛围里享用皖西美食，来这家生意红火的徽菜馆就没错了。坐在餐厅精心打造的亭台楼榭、小桥流水旁，一边品尝地道的六安土菜，一边听着悠扬的古筝演奏，想象你正置身于六安城九拐十八巷的旧时光中吧。

☆ 娱乐

庐剧

相比黄梅戏，带有山歌韵味的庐剧在皖中、皖西地区拥有更多的拥趸者，想要欣赏正宗的西路庐剧，城东的**庐韵小剧场**（见214页地图；☎363 7911；中央公园东大门内皖西演艺传媒；免费；⏲周日15:00）不可错过。

购物

健康路与安阳巷之间的**六安茶叶市场**（见214页地图），有多家茶行售卖六安瓜片、霍山黄芽，依不同档次价格在100~400元/斤。如果在众多店面间挑花了眼，不妨去红达广场附近的**徽六茶业旗舰店**（☎330 9000；龙河西路皖西卫生职业学院对面），这里的六安瓜片最有名。

乘5路、10路或14路公交车在市工商局站下车可到茶叶市场。

ℹ 实用信息

医疗服务

六安市人民医院（见214页地图；☎395 0120；www.layy.cn；皖西西路21号）是市区最大的三甲医院，可以网上挂号。

银行

各大国有银行网点随处可见，在皋城路、解放路和梅山路口附近更集中，取款很便捷。

邮局

六安市邮政局/邮储银行（见214页地图；⏲8:00~17:00）在繁华的解放中路和梅山中路都有网点，有24小时ATM。

ℹ 到达和离开

长途汽车

六安共有4个客运站。

六安汽车客运总站（见214页地图；☎369 6001；312国道与解放南路交叉口东100米；⏲春秋冬5:45~17:30，夏5:45~18:00）又称客运南站，是六安最重要的客运站。可以登陆畅途网（www.changtu.com）购买车票。

在**六安客运东站**（☎369 6002；佛子岭东路

六安汽车客运总站（客运南站）车次时刻表

站点	发车时间/班次	票价（元）	行程（小时）	备注
天堂寨	7:30，13:30	44	4	途经燕子河大峡谷
霍山	7:00~17:30，循环发车	15	1.5	
舒城	7:00~17:30，循环发车	15	1	
金寨	7:00~17:30，循环发车	27	1.5	
岳西	8:00，13:30	50	2	
合肥	7:00~18:30，循环发车	35	1.5	
安庆	6:30，7:30，8:25，9:25，11:20，13:20	57	4	
南京	7:50，10:30	95	4	
上海	10:00	145	8	

与经三南路交叉口）可以乘坐发往合肥、杭州以及范庵、孙岗、马集、桃溪等东部乡镇的班车。而在**六安客运北站**（☎369 6003；解放北路六安汽运驾校旁）可前往寿县、淮南、宿州、蚌埠、阜阳、徐州。城西的**六安客运西站**（见214页地图；☎327 6555；大别山路与金寨路交叉口）有发往合肥、上海、杭州方向的班车。

火车

六安火车站（见214页地图）毗邻312国道和六安汽车客运总站，宁西铁路、沪蓉高速、阜六铁路的开通及新站房的启用，让六安成为皖西铁路枢纽。这里有前往北京、上海、南京、武汉、合肥的高铁和动车，抵达北京、广州只需6小时。

当地交通

抵离机场（合肥）

六安城市候机楼（见214页地图；☎327 7676；梅山南路上城国际208号；8:00~17:30）每天都有开往合肥新桥机场的巴士（38元；5:00，6:20，7:40，8:40，10:00，11:30，13:00，14:30，16:00，17:30；1小时），并经停**飞燕旅行社**总部（见214页地图；☎327 9768；解放北路天都花园J18号）。

公交车

市区的各大车站和重要景点都有公交车直达，票价1元，空调车2元，线路查询可下载**六安掌上公交**APP。

出租车

起步价为6元（2.5公里），之后为1.5元/公里。

六安周边

皖西大裂谷

（☎261 0001；金安区张店镇太平桥村；门票70元，导游100元；⏲8:00~17:00）这条狭窄的山谷貌不惊人，是普通旅行者与岩石亲密接触的训练场。相传，这里曾是张献忠藏兵点将之所，但行程的精华不在于对这段历史的追寻，而在于翻越山裂之中三道闸口的乐趣。

大裂谷的核心地带长约1500米，你需要依着谷地岩壁的走势，借助岩壁一侧的绳索和山体上人工凿出的石窝，在极为狭窄的两山间攀爬前行。地势不断上升的**二道闸**、**一线天**和**三道闸**都是危险又刺激的关口。最终，费尽力气走出峡谷的一刻会有好汉亭等你，继续向前沿着山梁便可返回，路上除了条纹斑驳的雄起岩外，没什么看点。

建议寄存背包，不要穿高跟鞋、凉鞋（可以向景区免费租用布鞋），同时避免穿容易被剐破的衣服。裂谷中手机信号很差，缺乏攀爬经验的旅行者在淡季最好结伴而行。

距离皖西大裂谷4公里的**大别山石窟景区**（☎261 0555；金安区张店镇洪山村；门票80元，玻璃桥50元，滑道30元，导游100元；⏲8:00~17:00）有个很江湖气的别称——洪山寨，太平天国时期忠王李秀成曾在此安营扎寨，因此得名。不过作为国家地质公园，皖西第一大岩洞**敞岩洞**和天然形成的石窟群才是石窟景区的真正看点。敞岩洞200米宽、150米深，形成于一亿年前的火山爆发，内部构造酷似月球表面。站在石窟观景台向北眺望，金碧辉煌的**天佛禅寺**建筑群和碧蓝的**天仙潭**尽收眼底，伴着山顶泻下的飞瀑，别有一番洞天。

大裂谷景区在六安市以南30公里处，六安客运南站前往毛坦厂镇的228路公交途经这里。调研期间，石窟景区和大裂谷景区之间没有公共交通往来，只能步行或搭车前往。

毛坦厂镇

这个大别山深处的小镇原本默默无闻，如今“亚洲最大高考工厂”的称号让它成为神话般的存在。毛坦厂镇最早是朱元璋军队饲马的茅滩厂，后因领一方风水，成为皖西重镇。而今，商旅云集的繁忙景象早已被数万名高考生和陪读家长忙碌的身影取代，快递公司门口堆积如山的包裹和堪比北上广的高额房租，让它呈现出与小镇身份不符的虚张繁华。或许只有走进被时光封存的**明清老街**（☎267 3659；金安区毛坦厂镇；免费），你才能发现它真正的灵魂所在。

全长1320米的老街始建于元末明初，如今还保留了众多明清徽派老宅，但比起徽州地区，这里的木雕、砖雕要简朴得多。街道两侧均由卵石铺设，中间的青条石为旧时独轮车送货专用，商贸鼎盛时期，这条不算长的街上光是店铺就有200多家。如果仔细留意，还能在一些老屋的基座上发现刻有铜钱纹饰的青砖。老街分东西两部分，终点处各有一道闸门，西街看点较多，有气派的**涂公馆**和

1958年公社食堂旧址（免费；⏲8:00~11:30，14:30~17:30），食堂内还保存着“大跃进”时期的壁画和大幅标语。在东街的巡更巷，走在防雨骑楼屋檐下自有一份悠然。

在西街上的几家店铺，可以见到特有的风味小吃——千层酥饺（10元/8个）。这种油炸素食点心以芝麻做馅，酥脆油腻。如需在老街上住宿，**古镇客栈**（☎267 1998；老街东侧292号；标单/双128/148元；❄📶）是为数不多的选择。

从毛坦厂老街与石笋路的交叉口一直向南行，到宗瀛路后向西走到尽头，便可见到小巧精致的**涂公祠**大门。雕梁画栋、高脊飞檐的涂光禄宗祠（☎267 1055；金安区毛坦厂镇宗瀛路1号；免费；⏲8:00~17:00）于清光绪十五年（1889年）落成，这里不仅是光禄大夫涂宗瀛富甲一方的见证，后来也成为刘邓大军在张家店战役中的司令部。北侧家庙被辟为**张家店战役纪念馆**，古色古香的圆拱式房顶显得端严富丽，展示了张家店战役的始末和刘邓大军战争时期的生活用品。西侧是涂公祠的主体，祠内的石碑、木雕、松柏与桂树，无不透着南方的闲雅与幽静，想来也正由于此，这里在战争中才成为各位将军的休息室。

参观完涂公祠，时间如果尚早，可包车前往距镇子9公里的**东石笋风景区**（☎267 9088；金安区毛坦厂镇镇南9公里处；门票50元；⏲8:00~17:00），进入景区后直走，经过莲花台、银河瀑、宇泉山庄后就能看到**东石笋**。这座形如竹笋，外实内空的38米残山是景区的核心。景区内盛产水晶，留意山上的岩石，很容易发现这些闪闪发亮的晶体。

六安客运南站有前往毛坦厂镇的228路公交（1元；6:00~18:00；1小时）。从霍山开往舒城的班车也经过这里。

霍山

深处大别山腹地的霍山，是诞生了安徽省第一个苏维埃政府的革命摇篮，也是庐剧的发源地，但它最精彩的部分远不止这些。源远流长的西山文化为它注入了深厚的精神内核，巍峨的大别山和宽阔的淠河为它设置了生动的自然背景，再加上酒业经济带来的无限活力，让霍山正意识到自己的旅游潜力。

景点

霍山文庙 历史建筑

（文盛街16号；免费；⏲8:00~11:30，14:30~17:30，周一闭馆）精致典雅的霍山文庙坐落在县城最喧嚣的地方，文庙始建于明弘治五年（1492年），是安徽省同类建筑中保存最完整的。大成殿内供奉着“一尊四配十二哲”，康熙二十三年（1684年）御题的“万世师表”匾额正挂于孔圣像之上，殿外梁柱上的包金倒扒狮斜撑也颇为精致华丽。东、西庑在大成殿两侧，分别为七十二贤人堂和儒家文化传承展厅。绕道后院，院落里靠墙倚放着一些碑刻，崇圣祠已被辟为县博物馆的文物展厅，霍山本地出土的战国铜器、汉陶，以及唐宋元明清的瓷器为主要展品。

文庙位于中兴路北侧的尽头，乘坐1路、2路、3路、7路、8路、9路公交车均可到达。

文峰塔 塔

（迎驾大道与文峰路交叉口东南侧；免费）作为霍山县的标志性建筑，文峰塔拥有自己的广场。塔身七级，高21米，每层都嵌有文人雅士的诗咏题词，边缘镂刻着精巧独特的异兽和纹饰，砖雕上的人物形象从官吏到家妇，几乎揽括了整个社会人群，在安徽省古塔里实为少见。西侧塔基上有道光五年（1825年）霍山知县朱士达督建该塔时所立的碑刻。

铜锣寨景区 山

（☎575 6333；上土市镇铜锣寨村；门票50元；⏲7:00~17:00）海拔1096米，拥有奇松、怪石、云海、温泉四绝的铜锣寨，素有“江北小黄山”之称。山体海拔虽不高，但道路狭窄陡峭，并不好走。在登顶凌云峰主峰前，你会穿过中间天然形成一个方正石洞的南天门。在为大自然的鬼斧神工感到惊叹时，两侧皆为万丈悬崖的鲫鱼背正等着你来挑战。铜锣寨有前后两个大门，通常的玩法是前门上山，后门下山，全程需3~5小时。

铜锣寨在霍山县西南63公里处，自驾需1.5小时。非自驾旅行者可以在霍山客运中心搭乘去太阳乡的班车。

活动

御香泉温泉 温泉

（☎400 9055 888；上土市镇和平桥村；门

另辟蹊径

霍山小众旅行地

忘掉霍山革命老区的古板形象吧，在这个被低估的城镇周边慢慢花些时间，你会有惊喜的发现。

➡ **仙人冲画家村** 20世纪50年代，在大别山山坳里秘密建起的军工厂，如今已被艺术家们接管，废弃的老厂房改头换面变成了画室、艺术中心、民宿和咖啡馆，对于想要逃离都市喧嚣，又充满文艺情怀的旅行者来说，这里有足够的理由让你停留。画家村在诸佛庵镇东南角3公里处，可乘坐霍山6路公交车，在深山站下车后步行1公里到达。

➡ **月亮湾作家村** 30多年前，淮海机械厂在这里造出了中国第一辆微型轿车"小飞虎"。而今，荒废的三线红色厂房涅槃重生，以崭新的姿态在大山深处造就了一个文学家园。作家村的核心主体枕溪书院拥有6万册藏书，图片馆（周一至周五 8:00~18:00）免费对外开放。月亮湾作家村位于霍山县以南37公里的东西溪乡，可在霍山乘坐前往东西溪乡的小巴。

➡ **玉玺楼** 这座子母墙构造的二层转楼，是百年老校狮山中学的标志建筑，玉玺造型和罗马柱、圆窗的中西式混搭，为安徽古建筑独有，对建筑感兴趣的旅行者可来一探。狮山中学（如今的上土市中学）位于上土市镇，在霍山搭乘前往太平畈的班车即可到达。

➡ **云顶花海** 这里是为富有浪漫情怀的旅行者量身定制的旅游胜地。每年春秋两季（4月和9月），太阳乡船舱村400余亩的五色梅花海，会让你置身于美轮美奂的粉色梦境之中。云顶花海在铜锣寨景区东侧5公里处，前往太阳乡的班车途经这里。

➡ **蓝喉蜂虎保护区** 地处东淠河核心地带的高桥湾，颇受"中国最美的小鸟"蓝喉蜂虎的青睐。每年5月至10月，这些红冠蓝翼的美丽生灵都会不远万里，飞临至此繁衍栖息。另外，白头鹤、东方白鹳、中华秋田鸭等珍稀鸟类也是这里的常客。高桥湾在霍山县城西北角不远，可乘坐城区循环3路（1元）公交前往。

票 平日138元，周末188元；⏲周一至周五12:00~23:00，周六、周日10:00~23:00）位于新晋开发的**陡沙河温泉小镇**内，水源来自俗称"美人汤"的千年富锶天然温泉，温度常年保持在38℃~42℃之间。整个温泉区依山势而建，有千亩竹海相衬，80个各具特色的汤池星罗棋布，尤以坐落在山顶的无边池最为吸引人。温泉与铜锣寨景区同为一线，乘坐到太阳乡的班车在温泉小镇下车即可。

霍山大峡谷漂流 漂流

（☎156 1768 0222；落儿岭镇；门票198元，景交车10元；⏲夏12:00~15:00）如果你是不折不扣的漂流爱好者，那这个华东地区规模最大的漂流点一定不要错过。8公里的天然花石板河道，19米的单体落差，2.5小时的跌宕起伏，会让你直呼过瘾。参加当地旅行社组织的一日游（见217页）是游玩霍山大峡谷最便捷的选择。

住宿

霍山县的宾馆酒店大多集中在迎驾东路、大别山绿色商城附近，以商务和休闲娱乐定位为主，整体价格偏高。

尚客优快捷酒店 快捷酒店 ¥

（☎391 0888；迎驾大道老汽车站旁；标单/双118元起；❄📶）考虑到同档次酒店的价格，以及它所处的地段，这里无论无何都是个划算的选择。房间卫生不错，只是临街的房间有些嘈杂，服务也略显生硬。

汉庭酒店 快捷酒店 ¥

（☎556 6766；中兴北路文峰新天地8号楼；标单/双160元起；❄📶P）地处霍山最繁华的商业街，整体风格清新时尚，很合年轻人的口味。浅色调的房间温暖明亮，也很宽敞。一楼大厅有电子行李柜，自助早餐18元。

★君同酒店

酒店 ¥¥

（☎556 1888；文盛街39号；标单/双 190~280元；❄📶🅿）就在文庙西侧300米处，如果不在乎多花一点儿钱，这里会是你在县城里最正确的住宿选择。带有落地窗的房间宽敞整洁，床品也足够舒适，美中不足是部分房间会受到楼下广场舞的干扰。免费早餐在酒店一旁的**流年咖啡馆**（☎186 0564 2255；文盛街嘉利星城F区；⏲9:00~23:00；人均45元），时髦的工业风设计和舒适的氛围，会让你忘记自己正身处县城。

就餐

新天地广场、荷香街小吃一条街、文盛路、玉带路一带都是备受当地人欢迎的美食集中地。文峰塔下的迎驾东路也有不少餐厅可选择。

熊小厨

快餐 ¥

（☎551 7517；文盛街嘉利星城C区4号楼；⏲10:00~21:00；人均20元）菜品都是价格实惠的小份，荤菜8~16元，素菜5~8元，很适合精打细算的独行客。

老徽州食府

徽菜 ¥¥

（☎502 7177；迎驾大道东湖兰庭；⏲9:30~21:30；人均60元）主打徽式土菜，口味稍偏咸。霍山有名的公鸡烧板栗、佛子岭鱼头汤在这里都能品尝到。

福至尊鱼羊馆

徽菜 ¥

（☎522 6999；文峰路172号；⏲9:00~14:00，17:00~21:00；人均50元）这家生意火爆的餐馆就在文峰塔旁，时尚整洁的就餐环境和开放式厨房让人颇有好感，羊肉汤、佛子岭有机鱼等招牌菜深受食客喜欢。

购物

中兴路的**中国黄芽茶市**有多家茶行，售卖六安瓜片、霍山黄芽等本地茶叶，售价根据品质为80~300元，霍山石斛和各种香菇、银耳等土特产也很丰富。城区西侧的**大别山绿色商城**和诸佛庵西路上有多家品牌专营店，档次和价格都要比中兴路高。

实用信息

各大银行网点主要聚集在霍山的迎驾大道、中兴北路和文盛路上。

迎驾国际旅行社（☎502 6505；中兴南路3号）提供佛子岭水库、铜锣寨、大别山主峰白马尖、龙井河大峡谷的短日游服务。

到达和离开

从六安客运总站（15元；6:00~17:20循环发车；40分钟）抵达霍山最方便。

调研期间，新建的**霍山客运中心**（☎502 3177；迎驾大道与宝安路交叉口）开始启用，每天有多趟开往合肥、六安、舒城、金寨、太平以及周边县市的班车，另外也可直接搭乘长途班车前往上海、南京、武汉等地。

当地交通

霍山的公交车不少，前往文庙、文峰塔、客运中心、佛子岭水库都很方便。不过县城不大，徒步走遍全城也不是难事。出租车起步价为5元（2公里），县城内一般车费不会超过10元。

天堂寨

（☎752 8312；www.ttzly.com；金寨县天堂寨镇；瀑布群景区、白马峰景区联票100元，48小时有效，游览车28元；⏲夏6:00~17:30，冬7:30~17:30）如果你真的想拜访雄浑广袤的大别山脉，和华东最后的原始森林来一次亲密接触，那么在合适的季节游历天堂寨景区是不二之选。除了引人入胜的自然景致，古称"多云山"的天堂寨也不乏跌宕起伏的历史，从吴楚江淮之战，到红巾军反元、太平天国对垒清军，再到刘邓大军千里挺进大别山，这里历代都是兵家必争之地。不过，真正吸引旅行者的，还是以水为魂的峡谷飞瀑和95%的森林覆盖率。

景点

瀑布群景区

瀑布

作为天堂寨最大的景区，这里不会是流泉飞瀑那么简单，你可以花2~3小时登顶，并选择前往湖北景区或是下山游览白马峰。尽管距离景区入口很远，但依然推荐先来这里。

景区的招牌是五座常年流水的大瀑布。进入口走不远便可抵达高71米的**九影瀑**，瀑布中段有观瀑亭，底部的仙女潭和顶部的观景台都是很好的拍摄点。正午至15:00，只要天晴，瀑布上方就会呈现彩虹。与九影瀑相隔不远的**情人瀑**，水势柔和，宛如垂帘。一路跟着**泻玉瀑**的清珠碎玉上山，形成于亿万年前的瑶池就在分叉路口的右侧，这里的两条路形成一道环线，均可上下山，如果想节省体力，可以从左线缓坡上山，右线陡坡下山。穿过高57米的**淑女瀑**，然后蜿蜒上行，可到达最高的**银弓瀑**（88米），运气好的话，会在瀑底深潭中见到大鲵。继续前行，石阶开始变陡，但春有杜鹃花海，冬有林海雪原的美景不会辜负你的辛劳，一段2公里上坡后，著名的**吴楚关**就在眼前了，尚未开发的天堂寨主峰在你的左手边，直行可下山赴湖北境内的**哲人峰景区**（需补68元的门票）。继续向右，经过**情侣峰**便是江淮分水岭及皖鄂交界地石碑，离石碑不远的**天屏峰岗楼**是此行最高点，海拔1605米。向前穿过**马头峰**，天堂寨的"名片"——**将军岩**——近在眼前。这块风化剥蚀的山岩酷似一位将军端坐云端。

此后的下山路为龙剑峰险道，需要胆量、耐心和一双好鞋。**松石恋**前的石阶异常陡峭，接下来的**龙脊背**更是奇险无比，石脊宽不到半米，脚下全是锋口向上的刀状岩石。**松龟争寿**的前后无路，只能踩着岩石上凿出的脚印前行。自然裂开一道闪电形裂缝的**雷劈石**，是下山路上的最后一关。回到瑶池，沿下山步道前行，看到**剑劈石**后离景区出口就不远了。

徒步环绕景区约需4～6小时。调研期间，景区正在对天堂寨索道和龙剑峰险道进行升级改造。

白马峰景区　　峡谷

白马峰景区的主要活动是攀登白马峰栈道和徒步白马大峡谷。

进入景区，沿400余级的天梯顺阶而下可直达白马峰栈道的起点，这条以"之"字形盘旋的栈道倚山势凌空而建，需艰难跋涉3.3公里，方能登上白马峰之颠。如果想追求刺激，也可在景区门口乘坐行程只有200多米的**峡谷飞渡滑索**（☎752 8098；单程50元，双程100元），之后还需攀登栈道。登顶白马峰的时间大概在2小时以内。

从栈道返回后如果尚有余力，可以直接下到谷底，开始白马大峡谷的探险。谷中怪石嶙峋，溪水潺流，充满十足的山林野趣。由小到大的碧玉潭、翡翠潭和涟漪潭都有极清澈的潭水，过了请姑亭，一块巨石上凿刻的"花钱"图案成了不少人的兴趣点。后半程路过龙眼、神仙居，跨过天觋桥就是峡谷出口。

峡谷的魅力主要来自丰富的水量，在枯水期，景致会大打折扣。大峡谷谷底的游览时间约1～2小时，加上攀登白马峰栈道，全程大约需4～5小时。

大别山地质博物馆　　博物馆

（天堂寨游客服务中心大厅内；免费）展厅主要陈列了大别山地区的岩（矿）物标本和一些受保护动植物的标本。

博物馆旁有一座**大鲵馆**（天堂寨游客服务中心；门票10元），小小的展室内养了一条长逾1.6米的娃娃鱼。

刘邓大军千里跃进大别山前方指挥部　　历史建筑

（天堂寨赤色邮局西侧；免费，讲解费50元；⏲夏8:00～17:50，冬8:00～17:00）沿着刘邓纪念塑像旁的缓坡而上，古朴的解放战争指挥部就坐落在月牙塘旁，整体建筑由乾隆三十年（1765年）的五进祖宅改造而成，邓小平在这里度过了1948年的春节。六个展览区以图片和文物的形式陈列了千里挺进大别山的历史，邓小平、刘伯承的生活起居场景也得到了再现。

燕子河大峡谷　　峡谷

（☎752 7058；www.yanzihe.cn；燕子河镇大峡谷村；门票65元，景交车8元；⏲旺季7:00～18:00，淡季8:30～16:00）燕子河大峡谷的光芒完全被16公里外的天堂寨所掩盖。但公平地讲，丰水期时两公里的峡谷步道有比天堂寨更好的景观。此外的亮点是峡谷南侧深达280米的"天坑"，从坑顶直落到底的九天瀑平添了一份奇幻和雄浑。如果觉得徒步太过乏味，也可以尝试景区的滑道项目（50元）。

全程游玩约3～4小时，在冬季枯水期，整个景区可能会歇业，在动身前最好提前电话

另辟蹊径

白马尖—龙井峡徒步穿越

如果天堂寨难以满足攀登欲望，你可以尝试更高也更原始的大别山主峰——**白马尖**（☎575 7777；霍山县太阳乡；门票95元）至龙井峡的徒步穿越。白马尖海拔1777米，徒步的话，垂直高度不小，一路上飞泉落瀑、古木葱郁，是充满野趣的经典线路。

➡ **最佳季节：**3月至10月。

➡ **费用和许可：**除行车、食宿费用外，白马尖景区门票95元，龙井峡景区门票90元。

➡ **危险和麻烦：**穿越难度不高，住地条件较好。但在龙井峡段鬼门关处有坡度达80度的峭壁，需抓紧树枝或藤条方可安全通过。全程需自带干粮和水。

➡ **到达和离开：**前往白马尖，需在霍山客运中心乘前往太阳乡的班车（30元；9:40，10:40），打车200元。若从龙井峡景区返回，可从景区出口包车至黄尾镇，之后搭乘返回霍山或岳西的班车。

第一天

大别山主峰景区入口—龙门飞瀑—白马尖—多云寺—多云尖—十里长岗—老庙湾，9小时。

从景区入口进入，经过溪流、瀑布和成片奇松后，在中午前登顶白马尖，然后前往清代遗存多云寺进午餐，再攀登第二主峰多云尖（海拔1763米），登顶后折回多云寺，继续前行至老庙湾扎营。

第二天

老庙湾—鬼门关—龙门跳瀑布—龙井潭瀑布—龙井峡景区出口，6小时。

自老庙湾起沿峡谷和溪流前行，翻过陡峭的鬼门关和龙门跳瀑布后，欣赏50米高的龙井潭瀑布，最后经过湘妃池和花潭石，在龙井峡景区出口结束徒步。

咨询。

燕子河大峡谷游客中心（☎751 6006；景区停车场；标单/双 298/328元；❄📶🅿）新开设了住宿部，共有18间客房，条件不错。

从天堂寨前往合肥、六安的班车（10元；30分钟）直接路过景区门口。调研期间，金寨县城发往长岭的306路城乡公交正在试运营中，途经燕子河镇，票价10元。

节日和活动

2010年以来，每年的农历六月初六，天堂寨会在景区门口广场举办天贶民俗文化节。这一天，大别山人要把已出嫁的姑娘接回娘家好好招待一番，而今“请姑姑”的习俗已融入到为游客准备的歌舞表演之中。

距离天堂寨景区大门5公里的**天水涧漂流**（☎752 9038；天堂寨镇岩溪庙；门票138元；⏲夏10:00~17:00）全程1.5小时，3.8公里长的河道为大别山碰撞造山带，有不少险滩暗礁。性价比比附近的**飞龙峡漂流**（☎752 6260；天堂寨镇马石三叉路口东400米；门票178元；⏲夏8:00~17:00）略高。7月、8月是漂流旺季，尽量避开周末。

住宿

天堂寨的住宿选择很多，宾馆、酒店主要集中在离景区4公里的天堂寨镇；景区入口广场及周边有大量农家乐，条件一般，但价格实惠，很方便一早游览；风景区内也有为数不多的几家住宿可供选择，其中四星级的天堂寨国际度假山庄档次最高。近几年，在离景区2公里的马石三岔路口涌现出了一批度假酒店和民宿。旺季时所有住处的价格都会翻倍，最好提前预订。

大别山人家9号客栈 客栈 ¥

（☎752 8095；天堂寨风景区游客中心对面；标单/双 60~110元；❄📶🅿）2013年开业的农家乐，占据着景区广场最好的位置，门前就是长途大巴停靠点。平日里的住宿价格很实惠，部分房间带有观景阳台，一楼餐厅提供吊锅宴和农家菜，老板很热情，可以找他购买打折漂流门票。

天堂寨万宝园农庄 客栈 ¥

（☎139 6545 4369；天堂寨风景区500米处；标双 110元起；❄📶🅿）金寨评选出的五星级农家乐，景色宜人的园林式院落是最大亮点，但相比之下，硬件设施要逊色不少，想要洗个痛快的热水澡，只能碰运气了。

尚客优精选酒店 快捷酒店 ¥

（☎733 9888；天堂寨镇吊锅一条街8号楼；标单/双 155元起；❄📶🅿）这家开业不久的酒店位于镇中心的吊锅一条街，房间崭新宽敞，舒适整洁。尽量选择高层的房间，能看到山景。

天堂古寨度假酒店 酒店 ¥¥

（☎728 1111；天堂寨风景区停车场北侧；标单/双 248~268元；❄📶🅿）位于游客中心北侧，旁边就是天水涧漂流下站，算得上景区入口广场条件最好的酒店，房间宽敞整洁，房价包括早餐和免费停车，旺季和节假日要提早预订。

★八湾堂民宿 客栈 ¥¥¥

（☎776 0777；天堂寨镇前畈村八湾组；标单/双 350~480元；❄📶🅿）这座精品民宿由明万历年间的八湾古民居改建而来，28间优雅的徽式客房在保持传统韵味的同时，完全不失舒适性。除了设施齐全的茶室，还有能容纳200人就餐的徽式餐堂，周到亲切的服务、可口的饭菜会让你觉得物有所值。前往2公里外的天堂寨景区，客栈会派车免费接送。

就餐

吊锅是金寨特有的美食，尤以天堂寨最为出名。传统吊锅是将铁锅吊在房梁上，而今多半只吊在木架之上，将黑猪肉、黄牛肉、土禽、野味和笋干、野菜、豆腐等放进锅中，以炭盆烹炖。过去吊锅只有在冬季才能吃得到，如今已四季皆宜。以糯米和泉水酿造的小吊酒是吃吊锅的标配。吊锅价格不菲（依菜式不同为88~208元/锅），适合多人聚餐享用。天堂寨最有名的吊锅非**黄山饭店**（☎158 5520 6353；天堂寨镇天堂寨街道中心小学对面；人均70元）的莫属。天堂寨风景区周边的农家乐几乎都会做吊锅，价格和口味相差无几。

购物

拜原始森林所赐，景区出口的购物街可以买到天麻、木耳、蘑菇等不少山货，只是价格比镇上要高出不少。

一旦到了淡季，售卖点可能全部闭门歇业，前往一定要准备充足的食物和水。

实用信息

危险和麻烦

景区内的部分路段较为原始，在陡峭的路段一定要小心崴脚。另外，由于景点相对分散，切勿在密林中偏离大路。

瀑布和溪水作为天堂寨最大的看点会吸引最多的目光，但不要距离太近，以防湿滑摔倒，另外也绝不可试图站到瀑布顶端。遭遇台风、雨雪等极端天气时，景区会暂时关闭。

银行

景区游客中心设有ATM。

邮局

天堂寨邮政所和**邮政储蓄银行**（天堂寨镇X054县道中国电信南侧；⏲夏7:30~18:00，冬8:00~17:30）都在镇上。另外，在游客中心南侧，按1930年原貌异地重建的**赤城县邮政局**（⏲夏7:30~18:00，冬8:00~17:30）虽是景点，但在旺季会照常办理业务。

到达和离开

从合肥旅游车站（83元；7:00，12:30；6小时）、合肥客运西站（83元；7:40，13:10；6小时）和六安汽车客运总站（见216页）都有直达景区的班车。所有班次都经过燕子河大峡谷。

从天堂寨景区前往合肥、六安的班车在清晨5点50就发车了，末班车时间为12:20，所以下山要早做打算。景区离天堂寨镇4公里，每天有公交（2元；7:00~17:10；1小时一班）往返。

调研期间，从金寨县往返天堂寨镇的307路城镇公交车（15元）正在试运行中，金寨起点站发车时间为7:00~15:00，天堂寨起点站发车时间6:00~16:00。

从合肥市自驾可以走沪蓉高速，从斑竹园出口下高速沿X054县道向东南行驶约52公里即到天堂寨镇，如不走高速，可至霍山，沿S318省道向西南抵达天堂寨镇。燕子河镇到天堂寨镇的山路坡陡弯急，切记谨慎驾驶。

当地交通

白马峰景区和瀑布群景区分别距离游客中心4.4公里和6.5公里，因此必须乘坐**景区游览车**（☎752 8228；28元；夏6:00~17:30，冬7:30~17:30）才能顺利抵达各地点。乘坐次数不限。

安庆

☎0556 / 人口：469万

千年古城与百年省会的身份，留给安庆人引以为豪的底蕴与财富，神清骨秀的龙山凤水与收音机里绕梁三日的黄梅曲调，让旅行者的目光从如画徽州转向了“废都”安庆。虽然没有了昔日叱咤风云的神采，安庆依然有着无可替代的魅力。迎江寺和振风塔是旅行者的首选，星罗棋布的名人故里让人对这个才俊辈出的古城满怀敬意，而深藏陋巷破败不堪的历史遗迹也会令人扼腕叹息。花上半天走街串巷的同时，不要忘记品尝各式老字号美食。倘若在戏剧之乡有个闲暇的夜晚，去黄梅戏会馆一睹风华也是赏心乐事。

历史

“万里长江此封侯，吴楚分疆第一洲。”安徽的“安”与简称“皖”都来源于这个取意“平安吉庆”的江北重镇。东晋时，风水大家郭璞留下“此地宜城”的谶语，为安庆取了“宜城”的别名。到了南宋，安庆成为府治，这里濒临长江，易守难攻，自乾隆二十五年（1760年）至民国二十六年（1937年），安庆一直是安徽省行政中心。太平天国盛极而衰的转折，也正是由于失去了安庆这个最重要的西线屏障。

大败太平军的曾国藩曾赋予安庆另一个重要的身份——中国近代工业发展的滥觞。然而，戛然而止的制夷之计让八国联军相中了这座迎江之城。1902年，《中英续议通商行船条约》签订，安庆成为对外商埠，汹涌的欧风美雨让安庆在民国初年成为安徽四大市场之一，也绽放出求变革新的火花。

动荡的历史为这座昔日的省会制造了数个中国第一：第一家官办军械所、第一台蒸汽机、第一艘蒸汽轮船、第一部电话机，这里还是安徽最早使用电报和自来水的地方。抗日战争和内战的接连发生，消耗了老城的元气，省会的地位最终也被合肥取代。而今，安庆作为皖鄂赣交界地带的区域性中心，石化和轻纺产业是经济命脉。在旅行者眼中，精心保护的山水亭台和倾颓破败的旧日遗迹都是老城精彩故事的诉说者。

景点

★迎江寺 寺庙

（见226页地图；☎551 0382；沿江东路148号；门票10元，登振风塔10元；⏲8:00~17:00）创建于北宋的迎江寺和始建于明朝的振风塔是安庆的“名片”。近千年来，帝王将相墨宝加身，这让寺院更显尊崇，而宝塔临江的巍峨景致不容错过。

两枚重达3吨的铁锚置于寺门两侧，取代了传统的石狮，为国内仅有。相传，由于安庆地形如船，若不以铁锚镇固，安庆城将随江东去。“迎江寺”的缕金匾额为光绪皇帝走笔御书，缺少一点的“寺”字耐人寻味。

穿过**天王殿**，拾阶而上便是**大雄宝殿**，乾隆、慈禧分别下赐的鎏金匾额“善狮子吼”“妙明园镜”高悬于殿中枋梁之上，大殿正后方矗立的是号称“万里长江第一塔”的**振风塔**，明隆庆年间为振兴文风而建，塔高61米，八角七层，砖石结构。塔内螺旋上升的狭窄楼梯为迷津设计，寻不得入口者十有八九，塔内有佛像1200余尊，形态各异，线条流畅。探身出塔观景时，注意不要靠近并不安全的低矮护栏。塔后是重檐歇山顶的**毗卢殿**，毗卢佛背后的悬壁上塑有高达10多米的海岛，《华严经》里的100多位彩塑人物立于其上，岛下为“四海龙王朝观音”，气势非常壮观。**藏经楼**位于毗卢殿后，保存着已有500余年历史的《妙法莲花经观世音菩萨门品》经书，绕殿而下是秀雅灵动的假山庭院，北侧**可亭**后的壁画以真石入画，构思十分巧妙。

寺院西侧的**熊范二烈士专祠**为康熙年间所建，前身为慈云阁。紧挨烈士专祠的**皖江文化园**实为古玩城，出售奇石、根雕和瓷器书画。

如果有心茹素，寺院东侧的**迎江楼**（见229页）不可错过。多路公交车（3路、7路、10路、13路、18路、21路、24路、29路等）都能抵达这个安庆市最重要的景点。

中国黄梅戏博物馆

博物馆

（见226页地图；☎536 5357；湖心中路6号；免费，语音导览10元；⏲9:00~17:00，16:00停止入馆，周一闭馆）这栋如同售楼中心般的玻璃大楼是全国唯一的黄梅戏博物馆，除了翔实的图片与文物展览外，还有多媒体手段展示。

步入一楼展厅，对黄梅戏古戏台立体场景的还原带给观众最原初的印象。主展厅介绍了安庆的戏曲门类以及黄梅戏的历史源流。木雕戏剧人物雀替、戏神阁、元代戏曲人物瓷枕、雍正八年（1730年）的金鸡碑都会告诉你，戏曲早已融入了安庆人的生活。二层展览更为具体和生活化，展出了各式戏服和乐器，介绍了戏中行当、经典剧目和舞美设计，展厅东侧是名剧《徽州女人》的场景再现。三层为流动专题展览。

在一层购物区，有以黄梅戏为主题的纪念品出售。博物馆北侧的**黄梅戏艺术中心**不定期举办各剧种的演出。

可乘公交3路、8路、9路等在市民广场站下车。

世太史第（赵朴初故居）

故居

（见226页地图；☎556 4702；天台里街9号；免费；⏲9:00~16:00，周一闭馆）集粗犷与细腻于一身的世太史第是安庆人杰辈出的明证，也是你在闹市中能觅得的清静处所。

世太史第始建于明朝，这个显赫的家族自状元赵文楷开始，历经赵畇、赵继元、赵曾重四代翰林，赵畇玄孙赵朴初先生亦于1907年出生于此。

世太史第得到了近乎完美的保护，从历任国家领导人的匾额题名中就可见一斑。东二进的瞻仰厅内静立着朴老的半身铜像，上木枋则悬挂着赵畇的女婿李鸿章题写的“四代翰林”匾额（原件被日军劫掠，现存为复制品），两侧厢房展出了一些书信和安庆老照片。

参观了东三进的赵朴初生平展和潇洒俊秀的书法作品，继续向北的东四进，就是赵朴初先生的出生地，这里依然保留着他出生时的雕花床。后面的小道向西是精致的后花园，书法碑廊上镶嵌了11块朴老的书法碑刻，秀丽之余颇富古意。

菱湖公园

公园

（见226页地图；☎536 5263；菱湖南路北侧；免费）拥有丰富人文看点的菱湖公园坐落于菱湖风景区西南侧，从湖心中路走进东门，小巧的**血衣亭**立于眼前，以纪念“六二学潮”中牺牲的三位烈士。向南穿过荷塘，东侧是充满禅意的**盆景园**，园中展示的徽派盆景精品有400余件，非常值得一看。路西是小小的**安庆动物园**（☎553 0496；门票20元；⏲9:00~17:30）。继续向西走过古朴的拱桥，**严凤英纪念馆**坐落在湖心，纪念馆旁竖立着严凤英在《天仙配》中饰演的村姑形象雕塑，严凤英的骨灰就埋于基座下。纪念馆以图片形式回顾了她的舞台生涯和每部杰作。

离开湖心小岛，西南侧的**邓石如碑馆**分外幽静雅致。前厅是书画家纪念邓老的作品，148方碑刻展览在两侧的爬山碑廊中。

出了公园南门是**再芬黄梅公馆**（☎569 6868；菱湖南路122号；⏲14:30~22:00，演出时间为周三至周日20:00），菱湖公园东侧的莲湖公园还有**黄镇生平事迹陈列馆**（莲湖公园东南角；免费；⏲9:00~17:00，16:00停止入馆，周一闭馆）。黄镇是新中国的将军、外交家和艺术家。

独秀园

纪念堂

（见226页地图；☎536 8589；大观区十里铺乡林业村；免费，讲解60元；⏲8:30~16:30，周一闭馆）位于西北郊的独秀园是陈独秀叶落归根的墓园。进入园区最先看到的是巨大的浮雕“惊雷”，陈独秀纪念馆在浮雕的西侧，这里展出的手稿、信札和书法作品十分珍贵。穿过“民主”“科学”的汉白玉牌坊沿着柏林墓道径直北行，《新青年》创刊号碑刻和高大的陈独秀全身铜像屹立在园区最中心的位置。过了纪念水塘，陈独秀和原配夫人高晓岚的半圆形合葬墓冢在最后方供人凭吊。

前往独秀园可在迎江寺乘坐独秀园专线公交（2元；8:30，10:00，13:30，15:00）。

两邓故居（铁砚山房）

故居

（见226页地图；☎581 8597；宜秀区五横乡白林村；免费，讲解费30元；⏲9:00~17:00，周一闭馆）城北青砖黛瓦、古朴幽雅的铁砚山房是邓石如、邓稼先两位名人的故居。

安庆城区

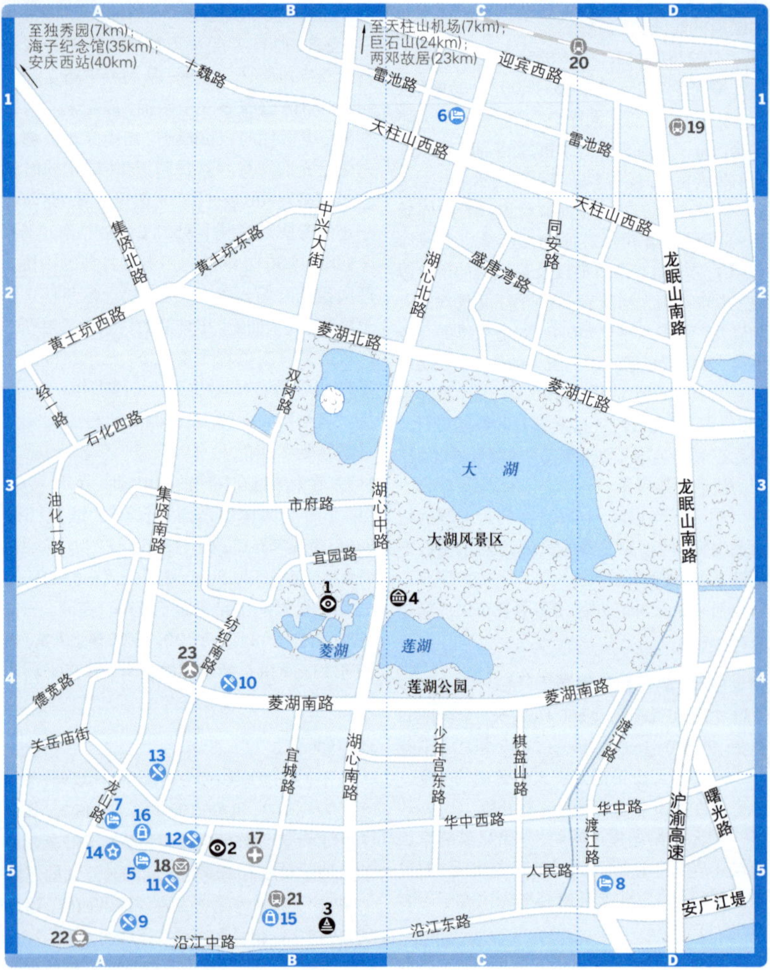

故居为邓石如的祖父在清康熙年间所建，拥有正屋九进，加厢房60余间。如今主体只有小小的三进两层。跨过门厅便是邓稼先的祖屋——守艺堂，1924年邓稼先便出生于此。守艺堂后侧的燕誉居西侧展示了一代碑刻宗师邓石如的书法作品，东侧则是世孙邓稼先的介绍。

燕誉居后小巧的后花园整洁幽静，院墙上展示着邓石如和其他族人的书法碑刻。

安师院龙山校区始发的22路公交车，终点就是两邓故居。前往严凤英故居的106路，也路经这里。

巨石山　山

（见226页地图；☎523 4666；www.aqjss.com；宜秀区罗岭镇；门票80元，索道上行/下行 50/40元，心形玻璃平台20元，滑道50元，悬崖秋千30元，高空滑索60元；⏲8:00~17:00）这座海拔只有520米的小山因出奇制胜的自然造化，一直被当地人视为龙山凤水。而“海枯石烂”的摩崖石刻、牛郎织女的爱情传说更赋予了它“情缘福地”的美名，吸引着无数年轻情侣前来朝圣。

进入景区大门，从左侧靠近索道站的登

安庆城区

景点

1	菱湖公园	B4
2	世太史第（赵朴初故居）	B5
3	迎江寺	B5
4	中国黄梅戏博物馆	C4

住宿

5	锦江之星	A5
6	美可居酒店	C1
7	全季酒店	A5
8	萨维尔金爵酒店	D5

餐饮

9	大南门牛肉包子	A5
10	惠园酒店	B4
11	江万春水饺	A5
12	老奶奶私房菜	A5
13	韦家巷汤圆	A4
	迎江楼	（见3）

娱乐

14	黄梅戏会馆	A5
	黄梅戏艺术中心	（见4）

购物

15	安庆茶叶大市场	B5
16	前言后记	A5

实用信息

17	安庆市立医院	B5
18	安庆市邮政局	A5

交通

19	安庆公路客运中心站	D1
20	安庆火车站	D1
21	安庆汽车南站	B5
22	大渡口码头	A5
23	合肥机场安庆候机楼	A4

山栈道上山，经过香溪、月老洞、三生石等众多景点，到达索道终点后继续向左，**琴瑟和鸣**景点西侧的高空滑索直达**千曲洞**，南侧蜿蜒的玻璃通道，尽头便是**石猿问天**和心形玻璃观景台。朝着**海枯石烂**摩崖石刻、**聚仙迷宫**和**藏兵洞**方向一路前行，走到**碧莲池**的水帘洞处，不要觉得无路可走，你需要踩着水上石阶，从瀑布一侧跃入曲径通幽的千曲洞，这里由巨石天然垒叠而成。走出千曲洞便可向布满巨石的最高峰——**龙头峰**冲刺。登顶后可以俯瞰巨石山和菜子湖的美景，幸运的话，还能看到湖面上"九日"同出的奇景。而后从没有台阶的"樵夫之路"下行至索道站，朝**风动石**方向经龙门、天意谷即可下山。步行走完全程至少需6小时，若想节省体力，建议索道上山，徒步下山，约需4小时。

巨石山的旅游配套设施相当完善，景区大门外餐饮、住宿一应俱全。景区自营的爱情魔方集装箱酒店和星空帐篷会带给你全新的体验。此外，野生玉兰节会在每年3月举办。

前往巨石山可乘坐巨石山旅游专线（5元；7:00，9:30，13:45，16:15；40分钟），从巨石山返回的末班车在17:30发车。

节日和活动

从1992年开始，安庆举办了8届规模很大的**中国安庆黄梅戏艺术节**，大多在9月至11月，黄梅戏演出是主打节目，除此以外还有地方戏曲和花样翻新的美食。

住宿

安庆的住宿选择还算丰富，但要注意的是，为了交通便捷，建议尽量住在老城区附近而非开发区。

锦江之星 快捷酒店 ¥

[见226页地图；☎553 111；迎江区人民路563号（肯德基楼上）；标单/双 110~150元；❄📶]位置极好，安保措施也不错，保持了锦江之星的平均水准，不过硬件设施有些陈旧，部分房间只有内窗。

★ **美可居酒店** 酒店 ¥

（见226页地图；☎539 7777；宜秀区湖心北路95号；标单/双 178元起；❄📶🅿）从火车站往南走不到500米，你就能看到这家装修不错的酒店，崭新的房间宽敞整洁，足够舒适，设施基本实现了智能化，除了商务房，还有日式榻榻米可选。

全季酒店 酒店 ¥¥

（见226页地图；☎543 1999；迎江区人民路520路；标单/双 246~256元；❄📶🅿）2018年开业，占据着步行街的绝佳位置，明亮别致的大

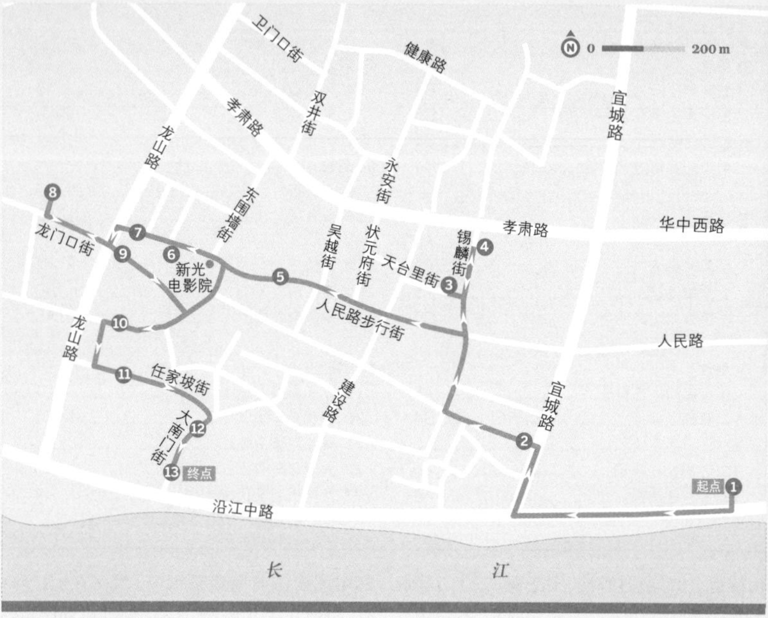

步行游览 安庆市区

起点: 迎江寺

终点: 大南门街

距离: 4公里

需时: 3.5小时

清晨从古老的❶**迎江寺**和❶**振风塔**开始，南面是万里长江，北侧是铁铃振风的壮景。西行至宜城路，向北路过❷**枞阳门**，进入古老的小商品市场，一个个小炒铺子摆满生鲜，能让你感受地道的江北市井生活。向北行，穿过人民路，进入狭窄的锡麟街，从天台里街路口向西便是❸**世太史第**。瞻仰朴老的生平和书法后，向北走过老旧的民宅，沿路标向东为❹**天主堂**。返回人民路，吴越街旁的❺**前言后记**书店会让你如同置身民国时代。距离书店不远的新光电影院下方是❻**黄梅戏会馆**，西侧掩藏于闹市中的是❼**徐锡麟纪念台**。向南进入龙门口街，始建于明初的❽**谯楼**在安庆一中旁。返回龙山路，正对面的牌楼内是有400多年历史的❾**倒扒狮步行街**——安庆最古老的商业街，调研时正在大兴土木。沿步行街向东走到岔路口，向右便是墨子巷的石板路，在巷子尽头可以看到始建于1926年的西洋风格的❿**墨子巷邮政局大楼**。向南进入任家坡北巷，走到巷口左拐，仁家坡街45-59号破旧的危房便是⓫**太平天国英王府**，而今大门紧闭，不复荣光。继续向东，在岔路口右拐至大南门街，传统中国风的南关⓬**清真寺**值得一观。旅程最后，人群簇拥的老店⓭**大南门牛肉包子**好吃又实惠，不过要在中午前赶到这里。

厅散发着淡淡的茶香。简约清新的房间一尘不染，配有舒适的床垫、沙发和茶桌。美中不足是停车稍有不便。

萨维尔金爵酒店 酒店 ¥¥

（见226页地图；☎539 7777；迎江区人民东路8号；标单/双 198~318元；❄📶🅿）英伦情调和中式风的混搭对于一些人来说可能有些媚俗，但客观地讲，它还是相当不错的栖身之地。设在五层的人造花园有舒适的休息区，整洁宽敞的高层房间能俯瞰到江景，不过最便宜的经济房就只有内窗了。

就餐

历史悠久的城市永远有自己的独特味道，除了徽菜外，安庆还是小吃爱好者的天堂。比较集中的美食街区有北正街、德宽路、人民路好吃一条街和先锋巷美食街，各种小吃、夜宵、烧烤都能在这些地方品尝得到。在墨子巷和南门附近，有很多清真食物的摊位。

韦家巷汤圆 小吃 ¥

（见226页地图；☎557 8080；双井街46号；人均5元；⏰6:00~20:30）这家百年老店真正诠释了何为"烹小鲜如治大国"，汤圆只有鲜肉和芝麻两种，但就是这平凡的食材煮出了炉火纯青的滋味，肉馅鲜美而芝麻清甜，1元一个的价格就可以尝到百年的积淀和功力，还等什么？

大南门牛肉包子 小吃 ¥

（见226页地图；大南门街与沿江中路交叉口北100米；人均5元；午前营业）又是一家惠而不贵的老店，在回民聚居的区域，不起眼的门面前会排起长队。招牌的牛肉煎包（1元）以牛肉和豆腐做馅，黄灿灿的脆皮配以滑嫩不腻的馅料，再来一碗刚出锅的绿豆圆子，保证让人食欲大增。

江万春水饺 小吃 ¥

（见226页地图；☎554 2971；建设路97号；人均10元）虽然这里的滋味大不如前，但每天依然人声鼎沸。招牌江（音"干"）毛水饺（9元）其实是馄饨佐以鸡汤，很难当得起金字小吃的称号，反而没有汤的饺子（3.5元/6个）更加实在和美味，锅贴（4元/6个）也值得一尝。

迎江楼 素菜 ¥

（见226页地图；☎551 1115；迎江寺东侧；人均50元；⏰夏6:30~20:30，冬7:00~20:30）迎江寺知名的素菜馆。除了拿手的"糖醋鱼"和"东坡肉"以外，最有名的就要属素锅贴（12元10个）了。另外，这里的素鸡、红油海带丝也极受推荐，很适合作为特色早餐。

老奶奶私房菜 徽菜 ¥¥

（见226页地图；☎557 4399；天台里街50号；人均60元；⏰10:00~14:00，16:00~21:00）人民路步行街旁的一家人气老店，山粉圆子烧肉、老鸡汤、石锅野生小杂鱼、泥蒿炒豆干、桂花年糕都是特色招牌。

惠园酒店 徽菜 ¥

（见226页地图；☎550 1578；菱湖南路126号；人均50元；⏰11:00~13:30，17:00~20:30）这里是惠园首家直营老店，已有20年历史，地道的安庆特色菜颇受当地人青睐，鸡汤泡炒米、元宝红烧肉、泥蒿炒腊肉都做得不错，价格也比较实惠，只是服务态度一般，上菜有些慢。宜城路、建设路上还各有一家。

娱乐

黄梅戏

就算赶不上艺术节，也不用担心看不到黄梅戏。人民路上的**黄梅戏会馆**（见226页地图；☎518 5235；人民路633号新光电影院楼下）会全年无休地在每天20:30安排演出，均为安庆黄梅戏剧团的经典曲目，每天的节目会临时拟定，免门票，但设有58元的最低消费。

购物

城南杨家山街的**安庆茶叶大市场**是最方便的茶叶购买地，多家茶行售卖来自黄山、祁门、岳西的茶叶，价格实惠。

胡玉美辣酱是安庆特色，主要产品有蚕豆辣酱、酱油、腐乳等，价格在8~18元。店面集中在沿江中路一带。

另外，柏兆记和麦陇香是安庆本地的百年糕点老店，在人民路步行街、四牌里都有店面，两家店的主打产品很相似，柏兆记是清真食品。如果你喜爱甜食，那就不要错过那里的徽饼和墨子酥。

★前言后记

书店

（见226页地图；☎139 5566 1229；人民路448号；⏲9:30~21:00）由百年老劝业场改建的文创书店，浓郁的民国复古风让这里成为安庆难得的文艺胜地，书店共有三层，拥有29个不同主题的阅读室，扫描店中二维码注册即可借阅图书。

实用信息

医疗服务

安庆市立医院（见226页地图；☎522 3700；www.aqslyy.com.cn；人民路352号）是安庆条件最好的三甲医院。

银行

四大国有银行、邮政储蓄银行的网点大部分集中在人民路、孝肃路、集贤南路一带，都有24小时ATM。徽商银行的网点也很密集。

邮局

安庆市邮政局 位于人民路中段，和**墨子巷邮政局**（墨子巷64号）一样，都可以寄送信件、包裹。墨子巷邮政局还可以代售机票。

到达和离开

飞机

调研期间，安庆**天柱山机场**（见226页地图；☎586 1114；宜秀区机场路）的新航站楼正在修建，目前开通了飞往北京、上海、海口、青岛、广州、重庆、武汉、厦门和珠海的航班。

长途汽车

最重要的客运站是城东北的**安庆公路客运中心站**（见226页地图；☎551 3373；龙眠山路与柘山路交叉口），有前往桐城（25元；6:55~17:10；1.5小时）、宿松（54元；6:20~17:40；1.5小时）、太湖（普通/高速 33/38元；6:40~17:40；2小时）、潜山（20元；6:25~18:00；1.5小时）及周边县市的短途班车，另外还有前往南京、上海、武汉、南昌等地的长途班车。候车大厅内有中国银行的ATM。

乘坐6路、11路、17路、20路、25路、105路、305路公交车均可抵达客运站。

另外，枞阳门商场斜对面的**安庆汽车南站**（见226页地图；☎551 3419；宜城路28号）也有通往合肥（65元；6:00~18:00；40~60分钟一班；2.5小时）、六安（60元；6:15，8:30，13:00；4小时）、桐城（25元；6:15，12:50，13:00；1.5小时）等周边县市的班车，班次比客运中心站少。

在**合肥机场安庆候机楼**［见226页地图；☎558 5357；菱湖南路216号（安庆飞燕站）］，除了可以前往合肥新桥机场（88元；5:30，6:20，8:10，10:10，12:10，14:10，15:10；3.5小时）外，也有前往合肥市区、南京、六安、屯溪、芜湖等地的班车。

火车

离客运中心站1.2公里的**安庆火车站**（见226页地图）是武杭高铁、宁安高铁、合安高铁和合九铁路的重要站点，每天各有一班高铁开往北京（6.5小时）、温州（8小时），数班开往合肥、上

安庆公路客运中心站车次时刻表

站点	发车时间/班次	票价（元）	行程（小时）	备注
合肥	6:20~18:30（循环发车）	65	3	
合肥机场	6:45，8:35，10:35，12:35，14:35	85	4	
潜山	6:25~18:00，10分钟一班	20	2	途经小市镇
岳西	6:30~16:40	38	3	
太湖	7:00~17:40	35	2	
宿松	7:00~16:40，循环发车	42	2	
桐城	6:55~17:10，循环发车	25	2	
九华山	7:00，8:30	40	3	
六安	6:55，9:10，12:20，13:00	63	4	
太平	8:50，13:20	60	3	
景德镇	8:40，13:30	100	3	

值得一游

海子纪念馆

（见226页地图；怀宁县高河镇查湾村；免费；⏲8:30~11:30，14:30~17:30）曾经的乡间小路已被崭新的柏油路替代，新建的海子文化广场就坐落在查湾村村口，广场最前方矗立着海子半身像，呈梯状的广场筑有四面诗墙。纪念馆一楼陈列着的书包、煤油灯、水壶、外套和老照片，见证着海子的童年和少年时光。步入二楼，海子从天才少年到传奇诗人的短暂岁月都在这里一一呈现。

海子故居在纪念馆的左侧。2004年，海子父母用海子诗集的稿费买下这里的一块宅基地，按老屋原貌盖了三间平房，请怀宁书法家邓晓峰写了“海子故居”四个字。虽然怀宁县政府提供了不少支持，但现在这里依然只是一户普通的农村民居，清幽朴素的院子被两株桂花树守护，南侧兼当卧室的海子书屋，书柜中封存着海子藏书。或许这里的独特之处在于，你仿佛走进了一位农村同学的家，而这个早逝的同学却已成为一个时代的神话。如今海子高龄的母亲还生活在这里，拜访时尽量不要给老人造成不便。

海子墓地在前往查家祠堂的一处山岗上，每年的清明节和海子祭日（3月26日），拜谒者无数。

到达海子纪念馆，先在安庆坐快1线（6元）到怀宁高宾大厦站，然后换乘10路公交（2元）在海子故居站下车。

海、南京，旅行时间比以往大大缩短。

公交7路、8路、10路、14路、16路、19路、20路、31路、101路均可抵达安庆火车站。

另外，距离市区40公里的**安庆西站**（见226页地图；怀宁县高河镇西北）是合九铁路干线上的重要枢纽，前往北京、上海、广州、南昌、西安、昆明、深圳等地的普快均经过这里。**新安庆西站**位于茶岭镇，将在2020年建成并投入使用。

抵达安庆西站可在客运中心站乘坐快1线公交（6元；6:00~18:30）。

当地交通

抵离机场

天柱山机场距离市区7公里，可分别在客运中心、火车站乘坐机场专线（6:00~18:30）、拥军专线（6:20~18:00）前往，每40分钟一班，票价1元。乘坐出租车经常会遇到拒载或乱要价的现象，包车价格在50元左右。

抵达合肥新桥机场可以前往**安庆候机楼**（见226页地图；☎558 5357；菱湖南路216号）乘坐直达大巴（见230页）。

航运

目前安庆市没有长途客轮，只有从大渡口码头（见226页地图；沿江中路7号）驶往大渡口的渡轮（3元；5:00~18:00，30分钟一班；10分钟）。下船后，可乘坐开往东至、贵池方向的班车。

公交

安庆公交线路基本可以满足所有出行要求。票价为1~2元。下载**安庆掌上公交**APP可乘坐市区内运行的公交车。

出租车

起步价为6元（2公里），随后计价1.6元/公里。从火车站打车到人民路步行街约15元。

浮山

☎0556

（☎297 1888；枞阳县浮山镇；门票100元；⏲8:00~17:00）想来观摩古代文人骚客争相发帖的地方？那就去枞阳县的浮山走走吧。这座海拔仅有165米的小山充分诠释了何为“山不在高，有仙则灵”。浮山原是一亿年前的古火山，经过剥蚀、崩塌等各种地质运动，形成了大量岩洞和独特纹理，赢得了古往今来行者的青睐。

进入景区沿石梯一直向前，看到黑褐相间的壮观岩嶂便是**雪浪岩**，大明奇才方以智曾在此留下“行窝”二字。继续向前穿过**洗墨池**，在**张公岩**处攀上狭窄的**百步云梯**，经**莲花峰**可以直接爬到这座古火山的喷发口——**大天池**。从天池返回莲花峰，向东南方下行，供奉着镇山之宝——千年玉佛像的**会圣寺**近在咫尺，寺前的会圣岩岩洞长廊，是浮山摩崖石刻的集胜之地，有自宋朝以来的石刻200多方，书法四体兼备，令人叹为观止。

从会圣岩下来朝东走，经过晚翠岩、仙人桥，再继续沿栈道行至东南方，登上浮山主峰妙高峰之巅的文昌阁居高远眺，可见"九华如笋，长江如带"。下山路上的滴珠岩是浮山摩崖石刻的另一处集中地。左侧金谷禅寺石壁上的29尊宋、明佛雕虽然难负"小敦煌"的盛名，但也能够一窥昔日风华。金谷禅寺左侧的九曲洞与寺庙内部相通，不惧怕黑暗的话，可从洞口直接进入。

景区有东西两个大门，位于X098县道旁的西门为正门，东门靠近浮山中学。由于游览入口和出口不同，下山后可拨打景区电话乘坐免费的景区巴士返回入口。

浮山所在的枞阳县虽已划归铜陵市，但从安庆过去更近、更方便。安庆客运中心开往白湖的班车（20元；9:10，11:55，14:50）经过景区西大门，若要从这里返回安庆，只能沿路等待搭乘过路小巴（15元）到枞阳县城，再乘坐快6路公交车（5元）。

桐城

"天下文章，其出于桐城乎"，桐城在清朝文坛上有着举足轻重的地位。至今，这里依然走出了安徽省最多的院士、教授和大学生。走在穿城而过的青石板老街上，不经意间，某一位前朝宿儒的故居就在你的左右。如果依然觉得纷扰太多，整饬得井井有条的孔城老街在城东静静地等待着你。

景点

桐城文庙（博物馆） 历史建筑

（见233页地图；☎612 1933；龙眠中路2号；免费；⏲夏9:00~17:00，冬9:00~16:30，闭馆前半小时停止入场，周一闭馆）在文都不可错过文庙。这座始建于1314年的庙宇在元末毁于兵燹，明洪武初年从城东移建到现在的庙址，古朴端庄的主体建筑挺立至今。

桐城文庙规模不大，但石鼓、牌匾、桥梁都很精美，庙门上的砖雕依然细致入微，前院的棂星门、泮池十分古朴精致。走过左光斗、方以智、张氏父子和桐城三祖留下足迹的泮桥即至大成门，西庑是桐城市博物馆的严凤英艺术生涯陈列，东庑则为桐城市临书展。正面的大成殿高达17米，屋檐的象鼻形和蝙蝠状斗拱十分独特。调研期间，以文庙为核心展区的桐城文化博物馆已经建成，但未对外开放。

孔城老街 街区

（☎651 0917；www.kongchenglaojie.com；孔城镇南；门票50元，导游50元；⏲旺季8:00~17:30，淡季8:30~17:00）城东12公里处的孔城老街曾因水运码头而兴盛一时，如今幽静的巷弄老宅已成为不错的摄影点，而存留的保甲文化也能令你了解昔日的乡镇建制。

老街总长2.2公里，共分十甲，每甲之间有闸门隔挡。如今开发的是二甲到七甲，向里依然是清静的老宅。走上麻石路面，清一色的青砖黛瓦、飞檐翘角古朴而斑驳。

刚进二甲是古朴富丽的黄家大屋，民国时被改为满江村茶楼，随后是纵深七进的李鸿章钱庄（二甲21号），前两进为兑换典当柜台，后三进是夫人小姐们居住的小姐楼（又称走马楼），钱庄后来易主郑氏人家，一度成为生产大中华牌香烟的作坊；小有名气的桐乡书院位于三甲，而今这里仅存砖木结构的朝阳楼和《桐乡书院记》碑。毁于一场大火的白果厅遗址在书院对面，曾坐落着老街最有名的茶楼，太平军两次驻扎于此；四甲8号曾是整个安庆都少见的中华书局，解放后成为新华书店。相邻的仁和春大药房（四甲9号）是老街上保存得最好的木质建筑，孔城影院就在对面。四甲末带有"文革"时代烙印的老屋，曾是孔城供销社；知府倪廷庆的宅邸坐落在五甲首，四进大屋没用一根铁钉。老街最古老的建筑倭房位于七甲，建于明天启五年（1625年）。倭房对面的大关巡检司，是老街唯一遗留下来的官府衙。继续从出口走下去，不着雕饰的环溪老街虽已破败，但别有一番味道。

购物和餐饮主要集中在二甲，在满江村茶楼可以品尝到当地名茶——桐城小花，暮雪小馆、万春园有孔城特色丰糕和米饺，四甲李记糕点的麻饼也值得一尝。入口处的老街邮局可以邮递信件和明信片。

如果在老街写生的时间超过1天，可以办

桐城城区

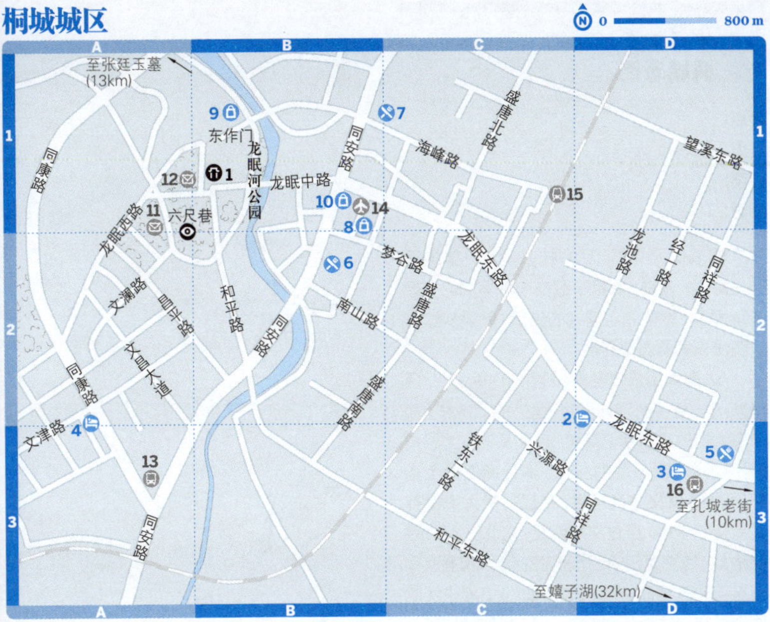

桐城城区

景点

1 桐城文庙 B1

住宿

2 格林东方酒店 D2
3 锦江之星 D3
4 六尺巷主题酒店 A2

就餐

5 大关水碗 D3
6 文都美食城 B2
7 吾桐大排档 C1

购物

8 长鸿丰糕 B1
9 老马丰糕 B1
10 桐城特产总汇 B1

实用信息

11 六尺巷文化主题邮局 A1
嬉子湖旅行社 ...... （见14）
12 中国邮政 A1

交通

13 南门客运站 A3
14 桐城候机楼 B1
15 桐城火车站 C1
16 桐城客运中心站 D3

理写生卡多次出入。

前往孔城老街可在南门客运站乘坐201路公交到孔城镇政府站下车，沿三里街向东步行500米至农村商业银行，再向南直行500米即可到达。

张廷玉墓（文和园） 陵墓

（龙眠山双溪村蒲庄组；门票10元）穿过溪泉河上的相国桥，沿山路石阶而上，白墙黛瓦的文和园就隐于修竹间。进入二道门，绕过雍正亲书“赞硕猷辅”“调梅良弼”的照壁，便是依山构筑的享堂。穿堂而过，再登阶百余级才能到达墓园。整片墓地自西北向东南呈扇形扩散，墓冢前供有石质供桌、香炉、烛台和香筒，墓下设九级拜台，神道两旁的文武俑、狮虎马羊石像生和赑屃驮御碑，憨态可掬、生动传神。石像生前的四柱石坊在20世纪60年代倒塌，斗拱、倒扒狮、额坊、檐板等

步行游览 桐城老街

起点： 南大街与文城西路交叉口

终点： 东大街北侧与明秀路交叉口

距离： 5.5公里

需时： 3小时

桐城作为文都，其古朴并没有光鲜地展露在每个人面前，而是隐藏在车水马龙的一条条巷弄里。想体味老桐城的生活，就要从这深一脚浅一脚的历史开始。

❶**南大街**曾是老桐城繁华的商业街，自南薰门一直往南延伸至1公里外的泗水桥，而今南大街的称谓早已消失，只能从老宅上悬挂的门牌辨认出原先的身份。清代商贾凤士标开创的❷**凤义兴商号楼**，是目前南大街保存最完整的堂铺。穿过文城西路，向北进入❸**胜利路**，走到交叉口向西，著名的❹**六尺巷**就在西后街和五亩园之间，宽1.8米，长100米的的狭窄小巷整洁幽静，将“礼让”和“懿德流芳”两座牌坊首尾相连。继续向北穿过龙眠西路，飞阁流丹的❺**文庙**就矗立在市民广场的中央，拜谒完孔圣先贤，沿公园路前行，路尽头是有百年历史的❻**桐城中学**，吴汝伦创办的半山阁藏书楼和姚鼐故居就隐藏于校园中。穿过校门东侧的七省通衢牌坊，就进入了老桐城的政治文化中心❼**北大街**，端严的木构架建筑❽**左公祠**（又名啖椒堂）就在前方，但并未对外开放。❾**钱家大屋**位于北大街中段的五显巷，其风采只能从阁楼红色的廊栏中窥探，由此向南，❿**方以智故居**（寺巷27号内）和⓫**姚莹故居**（寺巷10号）被遗忘在破败的寺巷里，甚至在当地都鲜有人知。返回北大街继续东行，经过桐城县衙和商务印书馆旧址，按原貌新建的⓬**东作门**就在尽头。走过⓭**紫来桥**，昔日的⓮**东大街**便在左右两侧展开，早年这里商肆林立工匠荟萃，如今繁闹生动的匠铺作坊已难觅踪影，唯有深邃幽然的石板路、零落不堪的门窗楼阁会令你恍若隔世。

部分残件被陈列在享堂院落的廊道。

墓园文革时遭到毁坏，如今看到的都是20世纪90年代重新修复后的样貌。张廷玉墓距桐城市不到15公里，靠近X015县道，最便捷的方式是打车，费用50元左右，跟司机说“去宰相坟”即可。

住宿

汽车站、火车站、龙眠东路和同康路的住宿比较集中，主要以连锁酒店和商务宾馆为主。

锦江之星 酒店 ¥

（见233页地图；☎878 8888；龙腾路48号；标单/双 159元起；❄📶P）这座崭新的酒店与客运站共享着同一栋建筑，房间相当宽敞整洁，装修时尚简约，加上不错的硬件设施和服务，会是绝大数旅行者理想的栖身之选。

六尺巷主题酒店 酒店 ¥

（见233页地图；☎608 6688；同安路第二水厂对面；标单/双 120~280元；❄📶P）刚刚开业不久的酒店，距离南门客运站不远。以六尺巷文化为卖点，但显然只做到了表面功夫，蓝色地中海风格的经济大床房性价比不错，唯一的遗憾是无窗。主题、精品大床房的价格偏高，靠近电梯的房间也有些吵。

格林东方酒店 酒店 ¥¥

（见233页地图；☎656 8288；龙腾路与经一路交会东南角；标单/双 218元起；❄📶P）邻近合安高速公路入口，格林豪泰旗下的精品酒店，拥有不小的规模，172间客房宽敞明亮，装饰着经典的东方元素，温暖的色调让人舒心。早餐也值得圈点，只是服务还差点儿火候。

就餐

文都称不上美食之都，餐馆小吃主要集中在龙眠东路、西路和公园路。

吾桐大排档 徽菜 ¥

（见233页地图；☎651 7177；海峰路36号；人均30元；⏲9:00~14:00，16:00~21:00）本地人常光顾的人气餐馆，环境不错，自主选餐，菜品丰富，价格也很实在。手撕黄牛骨、砂锅羊蝎、石烹三鲜虫草蛋是颇受好评的几道菜品。

文都美食城 徽菜 ¥¥

（见233页地图；☎620 0601；合安路442号；人均60元；⏲9:00~21:00）号称烹制的都是有机食品，在这里可以吃到有桐城特色的荷叶粑，臭鳜鱼、米粉肉和山粉圆子也值得一试。

大关水碗 徽菜 ¥¥

（见233页地图；☎881 9777；经济开发区东一北路101号，近客运中心站；人均60元；⏲11:00~14:00，17:00~21:30）不用跑去20公里外的大关镇，这家环境优雅的食肆同样能让你品尝到桐城最正宗的特色美食——大关水碗，吃腻了重油重味的传统徽菜，清爽鲜美，汤汤水水的各式汆菜会让你满意。

购物

桐城特产主要有桐城小花、龙眠山茶叶、茶油和嬉子湖的干鱼、咸鸭蛋，在龙眠路的**桐城特产总汇**（见233页地图；☎182 6973 9997；龙眠路85号）都可以买到。

桐城北大街和东大街都有特产丰糕，洁白绵软的糕点以米粉、白糖和浑酒制成，个头很大，蒸食清香绵软，油煎则酥脆爽口。居巢路上的**长鸿丰糕**（见233页地图）和海峰桥西的**老马丰糕**（见233页地图）最有名。

实用信息

银行

国有银行网点主要集中在市民广场、龙眠路沿线和同安路周边。

邮局

位于文庙广场西侧的**中国邮政**（见233页地图；市府路19号；⏲夏8:00~18:00，冬8:00~17:30）是桐城最大的邮局，北侧办理邮递业务，南侧是邮储银行，这里也可以代售机票和汽车票。

六尺巷文化主题邮局（见233页地图；文成西路61号）是安庆首家文化主题邮局，在这里可以买到六尺巷、黄梅戏主题的明信片、邮票及相关的文创产品。

到达和离开

长途汽车

在**桐城客运中心站**（见233页地图；☎621 3077；龙腾路48号）乘车最为便捷，前往潜山（30元；8:00，13:10；1小时）、安庆（25元；7:00~17:00；2小时）、六安（40元；7:45，13:05；3小时）、合肥（35元；7:00~17:30；2小时）及安徽各大城市都很方便。

火车

桐城火车站（见233页地图）位于市区东侧的合九铁路沿线。在这里停靠的车次不多，多个途经安庆的普快都经过这里。

前往火车站可乘坐1路公交，打车约10元。

当地交通

合肥新桥机场**桐城候机楼**（见233页地图；☎613 9251；龙眠路89号）每天有班车（80元；5:10，6:30，9:30，12:30，15:30；2小时）开往合肥新桥机场。旅行者在候机楼可直接购买机票并办理登机牌。

另外，**嬉子湖旅行社**（见233页地图；☎620 3336；龙眠路91号）提供各类旅游、代订机票、酒店、包车等业务。

南门客运站始发的1路、201路、203路公交分别可至火车站、孔城老街和嬉子湖景区。3路、6路可至文庙和汽车站，票价为1~2元。

出租车起步价为5元（2公里），随后计价1.5元/公里。打车前往汽车站15元，从孔城老街拼车回桐城每人6元。

潜山

潜山之所以名声在外，完全因为这里是前往天柱山最便捷的地方。但是，潜山悠久的历史也不容忽视，这片山水兼一的福地早在成为古皖国都城前，就孕育出了有六千年历史的薛家岗文化，而后“孔雀东南飞”的故事和“二乔”传说更为它增添了浪漫主义色彩。想要挖掘这座城市的文化底蕴，潜山博物馆、天柱山脚下的三祖寺和摩崖石刻，都是不可错过的地方。

景点

潜山博物馆　博物馆

（☎892 1868；梅城镇皖光苑路28号；免费，讲解费40元；⏲9:00~17:00，周一闭馆）博物馆共有三个展厅，历史文物陈列馆陈列着从薛家岗文化到唐宋明清的本地文物精品。宋青白釉胆瓶、鸳鸯粉盒和明青花舍利瓶精美雅致，造型奇特的宋代魂瓶、生动可爱的滑石兽足盂最为吸睛。铜镜陈列馆展出的是自战国至唐宋明出土于潜山境内墓葬的49枚精品铜镜。化石陈列馆展示的古生物化石多为模型，庞大的自贡多棘沱江龙模型也许会引起你的兴趣，但大别山古脊齿兽和怀宁始猛鳄头骨化石才是货真价实的本地出品。

博物馆南侧是未开放的程长庚陈列馆和始建于1700年前的天平塔。西侧是民国年间“海派”小说大家张恨水的纪念馆及墓园，众多老照片、信件手稿和文献资料展示了他的文学创作和风格转变历程。

博物馆位于南岳路的山路尽头，位置稍显偏僻，打车6元。

三祖寺景区　寺庙

（☎814 2064；G105国道天柱山路口西侧；三祖寺10元，山谷流泉文化园50元，讲解费40元；⏲9:00~17:00）领略了天柱山的景致后，不要错过山脚下禅宗三祖僧璨的道场。三祖寺始建于505年，由南朝国师宝志禅师所创。隋初，三祖僧璨来此弘法教学并传衣钵给四祖道信，于606年在此立化。

天王殿弥勒佛两侧3.9米高的四大天王，是当今世界上整块玉料中最大的一套作品，十分令人震撼。大雄宝殿后侧是僧璨当年面壁的摩崖石刻，一旁的三祖洞是悟道修行之所，而解缚石是三祖为道信解缚的地方。后侧千佛殿中供奉的毗卢遮那佛和千余尊陶制鎏铜小佛像十分精美。继续向前，觉寂塔供奉了三祖舍利，最里面的祖师殿在菩提达摩像两侧分别供奉了二祖慧可和三祖僧璨。

西侧的山谷流泉摩崖石刻会让你大饱眼福。这里的竹林让唐宋文人竞相来此题刻，沿着石牛古洞而下，在长约1500米的河谷和石壁上，刻满自唐代以来的摩崖石刻近300方，其中以王安石、苏东坡、黄庭坚、李公麟的题刻最为著名。景区出口的纪念品商店有潜山特有的桑皮纸、痘姆古陶、王河舒席出售。

前往三祖寺，在皖城商厦、世纪华联或零碑市场乘坐3路公交车（2元），到终点下车即可。打车20元。

活动

天龙关攀岩（☎892 1467；水吼镇天龙关景区；门票60元；⏲8:00~17:00）有4条垂直高度40米的攀岩道，难度不大，适合初中级攀岩爱好者。前往景区可在潜山零碑市场附近乘坐到水吼镇的小巴。

食宿

撤县设市后，越来越多的时尚连锁酒店和新兴餐厅开始涌入潜山。餐饮住宿主要集中在皖城大厦、南岳路东段以及城东的经济开发区。

希岸酒店

酒店 ¥

（☎849 1888；舒州大道754号；标单/双 160元起；❄📶）新近开业的酒店，63间客房以灰色和经典的"蒂芙尼蓝"为主基调。房间不算大，但相当舒适干净，管家式的服务也会让你感到贴心。

★ 格美酒店

酒店 ¥

（☎844 6666；南岳路527号；标单/双 180元起；❄📶P）毫不夸张地说，这大概是你在潜山能找到的最令人赏心悦目的酒店了。完善的智能化设施，整洁舒适的房间，显然花了心思的室内装饰，比如复古行李箱改成的床头柜、卫生间的花砖以及毫不突兀的壁纸，都是让人获取好感的加分项。房价包含免费早餐和两张12小时停车券。

天柱山露营地

营地 ¥¥¥

（☎821 3167；天柱山旅游度假区风情大道中露联园区；木屋/房车 380元起，集装箱房500元起；❄📶P）落成不久的露营地，靠近天柱山站，有木屋、房车、集装箱、蒙古包等多种房型可供选择。

潜水人家

徽菜 ¥

（☎182 6973 6258；南岳路227号；人均50元）供应口味不错的潜山本地菜和大众家常菜，其中的糖醋排骨、山芋粉圆子很受欢迎。

购物

舒州大道、南岳路、皖城商厦周边有多家特产店，除了天柱山茶叶外，野生瓜蒌籽也是口味不错的特色小食，价格35~45元/斤。

实用信息

国有银行网点都集中在南岳路和舒州大道沿线，都有24小时ATM。

北街邮政支局（南岳路416号；⏲8:00~17:30）离市中心最近，可办理邮递信件和包裹的业务，有ATM。

到达和离开

汽车

潜山汽车站（☎892 1438；舒州大道917号，川鎏大酒店南侧）有多趟前往安庆（16元；6:30~18:00，10分钟一班；1.5小时）、合肥（43元；7:40~16:30，1小时一班；2.5小时）的班车，还可前往杭州、上海、武汉、苏州、广州。调研期间，潜山至台州的线路开始通车，每天8:10发车，途经景德镇和婺源。

潜山城区到天柱山景区可在潜山旅游局旁的**天柱山旅游客运站**搭乘旅游专线车（☎859 8067；15元；旺季7:00~17:30，淡季7:20~17:00；30分钟）。

火车

天柱山站 位于市北侧3公里的合九铁路沿线，有几趟从合肥、南昌、济南、广州、福州等地前往天柱山的普快。

调研期间，连接合安九高铁和武安杭高铁的**潜山南站**正在修建，预计2020年底通车。

当地交通

潜山公交车不多，1路、6路直达天柱山火车站，2路经过汽车站，3路终点是三祖寺，1路外环前往开发区，票价为1~2元。出租车起步价为5元/2公里，从潜山市打车前往天柱山景区约60元。

天柱山

（☎400 0556 900；www.tzs.com.cn；潜山市天柱山镇；门票130元，景交车30元）"奇峰出奇云，秀木含秀气。清宴皖公山，巉绝称人意……"李白的一首《江上望皖公山》道出了这座道教名山的清俊雄奇，因为海拔1489.8米的主峰高耸如擎天巨柱，又被后人称为天柱山。

神奇的大别山超高压变质带不仅让这里成为世界地质公园，也造就了它的卓尔不群，若以书法喻示名山的性格，黄山是俊逸洒脱的行草，那么天柱山更似藏锋于内、朴拙圆融的古隶。而今这个昔日的"南岳""皖山"依然是安庆最重要的看点。

景点

天柱山分为西关和东关两条攀登线路。因为从游客服务中心到山顶的相对高度并不大，所以登顶并不需要过人的体能。西关景区看点众多，设施完善，是游人常走的大众路线，而东关景区的山路尚未铺设完毕，独自攀登有一定危险。

西关景区

自然景观

西关景区通常由**南大门**开始攀登，不过这一段景色平平的山路，也颇费体力和时间，如果想以最快捷的方式上主峰，建议乘景交车在**大龙窝换乘点**下车，直接坐索道上至**振衣岗**。

由南大门开始，穿过**佛光寺**，自林荫道向上攀爬，翻过**六月雪**，经**古南岳亭**，精彩的风景在**高奔台**的岔路口一分为二：右手的神秘谷上行线路和左手的总关寨下行线路在天柱松处汇合，形成了一条封闭环线。如果想一览西关东部的景致，可从神秘谷登上天池峰后经拜岳台前往莲花峰、炼丹湖一线。

神秘谷上行线路：

从高奔台向右再左拐，走过憨趣逼真的**象鼻石**、幽深曲折的**通天谷**，头顶飞来石的**飞来峰**会毫无保留地跃入你的视线。紧接着，当你看到巨石叠垒的花岗岩洞群，便已置身于神秘谷了。谷中长约450米的陡峭石阶走到险处极窄，看似无路，实则小径蜿蜒于巨石之下。**逍遥宫**前左手侧一条被称作**迷宫**的黑洞，洞内极尽曲折，只有蹲行侧身才能通过。而**龙宫**悬在半空的巨岩会令你不寒而栗。出了**天宫**与**地宫**，登上天庭，海拔1426米的天柱山第二高峰**天池峰**就在右侧，峰顶裂开了两条深不见底的裂缝，缝上有石板为桥，桥北有一方一圆两个深凹，因积水终年不涸被称作天池，天池峰也因此得名。继续向前，能找到欣赏天柱峰的最佳位置。如笋般破空而出的**天柱峰**嶙峋峭拔，峰顶南崖壁书有“孤立擎霄”“中天一柱”八个大字，虽然并不高耸，但自有威势的锥形山体让常人无法登顶。

总关寨下行线路：

离开天池峰，右拐下山，有着千年树龄的**天柱松**扎根于绝壁之上，如同巨大的盆景，和天柱峰遥遥相望。经过**擂鼓台**，沿着陡峭的石梯下至**古炮台**，这里曾是南宋义兵首领刘源防御元军的雄关要隘。过了关隘，坡度近80度的**百步云梯**就出现在脚下。出了**总关寨**石门走到高奔台，不想原路返回的话，可以一直东行，只需半个小时就能到达**炼丹湖**。

拜岳台—炼丹湖线路：

自天池峰后可径直向东，不远处的**双乳峰**逼真传神。到了**惜字亭**，慈庵遗址上还能依稀看到字迹已经模糊的明代石刻。继续前行至**拜岳台**，左手的岔路可至一线天、鹦哥石和蓬莱峰。向右经过上下两层的**仙人洞**，然后登上**青龙背**狭窄的山脊，远眺群峰竞秀，景致绝佳。从右侧小路下行，**游龙峡**怪石林立，**潜龙窟**曲折迂回。出了**西关寨**，从**莲花峰**南侧开始下山，道路逐渐变得索然无味。继续下行来到与天山和长白山天池齐名的**炼丹湖**，相传这里曾是东汉术士左慈的炼丹之地。沿环湖栈道向左，就能看到昔日的炼丹洞。从栈道尽头的游客中心可以前往南大门，也可从**画眉岭**经**迎真峰**栈道南下到达**丹砂亭**，最后乘**天柱山索道**返回。

东关景区

自然景观

和西关景区的千岩竞秀不同，东关更似横看成岭侧成峰的后山探险，吸引了众多猎奇的旅行者。但这里毕竟人迹罕至，遇到坡陡路滑的路段要倍加小心，最好结伴同行。

从炼丹湖东侧的三岔路口行至画眉岭东行上山，不远处是嶙峋的**麟角峰**，穿过隧道入口，经过**东关寨**和**回音台**，一直走到**鼓槌石**处的阴坡小路，**莲花峰**的另一侧山峰便在眼前，巨岩组成的花瓣在此处更为清晰壮丽。一路沿蜿蜒向下的松林小径在**叠翠亭**的岔路右转，开始东关的精髓——翻越**千丈崖**。千丈崖为山底到两山峰之间仅1米宽的小路，高低不平的台阶被称作**阳关三叠**，不少台阶陡峭得需要手脚并用。登至**大天门**，东侧为东关景区的最高峰，海拔1186米的**天狮峰**，西侧为海拔1150米的**覆盆峰**。沿**鹊桥**向下，行到**奇谷天梯**处，脚下的台阶开凿于岩壁之上，头顶天然的巨型石桥颇为壮观。

继续下行的石阶极为狭窄险峻，只能抓住东侧石壁上凿出的小坑，“脱险”后道路变得平坦宽阔，土路与台阶相间的松林小径没有太多看点，留心不要偏离大路是最重要的。30分钟后可到东大门处的岔路口，直行出**长沟森林保护站**，前方即为东大门出口。

难于上青天的天柱峰

天柱峰顶垂直150多米的距离全部为光滑陡峭的岩石，而绝顶“笋子尖”处更是一块呈负角度的锥形巨石，这样的难度让登山运动变成了极限攀岩。

登顶天柱峰的强人屈指可数。1861年，清军都统李云麟在潜山药农贺良谋的帮助下，借助长竿和粗绳登上天柱峰，并用麻捆成大笔题写了“孤立擎霄”四个字，让贺良谋刻于巨石之上。1944年，国民党抗日第五战区副司令张淦也登上天柱峰，在李云麟刻字上方题刻了“中天一柱”四个字。然而他们都没有真正登到天柱峰绝顶。2007年11月，药农涂有胜在涂传海、贺海周、贺武松三位药农的协助下，登上笋子尖为题刻描红。2009年9月，俄罗斯联邦科米共和国副总统阿乐达·巴维尔一行三人，在药农涂有胜等人的帮助下，成功登上天柱峰峰顶。难度系数最大也最危险的登顶要属2012年10月，攀岩高手李童星和队友王苏峰，选择药农登顶描红从未涉足的新崖面，徒手完成了登顶。随后的11月，芜湖探险家户外运动俱乐部率团队，利用登山器械成功登临极顶，打破了团体登顶笋子尖的记录。

调研期间东关景区正在修建连通少狮峰、天狮峰和覆盆峰的高空栈道，开放时间不得而知，建议旅行者在施工完毕后再前往游览。

食宿

如果不住潜山市区，天柱山景区外的农家院是落脚的好选择，跟城里相比，这里的餐饮价格普遍偏高，如果想要早起看日出，景区内昂贵的国营酒店是唯一选择。

聚贤客栈 客栈 ¥

(☎814 5579；天柱山游客中心南侧；标单/双 128~188元；❄📶Ⓟ)距离游客中心不到700米，有6间舒适整洁且物有所值的客房，带宽大落地窗的房间很受欢迎，老板娘曾是导游，对天柱山了如指掌，人也很热情。此外，你还可以在这里品尝到美味的农家菜肴。

卧龙山庄 客栈 ¥¥

(☎400 8793 379；大龙窝游客中心南侧；标单/双 238~298元；❄📶Ⓟ)景区附近唯一的五星级农家乐，四周被密林和溪流环绕，推开房门就能欣赏到云雾缭绕的天柱山美景。山庄拥有41间整洁简朴的全木屋结构客房，提供无公害的绿色菜肴，很适合自驾旅行者入住。

天柱山庄 酒店 ¥¥

(☎400 875 7766；景区内天柱山索道和青龙涧中间；标单/双 380~480元；❄📶)地处西关、东关两条循环线交会处，距离天柱山索道上站约5分钟的路程。如果想早起登顶看日出，又不计较国营酒店的服务态度，住在这里很方便，风景也不会让你失望。

全力国际大酒店 酒店 ¥¥

(☎814 6888；天柱山游客中心北侧牧羊河畔；标单/双 335元起；❄📶Ⓟ)在靠近东大门的景区内，离天柱山索道下站700米，除了酒店外观符合四星级标准外，陈旧的硬件设施让人不敢恭维，电视机还停留在20世纪90年代，房间有霉味，不过怡人的景色和便捷的位置可以弥补这些不足。

实用信息

天柱山游客中心设有农业银行ATM、母婴室和医疗救助站。旅行者可以使用免费提供的轮椅、拐杖等无障碍设施。另外，行李寄存、婴儿车、雨伞、手机充电等服务也能极大方便出行者。**天柱山主题邮局**设在**大龙窝游客中心**。

到达和离开

汽车

前往天柱山乘汽车最方便。潜山的**天柱山旅游客运站**每天有多趟旅游专线车(见237页)前往景区游客中心，并途经火车站。

火车

火车站距离天柱山景区约20公里，运气好的时候才能赶上停靠的旅游班车，最便捷的选择是打车前往天柱山旅游客运站后搭乘旅游班车。包车从火车站直接前往景区约60~80元。

当地交通

景交车

精明的景区将游客服务中心修建在大门外5公里处，且自驾者不得把车开上山。所以，景交车[☎814 6778；30元/人（往返）；旺季6:30~18:30，淡季7:00~18:00；20分钟内]成为没有选择的选择。班车依次往返于天柱山游客中心、天柱山索道、南大门和大龙窝索道，每个站点只准往返一次。

索道

天柱山目前运营两条索道。西侧的**大龙窝索道**（☎814 6950；80元；旺季8:00~17:30，淡季8:00~16:30；15分钟）从西大门到振衣岗，这是登上西关看主峰的唯一捷径。东侧的**天柱山索道**（☎814 6196；40元；旺季7:30~17:30，淡季8:00~17:00；10分钟）从东大门到丹砂亭，里程更短。

太湖县

别弄错，此太湖非彼太湖。太湖县是大别山南面的寂静小城，原来的小湖已经被广阔的花亭湖淹没。这里不仅是赵朴初先生的老家，更是中国禅宗文化的母土。无论是想亲近自然还是体验禅风佛韵，这里都值得逗留一天。

景点

花亭湖景区

湖泊

（☎418 0927；太湖县西105国道北侧；门票30元，船票40~50元；⏲旺季8:00~17:30，淡季8:00~17:00）太湖县以北4公里的花亭湖，前身是兴建于1958年的花凉亭水库，灌溉了太湖及邻县的百万亩良田。如今，这里已成为安徽第二大人工湿地，除了灵山秀水，也是令无数人向往的禅宗朝圣地。

位于花亭湖北岸寺前镇的**佛图寺**有众多摩崖石刻，但始建于东晋的庙宇已经被毁。西侧的**赵朴初文化公园**有赵朴初祖居状元府、陵园和纪念堂，陈列厅里有关于先生生平的丰富展示。如果觉得舟车劳顿，可以前往汤泉乡，汤湾村的温泉能让你放松身心。继续往西，禅宗文化的发祥地，二祖曾经坐禅的**狮子山**就坐落在西北岸。

景区的另一处精华，是藏于花亭湖畔凤凰山中的**西风禅寺**，寺院始建于唐代重修于民国，因寺内的**西风洞**得名，相传这里曾是五祖弘忍打坐的地方。摩崖石刻群在西风洞东侧，沿着石刻旁的石阶一路攀爬，尽头就是整座寺庙的制高点**观湖亭**，驻足远眺，可将花亭湖美景尽收眼底。

花亭湖莲花码头东侧的牌坊，有一条登山道直通西风禅寺，步行约1小时。如果不想爬山，可在禅源大道和达摩路岔路口等待前往西风禅寺正门的班车，不过每天只有9:00和13:00两班。

从太湖县城出发，可在龙山路的广电大厦或法华路的婉君大酒店乘5路公车直达景区游客中心。

食宿

太湖县难觅富有特色的本地饮食，想要满足饱腹之欲可以去繁华的人民路和建设路。法华路和皖西南大道有不少低价快捷宾馆和商务酒店，条件稍好一些的酒店主要聚集在建设路和五千年文博园附近。

御家精品酒店

酒店 ¥

（☎416 9999；建设路562-2人民路交界

另辟蹊径

太湖古村一日游

蔡家畈古村落坐落在太湖县西北50公里处的汤泉乡金鹰村，始建于康熙年间，有保存完好的祠堂、古民居、戏楼90余处，蔡家畈并无蔡姓人家，独姓为殷。逢年过节，殷氏族人都会用独特的青花海碗和缸碗招待亲朋好友和贵客。与蔡家畈同属汤泉乡的龙潭古寨建于清中晚期，由祠堂屋、花屋、老屋、龙潭屋、转桥屋、上屋六个堂厅和胡氏宗祠组成，另有四座明清古桥，村寨墙壁上还保留着大别山革命根据地时期和“文革”时期的标语。如果你对尚未卷入旅游洪流的原始人文村落更感兴趣，不妨留出一天时间来看一看。

口；标单/双 138元；❄📶）占据着县城的中心位置，毗邻步行街，如果不在意楼下吵闹的KTV，这里的住宿条件还是相当不错的。

皖府国际大酒店 酒店 ¥¥

（☎424 2888；五千年文博园入口处；标单/双 188~358元；❄📶🅿）太湖最早的四星级酒店，外观和大厅是融入了汉唐文化的徽派建筑风格，让人赏心悦目，不过商务风的房间中规中矩，硬件设施也稍显陈旧，普通标间性价比不错，酒店靠近高速路路口，适合自驾入住。

ℹ 到达和离开

太湖县汽车站（☎416 2323；法华路1号）位于县城北侧，每天有多趟循环班车开往合肥（80元；6:00~16:00；3.5小时）、安庆（38元；7:00~17:00；1.5小时）和宿松（15元；8:20；1小时），也有开往南京、武汉、杭州、深圳和上海的班次。火车站就在汽车站对面。

ℹ 当地交通

太湖县公交车很少，其中1路、2路、3路可到达老城，5路到花亭湖，7路到火车站、汽车站。票价为1~2元。

出租车几乎不会打表，市区内通常为7~10元，打车前往老城车费15元左右，前往花亭湖需30元。

宿松

大别山南麓是偏居一角的宿松县，这个江北古县面积很大，主要的看点都距离县城很远，倘若你不在意糟糕的交通，这里自有别处无法替代的景致。

小孤山

（☎751 1666；宿松县复兴镇孤山村；调研期间免费）想要寻找长江中的神奇景致，便不能错过小孤山独一无二的江中胜景。

小孤山与庐山隔江相望，这座耸立于长江上的孤峰形成于第四纪冰川时期，虽不过百米，但山体险峻，直插江心，素有"海门第一关"之称。除了奇险孤傲，镶嵌在山腰的**启秀寺**又为它增添了灵秀之气，寺庙始建于唐朝，上有乾隆御书"灵昭江屿"匾额的**一天门**是进入寺庙的唯一洞口，洞内的墙壁上有明代安庆知府叶梦熊留下的诗文，旁边的神龛内有两尊面目狰狞的山神水神护法佑民。**大雄宝殿**供奉着西方三圣和十八罗汉，而上面的**小姑娘娘殿**则祭拜着讨水人最信奉的神灵——妈祖。登上石梯穿过竹林，**梳妆亭**背后的御诗碑为嘉靖皇帝敕建，镌有御诗的碑体已被护栏上的祈福锁包围。建在半山悬崖之上的**观涛亭**，是观赏拦江石（只有枯水季时可见）和海眼的理想之地，偶遇大风时，还能看到成群的江豚出没。亭旁的**半边塔**内供有送子观音，塔侧的**金鸡阁**，有一尊寻声救苦的凤凰像，传说是海神的化身。出了山门，在临江码头的崖壁上，有元代俞瀚题刻的"海门第一关"五个大字。

每年农历三月二十三，小姑娘娘的诞辰日，是小孤山香火最旺的时候。

小孤山距离宿松县城有65公里，在**宿松汽车东站**（☎781 7779；孚玉东路59-17）有直达班车（23元；9:00，11:00，13:00），错过最后一班，就只能坐到复兴镇（15元；1.5小时），再搭前往套口村方向的小巴（10元）或摩托车（5元）到达。从小孤山返回复兴镇的班车很少，多数时候只能包车，费用60元左右。

从九江彭泽前往小孤山却会方便许多，山脚下的渡口（5元；⏲夏6:30~18:00，冬7:00~17:30；15分钟）每天有多趟轮渡运送长江两岸的客人。

了解安徽

今日安徽

安徽所在的这片土地一直是人口稠密的区域，生存压力从来就没有小过。而到近现代，这个地处南北交界、定位不东不西的拼合省，一直为中国的发展贡献出丰富的自然资源与劳动力。在逆境中坚韧寻求发展，这种徽商的可贵秉性，也正是这个省份性格的一面。

最佳读物

《金粉世家》，张恨水著。民国时潜山籍文学大师张恨水的长篇小说，通过平民女子与豪门公子的婚恋，描绘出那个山雨欲来的大时代缩影。

《斋夫自由谈》，陶行知著。民国时歙县籍著名文人与教育学家陶行知先生发表于《申报》专栏的文章合集，包含了许多针砭时弊的有趣小文。

最佳影视

《泼墨黄山》（2008），日本NHK电视台制作的黄山风光纪录片，用一年的拍摄时间，摄取到非常难得的黄山云海之美。

《小花》（1979），外景在黄山屯溪老街拍摄，可以从片中一窥当年这里未受打扰的纯净风光。

《新安家族》（2010），讲述了徽州三代商人的传奇故事，新安为徽州旧名。

最佳戏剧

《天仙配》，由严凤英、王少舫唱红的《天仙配》是黄梅戏最负盛名的优秀传统剧目，“树上的鸟儿成双对”“夫妻双双把家还”这些唱词在中国几乎家喻户晓。

《女驸马》，“为救李郎离家园，谁料皇榜中状元”的唱词正出于这折经典黄梅戏。

不平衡的GDP

2018年，安徽全省生产总值达到30006.8亿元，首度冲破3万亿大关。从各个地级市的生产总值来看，省会合肥以7826.5亿高居榜首，第二至第五分别为芜湖、安庆、滁州和马鞍山，均近邻长三角。人口最多的阜阳GDP排名第六，人口最少的黄山市则排名垫底。再看省内各个地级市的人均生产总值，可以发现人均生产总值不到4万元的地级市均在北部和中部，由低到高分别是阜阳、亳州、六安、宿州、淮南。而举全省之力发展的省会合肥，人均生产总值则以97,928元高居榜首。

和富豪做邻居

环顾四邻，在2018年的全国各省市生产总值排行榜中，只有江西省的全省生产总值低于安徽。这种情况就好像家境不算殷实，偏偏周围又有好几个富豪邻居。地缘经济的夹缝给安徽挤压出了尴尬的经济模式，但同时也带来了一些发展的机会。

从全省的工业结构来看，安徽以传统重工业起家，如今仍占较大比例，如皖北地区的煤矿开采和皖江地区的金属冶炼。这些传统重工业不仅完全依赖自然资源，生产成本与产量也很容易受市场影响而波动，更多下游产业的潜在产值则常被深加工产业发达的邻省分走几杯羹。

工业结构转型是安徽近年来直面的经济发展方向，因为紧邻长三角，省内轻工业制造与高新技术产业均呈现出速度快势头好的发展趋势，合肥、芜湖等城市已有规模颇大的家电、汽车等制造产业。虽付出了空气及水体污染的代价，但也换来了安庆的石油化工产业的快速发展。

房地产也是影响安徽经济的一把双刃剑。近几年来，经济发达地区的房地产资本纷纷涌入安徽，生产出大量的房地产库存，而本地人为房地产买单，房价的飙升直接拖动物价上涨和生活成本增加，合肥的房地产均价从2014年的每平米7800元左右暴涨至2018年的14,000元左右。然而也是在2018年，淮北砀山一处楼盘出现了开盘后大幅降价的“半价卖房”事件，这也给安徽蓬勃的房市带来了更多的不确定性。

“霸都”与“徽京”的角力

“南京是安徽的省会”，越来越多的人会用这个梗来调侃合肥与南京这两座城市。皖南长江沿岸各个城市均有便捷交通前往南京，这大大削弱了人称“霸都”的省会合肥的经济向心力，而皖北六市地接中原，黄山与宣城藏在丘陵一隅，都与合肥若即若离。因此也有调侃称，在全省范围内，只有六安是合肥的坚实同盟。

然而凭借着朴实无华的实用主义，合肥为全省乃至全国的发展默默助推，除了轻工业制造产业领跑全省，这座城市在量子力学研究及农业科技研究等方面，都有着国内一流的研究中心及实验室。

另一方面，合肥近年的发展势头确实霸气，从下辖县划分了大片土地并入市区，城市规模迅速膨胀。然而就目前来看，市区的基础设施建设节奏明显欠了一拍，交通接驳欠通畅，地铁线路不太够用。需要假以时日，这座占地面积意义上的大都市的格局才会更合理宜居。

南北一起搞旅游

在全民旅游的风潮下，安徽全省从南到北的旅游开发都如火如荼。好的一方面是，各大5A景区管理趋于规范，交通接驳也日渐便利，尤其是合福高铁通车后，乘高铁即可直达黄山。但是，安徽旅游仍有不美好的一面值得留意：譬如黄山等热门景区节假日客流暴增造成的游人滞留，以及一些古村落的大小门票连环套，还有冷门地区用力过猛打造出的收费景区。

安徽的旅游亮点都集中在皖南，黄山、徽州和九华山有着各自的独特魅力，古村名寺等历史人文看点也因藏在山中而得到了较好的保护。而在西南部靠近湖北的天柱山和天堂寨，则有在省内非常出挑的自然景观。

中部因历代战乱以及现代城市化发展，人文景观并不太多。长江从这一地区穿过，这里还有中国第五大淡水湖巢湖，江河与湖泊沿岸的自然风物和人文景观都需要多花点心思去欣赏发现，但安徽中部交通非常便利，各个城市都可以是周边出发短途目的地的便捷选择，也能找到惊喜。

皖北地区历史悠久，但在这一区域深度探寻需要更有耐心，也要小心一些听起来传奇但其实不值门票的景区。不过，寿县、亳州和凤阳都是区内的访古亮点。

快速参考

人口（2018年）：**6323.6万**

面积：**13.96万平方公里**

GDP（2018年）：**30,006.8亿元**

GDP增长率（2018年）：**8%**

国际及港澳台入境游客（2018年）：**607万人次**

国内入境游客（2018年）：**7.21亿人次**

值得买的特产手信

- 六安瓜片、祁门红茶和黄山太平猴魁
- 宣城的宣笔，绩溪的徽墨，泾县的宣纸，歙县的歙砚
- 寿县甜点“大救驾”以及熟食绿豆圆
- 黄山臭鳜鱼和酥饼
- 宿州符离集烧鸡

避开此时前往此地

如果你不喜欢凑热闹，那请留意以下信息：

- “十一”黄金周，黄山可能会出现游人滞留、下山缓慢的情况。
- 农历七月三十地藏菩萨诞辰法会，以及大年三十至元宵节，九华山各大寺庙都香客如云。
- 春季是到访桃花潭和查济村的好时节，但公众假期赏春的游人也非常拥挤。

历史

历史上，淮北、江北和江南三大地理板块长期属于不同的行政区划，在南北对峙时期，甚至曾长期属于不同的政权。明朝初立，朱元璋将老家凤阳和南京周围的大片土地直接隶属于国都南京管辖，称为南直隶，这就是后来安徽和江苏两省的雏形。清初，南直隶改为江南省，在这一区域先后设置了两个总督、四个巡抚和左右两组布政使、按察使。康熙六年（1667年），改江南左布政使司为安徽布政使司，江南右布政使司为江苏布政使司，这一年由此成为学界较为公认的安徽江苏两省独立建省的时间。安徽建省后，省级的衙门先后曾设在江宁（今南京）、安庆。直到新中国成立后，位于安徽正中的合肥成为新省会。

远古人类和部族

安徽、江苏两省分治后，科举和教职官员的任命仍未分开，所以有些学者认为安徽江苏两省实际分治的时间应该是在清末民国时期。

江淮大地，是远古人类活动的走廊，和县龙潭洞、巢湖银山、繁昌人字洞出土过和县猿人、巢湖智人和同时期古代哺乳动物的化石。皖中巢湖流域和皖南水阳江出土的旧石器是距今100万年至20万年前这些古人类活动留下的证据。但是，这些古人类遗址与我们现代的人类没有直接的继承关系。据最新的科学研究成果，距今10万年前，现代人类的直系祖先智人开始走出非洲，并逐步扩散至其他的大陆。

我们的祖先在江淮大地上逐渐繁衍生息，并创造出光辉的文化。安徽境内各县市均有新石器时期遗址，这些遗址从北到南分属大汶口、龙山、良渚等不同文化类型，对应着华夏、淮夷、越人三大部族。其中，潜山薛家岗被认为是一种独特的地方性文化类型。蒙城尉迟寺、含山凌家滩都是规模很大的新石器时期文化遗址，距今6000年至4500年。

古代史书关于上古的记载中，大禹与皋陶的传说与安徽有关。大禹娶涂山氏女为妻，涂山氏族就分布在安徽境内的淮河沿岸，可见，上古时代，中原氏族就与淮河流域的氏族有着通婚关系。大禹成为华夏部落联盟

大事年表

80万~10万年前	6000~4000年前	前1600年
安徽中部、南部都有古人类在活动。	安徽省南北各地出现了如尉迟寺遗址、薛家岗遗址、凌家滩遗址为代表的众多新石器遗址。	商部落兴起于亳（今河南商丘至安徽亳州一带），西进伐夏，建立商王朝。

首领后，在淮河边的涂山大会诸侯，史载“禹合诸侯于涂山，执玉帛者万国”，大禹在这里进行分封，成为号令天下的部落联盟首领。至今，这里被称为“禹墟”，曾发掘出规模较大的祭祀遗址。皋陶是东夷部族人，舜帝时与大禹一起辅佐舜帝，舜帝将英六之地（今湖北英山和安徽六安一带）分封给他。皋陶的儿子伯益是大禹之后部落首领的人选，可是大禹的儿子启却阴谋夺位，杀死了伯益，从此开始了“家天下”。伯益虽然死了，但是皋陶的子孙继续在英六大地上繁衍生息。

近年来，通过对蚌埠市禹会村的考古发掘，发现了长江流域、黄河流域和淮河流域三大流域的陶器，验证了和“禹会诸侯”的故事类似的各地部落、方国会盟与江淮一带的可信度。

从吴头楚尾到楚汉争霸

商周时期，江淮大地上分布着许多方国、诸侯，自北而南有胡国、徐国、钟离国、州来国、六国、巢国、宗国及群舒小国，这些国家多是古代东夷族系的后裔建立的。春秋时期，这些国家或是被西方的楚、东方的吴兼并，或成为其附庸国，因此，历史上安徽这块地方有“吴头楚尾”之称。吴楚争霸长达百年，公元前506年，吴国军队长驱千里，攻入楚国郢都，后来楚国在秦国的帮助下才得以复国。30年后，盛极一时的吴国被刚刚崛起的越国消灭，越国把吴国在安徽吞并的许多土地还给了楚国。战国时期，安徽境内绝大部分土地属于楚国，只有北部极小部分属于宋国。战国后期，楚国迫于秦国的进逼威慑，迁都寿春（今安徽寿县），但仍有较强的实力。

皋陶墓在六安市城东7公里处，皋陶被孔子列为上古“四圣”之一，其封地在皋城（今六安市），死后亦葬在这里。

公元前223年，秦国派大将王翦率军50万灭亡楚国。楚国虽然灭亡了，但在江淮大地上留下了“楚虽三户，亡秦必楚”的谶语。此后仅14年，陈胜、吴广在宿州大泽乡振臂一呼，掀开了秦末农民起义的浪潮，楚怀王的孙子熊心被楚国贵族后裔项梁从民间找到，推举为“义帝”，成为名义上的

人字洞和凌家滩

人字洞位列于第六批全国重点文物保护单位的名单中，在繁昌县孙村镇癞痢山。1998年以来，考古工作者对它进行了6次较大规模的发掘，出土了大量的动物化石和古人类石制品，这些石骨器制品中，有10多件骨制品有加工痕迹，经过考证，被确认为目前亚洲发现的年代最早的人类文化遗物，年代距今240万年至200万年。

凌家滩遗址1985年发现于安含山县铜闸镇凌家滩村，遗址总面积约160万平方米，距今约5600年至5300年。考古发现了包括居址、墓地、祭坛、作坊以及近3000平方米的红陶块建筑遗迹。同时，还出土了大批精美的玉礼器、石器、陶器等，被列为20世纪中国100处考古遗址大发现之一。

前598年	前241年	前209年	前202年
楚国令尹孙叔敖在今安徽寿县兴建芍陂，灌田十余万亩。	楚国迁都寿春，此后寿春为楚都直到楚为秦所灭。	陈胜、吴广在大泽乡发动起义，掀起了秦末农民大起义的浪潮。	刘邦在垓下包围项羽，项羽突围至乌江自杀。刘邦建立汉朝，天下一统。

淮南王的诅咒

汉初在江淮一带分封淮南国，但就藩于此的连续三位淮南王均以谋反罪名非正常死亡，简直是一个历史的诅咒。

汉朝建立后，汉高祖将淮河以南的楚国故地分封给大将英布，建立了淮南国。公元前196年，英布谋反被杀后，汉高祖又把淮南国分封给自己最小的儿子刘长。公元前176年，刘长被吕后以谋反罪废为庶人，在流放四川的途中自杀。公元前164年，刘长的哥哥汉文帝刘恒念及兄弟之情，将刘长所遗三子都封为王，长子刘安为淮南王，另外两子分别为衡山王、庐江王。

刘安在淮南国内实行德治仁政，注意安抚百姓，使淮南日趋强盛。刘安的门客众多，这些门客不仅讲学、炼丹、编书，而且还经常与刘安讲道，谈论为政、治学等。在刘安招募的数千门客中，有8人最具才华，号称“八公”。其中，雷被是一位剑客，在与淮南王世子刘迁的一次比试中，失手击伤刘迁，并惹怒了他。于是，雷被为了避祸，向刘安请求跟随大将军卫青去打匈奴。刘安听后认为雷被起了叛心，于是将其免职。心怀怨恨的雷被跑到长安告状，说刘安阻挠天子诏令的执行。根据汉律，犯这种罪的人应被判弃市的死罪。汉武帝顺水推舟，下令剥夺刘安的封地。与此同时，“八公”中的另外一位门客伍被向朝廷密报刘安谋反。就在刘安面临生死存亡的关键时刻，他的孙子刘建来到长安告状。刘建的父亲刘不害因为是庶出，很少得到刘安的宠爱，长期心存怨言。如此一来，雷被告状在前，伍被、刘建告发在后，汉武帝遂派廷尉张汤办理此案，张汤认定刘安谋反属实。公元前122年，汉武帝派兵攻打淮南，刘安自杀，受牵连被杀者多达数千人。汉武帝借机下诏废除淮南国，改为九江郡，淮南国至此覆亡。

霸王祠始建于唐初，位于和县乌江镇东南1公里处的凤凰山上，项羽自刎于此。

领袖。不久，在天下英雄的角逐中，不可一世的秦朝很快就灭亡了，项羽和刘邦成为争霸天下的主要对手。楚汉相争四年，关键性的垓下之战就发生在安徽灵璧，四面楚歌声中项羽败走乌江（今安徽和县一带），却无颜对江东父老，最终在长江边上拔剑自刎。

南北对峙下的几场战争

东汉末年，军阀割据，天下纷争，赤壁之战以后，形成了曹操、孙权和刘备三股重要势力鼎立的格局，安徽正处于魏吴两方的交界地区。双方为争夺江淮地区的土地和人口，曾进行过多次战争。先是公元214年，东吴大将吕蒙夺取了江北的皖城（潜山县），俘虏了曹魏的庐江太守朱光。次年八月，孙权亲自率兵10万进攻合肥，围城十余日，不能破城，撤退途中，在城

前122年	196年	215年	383年
淮南王刘安因谋反罪被迫自杀。	袁术占据淮南并称帝。	张辽在合肥逍遥津击败孙权。	前秦东晋淝水之战。

北逍遥津被曹魏名将张辽击败，孙权夺路而逃。此战史称“张辽威震逍遥津”，是三国时期一个以少胜多的著名战例。此后，魏吴两国的边境稳定在江淮之间，直到西晋统一为止。

西晋末年，北方各民族政权间纷争迭起。司马氏政权逃到南方，建立了东晋。公元376年，氐族人建立的前秦统一了北方，皇帝苻坚踌躇满志，想一举荡平偏安于一隅的东晋，统一南北。于是，著名的淝水之战打响了，该战役就发生在安徽境内的古淝水上。前秦大军战败，被歼和逃散的士兵共有70多万。苻坚一统天下的希望破灭了，前秦很快崩溃，北方再次分裂，出现了更多的地方民族政权。而在东晋王朝的统治下，江南社会经济得到了恢复和发展。

淝水之战也成为以少胜多的著名战例，“投鞭断流”“草木皆兵”“风声鹤唳”等成语都出自淝水之战。

到宋金对峙时，江淮地区再度成为南北短兵相接的前沿。当时，长江岸边的采石矶又发生了一场著名的战役——采石之战。公元1161年，金朝皇帝完颜亮率领60万大军进攻南宋。南宋朝廷的中书舍人虞允文被委任为参谋军事，往采石矶犒师，而金国大军亦图谋由采石矶渡江。交战时，因宋军掩匿山后，金军误以为采石矶无兵，等快到岸边时，才看见宋军列阵相待，当地人民观战助威者十数里不绝。宋军船队乘势冲击，金兵大败。第二天，虞允文又派水军主动进攻长江北岸的金军渡口大败金军。这场战役延缓了金军继续南下的脚步，使宋金对峙的局面继续维持。

凤阳出了个朱元璋

种过田、放过牛、当过和尚、要过饭——朱元璋的人生经历使他成为了一个充满传说演绎的皇帝，而凤阳正是这个平民皇帝的发迹地。他在这里出生、长大，在龙兴寺出家，在濠州城参加了郭子兴率领的红巾军，并

程朱与书院

程朱理学很大程度上影响了南宋以后中国的哲学思想，朱熹的故乡安徽也因此成为中国教育起步最早的地区之一。据不完全统计，仅宋元时期，徽州所建的书院就有47所，至明清时，新建和重建的至少有90所。它们为徽州奉献了一批批有识之士，也让这片土地被称为“东南邹鲁”。

最早的书院——桂枝书院

最大牌的书院——紫阳书院

最完好的书院——南湖书院

753年

李白自梁园来到宣州，先后在皖南一带生活了10年之久，762年去世，葬于当涂。

902年

合肥人杨行密被封吴王，建立了五代十国中的吴政权。

1161年

南宋军队在采石矶大败金兵。

1368年

朱元璋在南京称帝，建立明朝。次年，下令在老家凤阳修建中都城。

除了明太祖朱元璋外，安徽还出过两位开国皇帝，一位是魏文帝曹丕，沛国谯（今安徽亳州）人，一位是后梁太祖朱温，宋州砀山（今安徽砀山）人。

在其后的反元战争中力挫群雄。1368年，朱元璋在南京即皇帝位，建立了明朝。

1369年，刚刚当上皇帝的朱元璋对群臣说“临濠前江后淮，以险可恃，以水可漕，朕欲以为中都，何如？”当时的开国元勋们多是淮西人，都愿意衣锦还乡，纷纷赞同。于是，朱元璋下诏以临濠为中都，大兴土木。然而，仅仅七年之后，朱元璋却下令罢建中都，改中都为凤阳府，后来又拆中都宫殿以取材修建龙兴寺，最终放弃了在此定都的意愿。然而，被誉为“龙兴之地”的凤阳，从明朝开始，由于得到皇权的保护和青睐，曾一度获准免纳各种赋税、徭役；此外，大兴中都城的工程和迁江南富户来此居住的举措，使这里出现了昙花一现的繁荣。然而好景不长，经过明末农民起义军的焚烧，加之后来频频发生的淮河水患，凤阳逐渐败落，于是流传出了“说凤阳道凤阳，凤阳本是个好地方，自从出了个朱皇帝，十年倒有九年荒”的民谣。这一民谣以花鼓戏的形式，传唱至今。

太平军和淮军

1853年，太平军自武昌顺江东下，以破竹之势占领了安徽省城安庆，杀安徽巡抚蒋文庆，紧接着，池州、铜陵、芜湖、当涂、和县等沿江城市相继被太平军占领，仅仅一个月，太平军就打到了南京城下，旋即攻克南京，并在此定都，改南京为天京。1864年太平天国灭亡，而在这11年间，安徽一直是太平天国主要经营的地区，天京变乱之前，太平天国在安徽的发展呈上升趋势。

1853年9月，石达开坐镇安庆主持大局，1854年1月，太平军攻克清朝在安徽的临时省会庐州，巡抚江忠源自杀。1856年，太平军在安徽省的势力达到全盛，可就在这一年9月，爆发了天京事变，太平天国高层互相倾轧，日渐衰落。1860年夏，清军围攻安庆。太平军坚守一年多，到1861年9月，城外援军失利，城内弹尽粮绝，安庆终于陷落，守城的太平军一万余人全部战死。安庆的陷落，使天京失去了西边的屏障，因此有“一战而国灭”之说。

为了配合作战，1862年，合肥人李鸿章师承曾国藩的湘军，在安庆创办了中国第一支具有近代意义的军队——淮军，士兵主要招募自江淮地区。淮军建立后，迅速被调往上海，联合洋人的洋枪队，先后攻陷太平军占领的苏州、常州等城市。在淮军的牵制下，1864年7月，洪秀全死后不久，太平天国都城天京被湘军将领、曾国藩之弟曾国荃率军攻陷。太平军余部护送幼天王（洪秀全之子）从浙江湖州，安徽广德、宁国辗转退入江西，最终被

1635年	1760年	1862年	1876年
张献忠攻陷凤阳，烧明宫室、皇陵。	清安徽布政使司从江宁迁至安庆。	曾国藩在安庆创办安庆军械所。	芜湖被辟为通商口岸。

俘。太平军和清军11年的拉锯战争使安徽人口锐减，特别是皖南地区，人口损失相当严重。战后，湖北河南等地移民纷纷前来垦荒，很大程度上改变了这一地区旧有的文化面貌。

安庆军械所是清末最早官办的新式兵工厂。

太平天国败亡后，湘军随即解散，但淮军却得到了加强，先是参与围剿北方的捻军起义，继而担负起南北数千里江海要地的防守。李鸿章以淮军势力为基础，深度参与清廷的外交、军事和经济等方面的政策制订，成为晚清政局中的重要人物。

淮军虽拥有在当时堪称现代化的装备，但在组织上存在不少矛盾与弊端。遇有征伐，临时成军，号令不一，各自为战。1884年中法战争时，淮军在广西战败。1895年中日甲午战争中，淮军将领丁汝昌指挥的北洋水师和叶志超、卫汝贵的陆军都遭到惨败，淮军势力遂逐渐衰落。后来，袁世凯在天津小站训练“新建陆军”，广招淮军旧将，成为清末军队的主力，也是民国初年北洋军阀的雏形。

辛亥风云

清末，革命党人的起义风起云涌，省会安庆成为了省内传播革命新思潮的中心。1902年，安庆怀宁人陈独秀在安庆藏书楼组织爱国会，宣传爱国，鼓吹革命。1904年，安庆桐城人吴樾刺杀“五大臣”失败，同年，安徽人孙毓筠、权道涵谋划刺两江总督端方，并在安庆新军、巡警学堂、安徽公学中发展“岳王会”，准备武装起义，其中柏文蔚、常恒芳都是骨干分子。

1906年，浙江光复会的主要成员徐锡麟到安庆，被委任为巡警会办，他在巡警学堂中积极发展光复会会员，又与岳王会在安庆新军中的骨干取得联络，为起义做准备。1907年7月6日，徐锡麟借巡警学堂举行毕业典礼之机，拔枪刺杀了到场检阅的安徽巡抚恩铭。

1908年11月19日下午，安庆新军中的革命党人，趁各镇新军在太湖县举行会操之机，于叶氏会馆举行会议，决定当晚起义，他们公推炮营队官熊成基为安庆革命军总司令。当晚，驻在玉虹门和东门外的马营、炮营同时攻城，起义军首先攻占了菱湖嘴弹药库，然后集中力量攻打安庆城北门。由于城内步营未及时接应，加之安徽巡抚朱家宝的镇压，起义失败。这就是有名的“安庆马炮营起义”，又称“熊成基安庆起义”。起义军领导人炮营管带熊成基（江苏江都人，光复会会员）、步兵管带薛哲、马营管带倪映典都是秘密的反清志士。这些起义虽然失败了，但革命浪潮猛烈地冲

1907年	1938年	1941年	1947年
徐锡麟在安庆起义，枪杀安徽巡抚恩铭。	安庆被日军攻占，安徽省会临时迁往立煌县（今金寨县）。	皖南事变爆发，新四军军长叶挺被扣押。	刘邓大军千里跃进大别山。

击了清王朝的反动统治。

淮海战役和渡江战役

2012年，渡江战役纪念馆在合肥开馆，展馆建筑气势恢宏，馆内采用了不少多媒体技术。

1948年11月6日开始的淮海战役，是中国人民解放军继辽沈战役之后，由华东野战军和中原野战军对国民党徐州集团进行的一次战略性的大规模歼灭战，国民党方面称之为“徐蚌会战”。华东野战军的16个纵队、中原野战军的7个纵队和地方武装共60万人，国民党军方面则投入了7个兵团、2个绥靖区、34个军的兵力，约80万人。

安徽是淮海战役的主战场之一，濉溪县临涣镇是淮海战役总前委所在地。全歼国民党黄维兵团10万余人的双堆集歼灭战，就是在濉溪县打响的。人民解放军在战役中相继歼灭了国民党军黄百韬、黄维和杜聿明三大兵团。淮海战役之后，国民党精锐主力全部丧失，暂时凭借长江天险占据江南半壁，但已缺乏足够的兵力来组织有效的防御了。

淮海战役结束前，中央就开始谋划渡江作战。1949年4月20日，人民解放军在“打过长江去，解放全中国！”口号的鼓舞下，发动了渡江战役。渡江战役是人民解放军实施战略追击的第一个战役，也是解放军向全国大进军的起点。安徽境内的八百里长江，是渡江作战的主战场。渡江战役总前委和中共中央华东局、华东军区机关先后移驻蚌埠孙家圩子、肥东瑶岗村，使这里成为渡江战役的军事指挥中心和华东地区的政治决策中心。繁昌县荻港镇是中国人民解放军中路大军渡江先遣队最早的登陆处，也是百万雄师横渡长江天堑的最早突破口。

中国农村改革第一村

大包干纪念馆新馆位于小岗村，复原再现了当年的情景。

2018年是中国改革开放四十周年，“小岗村”这个名字被新闻媒体频频提起。20世纪70年代时，中国农村仍然实行人民公社集体劳动制度，生产效率非常有限。1978年11月24日晚，在安徽省凤阳县小岗村村民严立华家的两间茅草房里，18人按下手印，签下“生死文书”，秘密搞起了“土地大包干”的包产到户，走出了中国农村改革的第一步。小岗村改革得到中央领导人的首肯，家庭联产承包责任制得以在全国农村推行，这一事件也被官方认定为中国农村改革的序幕，小岗村成为了中国农村改革第一村。

虽然小岗村起到了引领中国农业发展的历史作用，但这个开时代先河的村落却并没有达到理想中的“富裕”的生活水平。2016年，小岗村成立了集体资产股份合作社，2018年，小岗村集体经济收入达1020万元，村民人

1948年	1949年	1952年	1978年
淮海战役。	渡江战役。	合肥被确定为安徽省新省会。	小岗村包产到户。

人持股，都得到了股份分红。旅游业也是小岗村的重要收入来源之一，如今这里村舍整齐道路通达，每日迎接游人们前来参观探访，希望可以借旅游业的上升势头，继续发展改革第一村的经济。

借东风，得发展

作为中国中部的传统农业大省，安徽是劳动力的主要输出源之一，到了当代，许多年轻人走出安徽，到周边经济更发达的区域工作和发展。尤其在长三角的经济向心力作用下，不止是来自省内的广大劳动力受到这一区域的吸引，安徽本省的工业布局也呈现偏重顺长江亲近东部的趋势。

2010年，安徽的合肥、芜湖、马鞍山和安庆等8个地级市正式加入了长三角经济区，而从每年的经济数据来看，这些入围长三角的城市总能拿出在省内排名靠前的生产总值成绩。借长三角的东风来发展经济，是今日安徽发展的新机会和新方向。

近十年来，中国的旅游业发展热火朝天、一日千里，同样由于近邻的地缘优势，安徽成为长三角地区短途游的热门目的地。黄山是安徽的传统旅游名片，也在全国瞩目的风头浪尖上，虽然景区内出现过"以环保为由禁售方便面""国庆节假期游人滞留无法下山"等争议话题，但不可否认的是，整个景区的管理和服务日趋规范。其他大部分景区和景点也与黄山类似，比起不规范行为，过于规范和统一标准，而使景观失去了当地的独特性，成为旅游产业流水线上的标准化产品，这或许是如今安徽旅游更值得关注的话题。

2000年	2013年	2015年	2018年
9月30日，安徽境内长江河段上的第一座桥——芜湖长江大桥（公路铁路两用）建成通车。	池州九华山机场正式启用，目前已开通来往于国内部分大城市的航线。	6月，合福高铁正式通车，乘高铁即可直达黄山景区。	安徽省全省生产总值达到30,006.8亿元，首度跨越三万亿门槛。

安徽人

对南方人来说，安徽是北方，对北方人而言，安徽又是南方。而在安徽境内，长江、淮河横穿而过，又将它本身分成了南方和北方。这样的地域分割造就了安徽内部两种不同的风土人情——皖北的豪爽和皖南的细腻。两者的碰撞，必然擦出各种有趣的火花，而这样的结合，也恰好让安徽成为旅行者观察中国南北文化差异的微缩模型。

皖北亳酒出英雄

自古以来，淮河流域旱涝频仍，沿淮两岸深受其害，加上这里历来是兵家相争之地，皖北人的生活始终充满了“不安”两字。这样的状态让他们富于斗争精神，民风刚毅豪迈，皖北由此成为梁启超所描述的“代产英雄，龙跳虎卧”之地。

传说中大禹治水“三过家门而不入”的故事就发生在淮河流域，“神禹”的功绩让中国建立了第一个世袭王朝；姜太公“钓”到了周文王，助其立国兴邦；管仲辅佐齐桓公成为春秋“第一霸主”；张良“运筹帷幄之中，决胜千里之外”；三国纷争，曹操雄霸天下，“对酒当歌，人生几何”，豪迈苍劲的建安风骨是典型的皖北文化。

“铁面无私包青天”的故事在中国家喻户晓，而这位以清廉公正闻名于世的青天大人包拯的故乡就在合肥。至今，包公园、包公祠、包公墓都是游客来到合肥的必访之地。

鲁迅认为“是酒催生了魏晋风度”，也许就是让汉献帝忘乎所以的亳州九酝春，让心怀江河的诗酒英雄涌现了出来，也让皖北人以争强斗狠、酒风豪迈著称。凤阳人朱元璋从乞丐变身为明朝的开国皇帝；清朝末年，中国落后挨打之时，李鸿章倡导洋务运动，试图走出“自强求富”之路。只是，皖北人的生活一直都谈不上安稳，对于始终祈求安贫乐道的皖北人，老庄的思想成为恰如其分的安慰。

千百年来，安徽的经济始终不比江浙一带，尤其是皖北。改革开放以来，这里的很多人为了生活奔走他乡，长江三角洲就是他们外出“寻梦”的主要选择。他们保有敢打敢拼的精神，吃苦耐劳，在江浙打拼出了自己的立足之地。近些年来，随着劳动力越来越珍贵，离家务工、终年辛劳的人们也得到了越来越多的善待。

皖南山水有鸿儒

历史上的四次大规模“乱世”，让不少中原地区的世家大族避难迁徙到了这片皖南山区，并选取风水宝地聚族而居。他们不仅带来了中原地区的先进文明，也带来了孔孟儒学。这片山峦叠嶂虽阻碍了对外交通，却成了孕育文明的温床。

新安理学很大程度上影响了宋朝以后的中原文明，朱熹成为配享孔庙的“孔门十哲”之一，皖南书院供奉的都是朱熹的画像，他几乎享有了跟孔子平起平坐的待遇。以方苞为代表的桐城派崛起后，有了“桐城文章甲天下”的美誉。戴震在考据学上开创了皖学派，成为清代朴学主要的代表人物。以陈独秀和胡适为代表的先进知识分子们，引领、推动了新文化运动，白话文的普及提升了国民的学养和教育水平，更改变了整个中国现代文学史。堪当“万世师表”的陶行知和用哲学思想看待美的朱光潜，成为各自领域的拓荒者和泰斗。除此之外，徽雕、徽剧、徽菜皆是独领风骚的地方特色。丰富的才情，多样的技艺，让皖南人对于自己的文化底蕴深信不疑。

皖南人温和含蓄，陶醉于世外桃源，他们洁身自好，冷峻孤傲。这种与世无争的性格，让皖南的文化一直呈现出过于低调的状态。如今，大名鼎鼎的“徽州六县”被分到了两省三市。歙县、黟县、休宁、祁门归属黄山市，绩溪划分到了安徽宣城市，而婺源县则归属江西省上饶市。这样的分裂局面让很多徽州人感到惋惜。加之，皖南山区与外界的阻隔由来已久，历来多是徽州人走出去，少有外人探进来。不过，随着多条高铁在皖南腹地规划、修建，这里的传统文化也将越来越被世人所见。

富而张儒，官而护贾

徽商的诞生始于无奈。当年，徽州不雨则旱，一雨又涝，山多田少，当地人不得不背井离乡，外出经商。本身的文化基础让徽州人“更有头脑”，加上吃苦耐劳，一群群“徽骆驼”和“绩溪牛”成为了以“勤劳、诚信、节俭”闻名的徽商。鼎盛时期，徽州盐商资本达四五千万两白银，而清朝最高峰时的国库存银也不过七千万两。徽商发展之快，除了富商们踏实的经商原则之外，还必须归功于他们善用“以儒为体，以贾为用”的头脑，他们通常都与官场中人关系甚好，又与士大夫有文化上的共同语言。此外，安徽人重视血缘和地缘，父带子，兄带弟，亲帮亲，邻帮邻。这种宗族性的扩展使徽商发展成中国一大商帮。

“一世夫妻三年半”这句老话，讲的就是当年徽商辛酸的生活状况。一对夫妻一般共度三四十年，但因为丈夫始终经商在外，真正能一起生活的时间也不过每年中的一个多月，加起来一辈子也只有三年半罢了。

可贵的是，通过经商积累财富之后，徽商们并没有挥霍浪费、骄奢淫逸，世世代代都被教育“万般皆下品，唯有读书高”的徽商不但带动了安徽的经济，也对整个徽州文化的发展起了推波助澜的作用。从投资兴建书院，到资助“徽班进京”，书画、版画的发展，都离不开背后徽商的鼎力支持。

如今，宣纸、徽墨、歙砚依然传承着不变的手工技艺。胡雪岩的“胡庆余堂”秉承“戒欺”的店训，开遍大江南北，由它代表的中药文化成为了国家级非物质文化遗产之一。同时，“新徽商”群体正在省内外、海内外逐渐

安徽女子

汉末三国，有倾城倾国的绝代佳人“江东二乔”，籍贯庐江郡皖县，便是今日安徽的潜山。而在《孔雀东南飞》中，“指如削葱根，口如含珠丹，纤纤作细步，精妙世无双”的刘兰芝，也是安徽安庆人。或许刘兰芝代表了那个年代牌坊下的女子命运，她们是安徽女人勤劳踏实的写照，对生活的要求只是“你耕田来我织布”的朴实无华。而现代史上的“合肥四姐妹”（张元和、张允和、张兆和、张充和）则为安徽女人——甚至为新时代中国女性树立了知性、独立的形象典范。除此之外，从20世纪40年代走红上海滩的上官云珠，到当今演艺界的赵薇、蒋雯丽、周涛、李小璐，又为安徽女人拿下了“水色好”（安徽话，水灵漂亮）的标签。

壮大。创下神话的史玉柱、奇瑞汽车的掌门人尹同跃、百度CEO李彦宏和苏宁的张近东等等，也正给“徽商”的传统意义赋予新的象征。

谁能代表“安徽人”？

安徽的南北差异说来话长，很长一段时间安徽的长江两岸都分属不同的政区。宋代，皖北属淮南东路，皖南属江南东路；元代，皖北属河南江北行省、皖南属江东建康道，直到清代，江南省东西分离才有了现在的安徽省。地域、历史的不同，让一省之内长久存在着难以调和的文化差异，皖南人、皖北人在省外迥然不同的形象也曾引起不少争议。

从20世纪80年代起，大量外出务工的皖北人，曾是“安徽人”的形象代表。他们吃苦耐劳，大城市里乏人问津的艰苦岗位往往都由他们挑起重担。但是，蛮劲十足、不拘小节的皖北人总是和江南一带的精致文化格格不入，这种备受微议的“安徽人”形象压倒了一向以书香文化自豪的皖南人。孤傲的文人气质让他们不屑与北方人一较高下，也不去辩驳外人对“安徽人”的诋毁。只是在对外介绍自己时避开“安徽人”的字眼，称自己是黄山人、宣城人……

由此引发的“南北之争”曾在网络沸沸扬扬，直到近些年才有所缓和。本土的经济发展和人口流动，让“安徽人”的负面形象逐渐淡去，年轻的一代也摆脱了“扣帽子”的习惯，对地域的差异变得更具包容性。加上旅游热浪的推动，关于谁能代表安徽人，旅行者们都会选择亲自来到安徽寻找答案。

宗教信仰和民居习俗

早在唐开元年间，九华山就已经开创了地藏菩萨的道场。到了明代，佛教日益兴旺，九华山大大小小的寺庙已经超过了100座。“九华斋菜”也因此有名起来，当地餐馆还推出了各种以佛命名的菜式。

安徽作为中国道教鼻祖老子的诞生地，道教历史源远流长。被尊为中

安徽的方言

汉语的南北方方言大致以长江分界，而安徽恰好地跨大江南北，省内共存着多种土著方言和移植方言。不但南方和北方语言不通，即便在皖南山区内部，都说徽州话，但依然是“同山不同音，问路带翻译”。

皖北中原官话：以阜阳话为代表，分布在淮河以北和沿淮南岸一带。“不知道”会被说成“知不道”。

皖中江淮官话：以合肥话、淮北的怀远话为代表。主要分布在安徽的中部。“你去不去？”会被说成“你可去？”

皖西赣语：以岳西话为代表，通行于岳西、太湖、潜山、宿松、望江、怀宁、东至、贵池等地。“给我钱”会被说成“把钱我”。

皖南宣州吴语：以铜陵话为代表，分布在长江以南、黄山以北和以东的各县。和苏浙一带的“吴侬软语”发音有些接近。“是不是？”会被说成“啊是？”

皖南徽语：以歙县话为代表，分布于新安江流域的徽州地区。“再玩一天吧”会被说成“嬉一日添”。

皖南客籍话：大多来自各地移民，包括湖北话、河南话、江北话、湖南话、闽南语等。

国道教四大名山之一的齐云山，也被列入七十二福地，被称为“福寿山”。在每年从农历七月初一开始的齐云山香会期间，来自皖、浙、赣三省周边地区的善男信女皆会来此朝拜。

安徽与天主教最早的交集记录在《青阳集·合肥修城记》中，元朝时名为马世德的天主教徒曾在合肥做官，正是他将西方信仰带入了安徽。而伊斯兰教的传入，则缘于元代信仰伊斯兰教的中亚、西亚商人在江淮之间的来往通商。

此外，一些地区性的民间风俗在安徽流传甚广。比如阜阳地区将中秋节过成火把节，每年“春祭”和“秋祭”池州会上演傩戏，与南京相连的郎溪县会举行“跳五猖”。这些古老而神秘的祭祀方式，是古人与自然界、与超自然的精神世界的交流方式，但无论如何，这些都反映了百姓祈求生活安康的朴素愿望。

在九华山要过两个大年。一是腊月二十九，这天可以吃荤食，叫“荤年”，第二个是腊月十三至正月初三，此时只能吃素，叫“素年”。一般来说，人们都会在过完荤年之后，再开始祭拜敬香，吃斋饭，直到素年过去。

建筑和艺术

青山逶迤之间，点缀着粉墙黛瓦，远看清淡素雅，近观斑驳沧桑，薄雾缭绕，虚实相生——当你亲身走入徽州大山，便会发现水墨画里的缥缈仙境原来都是写实之作。安徽有句自夸的话，"吃在杭州，玩在苏州，死在徽州"，历朝历代诸多文人雅士最后都选择在此隐归田园，而这片青山绿水间的桃花源不但成为诗书、绘画的萌发之地，更催生了圆融自然的艺术哲学。

建筑

无村不卜，以水为灵

徽派建筑的精华不在于几座独领风骚的大宅，而是那一座座记录着古代智慧的传统村落。它们看似浑然天成，却绝非随性而建。你会发现，这里的村落总有几个相似之处——背靠青翠的山峦，前有开阔的平地，村内屋舍俨然，一条蜿蜒的溪水绕村而过——这就是徽州村落讲究的"枕山、环水、面屏"。安徽人笃信"风水"，每个村子从选址开始都要"卜"一下，从村口的位置到房屋的朝向，都有一套严格的规制。山峦是整个村子的屏障，环流的溪水就是村子的血脉和灵魂，风水体系上称为"水口"。中国人相信"遇水生财"，在一个村子中"引水（财）入村""守水（财）锁阴"相当重要，尤其是对于有经商传统的徽州人。黄山脚下的宏村就是引水入村的最佳案例，村形结构如牛，溪水从山间跌落，流至村口有两棵参天古树"把守"，顺着水圳（水渠）一路经过家家户户，最终汇入形似牛胃的月沼（蓄水池），池边建以祠堂，点出村子的中心。从步入村子的顺序来看，水口、街巷、祠堂、民居，随着水流构成一个"起、承、转、合"的顺势过渡；从实用角度来看，清澈的水源终年不竭，常年不腐，不但利于居民取水用水，还有利于防火防灾；月沼中恰好倒映出屋舍园林，连同背后的群山，又形成了一道额外的天然景观。这种利用自然又顺应自然的"风水阵形"，可以说，是现代城市规划都苦苦追求又无法比拟的。

四水归堂，财不外露

徽商在明清进入鼎盛时期，大量的财力被投入到了光宗耀祖的建宅事业之中。本地发达的手工艺又为其锦上添花，巧夺天工的雕梁画栋不施彩绘，保留石、砖、木的本色，让安徽古民居奢华却低调，在中国南方传统建筑中自成一派。

徽派民居结构方正，大门考究，外墙封闭，空间紧凑。大门皆为双扇，门洞不大，但门楣、门罩都会套上好几层，大户人家还会扩建成八字型，并饰以讲究的砖雕和字匾。屋内设计更是巧妙，中部厅堂采用抬梁式架构，减少中柱，获得宽敞的空间；而两侧的厢房则使用简易的穿斗式，小巧而安逸。民居的围墙对外皆不设窗，这曾被世人指责徽商闭门自守。然而从建筑学的角度来说，这样的设计最节省两宅拼接的用地，对于土地并不宽裕的徽州，反倒是最大限度地保证了紧挨两宅的私人空间。至于人们津津乐道的“马头墙”，起初是预防火灾的封火山墙，但别出心裁的徽州人将其设计成了青瓦小顶的阶梯状，连同洁白的粉墙，远看酷似白马配黑鬃，成为了徽派建筑的标志之一。

外部看似方正、封闭的民宅，其实内部不乏灵动。除了“无窗不雕花”的精心装饰，“有堂皆设（天）井”成了整栋宅子的亮点。开放的顶部方便厢房采光、通风，屋檐四面围拢，倾斜的坡面恰好能让雨天的水流顺着屋瓦汇入内厅，形成漂亮的水帘。这一有趣的装置艺术被叫作“四水归堂”，几乎是家家户户的标配。据说是有“聚财”的意味。同时，由此聚来的雨水往往被收入水缸或导入水圳继续利用，实则蕴含了先人借水于天的智慧。有些大宅还会在天井中加设石桥和围栏，增添情趣。因此，造访徽州民居若逢雨天，反而会“因祸得福”——雨水增效的斑驳粉墙和视听兼备的四水归堂都是艳阳高照时见识不到的画面。

皖北民居更接近北方的合院式建筑，同样不乏装饰精美的深宅大院，比如六安的李氏庄园和合肥的李鸿章旧宅等。

奉先有祠，起居有堂

安徽人讲究宗族聚居，一个村子基本都是同姓同宗，每村、每姓都有宗祠和几个分支姓氏的支祠。祠堂不仅是祭祖之地，也是整个村子的精神中心。一个村子是否人丁兴旺、背景殷实，走进祠堂便能略知一二。

祠堂的位置必然风水上佳——连接着正街，毗邻书院或家庙，门前有足够宽敞的小型广场，建筑规模也必定是村中最宏大的一个。典型的徽州祠堂采用“三进两天井”，依次有门楼、享堂和寝楼，相互之间以天井相连。通常来说门楼是值得驻足欣赏的地方，村民会不惜财力、物力、精力将这个“面子工程”打造得气宇非凡，按照当地说法，叫作“千金门楼四两屋”。门楼的形态、大小因村而异，最气派的要数五层歇山顶叠成的“五凤楼”，绩溪龙川胡氏宗祠就使用了这种规制，还在门楼前加设了照壁，将流经的溪水揽为月沼。中部的享堂一般不设隔扇门，是祭祖仪式的举办地。为使其宽敞气派，会尽可能采用大跨度的额枋，比如西递村的敬爱堂，开间可达10米，是皇家家庙才会动用的大工程。最后一进的寝楼用来供奉祖先牌位，历史悠久的家族还会加设夹室或阁楼，用来安置最珍贵的祖物。呈坎村宝纶阁的二层就专门用来存放皇帝的纶音圣旨。为了表示敬重祖先，从门楼到寝楼，祠堂会建造成逐次抬高的地势，从而营造出一种登堂入室的仪式感。另外，作为家族祭祖庆典的场所，祠堂内也经常需要戏班助兴。大型的祠堂会有附属的戏台，有些则将仪门兼做戏台。开演时天井便成为了观众席，两侧的廊庑则是旧时的“女眷专坐”，因此，有些祠堂还专门将其扩建成了双层。

徽州牌坊多，歙县是老窝

具有“中国特色”的牌坊，既是一个时代的缩影，也是一个独特的建筑体系。据说，旧时的安徽曾有上千座牌坊，其中号称“程朱阙里”的古徽州自然是牌坊的大观园。在清代记载中，光歙县就占了186座，留存至今的也还有73座之多。

牌坊的树立大多为旌表科第、功名和忠、孝、节、义的美德。按照批复皖北也有精彩的装饰建筑。亳州的“花戏楼”雕刻、彩绘绚丽夺目，戏楼的铁旗杆、山门、砖雕被誉为“三绝”。

方式和出资方的不同，依次分为“御赐、恩荣、圣旨”三个等级，凡是皇家认可的牌坊都能看到这三个头衔。牌坊的形式多样，最常见的是“屋宇式”和“冲天式”，区别在于有没有高过屋檐的冲天柱。规制上最直观的区分方法，就是看有几根立柱。最简易的只有两柱，普通的为四柱，如果达到了六柱，那就是皇家气派了。每两柱形成一间，如果牌坊顶端有屋檐结构，就称为楼。这样一来，牌坊就有了几柱几间几楼的形制。数字越大规制越高，一般臣民只能建四柱三间，但歙县老街上的许国石牌坊独树一帜，有八个立柱，并且形成奇特的四方型。石坊四面的内外侧皆雕有不同寓意的精美图案，集绘画、书法、雕刻等工艺于一坊，被认为是古代牌坊中的杰作。

牌坊原本只设立在祭祀的祠堂门前，随着富商的大力出资，逐渐普及到了桥头、村口，以便让来来往往的村民反复纪念和温习。现今的留存中，棠樾村的牌坊群是最具气势的一组，从村口由东向西一列排开七座，以“义”坊为中心，按照“忠孝节义节孝忠”的顺序排列，首尾旌表的分别是祖孙俩代，恰好符合传统观念中一脉相承、一慈一孝的对应。这可以说是当时恪守礼教伦理体系的最佳写照。

一宇之上，三雕骈美

徽州三雕称绝，三雕指的是木雕、砖雕、石雕。雕刻可以说是徽派建筑的神来之笔，徽州人擅长手工艺，又得益于徽州绘画、版画甚至戏曲的影响，使得徽雕精美绝伦，妙趣横生。

在民居和祠堂中，不同的位置、材料都会施以不同的雕刻。门楼和八字影壁上以砖雕居多，石雕运用在牌坊、柱础、抱鼓石上，而建筑其余的木结构，月梁、斗拱、斜撑、雀替、驼峰，以及屋内的门窗、隔扇则必然无一

安徽古建之殇

安徽的建筑，尤其是徽州古建，其珍贵的价值世人有目共睹，但它们的命运却似乎每况愈下，哪怕撇开文革时期的毁拆浩劫，当下的现状也令人堪忧。

曾经辉煌的明清建筑，遗留至今已是百岁高龄，它们的继承人往往负担不起高昂的维修费用，政府有限的财政收入也只能优先国家、省级文物保护单位。名单之外、偏远山区的古建，大多只沦为废弃的命运。无人看管的状态让偷盗猖獗，随之而来的走私、贩卖也屡禁不止。甚至还有一些“古宅中介”，专门为一些偏远老宅物色新主。对于房主来说，他们情愿以低价将这些“又暗又湿、四面透风”的“破石头烂木头”尽早脱手，换取新居。甚至有村民几次上诉，恳请政府摘掉“文物保护建筑”的帽子，好将其出售。间或不少民间收藏家和商人充当了“抢救买手”，他们将这些精美的旧宅购下，或拆除雪藏，或迁移重建。因此，一些惊艳的藏品往往会出现在当地的私人博物馆，而合肥、绍兴、上海都纷纷出现了从皖南“动迁”过来的古建筑。

主张“建筑共生文化”的人士痛惜古建的流失，强烈抗议此类事件。而事实上，即使没有人为因素，这些古建在自然的侵蚀下，倒塌速度也快得惊人。政府也一度难以为这种民间买卖的行为划出底线。黄山市文物局局长都曾无奈坦言，和原地倒塌的老宅比起来，流失的建筑只能算是极少数。近些年，政府逐步意识到文化旅游的前景，开始将徽派建筑“市场化”，通过招商引资的方式，让不少皖南古村获得了新生，成了开门迎客的景区。不过，即便如此，依然有不少“市场不好”的老宅只能自生自灭。同时，人们也开始意识到，哪怕资金到位，有能力修复传统徽雕的手工艺人却越来越难找。

遗漏地施以木雕，且一户之内的图案、纹样都少有雷同。雕刻的题材包罗万象，其中以神话传说和戏文故事最多。“八仙过海”“三英战吕布”“千里走单骑”这样的画面最常被雕刻匠人演绎。而徽雕的独特之处在于“分层”，这些雕刻皆为立体浮雕和透雕，人物和背景层层分离，由远及近，大到园林山川，小到桌上一杯茶，门上一环锁，都丝毫不差地还原在你眼前。因此，徽雕的技艺比拼的就是层数，一般至少五六层，工艺登峰造极的可达九层，你甚至需要动用放大镜才能捕捉到匠人的细节用心。尤其在月梁上，借由足够的长度，整个画面可以同时呈现多个剧情，让人有展开手卷画的观看体验。徽雕的人物刻画充满戏剧的夸张，动作、神态尤其鲜明，且形体圆润，憨态可掬，颇有几分Q版的可爱。不过，要在这方寸之间将人物和故事表现得淋漓尽致，所花费的工夫也相当惊人，比如黟县卢村“志风堂”的木雕楼就花去了足足十三年才得以完工。

安徽四大剧

不少人寻着京剧的源头来到安徽，而在安徽本土，有着更多丰富的剧种，它们历史悠久，且传唱至今。

“树上的鸟儿成双对，绿水青山带笑颜。”大江南北估计谁都能哼上这么一句。这就是黄梅戏《天仙配》中最脍炙人口的一段。**黄梅戏**的历史可以追溯到乾隆年间，它的雏形其实是农村的采茶歌，因曲调上口而广为流传。到了咸丰时期已经演变成可以演大型剧目的“本戏”。如今，质朴细腻、真实活泼的黄梅戏，不仅风靡全中国，在外国也备受青睐。安徽本土对黄梅戏自然热爱有佳，但凡公园、广场都能听到颇具功底的练唱。

更值得一提的是**徽剧**，它的发展颇有戏剧性。徽戏的原产地并不是徽州，而是安庆，但却在徽州地区发扬光大，形成了独特的徽调，也称“二簧腔”。乾隆八十大寿时，徽商资助“三庆班”进京献演，从此名噪华夏。在著名的“徽班进京”之后，徽戏得以在皇城根下生长。除了本身自带的昆腔、二簧调之外，戏班还吸收了京城一直流传的秦腔等四方之音，顺应着北京观众的口味，逐渐形成了后来的“国粹”京剧。但徽戏本身没有因此消失，即便和地方剧种有着血缘上的关系，却一直与京剧并存，同源不同流地保存着自我特色，且一直自成一派。

庐剧是产于合肥的本土剧种，旧时称为“倒七戏”，源于大别山和江淮之间的歌舞，后融汇了多种唱腔和剧目，所以乡土气息浓郁。庐剧打击乐丰富，往往一种戏就有一套锣鼓经。表演时演员不断用假声演唱，俗称“小嗓子”，还时有高亢嘹亮的帮腔吆台，以烘托剧情、渲染气氛。有趣的是，因为不少地方的唱法都带有哭腔，庐剧一度被评价为“中国最难听的戏剧”。初听者可以从六安的西路庐剧入门，据说是其中最好听的一个。

凤阳的花鼓戏，祁门的目连戏、洪山戏和花鼓灯，以及池州的傩戏，也都有着悠久的历史和鲜明的地方特色。

泗州戏也称“拉魂腔”，传唱的历史也已有200年之久。据说是因为女声唱腔婉转柔情，有“拉魂”的魅力而得名。泗州戏传唱于淮河流域，由民间说唱发展起来，又其基础上大量吸收民间的“旱船舞”“花灯舞”等舞蹈表演。不太受传统戏曲的程式所限，发挥自由，质朴爽朗，充满浓郁的皖北乡土气息。不过相比另三大剧，泗州戏1920年前后才有固定的班社，之后这门传统技艺也一度因为听众寥寥，濒临失传。2012年，安徽政府果断出手保护这项非物质文化遗产，在宿州开设泗州戏学院，设立了专门的泗州戏本科班。

新安画派

徽州文房四宝

歙砚：涩不留笔，滑不拒墨，多年宿墨，一濯即净。

徽墨：拈来轻，磨来清，嗅来馨，坚如玉，研无声，落纸如漆，万载存真。

宣纸：肤如卵膜，坚洁如玉，细薄光润，冠于一时。

宣笔："锐、齐、圆、健"，四德兼备。

古徽州最初置郡新安，史书上"新安"和"徽州"两个地名也时常混用。虽然不少地方特色都以"徽"字冠名，如徽墨、徽雕，而唯独绘画，因为画家籍贯全出新安，而以新安命名。新安画派在明末清初异军突起，成为与当时一味拟古之风格格不入的"先锋艺术"。追溯其源头，是并称为"新安四家"的查士标、孙逸、汪之瑞和僧人渐江（弘仁），而其最著名的传承和开拓者，便是近现代书画界与齐白石比肩的"南黄"黄宾虹。

新安画派的形成离不开历史背景，明、清两代交替之际，文人不满于清廷统治又不愿与之妥协，于是隐逸山林，以黄山、齐云山等徽州山水为题材，将丘壑融变于胸中，化然于纸上。所以，新安画派的画风大多枯淡幽冷，崇尚幽远。对比传统的古法，他们极少使用皴擦与渲染，剔除文人一贯的温婉、羸弱，透出另一种冷峻的出离之气。同时，他们摒弃传统绘画事无巨细的雕琢，侧重运用线条和块状结构勾勒，笔法利落，详略得当。现在看来更有接近素描、速写的意味。

近代的徽州画家也多受新安画派的启蒙，刘海粟、张大千、李可染、赖少奇等著名画家都被认为是新安画派的继承人。

饮食

大山大河盘踞于此造就了诸多不同——淮河从北部经过，将中国的南北分割线拉到了安徽，让米和面的关系瞬间变得清晰；长江在中南部划了一道斜线，不仅带来了江边的美味，也造就了独特的烹饪手法；新安江在南部发源，一路流向有“人间天堂”美誉的苏杭地区；此外，大别山区和皖南山区坐镇两头，山间植被多样而物产颇丰。

神奇的地形让安徽饮食呈现出三大流派——北部的沿淮菜，中部的沿江菜和南部的徽州菜。虽然徽州菜是最拿得出手的头牌，但也别错过了中部的小吃和北部的面食。如果你有机会从安徽南部北上，就能从烟雨江南吃到豪情江北，一路品尝安徽的变幻滋味。

徽州菜

在八大菜系中，徽菜稳占一席。不过安徽菜（皖菜）和徽菜（徽州菜）并不是一回事，虽然如今安徽各地都打着徽菜的金字招牌，但只有皖南的徽州菜才担当得起真正的徽菜招牌。

古徽州包括如今的黄山市、绩溪县及江西婺源县。徽州境内多为山区，地少人多，亚热带的湿润气候带来了众多山珍野味，马蹄鳖、石鸡、石耳、问政笋、黄山山药等都是本地名产。徽菜的第一特色是新鲜，因山地的丰富产出而讲求新鲜活嫩，即使是用干货，也必须“纯天然”，黄山脚下的大个儿花菇就是一例；第二是火候，大厨凭经验将大火、中火、小火操持得炉火纯青，分别用于烹饪不同的食材和风味；第三是技法，除了炒、煮基本功，更善于烧、炖、熏、蒸，不少菜肴常用木炭风炉单炖单熬，原锅上桌，浓香四溢，体现了徽味古朴典雅的风貌；第四是食补，徽菜常以整鸡、整鸭、整鸽、整鳖煮汁熬汤，都源于滋补养生之道。

听到江南火腿，必然会想到金华。但民间还有句老话却是“金华火腿在东阳，东阳火腿在徽州”，地处徽州边缘的金华，是徽商的脚步最先到达的地方，金华也因此获得了长足发展。

从色味来看，徽菜有重油、重色、重火功的“三重”特色。炒菜用油是自种自榨的菜籽油，烹饪方法以红烧为一大类，而红烧的“红”，就表现在酱油的使用和着色上。传统烧制方法使用木材作燃料，柴火急烧，炭火慢炖，不同的燃料也大有讲究。

如今，人们总是认为徽菜就是农家土菜，却不知它曾经有过多么辉煌的一面。它发源于乡村小镇，是地方特色浓郁的农家菜，但是自从有了“徽商”，徽菜便上了档次，甚至徽州的社会风气都随之发生了由俭到奢的变化。徽商在把生意越做越远的同时，也把徽州菜带到了周边各地。江南菜里讲究吃鲜，其实这种习惯很大程度受到随徽商而来的徽菜的大排场影响，譬如南宋时，京城临安的徽商为了吃到家乡问政山所产的竹笋，每年总不计成本地遣人至家乡挖鲜笋，然后运至京城。

黄山和绩溪都称自己是徽菜的源头，实际上徽菜的发展跟这两个地方都密不可分。一般认为，歙县是徽州菜的发源地，但真正将徽菜推向各地

当地知识

保鲜失败的新发明

都说徽州菜讲究新鲜、原味，不过其代表菜品里也有异类。徽商以盐为主业，而正因为有了盐，才让这些貌似已变质的食材又获得了新生。

➡ **毛豆腐** 把稍硬的鲜豆腐切成条块，置于滤过的豆腐水中，浸泡几个小时，然后捞起平放于竹篮或木框里，上面稍稍撒上一层细盐，最后用厚布或木板盖起来，置于阴凉干燥处。几天后，豆腐表面就长出寸许霉菌丝，形如白色茸毛，这就是"毛豆腐"。油煎毛豆腐又称"虎皮豆腐"，下锅时毛会竖起来，形成斑斓的虎皮色。

关于毛豆腐的传说，一个跟明太祖有关，另一个则更可信：一个屡考不中的书生决心经营家传的豆腐生意，可是天气骤热，卖不出去，只好洒上盐水，希望能延长存放时间。不想无意间发明出了毛豆腐。徽州毛豆腐大致可分为四个品种，即蓑衣毛、鼠毛、兔毛、棉花毛。蓑衣毛很长，呈紫酱色；鼠毛较短，呈灰色；兔毛很短，起条，呈白色；棉花毛稍长，整绺的，呈白色。其中又以蓑衣毛豆腐的色、香、味最佳。

➡ **臭鳜鱼** 从前，每年入冬时，皖南沿江一带的鱼贩会将长江名贵水产——鳜鱼用木桶装运至徽州山区出售。为防止鲜鱼变质，他们采用一层鱼洒一层淡盐水的办法，经常上下翻动。抵达徽州已经是七八天后，但鱼鳃仍是红色，鳞也不脱，只是表皮散发出一种似臭非臭的特殊气味。当地人将鳜鱼洗净后，经热油稍煎，鲜香无比。如今的做法不再那么折腾，是用盐或浓鲜的肉卤腌制鳜鱼后，按照传统方法烹制，名字也成了"腌鲜鳜鱼"。这道"有味"的鱼上桌时，可千万别犹豫。

的是徽商，其中以绩溪商人数量最多，贡献也最大，徽菜大厨们也大多出自绩溪。

沿江菜

受长江与巢湖水系的恩泽，安徽中部平原土地肥沃而稻米流香，河网密集而河鲜水禽丰富，是安徽的鱼米之乡。沿江风味菜盛行于芜湖、安庆及巢湖地区，以烹调河鲜和家禽见长，菜肴清爽酥嫩又鲜醇，"菜花甲鱼菊花蟹，刀鱼过后鲥鱼来，春笋蚕豆荷花藕，八月桂花鹅鸭肥"，这是沿江一带的俗话，也概括了沿江的几例美味菜肴：蟹黄虾盅、毛峰熏鲥鱼、清炒蚕豆、红皮烤鸭。

江城芜湖的饮食集本地和周边特色之大成。煮干丝、红皮烤鸭都是大众所爱的菜肴，鸭血粉丝、芜湖汤包和虾子面都做得精致地道，很有南京菜的形式与味道，而梅花糕和腰子饼的精巧模样，也会让人想到苏州和上海的街头小吃。巢湖周边则靠湖吃湖，湖里野生的白银鱼、白丝鱼和白米虾合称"巢湖三白"，银鱼浦蛋汤、清蒸白丝鱼、青椒炒虾米……只需简单家常做法烹饪，都是一盘鲜嫩的滋味。如今巢湖水污染严重，野生湖鲜的品质可能会让人担忧，不过餐馆里日常供应的水产品，其实大多是沿湖养殖的产物。

作为省会的合肥并不在江边，却位于江淮之间，这里的菜肴融合了安徽南北的风格，口味也是咸鲜适中，烹饪手法上多用酱料附味，擅长烧、焖、蒸、卤等烹调方法。这里云集了众多徽菜大师，并以徽菜为基础开发了不少小吃。通过安徽省正式发布的《徽菜标准体系表》，"合肥菜"被纳入了徽菜范畴。不过，从街上的鸭肉烧饼、狂热的夜间料理和附近三河古镇的众多小吃来看，合肥菜代表了更多的江淮风格，李鸿章杂烩和包公鱼则是本地的具有历史特色的佳肴。

沿江菜的另一独门手艺是“烟熏”，当地称“火烘”。以青鱼为例，将青鱼切块腌制后，经过烟熏及卤焖，鱼肉变得软嫩而入味，带有一些烟熏的香味却又不至于失了汁水，以食醋相佐，别有风味。无为熏鸭、生熏仔鸡则有异曲同工之妙。

1906年，安庆胡玉美酱园采用川中辣酱风味，试制成“胡玉美蚕豆辣酱”。之后，在1915年的巴拿马万国博览会上，该辣酱获金质国际荣誉奖章。

沿淮菜

皖北已经是中原地界，这里的食物跟相邻的苏北、鲁南和豫东南接近，饮食习惯也类似，米食被面食代替，牛羊肉开始成为餐食中的重头戏。沿淮菜即淮河流域城镇的口味，菜式咸中带辣，喜爱勾芡和浓汤。本地名菜包括符离集烧鸡、地锅鸡鸭鱼、淮南牛肉汤、亳州牛肉馍等。

这里一马平川，土质肥沃，盛产小麦、山芋、玉米、高粱，所以当地人更喜欢面食。另外，由于这个区域是穆斯林聚集地，所以无论炒菜还是做汤，牛羊肉都是不可或缺的肉食，都以此为主料。亳州是华佗的故乡，也是中国最大的中草药市场之一，因此这里烹调牛肉汤时，也很喜欢在汤中加上党参、黄芪等温补药材，带来特别的滋味。和亳州的白汤不同，淮南寿县的牛肉汤配料非常丰富，还会添加口感香醇的豆饼和绿豆圆。

在蚌埠，人们喜欢油炸猪肉里脊，然后在上面撒上调料，再夹在新出炉的烧饼里。将其与牛肉汤相配，便是夜市上不错的一餐。当地把小龙虾称为“蚂虾”，蚂虾街差不多就是夜市的代名词。到了宿州，将德州扒鸡和红曲着色相互结合又不断发展而成的符离集烧鸡，以肉烂脱骨、肥而不腻著称，这里还有著名的撒汤，是做早餐下烧饼吃的浓汤，配方和做法却非常复杂，简单来说是牛骨汤炖鸡丝打上鸡蛋，做起来却需要至少3小时。阜阳是各种面食大集合之地，格拉条的外形和口感都和意大利面异曲同工，3~5斤一个的枕头馍更是进入了非物质文化遗产名录。

传统的皖北餐饮风格不算讲究，但越是在嘈杂的市场小摊上，越容易

这些也是徽菜?

明嘉靖至清嘉庆时期是徽商发展的黄金时代，他们控制着横贯东西的长江商道和纵穿南北的大运河商道，徽商在扬州、上海、武汉盛极一时，上海的徽菜馆一度有500余家，苏州、南京、杭州等地的徽菜馆也在当地餐饮业中扮演了重要的角色。

跻身于四大菜系之列的淮扬菜，因为徽州盐商的到来而备受影响。荷包鱼（鲫鱼塞肉）由徽菜沙地鲫鱼演化而来，徽州圆子、徽州饼、徽州三鲜面和徽毛包子等进入扬州后也经久不衰。

徽商最后的大本营在上海，《徽菜、徽厨、徽商对中国烹饪的贡献》一文中纪录了当时上海的徽菜馆和拿手菜：“就上海徽菜馆而言，大中楼和大中国的拿手菜是炒鳝背、炒虾腰、走油拆炖、煨海参；大富贵的拿手菜是红烧划水、沙地鲫鱼、杨梅园；大嘉福的拿手菜是清炒鳝糊、鸳鸯冬菇、菊花锅；大中华的拿手菜是红烧头尾、腐乳炸肉、大血汤；三星楼的拿手菜是红烧肚裆、走油蹄；鼎兴楼的拿手菜是三虾面。”

上海开埠之后，徽商的重要业务典当业一落千丈，这也让其受到重创而渐渐退出历史舞台。于是徽菜也被人们抛诸脑后。如今这些馆子大都不存在了，但创于光绪年间的大富贵仍在营业，前来光顾的上海人绝不会想到这是间徽菜馆子。另有一样现在仍能在老上海馆子里吃到的馄饨鸭，其实也是徽菜来到上海后的改良版。

找到土炉现烤的香脆烧饼，再和当地人一起坐在小桌椅前，吃喝一碗地道香浓的牛羊汤。而皖北的菜名也非常质朴有趣，例如流行于多地的地锅土菜，通常是用铁锅炖炒鸡鸭鱼，并在锅边贴一圈白饼做主食。地锅鸡有一个非常可爱的名字“小鸡喝饼”，生动描绘出白饼吸收鸡汁的美味细节。

豆腐的家乡

豆腐到底是谁发明的？这仍然是个未解的谜题。不过，大多数人认为，西汉时的淮南王刘安是豆腐的发明者。这位藩王酷爱炼丹以及点金等黄白之术，一次在以石膏点豆浆时做出了豆腐。由他所著的《淮南子》一书中记录了豆腐的做法，而他与方士活动的八公山地区被认为是豆腐的发明地。

作为豆腐的衍生品，马鞍山采石矶茶干已经有200多年的历史，还曾经是清廷贡品。无论是当零嘴还是作为菜肴的原料，这种茶干都是韧性十足、营养丰富的美味。

寿县一侧的八公山脚下有村庄以做豆腐为业，近几年还建成了豆腐文化园。有名的八公山豆腐以山泉水和优质大豆制成，托于手中晃动而不散塌，掷于汤中久煮而不沉碎。要是数人同行，不妨试试本地的“豆腐宴”——豆腐加上淀粉竟然可以吃出鸡肉的味道，也能裹住凤尾虾油炸，还能做出饺子皮，水煮而不烂，甚至能炸出炸猪排的模样。

无论在皖南还是皖北，都能吃到好吃的豆腐和豆制品。凤阳出了皇帝也喜欢的洪武酿豆腐，三河镇有鲜嫩的河蚌烧豆腐，芜湖人酷爱煮干丝，合肥人则偏好油炸臭干，皖南人的毛豆腐令豆腐更具风味。腐乳则是四季都能吃到的家庭必备品，青方、红方、糟方、火腿腐乳、虾米腐乳、辣腐乳，随便哪一种都会让一碗白粥立刻充满生气，也会给一碗红烧肉锦上添花。

山间产名茶

中国十大名茶，安徽占了三席。**黄山毛峰**、**六安瓜片**和**祁门红茶**，是来自皖南山区和大别山区的特别馈赠。

孕育在云蒸霞蔚中的黄山毛峰，茶芽格外肥壮，泡起来时嫩芽一个个立在水中，一股清香扑鼻而来，据说若用黄山泉水来冲泡，则更佳。在皖南，还有屯溪绿茶、太平猴魁、老竹大方等闻名遐迩的绿茶。黄山的自然条件优越，有云雾滋养却无寒暑侵袭，因此是极好的产茶之地。

六安瓜片的外形奇特，呈现葵瓜子一样的片状结构，是中国绿茶中唯一去梗、去芽的品种。大别山东北麓的土壤和降水特别适合茶叶生长，产量

皖北几碗汤

安徽北部的人们爱面食，自然离不了就着面食喝的那碗汤。

➜ **澈汤：**澈汤的名字从谐音而来，也写作“啥汤”和“糁汤”。一般用老母鸡和猪骨等熬制，回族吃法则用羊脊椎等熬制。这是名震豫鲁苏皖四省交界处的早餐食品，随便一个汤馆一早上便能卖出好几百碗。

➜ **胡辣汤：**这碗汤最早出自河南，在皖北也能见到。在高汤中加入数味中药材，再加上胡椒、辣椒以及一些荤素配菜，吃起来很像南方的酸辣汤。无论是油饼、馍馍、包子还是油条，面食加胡辣汤就是一顿美味的早餐。

➜ **牛肉汤：**听上去并无特别之处，但淮南牛肉汤却很不同。它由牛肉、几十种药材及卤料经传统工艺熬制而成，所以格外滋补。

名人与安徽菜

➡ **洪武豆腐** 又名“凤阳酿豆腐”。据说，朱元璋幼时家贫，靠乞讨度日，一日在凤阳城内某饭馆讨得一块“酿豆腐”，感到美味无比，便常来讨食。他当上皇帝后，便将厨师召入宫中，专制此菜，因此，这道“洪武豆腐”曾被列为贡菜。在嫩豆腐里夹入猪肉末、虾仁末等，裹上鸡蛋粉糊，下油锅炸至金黄色，再用糖醋汁勾芡，烹制者如此下功夫，洪武豆腐当然能成为沿淮名菜了。

➡ **李鸿章杂烩** 李中堂是合肥人。据说，他在1896年赴美访问时，因为吃不惯西餐，就让使馆厨师用中国菜宴请美国宾客。结果，洋人们吃了很久也没有离席的意思，总管禀告说已无菜可上，李鸿章让他把撤下的残菜混在一起加热后端上来。此菜一出，众口交赞，美国人问菜名，李鸿章便用合肥话说了一声“杂碎”，于是成就了这道沿江名菜。虽然杂，但材料也都是上等货，海参、火腿、鱼肚全部在列。

➡ **胡适一品锅** “一品锅”不是胡适先生的发明，而是绩溪名菜。只是胡先生对之甚为青睐，即便到了北京也仍然以这道家乡菜来款待宾客。梁实秋先生曾如此描述此菜：“一只大铁锅，口径差不多二尺，热腾腾地端上来，里面还在滚沸，一层鸡、一层鸭、一层肉、一层油豆腐，点缀着一些蛋饺，紧底下是萝卜、青菜，味道好极。”

以六安为最多，品质以金寨为最优。

在崇尚绿茶的中国，跻身十大名茶的红茶只有祁门红茶。100多年前，当地徽商羡慕福建红茶的利润而在家乡的绿茶产区试着制作红茶，于是有了祁门红茶，它的香味被称为“祁门香”，类似于玉兰花香。不止在华东地区受到欢迎，祁红还被当时活跃于长江口的英国商人带回国贩售，一度成为英国王室、贵族下午茶的杯中香茗。

环境

安徽是中国东部一个襟江近海的内陆省份，境内山地、丘陵、台地、平原交错分布，水系密集，气候温暖湿润。早在新石器时代，这里就有古人类定居，得天独厚的自然环境曾孕育了灿烂的文化。

物华天宝，自然人杰地灵。西递和宏村是世界上最早被列入《世界遗产名录》的民居群落，这两座最具代表性的安徽南部古村落，依照风水布局，具有世外桃源般的田园风光。漫步在这些依山傍水的人家之间，你会感受到古人以朴素的天地观念处理人与自然关系的某种和谐之美。

下列16个风景区，同时也是记载地球历史的地质公园：黄山、淮南八公山、大别山（六安）、齐云山、天柱山、九华山、安庆浮山、凤阳韭山、芜湖丫山、广德太极洞、合肥大蜀山、肥西紫蓬山、灵璧磬云山、繁昌马仁山、明光女山、石台溶洞群。

地形与气候

地形

安徽跨长江、淮河、新安江流域，长江和淮河将江淮大地划分为三大区域：皖南山区、江淮丘陵和淮北平原。皖南山区峰奇岭峻、山川秀美，是安徽旅游最热门的地区，拥有黄山、九华山、齐云山等名山和大量古村落，省内最高峰黄山莲花峰也在这里，海拔为1864米；在江淮之间，山地丘陵逐渐向长江中下游平原过渡，过去和现在的省会安庆和合肥都坐落于此；淮河以北则地势低平、平坦辽阔。皖西大别山区和沿江平原间隔其中，整个地形呈现出明显的多样性。

水文

安徽以山著名，这里的水也毫不逊色。长江流经安徽中南部，境内河段长达416公里；淮河流经安徽北部，境内河段全长430公里。安徽有全国五大淡水湖之一的巢湖，沿江、沿淮河流密布，库塘众多。这些都使得安徽成为水资源丰富的内陆省份之一。

“深潭与浅滩，万转入新安。”在春暖花开时节的新安江畔，连绵不绝的油菜花和桃花中若隐若现着徽派民居。想深度体验沿江古村落之美的你，不妨以徒步或骑自行车的方式对这片土地进行探访。

安徽的主要河流分属淮河、长江、钱塘江（新安江）三大水系。长江水系湖泊众多，较大的有巢湖、龙感湖、南漪湖。其中，离合肥不远的巢湖是中国五大淡水湖之一，湖畔地区稻香鱼肥，是著名的鱼米之乡。安徽北部处于淮河中游，沿淮两岸分布着湾地、洼地和湖泊，是淮河主要的滞洪、行洪地带。新安江流域面积虽然不大,但风光秀美，沿岸古村落众多，无论是徒步江边，还是泛舟江上，都是很美好的体验。

这一地区水资源虽然丰富，但时空分布却不均匀，夏季丰水期水源普遍充足，冬春季水量则明显减少。加上梅雨季节降水量集中的影响，有时会出现洪涝灾害。安徽省境内地形条件复杂多变，分布在淮河支流汇入口附近的湖泊，其湖面普遍较大，但水不深，蓄洪能力有限，遇有暴雨天气或洪水过境，居民常受水灾侵袭。七八月份，淮河流域涝灾可能性上升，出行需提前关注天气。

安徽的温泉和地热

2011年12月，合肥市被国土资源部命名为“中国温泉之乡”。很多人会有点惊讶，那一带有很多温泉吗？答案是肯定的。位于巢湖市的半汤温泉是中国四大名泉之一，庐江县西部的汤池镇因温泉而得名，黄山周边的温泉近几年来成为旅游开发的一大亮点。其他非旅游热点地区也散布着不少小型的温泉酒店或洗浴中心。

安徽是一个浅层地热资源丰富的省份，黄山、合肥、亳州、阜阳及六安等地广泛分布着40多个地热点，其中亳州城区就有一处大型的地热田。星罗棋布的地热点遇到四通八达的水系，温泉自然遍地开花。合肥市的肥东、滨湖也有达到医疗矿水标准的地热温泉，目前有关部门已经着手对这些宝贵资源进行开发，未来到安徽游玩的旅行者，将有更多的温泉可供选择。

除了洗浴，地热资源还有新的利用形式。截至2015年底，安徽省浅层地热能应用建筑面积已达1636万平方米，合肥市就有多个小区及合肥大剧院、两淮豪生酒店等正在使用地源热泵系统进行制冷和供暖。

气候

安徽地处南暖温带与北亚热带的过渡地区，以亚热带季风气候为主，冬冷夏热，四季分明。全省年平均气温在14～17℃，1月平均温度为0～4℃，7月为27～29℃。除少数极端年份之外，极寒和酷热天气都不常见。雨热同季使得夏天气温不会太高，不过近年来，气候的整体状况不稳定，在2018年夏季，合肥等5个市县的高温日数创下了57年内同期最多的纪录。

黄山光明顶是全省年降水量最多的地方，平均达到2300毫米。想观赏日出的旅行者，需要提前关注山顶的天气情况。

受南北相接的地理位置的影响，安徽省冬末春初时分易出现寒潮，尤其是在地势平坦的淮北平原，这会对越冬作物和春游踏青活动产生不利的影响。长江以南，空气湿度较高，几摄氏度的气温也足以使人手脚冰凉，体感甚寒。

安徽全省年均降水量约为1200毫米，季节性明显，雨水集中于6、7、8三个月份。梅雨季节与长江中下游地区同步，一般开始于6月中旬，结束于7月上旬。在此期间出行，体感有些湿热，体弱者不宜进行太剧烈的活动。大体上，南部的降水多于北部，山地多于平原，山区的降雨量往往随海拔高度增加。

动植物

动物

安徽野生动物的种类和数量，以沿江平原湿地、皖南和皖西山区最为丰富，其中包括国家一级保护动物21种，二级保护动物70种。由于古地理环境的影响，安徽成了许多古老物种的避难所和新生类群的发源地。世界特有的野生动物扬子鳄和已功能性灭绝的白鳍豚就产在安徽中部的长江流域，铜陵淡水豚自然保护区为江豚提供了庇护之所，野生大鲵（娃娃鱼）也能在这片土地上找到自己的一席之地；其他珍稀野生动物，如黑麂、原麝、梅花鹿等，生活在山区生态系统中；沿江和沿淮滩涂湿地是东方白鹳、黑鹳、白头鹤等多种鹤类和雁鸭类的越冬栖息之地，芜湖地区曾发现过一级保护动物中华秋沙鸭。

近年来，环境污染、水土流失、湿地围垦等多种不利的情况对野生动

消失的猫头鹰保护区

1984年成立的亳州市涡阳县龙山猫头鹰自然保护区，曾是安徽省唯一的猫头鹰保护区，也是皖北地区猫头鹰的繁殖、研究基地。虽然这里面积不大，但建立初期，其保护措施卓有成效，区内的国家二级保护动物猫头鹰的数量由40只增加到数百只。

然而，由于无节制的开山炸石，龙山山体出现了大坑，生态环境遭到严重破坏。猫头鹰失去了繁衍栖息的环境，数量急剧减少，至2010年引起社会关注时，仅剩下十余只。当时，保护区名存实亡，有关部门不得不申请将其取消。现在的涡阳县，龙山和制止鼠害的猫头鹰只存在于人们不那么遥远的记忆中了。

2007年8月，原产于长江中下游地区的白鳍豚被宣布已“功能性灭绝”，成为近年来灭绝的十大物种之一。这是第一种由人类行为导致灭绝的鲸类动物。与白鳍豚生活在同一区域的江豚数量也在锐减，2018年，农业部专家估算长江流域江豚总数在1012头左右，干流区数量约445头。

物的生存环境造成了威胁。曾遍布安徽的华南虎目前已经消失，曾广泛分布于安徽湿地的朱鹮也不复存在。如果得不到有效保护，野生扬子鳄、金裳凤蝶、丹顶鹤、白冠长尾雉等安徽境内现有的大批珍稀物种，极有可能在20~50年内灭绝。

植物

安徽的植被具有明显的南北过渡特征，暖温带与亚热带植物物种互相渗透、过渡和交会。这里野生植物资源非常丰富，其中不少是安徽及邻近地区特有的品种，如安徽野茶树、黄山五叶参、大别山五针松、永瓣藤、都支杜鹃等。自20世纪80年代初至今,许多林区都通过建立自然保护区、森林公园、风景名胜区的方式对植物实施保护。但由于曾经的人工砍伐，真正的天然林面积较小，森林植被的群落构成不具典型性和完整性，平衡生态系统的建立尚需时间。

安徽的林业用地约占全省国土总面积的31.7%，山丘地区的茶叶和其他经济林种植广泛。林区盛产苹果、梨、板栗、山核桃、银杏等林副产品，其中不少品种闻名遐迩。

环境问题

水体污染

河网密集、人口稠密加上工农业发达，这些因素共同造成了安徽严重的水污染问题，治理污水问题棘手又难缠，但仍然小有成效。

2017年安徽省环境状况公报显示，全省地表水总体水质状况为轻度污染，322个地表水监测断面（点位）中，劣V类水质断面（点位）占5.0%，较之2016年全省地表水总体水质情况已经有所好转。生活、工业、农业灌溉污水的排放都直接影响了境内河流的水质。除工业排放之外，农药、农肥的过量使用也是水资源污染、河流富营养化的重要原因。

淮河安徽段流经平原，流速缓慢，其稀释自净能力十分低下，且这里的水资源利用率远远超过国际上内陆河合理开发利用程度40%的上限。经长期治理，到2017年淮河在安徽境内的支流和干流总体水质回退为轻度污染，20 条入境支流中，9条支流水质为轻度污染、5条为中度污染、6条为重度污染。

自20世纪80年代以来，巢湖水污染逐步加重，成为中国重点治理的“三河（淮河、海河、辽河）三湖（太湖、巢湖、滇池）”之一。2004年，湖区整体水质一度达到惊人的劣V类。水体富营养化是巢湖蓝藻爆发的根本原因，近年来，几乎每年夏季都会发生蓝藻的暴发性污染，而截至7月底，2018年巢湖蓝藻水华爆发已达29次。蓝藻水华发生时，岸边水域呈翠绿色黏稠状，气味非常难闻。

自2000年起，巢湖已接受多次包括污染底泥疏挖工程在内的疏浚治污改造，2013年9月，相关部门还在巢湖的塘西河入湖口处设置了目前国内日处理能力最大的藻水分离港，可将水体中的蓝藻捞出滤干以做肥料。加上塘西河周边村庄后撤回迁、退耕地还湿地的生态保护与修护工程建设，在2018年上半年，巢湖水质回到了总体Ⅳ类的轻度污染水平。不过，引入净水、活水，减少污染物排放，使湖泊恢复本身的生态自净功能才是关键。

空气污染

2017年，安徽省PM2.5年均浓度为56微克/立方米，超过二级标准0.60倍。与2016年相比，2017年全省平均空气质量优良天数比例下降了7.6%，PM2.5年均浓度上升了5.7%。虽然黄山市是2017年安徽省内唯一达到国家环境空气质量二级标准的城市，不过硫化物和随之而来的酸雨是空气污染的另一个问题。2017年安徽省环境状况公报显示，该年度黄山、铜陵、滁州、安庆、芜湖和马鞍山等6个城市出现酸雨，其中铜陵市和黄山市的降水pH年均值分别为5.12和5.53，达到被列入“酸雨城市”（降水pH年均值小于5.6的城市）的标准。

在2015年城市细颗粒物（PM2.5）年均浓度检测中，安徽省内16个地级市共有14个地级市的年均浓度超过国家二级标准限值（35微克/立方米）。也就是说除了黄山和宣城，其他所有省内城市均不达标。

大气污染的原因有多个方面，其中最主要的原因有：工业污染物排放；能源消费结构不合理，煤炭燃烧释放出大量烟粉尘；机动车排放、秸秆焚烧等生活污染；不利的气象条件导致相邻城市间的污染传输。不仅仅是安徽，空气污染、雾霾横行是华东、华北广大地区都面临着的严重问题。

重金属污染

2010年，安徽省泗县和怀宁县先后爆出百名儿童血铅中毒的环境事件，污染源分别指向了两地的两处主要生产铅酸蓄电池的厂家。除了关停厂家，安徽省环保厅对涉事的重金属污染地区实施环保区域限批。不过，与其他常见污染相比，重金属污染更具隐蔽性，而且它与其他有机化合物的污染不同，很难在环境中自然降解。已经释放到环境中的重金属，其影响需要很多年才会慢慢减弱和消除。

一定要把淮河修好

12世纪黄河侵淮夺淮后，淮河失去了独立的入海口，行洪不畅，灾害频繁，成了一条很难治理的河流。

建国后，毛泽东发出了“一定要把淮河修好”的号召，淮河成为新中国第一条经过全面系统治理的大河。当时，治淮方法包括在上游山区修建水库，在中游修建蓄洪工程，在下游扩大河道，工程取得了一定成效，但洪涝灾害仍未根除。时至2012年，水利部专家还是说，淮河治理面临着巨大压力。

淮河流域面积为27万平方公里，大小支流近500条，养育着两岸超过一亿的人口，治理淮河任重而道远。如今在淮河岸边渡口附近的一些城镇，每天都可见人们渡河做买卖安居乐业，不过他们的居住区有一部分在“分洪区”和“泄洪区”范围内，如果淮河再次泛滥，可能会失去自己的家园。

水污染与“癌症村”

2013年，中国疾病控制与预防中心专家团队发表了他们历时8年的研究成果——《淮河流域水环境与消化道肿瘤死亡图集》。该团队把淮河流域使用污染水的地区与距离河流较远的地区进行对照，数据显示，2010年，研究区域安徽省宿州市埇桥区和河南省周口市沈丘县，其消化道肿瘤（如食管癌、胃癌）患病率，相当于对照区的5倍；恶性肿瘤平均死亡率比全国平均数值高一倍。这种比对首次证实了癌症高发与水污染的直接关系。

治理重金属污染是一场制度与利益的拉锯角力，由于利益驱使，一些被关停的厂家存在擅自恢复生产的情况。2012年被曝光在生产和回收电池过程中存在铅污染的阜阳界首田营工业园，到2018年时则成为全国最大的再生铅回收加工基地，以及国家首批“城市矿产”示范基地。

湿地退化

根据安徽省林业厅2018年发布的数据，近5年来，安徽省新增湿地保护面积17.53万多公顷，湿地保护地总面积达48.4万公顷，占全省国土面积的3.47%。全省湿地总面积达104.18万公顷，占省国土面积的7.47%，湿地总面积居全国第14位。

土地开发整理过程中引发的水土流失是湿地消失的重要原因之一。现存的湿地也正在受到人类活动的威胁，首先是生产、生活污水的大量排放；其次，对湿地生物资源的大肆捕捞、采挖破坏了原有的生态平衡；另外，养殖会造成外来物种入侵，会改变湿地的生物种群结构，饲养水生动物过程中抛撒的饵料也会加剧水体的营养化。

安徽省内湿地众多，大体上可分为河流、湖泊、水田、库塘四个种类。但湖泊围垦、泥沙淤积、环境污染、生物入侵、江湖隔绝等多方面因素使“地球之肾”遭到破坏，湿地的数量和环境都处于退化之中。

20世纪50年代至80年代的大面积围垦让湿地数量急剧减少，30年间湖泊围垦面积达20万公顷,占全省原湖泊面积的36.4%。这极大地改变了水文状况，导致江湖之间水流不畅，泥沙淤积。从2013年开始，安徽在省内各市广泛开展退耕还湿地的生态修复工程，除了在备受瞩目的巢湖岸边兴建湿地公园，在2017年，全省新建省级以上湿地公园14处，湿地保护率达37.3%。当然，除了逐步缓解湿地退化带来的环境问题，湿地公园也能在第一时间就为四处开花的房地产项目提供叫卖的风光。

生存指南

出行指南

住宿

安徽称得上是旅游大省，目前，虽然这里的青年旅舍数量并不充足，但从经济的农家客栈到连锁酒店，再到高端且富有徽州特色的星级酒店，可谓是应有尽有。黄山市、宣城市是热门旅游目的地，在公众假期和油菜花季游人如潮，住宿价格翻倍且须提前预订。而在安徽北部和中、西部地区，旅行者较少涉足，因此房源比较充足且价格公道。

青年旅舍

安徽目前有8家青年旅舍加入**国际青年旅舍联盟**（YHA；www.yhachina.com）。主要集中在南部，合肥1家，黄山4家，宏村、西递、绩溪各有一家。在这类旅舍中，你将会受到热情的接待，获得周到的旅行信息，还可以租借自行车、自助洗衣，并结识其他旅伴，青年旅舍的公共空间往往比房间更吸引人。如果你持有YHA会员卡（年费50元），可以享受每个铺位优惠5元、每个房间优惠10~20元的会员价。另外，在天堂寨、查济村、荆州乡等地，也有几家不属于国际青年旅舍组织但风格和服务类似的青旅客栈，这些旅舍通常也拥有相当不错的住宿条件和服务。

农家乐

在皖南灵山秀水中放下背包，住进农家乐，品尝原汁原味的徽州土菜，是在安徽旅行最有代表性的体验。在宏村、歙县、黟县及婺源的各个村庄里，都有数量充足的农家乐对你笑脸相迎。近年来，农家乐在设施方面，和标准宾馆之间的差距越来越小，不但能满足背包客的基本需求，甚至还提供更多的帮助和信息。

在淡季，一般农家乐的住宿价在100~140元，住在这里的额外福利，是能让你更直接地和当地人接触，甚至和老板称兄道弟、礼尚往来，他们很乐于提供实质上的帮助。这里会带给你舒适安静的睡眠、美味的徽州菜肴以及源远流长的徽州文化体验。

但相应地，在旺季和节假日，热门目的地的农家乐房源将十分紧张，而且会有明显的价格上涨。在3、4月的油菜花季，农家乐通常会有50%~200%的价格浮动，且需要提前预订。另外，寻找相邻村落的农家乐也不失为好选择。

连锁快捷酒店

安徽的连锁快捷酒店众多，除了如家、汉庭、7天、锦江之星等全国连锁的品牌快

食宿价格范围

本书所列的食宿是按照作者推荐程度而不是价钱高低排列的，推荐度高的会排在前面。书中我们标注的房价一般为标间价，即包含一张大床或两张小床，以及独立卫生间。青年旅舍会加标床位价格。除非特别注明，否则房价不含早餐。所有的价钱都是淡季价。

分类	住宿价格范围	就餐价格范围
¥（经济）	200元以下	人均50元以下
¥¥（中档）	200~400元	人均50~100元
¥¥¥（高档）	400元以上	人均100元以上

捷酒店，尚客优等地方品牌也是令人安心的选择。这些酒店的价格通常在150~250元，选址一般要选在城中心或靠近交通枢纽的地方，出行十分方便。

可以留意网络上的促销活动，有时能拿到极为低廉的价格。

小旅馆和招待所

安徽各市县的小旅馆和招待所众多，价格一般在百元上下。房间条件参差不齐，但一般都是没什么特色的标准间，主要差异在于卫生条件和隔音效果。火车站、汽车站旁的小旅馆通常方便实惠，但川流不息的人群会带来安全隐患。如果为求安心，可以打车直奔城镇中心，最好的旅馆一般都集中在那里。

星级酒店

安徽各地都在大规模兴建星级酒店。合肥的高档酒店相当多，而地级市的高档宾馆要么位于市中心，要么就在远离市区的国道、省道旁。二、三星级的酒店一般在200~300元，四星级及以上档次的酒店价格通常在400元左右。五星级酒店在合肥、黄山以外的城市或乡镇并不常见。

在网络上预订星级酒店，有时可以获得大幅度的折扣，在**去哪儿网**（☎1010 1234；www.qunar.com）和**携程旅行网**（☎800 820 6666；www.ctrip.com）都可以进行酒店比价预订。

精品酒店

在皖南，颇富设计感和文化韵味的精品酒店不在少数。而皖南的酒店更加强调在拥有数百年历史的徽州古建中的住宿体验。这类酒店在住宿条件上并不如星级酒店舒适，但会以独特的审美情趣和多样的特色活动吸引旅行者。采茶、观鸟、乘竹筏、画纸伞，你在这里可以做一回清闲雅致的安徽人。

露营

皖南和大别山区并不缺少露营地。有的地方会出租帐篷。对于颇具探险精神的旅行者，安徽秀美的山水和遍布的古道，都是很好的露营目的地。但享受自然的同时也需要保护好自然（见53页负责任的徒步）。

在多雨的夏秋季节，除了要选择干燥的露营地外，更要注意和防备山林中出没的蛇虫。而在寒冷的冬季，露营时必须做好保暖措施。

长期住宿

如果你想在安徽度过一个悠长的假期，一些农家客栈会在淡季欢迎长租户，也会给你非常具有吸引力的价格，一个月包吃住的价格通常在1500~2000元。但在旺季时，供不应求的旅店都会按天收费。

证件

身份证是旅行的必需品，除了宾馆、酒店的入住需要用身份证登记外，安徽的各大博物馆、纪念馆也需要凭身份证登记后方可入内。

学生、军人和记者等，可以凭相应证件得到折扣门票甚至免票，带上它们会为你省下一大笔费用。但研究生证通常被大多数景点排除在优惠范围以外。

保险

购买保险是旅行计划的重要组成部分。很多保险公司都有各类旅游意外险，能对旅行者在旅途中因行程延误、人身意外、财物遗失、医疗急救等造成的损失，进行一定比例的赔偿，并尽量挽回不必要的经济损失。

如果是参团游览，需要留心旅行社代为缴纳的保险，有时他们所上的保险只承保因旅行社的过错给旅行者带来的损失，并不包括因意外或旅行者自身过错造成的损失。因此，即使在参团时，也别忘记自行购买旅游意外险。

喜欢户外运动的旅行者需要注意，普通的旅游意外险一般不包括因极限运动造成的损失，所以旅行者需要另行购买专门的人身伤害险。

在购买火车票、长途汽车票时，不少车站会主动搭售保险。根据投保自愿的原则，你有权拒绝（最好在购票时提前声明）。即使没有另购保险，票面也已经包含了承运者的保险责任。因此，如果发生意外，依然有权进行索赔，各种票据请妥善保管，以备不时之需。另外，旅游意外险通常包括航空意外险，有时候比购买航空意外险更加实惠，而且保额更高。

至于自驾游的旅行者，建议为汽车购买车辆损失险和第三者责任险。比较昂贵的相机之类的装备，也可以考虑为其购买财产险。

银行

在安徽县级以上的地区，只要是有银联标志的信用卡、储蓄卡，在各大国有和地区银行都可通用，且绝大部分网点都有24小时ATM，取款方便。有些乡镇也会有农业银行、农村信用社与邮政储蓄。不过安徽各地的手机支付已经相当普及，即便偏远的地区也基本不会造成支付困扰。

购物

来到安徽，你很难从这里空手而归，丰富的物产只会让你觉得选择太多、背包太小。

茶叶是安徽的重头产品。中国的十大名茶中，有三种都产于安徽。想要买到正宗的黄山毛峰、六安瓜片和祁门红茶，建议你到正规商户购买，否则，参差的质量、价格和等级很容易让人头脑发晕，从而导致上当。除此以外，太平猴魁、霍山黄芽、岳西翠兰、浮梁红茶也都是本地颇为知名的好茶，在各地的土特产店都能找到它们的身影。另外，婺源的晓起皇菊也是具有药用价值的冲泡佳品。

安徽各地的美味众多。从皖北的符离集烧鸡到徽州的臭鳜鱼、毛豆腐和茶干，你可以体会到南北方在饮食风格上的鲜明差异。在皖西大别山区，霍山石斛、天麻、香菇、木耳等山珍也数不胜数，质量上乘，价格也较昂贵。

而文气纵横的安徽更是全国顶级文房四宝的聚集地。文房四宝中的宣纸、徽墨和歙砚皆在皖南。而宣城的宣笔同样也有卓尔不群的品质。但和茶叶一样，选购文房四宝同样需要眼力。对于高价产品需要谨慎出手。

邮政

只要是县一级的城镇就会有邮局，寄包裹不是问题。在**国家邮政局**（www.chinapost.gov.cn）的网站上可以查到供参考的邮政资费标准。邮寄包裹有普包、快包、EMS等多种方式，但邮局的工作人员有时不太愿意给你普包的单子，要坚持要求一下。

民营快递在安徽的网络也很发达，顺丰、申通、圆通等物流公司的网点遍布安徽各个城市。

电话

无论是移动、联通还是电信，在安徽的大部分区域都有信号覆盖，县城一级的地方基本都有这些运营商的营业厅网点。只有极少数山区会出现信号较弱的情况。

气候

安徽地处暖温带与亚热带过渡地区，冬冷夏热。夏季防暑、冬季防寒是必须要注意的。在梅雨季节出行，也要做好心理准备。

合肥

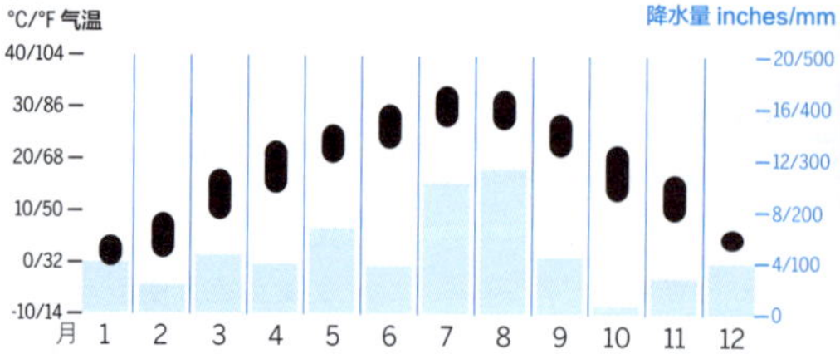

黄山

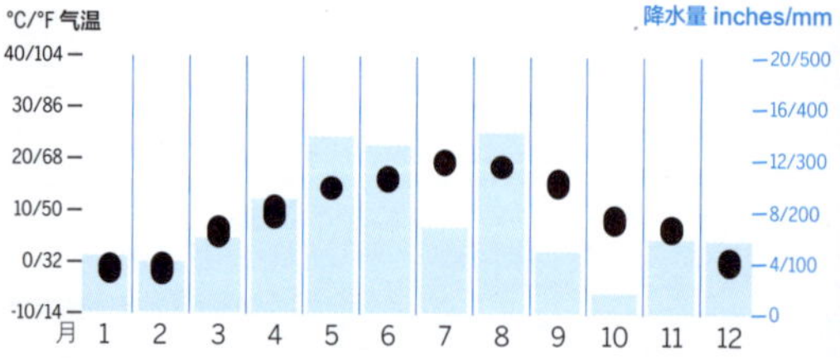

蚌埠

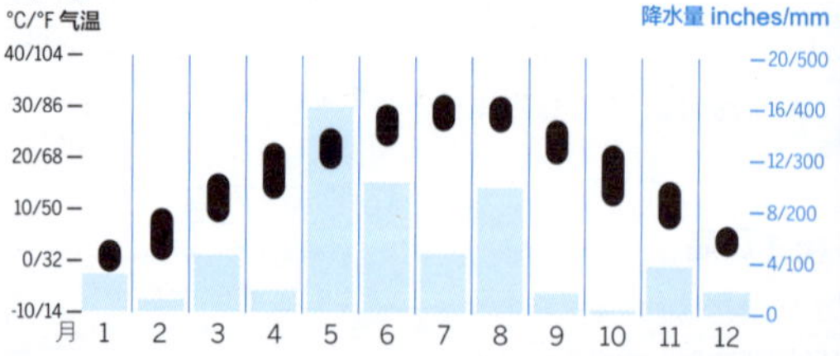

请参见52页了解安徽的最佳旅行季节。在**中国天气网**(www.weather.com.cn)和**天气在线**(www.weatheronline.cn)上，能查到安徽所有市县的天气情况。

上网

宾馆、酒店、农家乐都会提供令你满意的无线网络，不少大型景区也会提供区域网络。在安徽大小城市的繁华地段，网吧的身影都不难被找到。在网吧消费需出示二代身份证。营业时间一般是从早上8点到深夜12点。

工作时间

安徽绝大多数的景区都是全年开放的。博物馆会将周一作为例行闭馆日。在皖南一些峡谷和漂流在寒冷的冬季枯水期和遇暴雨、洪峰时，通常会暂停开放。若在上述时段出行，最好提前打电话咨询景区工作人员相关情况。另外，在淡季，天堂寨等大景区的缆车、溜索等设施也不开放。

各地的银行和邮局，营业时间一般在9:00~17:00。在夏季和冬季，营业时间有时会有所调整。

旅游信息

安徽各县市政府的旅游部门应该是最权威的旅游信息来源。在黄山、安庆等热门旅游目的地，政府都开办了专门的网站，不过根据经验，并非所有旅游部门都乐意帮助普通旅行者。一些景区的微博、公众号很可能非常活跃，可以关注获得最新的信息。

一般来说，在当地最好的酒店大堂内，常有旅行社进驻，而且有丰富的旅游信息资料供人取阅。在开发较为完善的景点，游客服务中心常常提供资料和地图。此外，青年旅舍的布告栏和吧台也是交流旅行信息的好地方。在我们看来，最直接的获取信息的方式是跟当地人沟通，景区工作人员、出租车司机、导游、商贩甚至路人都会提供一些信息，但也要凭经验来甄别对方的身份和信息的真伪。

团队游

在安徽可以报名参加的旅游团队，以周边短途的一日游、两日游为主。跟着团队旅游的最大好处是不必操心交通问题，但日益严重的导游和游客间的冲突让人心惊胆战，因此对旅行社口碑的预判成了至关重要的工作。

一些户外俱乐部组织的活动路线比旅行社的更灵活，选取的景点也更符合背包客的口味。不过，相应地，俱乐部合格的经营资质是旅程安全、顺利的重要保障。

摄影和摄像

请参见46页了解镜头下的安徽。

很多宗教场所都禁止拍照，对僧人、法事现场的记录也是有违摄影道德的。此外，有些博物馆禁止拍摄展品，即使允许拍摄，也不能使用闪光灯。

拍摄本地人时，要首先征得对方同意，拍完要表达感谢，若是答应了对方寄送照片，应言出必践。

在皖南的油菜田中拍摄，不要因为贪恋美景就下田拍照，踩坏村民的作物。在地形复杂的地方拍照需要审时度势、量力而为，不要为了一张好照片而酿成悲剧。在危险的悬崖边取景或在高速路桥停车拍照，都是对自己或对他人不负责任的做法。

危险和麻烦

安徽是一个对旅行者较为友好的地方。不过出门在外，多个心眼总不是坏事。在皖南和皖西的山区，徒步具有一定的危险性，出行前需要做好充分的准备，打听清楚出行时的路况和终点的住处，量力而行。

交通安全

安徽的各大城市之间都有高速公路和国道相连接，交通状况良好。若在山区自驾，一定要注意控制车速，遵守交规，各行其道。在视线有限的回头弯处需鸣笛，以示有车通过。在夏季暴雨时，提防可能发生的泥石流和塌方。在乡村密集的皖南，更要时刻注意行人和牲畜。

掮客

游客模样的人一旦抵达合肥、黄山的机场、火车站及客运站，就难免遭到掮客的骚扰。除非实在走投无路，否则不要接受他们提供的交通、住宿和旅行团等服务。简单明快的回绝是省时省力的解决方式。

偷窃和欺诈

在旅途中，旅行者总会有

手忙脚乱和放松警惕的时候，这时就会给小偷提供机会。除了在人流众多的车站、十字路口和市场要看好你的财物以外，青年旅舍、咖啡馆和酒吧也是旅行者容易掉以轻心的地方。现金与贵重物品——如电脑、相机等，不可遗留在房间内，在背包上加一把锁或把包寄存在前台都是可行的办法。在较大的城市，对旅行者的欺诈行为屡见不鲜，出行前，要对一些常用的造假、敲诈伎俩多加了解。旅途中没有免费的午餐，切忌占小便宜吃大亏。

在皖南的徽州古村，常常隐藏着一些位置偏僻的小庙，这些庙宇只在景区里，会看到有手绘的标识加以指示，它们通常被冠以某种历史名目，但寺庙明显是新修的。前往游览，寺中的"僧侣"会骗取香客的香火钱，这在一些著名景区并不鲜见。

独自旅行者

只要保持足够的警惕，一个人在安徽旅行不会遇到什么危险。安徽各景点的开发程度很高，交通、住宿都很便利，对独行来说难度并不大。但若要前往非常偏僻的村落或山区，有必要事先做好充分的准备。

在皖南的青年旅舍，在旺季找到一名临时旅伴并不难。除了分担因交通不便导致的高昂包车费用外，还可以一起分享特色大餐。

在旅途中，最好将自己的行踪和健康情况及时告知亲友，最好在背包或钱包里，注明自己和紧急联系人的联络方式，做到有备无患。

女性旅行者

安徽的旅途基本不会给女性旅行者带来困扰。这里的景点开发完善，并没有太多特殊的安全隐患。如果前往偏远的地方，个人卫生用品最好提前准备。

无障碍旅行

目前来说，无人陪护的残障人士可以在安徽开展有限的自助旅行。一些大城市的机场、酒店都具备无障碍设施，而4A级以上的景区和一些博物馆，也都会为残障旅行者提供便利。但若到了县级市及更偏僻的乡镇，无障碍设施的缺乏会带来很多不便。更多的情况，是设施完备的景区缺乏友好的交通方式。因此，残障人士旅行时，应尽量选择乘坐飞机，入住高级酒店，并包车或雇请旅行社的人员陪同前往景区。

同性恋旅行者

安徽和其他省份类似，相对乡村而言，城市对同性恋者的态度更为宽容，一般来说，只要不太张扬，同性恋旅行者在安徽不会遇到太多麻烦。

志愿服务

在安徽，山区的贫困儿童和环境、动植物保护，是许多志愿者组织关注的重点。如果想通过组织，了解或从事志愿者工作，最好留意所在地的志愿者组织，如安徽志愿者协会（www.hui2013.com.cn）。

活动

徒步

安徽有丰富的徒步旅游资源，适合拥有不同水平和兴趣的徒步爱好者。这里既有大别山白马尖—龙井峡的山地穿越（见222页），也有数量繁多、乡间景致绝佳的徽杭古道（见142页）、徽饶古道、吴越古道（见142页）、家荆古道（见144页）等供选择。另外，不要错过在安庆市、桐城市及歙县的老城中步行的机会，如画的皖南风光尽在其中。

自行车

单车骑行是游览安徽的好方式。皖南的很多旅游目的地都很适合这种游览方式。在山区骑行需要一定的专业技能和骑行经验，以及良好的体能。在古徽州骑行，省时省力又能饱览乡村风光。在歙县能找到不少自行车出租点。合肥市内已经入驻了不少共享单车，但需要注意不被允许驶入的范围。

漂流

灵山秀水众多的皖南，是绝佳的漂流地，旅游开发者也没有放过任何一条合适的溪流。在泾县（见123页）和石台县（见156页），有很多景致不错的漂流地，在婺源的乡间也有不少小规模的漂流点。

这些漂流地点具有明显的季节性，枯水期通常不营业。在一些水流湍急的漂流中，容易湿身落水，要注意更换衣物和鞋子，同时把相机、手机放在防水的背包和袋子里，因为自身疏忽导致的损坏，景区不会负任何责任。

登山

安徽秀美绝伦的山地是无数旅行者的向往。黄山、九华山、天柱山、齐云山……这些如雷贯耳的名山胜景，让安徽成为华东地区最好的登山地。登山者不必耗费过多体力，便可以饱览最俊秀壮观的云海松林。春季的杜鹃、夏日的飞瀑、秋天的红叶与冬季的雪景，四时各异的山地美景，让这些地方全年都适合前往。

另外，一些山地拥有的众多人文景观，也不容错过。虽然海拔不高，但琅琊山（见174页）、浮山（见231页）上，众多的古建筑和摩崖石刻，都有别样的风采。

观鸟

安徽处于暖温带与亚热带交界处，是绝佳的候鸟越冬地。池州升金湖自然保护区（见155页）是著名的观鸟点，可以观赏到一些国内的珍稀鸟种。如果不想走太远，合肥周边的大蜀山也是不错的观鸟目的地。

健康

安徽是一个非常安全的旅行目的地。这里城镇密集，医疗设施完善。合肥自然是安徽医疗条件最好的城市，而在县级市，也能找到比较好的医疗机构。如需要紧急医疗救助，请拨打医疗急救电话（☎120）。如需要非处方药物，可在各地药店直接购买。

在安徽，霍乱、伤寒、鼠疫等高危传染病已基本绝迹。在安徽乡村，农民有饲养活禽的需要，农家乐中的土鸡、土鸭，也是游客中意的美味。但如有禽流感暴发的消息，应尽量避免与活禽接触，或者改变行程。

在乡村游览时，万一不幸被野犬咬伤，一定要第一时间用清水或肥皂水冲洗伤口（至少30分钟），并使用碘基抗化脓药物，然后立刻前往医院处理。如果事先没有接受免疫注射，则需尽快注射狂犬病免疫抗体。九华山曾多次发生猴子抢走食物、背包，甚至咬人事件，需特别注意。万一咬伤务必及时前往景区卫生站处理。

如果在安徽偏僻的山区或乡村扎营，需要注意的是，这些地方的医疗设施并不完备，而抵达县级市的车程也可能需要2~4小时，所以在出行前一定要备齐药品。山区早晚温差较大，夏季既要注意防暑，也要避免早晚受凉。

旅行健康提示

2020年，新冠肺炎（COVID-19）全球大流行。截至本书出版时，疫情尚未结束。我们建议旅行者结合实际情况谨慎出行，在做好自身防护的同时遵守当地的防疫要求，保持良好的卫生习惯。针对疫情期间的个人防护，可参考世界卫生组织（www.who.int/zh）的详细建议：

- 勤洗手。经常用含酒精成分的免洗洗手液清洁手或用肥皂和清水洗手。
- 佩戴口罩。公共场所请尽量佩戴口罩，口罩应经常更换。
- 保持安全距离。与他人保持至少1米的距离，尤其是与咳嗽、打喷嚏和发热的人保持距离。
- 避免触摸眼、鼻、口。如果用被污染的手触摸眼、鼻、口，就可能会被留在物体表面的病毒感染。
- 保持良好的呼吸卫生习惯。打喷嚏或咳嗽时，需用弯曲的肘部遮挡口鼻，或用纸巾并立即妥善处置用过的纸巾。
- 如果发热、咳嗽和呼吸困难，请及早就医。发热、咳嗽和呼吸困难可能是呼吸道感染或其他严重疾病导致的症状，因此，及时就医很重要。伴有发热的呼吸道症状可能有多种原因，应根据个人旅行经历和环境具体分析。
- 随时了解情况并遵循医务人员的建议。遵循医务人员、国家和地方公共卫生部门提供的关于如何防范新冠肺炎的建议。

交通指南

到达和离开

安徽靠近东部沿海发达地区，淮河、长江分别自西向东穿越省境。京沪、京九铁路也都从这里穿过，因此安徽拥有优越的交通条件。还有快捷的动车和高铁，从北京、上海、武汉、广州直达安徽。不过总体来说北部的铁路网比南部发达。如果从周边省份进入安徽，可以选择长途汽车。安徽有发达的公路网络，道路质量优良。但相对于东部沿海省份，安徽的航空网络还不够发达，除了航空枢纽合肥、屯溪以外，另外几个机场的航线并不丰富。

飞机

机场

目前安徽有合肥、黄山两个国际机场，还有阜阳、安庆、池州三个支线机场。蚌埠、芜湖机场也都在加速开拓民用航线。

安徽的主要机场有：

合肥新桥国际机场（HFE；☎0551 6377 7888）是安徽的第一航空枢纽。几乎和所有的国内重要城市（包括港澳台）之间都有航线，另外还有飞往首尔、济州和曼谷的航班。

黄山屯溪国际机场（TXN；☎0559 293 4144）是皖南的航空枢纽，可从此地飞往北京、广州、上海、重庆、厦门、西安、青岛、台北等重要城市，也可飞往首尔和釜山。

阜阳西关机场（FUG；☎0558 711 7086）与其通航的城市有北京、上海、广州、厦门、西安、重庆等，是前往皖北各城市最方便的航空中转站。

安庆天柱山机场（AQG；☎0556 586 1114）有前往北京、上海、广州、厦门、西安、昆明、福州、贵阳等地的航班。

池州九华山机场（JUH；☎0566 487 9222）方便前往九华山的旅行者，目前开通了飞往北京南苑、上海、成都、西安、广州、深圳、南宁等地的航线。

航空公司

经营安徽航线的主要航空公司有：

东方航空（☎95530；www.ceair.com）覆盖了从合肥飞往中东部大城市的航线。

南方航空（☎95539；www.csair.com）航班主要飞往广州、深圳、昆明、西安等地。

中国国航（☎95583；www.airchina.com.cn）航班主要飞往北京、成都等大城市。

低碳出行

Lonely Planet认为，旅行总的来说是一项对世界有益的活动，我们也坚信，每个人都有责任保护环境，所以在旅行中，尽量低碳出行，把自己给环境带来的负荷降到最低。

- 如果时间允许，尽量选择乘坐火车，而不是汽车和飞机。
- 使用公共交通工具，减少打车与自驾。
- 在城市和周边游览的时候可以选择便捷环保的共享单车代步。
- 选择包车时，可以尝试跟别人拼车，不仅能效最大化，还能省下不少开支。

深圳航空（☎95080；www.shenzhenair.com）主要执飞前往广州、深圳等地的航班。

厦门航空（☎95557；www.xiamenair.com）主要执飞前往福建地区的航班。

机票

前往北京、上海等大城市的机票，因为航班较密集，经常能买到折扣低于3折的机票，而一些支线机场因为班次很少，打折的幅度都较小。

携程旅行网（☎1010 6666；flights.ctrip.com）和**去哪儿网**（☎1010 1234；www.qunar.com）是目前旅行者查询机票的首选，拥有值得信赖的订票服务。虽已合并一家，但两个平台仍然会有票价差异。**飞猪网**（☎400 168 8688；www.alitrip.com）也拥有强大的价格竞争力，但曾被报出“杀熟”（同样的商品或服务，老客户看到的价格比新客户的贵）的情况出现，需格外提防。不过现在各大平台争相推出了“比价”功能，方便用户货比三家。另外，直接在航空公司官方APP查询也可能获得超低的折扣。

火车

安徽的铁路交通十分发达，京沪、京九、合九、陇海四条铁路干线从省中穿过，这些铁路也是从外部进入安徽的主要线路。省内及周边的主要铁路支线，有青阜线、淮南线、宣杭线、皖赣线等。安徽是全国第一个同时拥有5条高速铁路的省份，蚌埠、阜阳、合肥、芜湖也成了四大铁路枢纽。从这些城市前往全国各地都很方便快捷。

另一个显著的特点是，皖北的铁路交通要比皖南发达许多。不过，近年来政府努力拓展南部铁路交通，2019年通车的杭黄高铁，大大方便了黄山、歙县、黟县等地和外部的交通。预计2020年完工的商合杭高铁也将提升安徽南北的纵向交通效率。

长途汽车

安徽的公路交通比较发达，有多条高速路和国道经过省境。G3高速公路（京台高速）自宿州向南，经蚌埠、合肥一直南下至黄山。无论从北京、山东还是南方的福建来此地，走这一条路都最为便捷。而与其平行的G35高速公路（济广高速），从亳州开始，连接了阜阳、六安、霍山、岳西等县市，使得从江西前往大别山区变得更为快捷。

从浙江方向出发，有两条国道可抵达安徽。一条是经湖州的G318国道，可前往宣城，沪渝高速也基本是这个线路。另外，也可以从衢州沿G320国道到常山，再转G205国道抵达黄山。从千岛湖到黄山的高速公路正在建设中。

G206国道由北至南贯穿安徽省，并经过景德镇，该线路北至烟台，南至汕头，沿线地区的旅行者若要前往安徽，都可以走这一条国道。

船运

尽管南临长江，但随着铁路、公路的日益发达，内河航运已经非常罕见了。不过，在歙县深渡镇，还有客轮开往千岛湖，这条风景不错的客运路线，可以将黄山和千岛湖连成一线供旅行者游玩。

省内交通

在安徽省内旅行，长途汽车仍然是最重要的交通工具。乘坐方便、班次频繁、目的地灵活的优势，让长途汽车比火车更有竞争力。当然，如果去铁路沿线地区，火车往往是更加经济实惠的选择，而且车程更短，也更为安全。不过，在皖南地区，除了旅游发达的县城，其余地区仍然需要依靠长途汽车进出。想要前往更为偏远的乡镇，只能依靠班次不稳定且车况较差的乡镇农工班线车。没有往返于省内的航班。

火车

安徽省内的铁路交通，以合肥、蚌埠、芜湖和阜阳为主要枢纽。大部分铁路路线都有动车和高铁线路。若要前往皖西，合九铁路连接了合肥、桐城和安庆西站。阜六安景铁路连通了阜阳、六安、安庆和景德镇，不仅为江西增加了一个出省通道，也连接了通往合肥或进京的新道路。杭黄高铁除了打通杭州、上海的交通，也让省内绩溪、屯溪、歙县的交通时间缩短很多。

但需要注意的是，不少县市的高铁站都离市区有一段距离，最好综合衡量一下，不然在铁路上节省下来的时间很可能花在了去火车站的路上。

长途汽车

安徽省内发达的长途汽车线路，有赖于优质的国道、省道和高速公路网络，长途汽车可以抵达你想去的几乎所有地方。G4212高速公路（合安高速）连接了合肥与安庆这两个现在与曾经的省会。G206国道与之平行。G56高速路则连接了黄山、婺源和景德镇，让往来这三个重要景区的交通更为便捷。

来往旅游热点城市之间的班车一般为大型客车，乘坐舒适，对号入座，发车、到站时间也比较准确，安全性较高。县级市之间的班车多为中巴，可能会受当地天气或者节庆等因素影响，班次变化大，前往偏僻的山区县（如岳西、宿松）时，班次可能会因天气原因临时取消，出行前最好打电话确认具体的班次时间。不过，大多长途汽车的发车系统已经较为规范，不少车站都启用了官方APP或者微信公众号等形式实行网络购票。

搭便车

无论从个人安全还是他人安全的角度考虑，搭便车都不应是旅途中交通方式的首选。若想搭车，最好在司机经常停靠的地方寻找机会，例如景区的停车场或加油站等。不要在如上坡、下坡和弯道处等不方便停车的地点等待。最好提前向司机商定搭车费用，以免到达后坐地起价。搭便车最好在白天的人群密集的地带进行，切记安全永远比时间更重要。建议有伴同行，或及时告知他人自己的行程、方向以及搭乘车辆的情况等。识别并记住车辆的车牌号，也是搭车技巧之一。独行者和女性更是如此。不过从我们在安徽的旅行体验来看，愿意提供这个帮助的司机并不多。

自驾游

安徽的整体路况不错，高速路和国道密布，很多高档酒店也会建在国道旁边。但安徽多山和丘陵，尤其在皖西和皖南，上下坡和弯道都很多，对驾驶技能要求很高，在城里开惯车的驾驶员需要小心驾驶。但在合肥等发达城市，堵车现象也很常见。

在合肥租车很便利，**神州租车**（☎400 616 6666；www.zuche.com）、**一嗨租车**（☎400 888 6608；www.1hai.cn）在合肥都有多家门店。在其他地区一般由本地的租车公司提供的租车业务，也有一些农家乐的老板会出租自己的面包车。但如果向个人包车，则要与司机签订完备的协议，将各种事项一一列明，如司机的食宿费用、汽油费、过路费、付款方式和具体线路等，以免产生不必要的争端。

当地交通

到了目的地，公交车、出租车、人力或机动三轮车、摩托车、自行车都有可能成为代步的工具。由于安徽的城镇较发达，大部分时间，还是主要以乘坐相对正规的公交车、出租车为主。

公交车

安徽的大中城市一般拥有多条公交车线路，票价大多在1~2元，运营规范，车况不错。在部分县城，公交车除了市区运营，还会兼顾一些周边的乡村，可以很大程度方便你去往乡村内的景点。部分重要的5A级景点，还会有班车直接抵达景区门口。

地铁

继1、2号线之后，合肥地铁3号线即将在2019年底通车。

自行车

在皖南，骑车穿村走寨的旅行方式十分流行，自行车也很容易租到。除了一些农家乐和青年旅舍的租车业务外，一些自行车专卖店也有自行车出租业务。租车前，必须细致地检查车辆的刹车、车胎、变速器等部件，以确保能在乡间多石的土路上安全行驶。

短途骑行并不需要特殊的装备，但若要穿越长线，则需要身着骑行服、头盔，带好气筒、备胎和修车工具，当然你也要具备基本的修车技能。在多雨的季节，最好带上一件防雨外套。如果一定要在晚间骑行，必须配备照明设备，不过，在乡间时千万不要冒这个险。

出租车

在安徽的各县市都有出租车运营。县级市的出租车起步价在6~8元，合肥起步价为8元。有些地区会加收1元燃油费。一般地区的出租车都比较规矩，但在火车站或长途车到达处，出租车司机可能会拒绝打表，并以10元为起步价，而且随时需要接受其他陌生乘客的拼车行为。网约车也已经普及到大多数县级市，但乘车时更需注意个人安全。

幕 后

说出你的想法

我们很重视旅行者的反馈——你的评价将鼓励我们前行，把书做得更好。我们同样热爱旅行的团队会认真阅读你的来信，无论表扬还是批评都非常欢迎。虽然很难一一回复，但我们保证将你的反馈信息及时交到相关作者手中，使下一版更完美。我们也会在下一版特别鸣谢来信读者。

请把你的想法发送到**china@lonelyplanet.com.au**，谢谢！

请注意：我们可能会将你的意见编辑、复制并整合到Lonely Planet的系列产品中，例如旅行指南、网站和数字产品。如果不希望书中出现自己的意见或不希望提及你的名字，请提前告知。请访问lonelyplanet.com/privacy了解我们的隐私政策。

作者致谢

董驰迪

感谢小可、小电、杜冬、支支，齐心协力完成《安徽》。感谢上版作者沐昀详细给出的更新意见。感谢刀哥的古建资料支持。感谢龙哥接受我们的采访，热情提供各种信息。感谢我的天才女友蒋韫丽同行徽杭，同游徽州，给予我一路的欢笑（后半句是她补充的）。还要感谢一路给过我帮助的人们。

杜冬

感谢父亲和母亲，我儿童时代他们在徽州边缘的泾县工作，给我留下了对徽州最初的印象；感谢麦麦长达六七个小时的徽州文化大课，到现在录音记录都没有整理完；感谢歙县的小伙伴们的围炉夜话为我扫盲，灌我以枇杷酒；感谢昌溪周邦头的那位周姓老人，坐在祠堂里听你唱祭祖的曲子真的听哭了。

张世秋

感谢团队之间的通力合作互相支持。感谢安城和王玫珺。感谢萧寒老师。感谢淮北市博物馆的姜老师。感谢在旅途中提供无私帮助的陌生人，是你们让我感到那些对安徽的刻板印象是多么的不聪明。

支媛

感谢在旅程中给予我无私帮助的每一位热心人，尤其感谢在天柱山大雪中为我提供躲避之处的保安大叔；感谢小孤山偶遇的松哥，帮助我收集了诸多有用的信息；感谢在安庆长大的小逶，让我对这座老城有了更生动立体的认识。最后感谢我的家人，是你们的支持鼓励给了我最大动力。

声明

封面图片：徽派建筑的标志——马头墙，视觉中国提供。

关于本书

这是Lonely Planet《安徽》的第2版。本书的作者为董驰迪、杜冬、张世秋和支媛。在此一并致谢上一版作者沐昀、蔡理、杜文婷、朱培松、李诚、石巍、钱晓艳、沈明笃和计熠。

本书由以下人员制作完成：

项目负责 关媛媛
项目执行 丁立松
内容策划 李小可
视觉设计 李小棠
协调调度 丁立松 沈竹颖

总　　编 朱 萌
执行出版 马 珊
责任编辑 王若玢

地图编辑 刘红艳
制　　图 张晓棠
终　　审 杨 帆
流　　程 孙经纬
排　　版 北京梧桐影电脑科技有限公司

感谢张桐、洪良、武媛媛、刘燕、卞子逸、房钰烨、汪新和他的朋友们为本书提供的帮助。

索引

地图图例

景点

- 佛寺
- 城堡
- 教堂
- 清真寺
- 纪念碑
- 孔庙
- 道观
- 世界遗产
- 博物馆
- 遗址
- 酒窖
- 动物园
- 温泉
- 剧院
- 一般景点

活动、课程和团队游

- 潜水/浮潜
- 划艇
- 滑雪
- 冲浪
- 游泳/游泳池
- 蹦极
- 徒步
- 帆板
- 其他活动、课程、团队游

住宿

- 酒店
- 露营

就餐

- 就餐

饮品

- 酒吧
- 咖啡

娱乐

- 娱乐

购物

- 购物

实用信息

- 银行
- 使馆
- 医院/药店
- 网吧
- 公安局
- 邮局/邮筒
- 公共电话
- 卫生间
- 旅游信息
- 无障碍通道
- 其他信息

地理

- 海滩
- 灯塔
- 瞭望台
- 山峰
- 栖身所、棚屋
- 森林公园

行政区划

- 首都
- 省级行政中心
- 地级市行政中心
- 自治州行政中心
- 县级行政中心
- 乡、镇、街道
- 村

交通

- 机场
- 过境处
- 公共汽车
- 渡船
- 地铁
- 停车场
- 加油站
- 自行车租赁
- 出租车
- 火车站
- 有轨电车
- 索道缆车
- 其他交通工具

道路

- 高速公路
- G213 国道
- S203 省道
- X013 县、乡道
- 铁路
- 地铁
- 收费公路
- 高速公路
- 一级公路
- 二级公路
- 三级公路
- 小路
- 未封闭道路
- 购物中心/商业街
- 台阶
- 隧道
- 步行天桥
- 步行游览路
- 小路

境界

- 国界
- 未定国界
- 地区界
- 军事分界线/停火线
- 省界
- 未定省界
- 特别行政区界
- 地级界
- 县级界
- 海洋公园界
- 城墙
- 悬崖

水系

- 河流、小溪
- 间歇性河流
- 沼泽
- 礁石
- 运河
- 湖泊
- 干/盐/间歇性湖
- 冰川

地区特征

- 海滩/沙漠
- 基督教墓地
- 其他墓地
- 公园/森林
- 运动场所
- 重要景点(建筑)
- 一般景点(建筑)

注：并非所有图例都在此显示。

我们的故事

一辆破旧的老汽车，一点点钱，一份冒险的感觉——1972年，当托尼（Tony Wheeler）和莫琳（Maureen Wheeler）夫妇踏上那趟决定他们人生的旅程时，这就是全部的行头。他们穿越欧亚大陆，历时数月到达澳大利亚。旅途结束时，风尘仆仆的两人灵机一闪，在厨房的餐桌上制作完成了他们的第一本旅行指南——《便宜走亚洲》(*Across Asia on the Cheap*)。仅仅一周时间，销量就达到了1500本。Lonely Planet 从此诞生。

现在，Lonely Planet在都柏林、富兰克林、伦敦、墨尔本、奥克兰、北京和德里都设有公司，有超过600名员工和作者。在中国，Lonely Planet被称为“孤独星球”。我们恪守托尼的信条：“一本好的旅行指南应该做好三件事：有用、有意义和有趣。”

我们的作者

李小可

内容策划 在做遍中国西北、西南的指南之后，近年来她的目光逐渐转向中部和东部。对于迷恋传统建筑的她来说，安徽是个熟悉又陌生的地方，因为看过太多徽州古村落的照片和文字，但少有机会亲近。这一次借由这本书的制作，让她对安徽的了解又加深了一层。

董驰迪

统筹作者；安徽南部，建筑和艺术，安徽人 2008年拿着Lonely Planet《东南亚》独自上路；2013年加入Lonely Planet完成第一本《福建》；如今，她已参与撰写了《新疆》《西藏》《东京到京都》等十多本旅行指南，并且作为Lonely Planet的“职业浪人”继续在路上。

杜冬

屯溪，徽州区，歙县，休宁，黟县，祁门 南京人，摩羯座，十年文学译者，七年记者与作者，如今在四川理塘做旅游开发工作。在思维的漫游中走上了许多条错路，但依然希望捕捉世界于万一。长居四川理塘，有《西藏的味道》等著作，为《中国国家地理》、澎湃新闻等媒体供稿，这是他参与的第二本Lonely Planet指南。

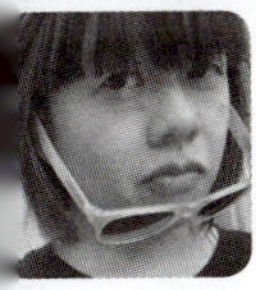

张世秋

安徽中部，安徽北部，今日安徽 自由旅行作者，从2013年起参加了十余本Lonely Planet旅行指南的制作。这次在安徽的调研区域是中部和北部，骑自行车走巢湖北线，近距离接触这个中学地理课本上的心形湖泊，除了沿岸风光，也看到了保护水源和治理污染的急迫。而在大皖北，除了有名的牛肉汤，还吃到了亳州牛肉馍、宿州小鸡喝饼、濉溪马蹄烧饼、阜阳格拉条，没有一个不好吃。

支媛

黄山，安徽西南部 常居北京，曾在媒体供职多年，不愿受束缚的天性让她选择成为一名自由职业者，闲暇时有近一半的时间都在路上。见识千姿百态的人生，不对任何事物抱有成见是旅行带给她的最大感悟。此次深入行走黄山地区和皖西南，迷人的东方山水意境和底蕴丰厚的人文历史都令她流连忘返。

安徽

中文第二版

图书在版编目 (CIP) 数据

安徽 = Anhui / 澳大利亚 Lonely Planet 公司编 . -- 2 版 . -- 北京 : 中国地图出版社 , 2019.7 (2021.9 重印)
(中国旅行指南系列)
ISBN 978-7-5204-1174-5

Ⅰ . ①安… Ⅱ . ①澳… Ⅲ . ①旅游指南 – 安徽 Ⅳ . ① K928.954

中国版本图书馆 CIP 数据核字 (2019) 第 140414 号

出版发行	中国地图出版社
社　　址	北京市白纸坊西街 3 号
邮政编码	100054
网　　址	www.sinomaps.com
印　　刷	北京华联印刷有限公司
经　　销	新华书店
成品规格	197mm × 128mm
印　　张	9.25
字　　数	504 千字
版　　次	2019 年 7 月第 2 版
印　　次	2021 年 9 月北京第 4 次印刷
定　　价	69.00 元
书　　号	ISBN 978-7-5204-1174-5
审 图 号	GS (2019) 2848 号
图　　字	01-2014-4963

如有印装质量问题，请与我社发行部 (010-83543956) 联系